Luigi Ricci

A First Italian Reading Book

With grammatical questions, notes, syntactical rules and a dictionary on the plan of

William Smith's Principia latina

Luigi Ricci

A First Italian Reading Book
With grammatical questions, notes, syntactical rules and a dictionary on the plan of William Smith's Principia latina

ISBN/EAN: 9783337234836

Printed in Europe, USA, Canada, Australia, Japan

Cover: Foto ©Andreas Hilbeck / pixelio.de

More available books at **www.hansebooks.com**

The Italian Principia—Part II.

A FIRST ITALIAN READING BOOK

CONTAINING

FABLES	TALES	COMEDIES
ANECDOTES	HISTORY	LETTERS
LITERARY ESSAYS	DIALOGUES	POETRY

WITH

GRAMMATICAL QUESTIONS, NOTES, SYNTACTICAL RULES

AND

A DICTIONARY

ON THE PLAN OF
DR. WILLIAM SMITH'S "PRINCIPIA LATINA"

NEW YORK
HARPER & BROTHERS, FRANKLIN SQUARE
1885

PREFACE.

This Work has been drawn up by Signor Ricci, Professor at the City of London College, and Examiner in Italian to the Civil Service Commission.

It contains Extracts from nearly all the best Italian prose writers, both ancient and modern, which have been selected with the view of making the volume interesting as well as useful to the Student. Of the fifty-two authors from whom extracts are given, one half belong to ancient literature, and the other half to modern (the 18th and 19th centuries).

The Extracts comprised in the first half of the Book are followed, each one, by exhaustive Grammatical Questions. Copious Notes are given at pp. 105–146, explanatory of all idioms and obsolete words; and in them reference is made, whenever necessary, to the First Part of the Italian Principia, and to the Syntactical Rules given at pp. 147–167.

The geographical and historical subjects mentioned in the Text are explained in the Notes, which contain also short biographical notices of all the authors.

The Syntactical Rules here given are an indispensable supplement to the First Part; and they should be thoroughly mastered by the Student in order to understand thoroughly the Text and to be able to write Italian correctly.

The Italian Literature being far richer in Poetry

than in Prose, only a few Poetical Extracts are inserted at the end of the Book, as a proper selection of the best Italian Poetry would require a separate volume.

A most important feature of this Work is its Dictionary, which contains all the Italian words to be found in it (over 6000), with the English translation according to *their meaning in the Text*. Whenever this differs from their usual signification, that is also given.

CONTENTS.

FAVOLE.

		PAGE
1.	La volpe, il cuoco ed il gallo	1
2.	Il gallo ed il pozzo	1
3.	Il pallone ed il topo	1
4.	Gli asini	2
5.	La farfalla ed il cavolo	2
6.	Il leone debitore	2
7.	Il cavallo e la volpe	2
8.	I topi e le campane	3
9.	Il leone, il cagnolino e la tigre	3
10.	La pulce, il cane ed il lupo	3
11.	L'aquila ed il corvo	4
12.	Il capro ambasciatore dell'armento al lupo	4
13.	Il gregge che passa il ruscello	4
14.	L'Amore ed il Tempo	4
15.	La volpe giudice ed il lupo	5
16.	Il leone ed il coniglio	5
17.	Il lupo, la cerva ed il leone	6
18.	La lepre ed il melo	6
19.	L'ape, la cicala e la mosca	6
20.	Il pappagallo	7
21.	La merla ed il passero	7
22.	I topini	7
23.	Il leone, il lupo e la volpe	8
24.	La volpe ed il gallo	8
25.	Il vecchio leone e la volpe	9
26.	Il cammello ed il topo	9
27.	La volpe ed il bue	9
28.	I garofani, le rose e le viole	10
29.	La zanzara e la lucciola	10
30.	La serpe	11

CONTENTS.

Aneddoti.

		PAGE
1.	Castricio...	13
2.	Solone	13
3.	Il Maresciallo Melas e le bastonate	13
4.	Il negoziante inglese a Pietroburgo	13
5.	Enrico Quarto ed il Maresciallo Bassompierre	13
6.	Omar e la Biblioteca alessandrina	14
7.	Filippo Secondo ed il suo buffone	14
8.	Sisto Quinto ed il monaco	14
9.	Della ipocrisia	15
10.	I musici nella Svezia	15
11.	Alessandro Magno ed il pirata	15
12.	Policrate e la fortuna	16
13.	L'asino del pentolaio e la gentildonna	16
14.	La scimmia ed il cardinale	17
15.	Alfonso Quinto ed i suoi cortigiani	17
16.	D'un leone, che non offese un fanciullo	18
17.	Savio consiglio dato ad un villanaccio	18
18.	Il cambiatore e Pippo da Brozzi	19
19.	Il barbiere e il pellegrino	19
20.	Dionigi il tiranno	20

Saggi di Letteratura.

		PAGE
1.	Importanza dell'amicizia	21
2.	Arrivo a Rocca di Papa	21
3.	Inaugurazione del monumento a G. Pepe	21
4.	Consiglio al Doge di Venezia	22
5.	Parallelo del ragno col padre della famiglia	22
6.	Potere della volontà	22
7.	Degli eserciti permanenti	23
8.	Degl'Imperatori greci	23
9.	Il Despotismo	24
10.	Visita alla casa del Petrarca in Arquà	24
11.	Dell'obbligo di onorare i primi scopritori del vero	25
12.	Arresto di Silvio Pellico	25
13.	Dichiarazione d'una stampa	26
14.	Segni precursori della tempesta	27
15.	Consigli per ben dipingere una tempesta	27
16.	Roccolino il parasito	28
17.	Parigi nel 1767	29

CONTENTS.

		PAGE
18.	L' Inghilterra nel 1768	29
19.	Sparecchia il parasito	31
20.	Se i pianeti sieno abitati	33
21.	Un medico nel Serraglio in Costantinopoli	33
22.	Il lavoro e l'ozio	34
23.	L' organino	36

Novelle.

1.	L' incendio	39
2.	La vedova ammalata	40
3.	Le upupe, gli avoltoi e Salomone	42
4.	Il ragno e la gotta	43
5.	Novella de' tre anelli	44
6.	Il mugnaio e l' abate	46
7.	Storia del padre Cristoforo	48

Storia.

1.	Federigo Terzo, Duca d' Urbino	56
2.	Morte del Duca di Borbone	56
3.	Tumulti a Firenze nel secolo XIV.	57
4.	Arresto e morte del papa Bonifazio VIII.	57
5.	Supplica de' mendicanti inglesi ad Enrico VIII.	57
6.	Marsiglia nel 1596	58
7.	Assassinio del Conte di Cornovaglia	58
8.	Battaglia di Pavia	59
9.	Astuzie militari	59
10.	La Svizzera nel 1607	60
11.	Lutero alla Dieta di Vormazia	60
12.	Franklin, Primo Ambasciatore degli Stati Uniti a Parigi	61
13.	Niccolò Machiavelli	63
14.	Il terremoto di Calabria	64
15.	Occupazione di Cipro da' Veneziani il 1489	65
16.	Giovanni de' Medici	67
17.	Battaglia di Novara (1513)	67
18.	Orazione del Doge di Venezia	69

Dialogui.

1.	Dialogo del Calamaio e della Lucerna	72
2.	Dialogo della Terra e della Luna	74

CONTENTS.

COMMEDIE.

		PAGE
1.	Il Progettista	79
2.	I Malcontenti	83

LETTERE.

1.	Ad Anton Federigo Seghezzi	85
2.	Allo stesso	85
3.	A Domizio Todeschini	85
4.	Al fratello Carlo, a Recanati	86
5.	Allo stesso	87
6.	A Giuseppe Vaselli	88
7.	A Pietro Fanfani	89
8.	Allo stesso	89
9.	Ai suoi fratelli	90
10.	A Carlo Goldoni	93
11.	Ad Antonio Constantini	94

POESIA.

1.	All' Italia	95
2.	La vecchiezza	95
3.	A Laura	96
4.	Al Conte Vittorio Alfieri	96
5.	La Rondinella	97
6.	A Tommaso Grossi	98
7.	Il Cinque Maggio	98
8.	All' Italia	101
9.	La violetta	104

NOTES.

Notes on the Fables and Grammatical Questions	105
Notes on the Anecdotes and Grammatical Questions	112
Notes on the Literary Essays and Grammatical Questions	116
Notes on Tales and Grammatical Questions	127
Notes on the History	131
Notes on the Dialogues	137
Notes on the Comedies	139
Notes on the Letters	140
Notes on the Poetry	143

CONTENTS.

SOME SYNTACTICAL RULES.

		PAGE
I.	The Indicative Mood	147
II.	The Conditional Mood	149
III.	The Imperative Mood	150
IV.	The Subjunctive Mood	150
	A. Sequence of Tenses	150
	B. Other uses of the Subjunctive Mood	151
V.	The Infinitive Mood	154
	A. The Infinitive used as a Noun	154
	B. The Infinitive without a Preposition	155
	C. The Infinitive with the Prepositions	156
VI.	The Gerund	159
VII.	The Participles	160
VIII.	The Passive Voice and the Reflective Pronoun *si*	161
IX.	Remarks on some Verbs	163

Dictionary to the First Italian Reading Book ... 168

1*

ALPHABETICAL LIST OF AUTHORS.

	PAGE
Alfieri, Vittorio	29, 30, 31
Ammirato, Scipione	58
Azeglio (d'), Massimo	21
Baretti, Giuseppe	33, 90
Bembo, Pietro	65
Bentivoglio, Guido	60
Boccaccio, Giovanni	44
Botta, Carlo	61
Castiglione, Baldassarre	56
Cellini, Benvenuto	56
Chiabrera, Gabriello	104
Colletta, Pietro	64
Compagni, Dino	57
Davanzati, Bernardo	57
Davilo, Arrigo Caterino	58
Filangieri, Gaetano	24, 34
Filicaia (da), Vincenzo	95
Firenzuola, Agnolo	31, 32
Foscolo, Ugo	24
Galilei, Galileo	33
Giambullari, Pier Francesco	59
Gioberti, Vincenzo	22
Gioia, Melchiorre	13
Giordani, Pietro	26
Giusti, Giuseppe	88, 89, 98
Goldoni, Carlo	28, 83
Gozzi, Gasparo	10, 11, 15, 43, 72, 85
Grossi, Tommaso	97
Guerrazzi, Francesco Domenico	11, 13, 14, 15, 16, 17, 18, 19
Guicciardini, Francesco	67, 69
Leopardi, Giacomo	71, 86, 87, 101
Machiavelli, Niccolò	23, 67
Malespini, Ricordano	18
Mamiani, Terenzio	21

Manzoni, Alessandro	27, 48, 50, 51, 53, 98
Metastasio, Pietro	93
Monti, Vincenzo	25
Niccolini, Gian Battista	63, 95
Nota, Alberto	79
Pandolfini, Agnolo	22
Parini, Giuseppe	21, 96
Pellico, Silvio	25
Petrarca, Francesco	96
Sacchetti, Franco	46
Sarpi, Paolo	22, 60
Segneri, Paolo	23
Segni, Bernardo	57
Soave, Francesco	39, 40
Tasso, Torquato	94
Tommaseo, Niccolò	36
Varchi, Benedetto	59
Vinci (da), Leonardo	27

A FIRST ITALIAN READING BOOK.

FAVOLE.

1. *La volpe, il cuoco ed il gallo.*—Una volpe era entrata in un pollaio; ma fuggì subito all'arrivo d'un cuoco. Tutti i polli gridano: "Viva il nostro difensore, che ci ha salvati dalla volpe." Un vecchio gallo però dice loro: "Troverete il vostro difensore peggiore del vostro nemico."

Grammatical Questions.—1. Why is *era* used in the sense of "had"? 2. Give the word from which *pollaio* is derived. 3. What tense is *fuggì*, and from what verb does it come? 4. Give the pl. of *cuoco, amico, fico, nemico, antico*. 5. Parse *che*. 6. Why is *salvati* in the pl.? Give the rule for the agreement of the past participle. 7. What is the difference between *peggiore* and *peggio, migliore* and *meglio*. 8. Translate: *Fosti a pranzo dalla Signora P.? Io ci fui.* What is the difference between this *ci* and the *ci* in the fable?

2. *Il gallo ed il pozzo.*—Un superbissimo gallo, essendo arrivato all'orlo d'un pozzo, vi scorse la propria immagine. Credendola un altro gallo, esso arruffa le penne e le si scaglia contro. Giunto al fondo, si pentì troppo tardi della sua superbia, poichè vi rimase annegato.

Grammatical Questions.—1. State why the sup. *il più superbo* could not here be used instead of *superbissimo*. 2. Why is *essendo* and not *avendo* here used? 3. Of what is *all'* a contraction? 4. Parse *vi* and *scorse*; and give the pres. Subj. of the latter. 5. Parse *credendola*. Why is *la* placed after *credendo*? 6. Explain the use of *le penne*. Translate *my head aches, he broke his leg*. 7. Why is the pron. in the fem. in *le si scaglia contro*? What sort of a verb is *si scaglia*? 8. What word is omitted before *giunto*? 9. What sort of a verb is *si pentì*? 10. What tense is *rimase*? Give the pres. Inf.

3. *Il pallone ed il topo.*—Un pallone, lasciato a sera nell'angolo d'una cameretta, così seco stesso si querelava: "Perchè mai gli uomini sembrano tutti congiurati ai miei danni, e mi dan calci e schiaffi appena vado loro vicino?" Un vecchio topo, che l' udì, gli rispose : " Perchè sei pieno di vento."

Grammatical Questions. — 1. Of what is *nell'* a contraction ? 2. What kind of words are *cameretta, pallone* ? Give the words from which they are modified. 3. Of what words is *seco* formed ? 4. What is the full form of *dan* ? 5. Give the past def. and Inf. of *vado*. 6. Give the pres. Indic. of *udì* and *rispose*.

4. *Gli asini.*—Gli asini congiurati ammazzarono il loro bastaio, e ballavano per la gioia. Un vecchio ciuco li rimproverò così: " Non vi rallegrate, o ciuchi, di tale misfatto: il morto conosceva le nostre spalle e vi adattava i suoi basti: lo rimpiangerete invano quando i basti degli altri ci empiranno pieni di guidaleschi."

Grammatical Questions.—1. Parse *il loro*. What is the difference between *loro* and the other possessive adjectives in the use of the article ? 2. Parse *li*, giving its fem. plur. 3. Explain the use of *vi* in the two examples given above. 4. Of what is *degli* a contraction ?

5. *La farfalla ed il cavolo.*—Una farfalla, vedendo un cavolo, così gli parlò : " Pianta insipida e senza odore, per quanto grossa tu sia, io ti preferisco il più piccolo fiorellino de' prati." Il cavolo le rispose : " Tu sei ben ingrata, o farfalletta : non ti ricordi che nascesti tra le mie foglie e ti pascesti di esse quando eri bruco ?"
L' uomo, cambiando stato, cambia le sue voglie.

Grammatical Questions.—1. Put in the plur. all the nouns of the first sentence, from *Una farfalla* to *prati*. 2. Why is the verb in the Subj. in *grossa tu sia* ? 3. Of what word is *fiorellino* a diminutive ? Give the diminutives of *farfalla, pianta, prato* and *uomo*. 4. Give all the persons of the past def., and the Inf. of *nascesti*. 5. Put the fem. *le* in the masc. sing., and give its plur. 6. Parse *stato* and give another meaning of the same word.

6. *Il leone debitore.*—Un leone ammalato prese in presto i cibi da vari animali. Quando fu guarito, non rendendo nulla, udì che questi si lagnavano del suo procedere. Chiamò dunque il lupo a consiglio, dicendogli di far giustizia tra' suoi creditori. Il lupo, per quietare tutte le querele, divorò tutti i creditori uno alla volta.

Grammatical Questions.—1. Give the Inf. of *prese*, and all the irregular forms of the verb. 2. Why is the art. omitted in *da vari animali* ? 3. When can *nulla* be used without *non* ? 4. Parse *procedere*, as used here. 5. Parse *dicendogli*. 6. Give the fem. of *creditore*.

7. *Il cavallo e la volpe.*—Un toro, avendo sfidato al corso un cavallo, ne fu vinto. Gli altri animali congratularono questo della sua vittoria, e la volpe soltanto taceva. Il cavallo domandò alla volpe il perchè del suo silenzio, e questa gli rispose: Conservo i miei applausi pel dì, che sarai vincitore del cervo.

Grammatical Questions.—1. Explain the use of *ne*, in *ne fu vinto*. To what French word does *ne* correspond? 2. Translate: *He served his country so well that he was rewarded by it with exile.* 3. Why cannot it be written: *Gli altri animali lo congratularono della sua vittoria?* 4. Why is *sua* in the fem.? Translate: *Charles has seen his mother; Emma is with her son.* 5. Give the past def. of the verb *taceva*. 6. Of what words is *pel* a contraction?

8. *I topi e le campane.*—Certi topi, che vivevano in un campanile, udivano sonar le campane ogni qual volta le funi delle stesse erano tirate. Concertarono dunque di fare altrettanto a loro diletto. Si arrampicarono per le funi, le presero co' denti e cominciarono a tirare. Ma per tirar che facessero, le campane non sonavano. Raddoppiarono i loro sforzi. In questo mentre il campanaro tira le funi da sotto e sona. I topi però credettero che le campane fossero sonate da loro.

Grammatical Questions.—1. Parse *vivevano*, and give its fut. 2. Give the pres. Indic. of *udivano*. 3. Give the pres. Inf., past part., and gerund of *presero*. 4. Why is the verb *facessero* in the Subj.? Conjugate its pres. Indic.

9. *Il leone, il cagnolino e la tigre.*—Un leone spesso scherzava con un cagnolino, ch' egli lasciava vivere nella sua tana. Tutti gli altri animali rispettavano il cagnolino, che aveva sì possente protettore. Il favorito spesso soleva latrare in faccia alla tigre stessa, sicuro di non esserne molestato. Morto però il leone, il cagnolino osò latrare, com' era suo costume, dinanzi ad una tigre affamata, che immediatamente lo sbranò. I favoriti de' potenti fanno spesso la fine del cagnolino di questa favola.

Grammatical Questions.— 1. Of what word is *cagnolino* a modification? 2. Give the diminutives of *leone, capra, lupo, cavallo, gatto, uccello, rondine, anello, uomo*. 3. Give the fem. pl. of *protettore, attore, ambasciatore, uditore, cacciatore, traditore*. 4. Parse *soleva*, and give its p. p. 5. Conjugate the pres. and future Indic. of *morto*. 6. Translate: *He ended his life very badly. He died like a hero.*

10. *La pulce, il cane ed il lupo.*—Una pulce viveva da lungo tempo sulla schiena d' un cane; e questo la lasciava colà tranquilla, temendo che, se si fosse liberato da essa, un' altra pulce più affamata gli avrebbe succhiato nuovo sangue, mentre la prima ne era satolla. Avendo un lupo incontrato il cane, lo uccise. La pulce saltò immediatamente sulle spalle del lupo, senza darsi pensiero alcuno della morte di chi l' aveva sin' allora nutrita.

Il parasito rassomiglia alla pulce di questa favola.

Grammatical Questions.—1. Give the past def. and p. p. of *viveva*. 2. Why is *fosse* in the Subjunctive? 3. Parse *ne*. 4. Parse *uccise*, and give its p. p. 5. Of what words is *sulle* composed? 6. Parse *nutrita*, and state why this last word is of the fem. gender.

11. *L'aquila ed il corvo.*—Un' aquila, spinta dalla fame, un giorno precipitossi rapida sopra un agnelletto, l'agguantò con li artigli, e lo portò via. Un corvo vide il tutto da una vicina quercia; e, superbo, pensò di fare altrettanto, ed anche meglio col prendere un grosso montone. Vola dunque sulla groppa d'un montone, dove intrica le sue ugne nella folta lana, e diviene così facile preda del pastore sopraggiunto al suo gracchiare.

Bisogna fare soltanto ciò che si può.

Grammatical Questions.—1. Write out the first sentence with *two* eagles and *two* lambs. 2. Give the irregular forms of the verb from which *spinta* comes. 3. From what word is *agnelletto* modified? Give the diminutives of *aquila, pecora, capra, quercia, pastore, uccello, ragazzo* and *cane*. 4. Why *li artigli* and not *gli artigli*? 5. Give the fem. pl. of *tutto, migliore, facile.*

12. *Il capro ambasciatore dell' armento al lupo.*—Un capro con lunghe corna e molta temerità si offrì ambasciatore al gregge, per trattar di pace col lupo: dicendo che questo udrebbe da lui la verità schietta e sarebbe obbligato di vergognarsi de' suoi torti. Partì dunque il capro, e forse parlò; ma non ritornò più all' armento che lo aveva inviato ambasciatore.

Non bisogna opporre alla forza una mediazione impotente.

Grammatical Questions.—1. Give the fem. pl. of *amico, carico, lungo, secco, largo, bianco,* and *rago.* 2. Put in the pl. the following words: *l' ambasciatore, l' armento, il corno, la temerità, il gregge, la pace* and *la verità.* 3. Give the fem. sing. of *ambasciatore, capro, mediatore,* and *lupo.* 4. To what conjug. do the following verbs belong?—*parlò, partì, ritornò.* 5. Conjugate the pres. Indic. of the v. *opporre.*

13. *Il gregge, che passa il ruscello.*—Un giovine pastore si affaticava invano a far guadare un ruscello dal gregge, ch' egli menava a pascolare. Ei l'animava ora con la voce ora con la verga, ma il gregge ostinato si sbandava ora da un lato ora da un altro. Alla fine egli prende per le corna il più vecchio montone e lo trae seco a traverso il ruscello, e tutta la mandria lo segue allora volentieri.

L' esempio giova più del comando o del consiglio.

Grammatical Questions.—1. Parse *che passa.* 2. Give the past def. and p. p. of *fare.* 3. Parse *ci l' animava,* and put all the three words in the pl. 4. Give the pl. of *voce, gregge, verga.* 5. Give the sing. of *le corna, le uova, gli occhi. le dita.* 6. Parse *trae,* and give all the persons of the tense to which *trae* belongs.

14. *L' Amore ed il Tempo.*—L' Amore ed il Tempo s'incontrarono un dì sulla sponda d'un fiume. Essi avevano obliate le loro ali;

e videro un battello privo di nocchiero. L'Amore disse al Tempo: "Io ti passerò all'altra riva;" e cominciò a vogare. Arrivati in mezzo al fiume, l'Amore tutto ansante e molle di sudore, perdè le sue forze, nè potea più vogare. Allora il Tempo prese i remi e vogò il battello all'opposta sponda. Da quel giorno in poi fu stabilito questo patto tra loro che da principio l'Amore farebbe passare il Tempo e poi il Tempo farebbe passare l'Amore.

Grammatical Questions.—1. Parse *s'incontrarono*, and translate: *we often meet each other.* 2. Why is *obliate* in the fem. plur.? 3. Parse *disse*, and give its Inf.? 4. Give the p. p. of *videro, disse, prese, fu, farebbe.* 5. Translate: *Henceforth I shall be your friend. From that time forward he never lost sight of him.* 6. Parse *loro* in *tra loro* and give its fem. sing.

15. *La volpe giudice ed il lupo.*—Il lupo aveva eletto giudice la volpe ad amministrare la giustizia in un suo feudo. Questa però ben presto vide che, se rendeva giustizia, non ne aveva profitto, e cominciò a fingersi dubbiosa, indecisa, ed incerta, finchè una delle parti (e la più scaltra) non le recasse il mattino qualche grasso pollo. Allora il giudizio era subito sbrigato in favore di chi le faceva regali. Il lupo lo riseppe, e minacciò la volpe di severo gastigo; e questa gli rispose: "Io non credeva far male ricevendo in dono un pollo; giacchè quando ottenni l'impiego da te, Signore, tu accettasti un capretto."

Grammatical Questions.—1. Give the past def. and pres. Inf. of *eletto.* 2. Parse *vide*, and give its pres. Inf. 3. What is the difference between *fingere* and *sembrare*? 4. Why is the verb *recasse* in the Subj.? 5. State what is the difference between *sapere* and *conoscere.* 6. Give the pl. of *giudice, gastigo, impiego.* 7. Give the word from which *capretto* is derived.

16. *Il leone ed il coniglio.*—Il leone convitò ad un banchetto tutti gli animali del suo vicinato, che ubbidirono più o men volentieri. Durante il pranzo, la scimmia e la volpe divertirono molto il re degli animali con le loro arguzie. Finito il desinare, il leone domandò al coniglio come si fosse divertito; e questo rispose: "Sire, se la maestà vostra mi permette parlarle con sincerità, devo dire che il ruggire, lo scuoter la giubba, l'aguzzare li artigli sul più bello del pranzo, producono cattiva digestione in un coniglio." Il leone ne rise, e lo lasciò partire immediatamente.

Grammatical Questions.—1. Translate: *he obeys his master rather unwillingly.* 2. Translate: *whilst the fighting was going on, he lost his hat.* 3. Parse *loro* in *con le loro arguzie*; and translate: *she amused me with her witticisms. They* (f.) *amused us with their fables.* 4. Give the p. p. of *rispose, permette, devo, dire, scuotere, producono, rise.* 5. State why *permette* is in the third person, giving the rule concerning the use of the third person in the Italian language.

17. *Il lupo, la cerva ed il leone.*—Un lupo fuggiva davanti un leone che l'inseguiva. Nel fuggire, vide rintanati una cerva ed un cerbiotto, e, preso quest'ultimo, lo scanna e lo divora. Il leone arriva poco dopo e chiede alla cerva se ha visto il lupo. Quella gli risponde: "Pur troppo io l'ho visto: egli si è qui fermato ed ha ucciso e divorato il mio unico figlio!" Il leone sdegnato le dice: "Come osi tu apprestar cibo ad un mio nemico? Tu aiuti i miei nemici, e tu morrai." Ed il leone uccise e divorò l'innocente cerva.

Grammatical Questions.—1. State the difference between *davanti* and *avanti*. 2. Why is *rintanati* put in the masc. plur.? 3. Parse *preso*, and give its pres. Indic. 4. Parse *chiede*; and give its p. p. 5. Give the past def. of *visto* and *ucciso*.

18. *La lepre ed il melo.*—Una lepre arrivò affamata sotto un gran melo carico di bellissime frutta. Cercò all'intorno, ma non trovò alcuna mela per terra. Pregò dunque l'albero che gliene gittasse qualcuna. Questo gliene fa cadere una sulla testa. La lepre, animale pauroso per natura, fugge immediatamente e corre a rintanarsi. Dopo qualche tempo, ripreso un po' di coraggio e spinta dalla fame, ritorna sotto l'albero dove trova la caduta mela e la divora. L'albero le dice: "Perchè non mi ringrazi? Quella mela, che ora hai mangiata, io te la feci cadere sulla testa poco fa." La lepre gli rispose: "Il tuo regalo quasi quasi mi costò la vita, come vuoi tu che io te ne sia grato?"

Grammatical Questions.—1. Give the difference between *melo* and *mela*, *pero* and *pera*, *pesco* and *pesca*, *il noce* and *la noce*, and give also the nouns which are exceptions to the rule governing the above words. 2. What is the difference between *i frutti* and *le frutta*? 3. How is *gliene* formed? and state why the verb *gittasse* is in the Subj. Mood. 4. Give the pres. Indic. of *fare*. 5. Why are *ripreso* and *spinta* in different genders? 6. Translate *two years ago*. What other word may be used instead of *fa*? 7. Give the p. p. and Inf. of *rispose*, *vuoi*, *sia* and *deve*.

19. *L'ape, la cicala e la mosca.*—Mentre un'ape era tutta intenta a succhiare il nettare d'un fiore, una cicala ed una mosca le si avvicinarono e così le parlarono. La cicala: "Il tuo miele è buono, ma esala un odore troppo acuto, tu usi troppa menta e ramorino, adopera un po' di zucca e di cetriolo, cosicchè non si senta più l'acuto odore, ed il tuo liquore sarà perfetto." La mosca: "La cera, che tu fai, è anche buona, ma c'è qualche cosa di meglio, ciò che gli uomini chiamano sego. Fa dunque qualche cosa di simile, ed allora supererai te stessa." La cicala e la mosca continuarono così per lunga pezza a ragionare sul miele e sulla cera; e l'ape, in silenzio, seguitò a lavorare.

La cicala e la mosca rassomigliano ai critici d'un autore, che nella favola è rappresentato dall'ape.

Grammatical Questions.—1. Give the plur. of *ape*. Parse *le* in *le si avvicinarono*. 2. Give the comp. and the sup. of *buono*. 3. Give the full form of *po'*? Of what words is *cosicchè* compounded? Give the rule concerning the insertion of an extra letter in *cosicchè*. 4. Parse *fa*; and give its past def. and p. p. 5. Of what are *sul* and *sulla* contractions? 6. What case does *rassomigliare* usually govern, and by what prep. should it be followed?

20. *Il pappagallo.*—Un pappagallo, che aveva imparate alcune parole inglesi durante la sua prigionia a bordo di una nave britannica, avendo riacquistata la sua libertà, ritornò al nativo bosco. Quivi ripeteva quelle parole dal mattino alla sera ad una folla di altri pappagalli congregati a lui dattorno. Questi per qualche tempo lo ascoltarono in silenzio, reputandolo pappagallo dotto pe' suo' viaggi lontani e per la sua educazione tra gente civile: ma alla fine, stanchi di quella continua ripetizione di voci strane e da essi non capite, lo scacciarono a fischiate dal bosco.

Grammatical Questions.—1. With what word does *imparate* agree? Could it have had any other termination in the above sentence? 2. Parse *reputandolo*. Why is *lo* placed after *reputando*? 3. Give the uncontracted forms of *pe' suo'*. 4. Parse *da essi*.

21. *La merla ed il passero.*—Una merla, che aveva voglia di comparire sapientissima, passò tutto un inverno a pensare in qual modo essa potesse fare tal cosa da eccitare maraviglia in tutti gli altri uccelli. Alla fine essa credè esservi riuscita; e, venuta la primavera, tutta allegra, cominciò a fare il suo nido sottosopra, con la concavità all'in giù. Quando questo fu finito, essa invitò tutti gli uccelli suoi vicini a venire a vedere ed ammirare la sua invenzione, aspettando essere da loro tutti lodata a cielo. Un passero, che era tra gl'invitati, le disse: "E come porrai le uova nel tuo nido, o sciocca merla?" Tutti gli uccelli ne risero a crepapelle e si fecero beffe di essa.

Grammatical Questions.—1. Give the pos. and compar. of *sapientissima*, stating what kind of sup. it is, and in what it differs from *la più sapiente*. 2. Give the pres. Ind. and pres. Subj. of *potesse*. 3. Give the imperf. of the Subj. of *fare*. 4. Parse *esservi*. 5. Give the sing. of *uova*. 6. Parse *ne*, and state in what it differs from *nè* and *ne'*.

22. *I topini.*—Un vecchio topo così parlava a' suoi figliuolini: "Fuggite il gatto, o cari; esso è un mostro orrendo, i suoi occhi gittano fuoco, la sua bocca è sempre ingorda del nostro sangue; i suoi denti sono avvelenati ed aguzzi; ed ha feroci artigli ai piedi." Dopo qualche tempo, mentre i topini facevano un buon pasto d'un pezzo di cacio nella dispensa, videro un vispo gattino avanzarsi saltellando così graziosamente che tra loro pensarono non esser quello il terribile mostro indicato loro dal vecchio topo; e non fuggirono. Quando furono tra le zampe del gatto pensarono però diversamente.

Il vizio ha spesso forme ridenti; nè, per farlo odioso, bisogna sempre dipingerlo deforme.

Grammatical Questions. — 1. Of what words are *topini* and *figliuolini* a modification? 2. Give the plural of *fuoco, bocca, rocca, giuoco, mago, rojo, giogo*. 3. From what words are *graziosamente, diversamente* derived? 4. Give the general rule for the formation of adverbs from adjectives. 5. Why is there an accent upon *nè*? 6. What kind of verb is *bisogna*?

23. *Il leone, il lupo e la volpe.*—Tutti gli animali, eccetto la volpe, erano andati a visitare un leone ammalato, per condolersi seco della sua malattia. Un lupo fece osservare al leone l'assenza della volpe; e questo giurò di vendicarsene. L'astuta volpe seppe del fato che l'attendeva e corse dal leone, al quale parlò così: "O magnanimo re, eccovi dinanzi il vostro suddito più fedele. Mentre tutti questi animali vi davano qui più o meno sincere parole di condoglianza, io era altrove tutta intenta a trovare un rimedio per la vostra malattia. Il rimedio è questo: Si prenda la pelle ancor calda d'un lupo scorticato vivo, ed in essa si ravviluppi l'augusto ammalato." Così fu fatto.

Grammatical Questions.—1. What kind of verb is *condolersi*? Give the p. p. of this verb and of *andare*. 2. Give the Inf. and p. p. of *fece*. 3. What tense is *corse*, and what is the Infinitive? 4. Parse *eccovi*. 5. Parse *si prenda*. Give the past def. and p. p. of the verb.

24. *La volpe ed il gallo.*—Una volpe vide un gallo posato sul ramo d'un albero, e per farnelo scendere e cibarsene gli parlò così: "Buon dì, fratello: Ho da darti felicissime nuove. Non lontano da questo luogo tutti gli animali sono radunati in congresso ed hanno stabilita eterna pace tra loro tutti. Io sono loro messaggera in queste parti e reco l'invito a te perchè vada a giurar fede al nuovo trattato di pace universale. Scendi dunque da codesti rami, e lascia ch'io ti abbracci prima di andar oltre." L'accorto gallo, fingendo credere ciò che la volpe avea detto, così le rispose: "Io ti ringrazio, sorella, di sì felici nuove, le quali sono sicuro si spargeranno subito da per tutto; poichè io vedo venire correndo due cani veltri, che credo anche messaggeri di sì gran fatto." A tale annunzio la volpe fuggì con grande suo scorno.

Grammatical Questions.—1. Parse *farnelo* and *cibarsene*. 2. Translate *What news do you bring? Bad ones.* 3. Translate: *Io ho dato loro molti libri, di che il padre loro fu allegrissimo.* State the difference between these two *loro*. 4. Parse *vada* and *scendi*, and give their p. p. 5. Of what word is *sì* a contraction? Has it any other meaning?

25. *Il vecchio leone e la volpe.*—Un leone reso debole ed infermo dagli anni, giaceva nella sua tana, nè sapeva come più procacciarsi da vivere. Un cervo passò poco da lui distante, ed il leone così gli parlò: " Ti prego di annunziare la mia vicina morte a tutti gli animali, invitandoli a venire a visitarmi ed essere presenti al mio funerale." Il cervo l'ubbidì. Il leone fingea il morto, ma quanti animali venivangli vicino, esso scannava e faceva suo pasto. Venne un dì la volpe, e vedendo di sangue sparso il terreno, disse al leone, al quale però non si avvicinò: " Mi congratulo con la maestà vostra della sua ricuperata salute, e le manderò il cervo perchè vostra maestà lo punisca di spacciarlo per morto trai suoi sudditi." La volpe andò via, e con la sua astuzia salvò la vita.

Grammatical Questions.—1. Parse *reso,* and give the past def. of *giaceva.* 2. Translate: *she did not know how to gain her bread any longer.* 3. *Il cervo l'ubbidì;* put all the words in the pl. 4. Parse *venne,* and give its Inf. 5. Give the rule concerning the use of *Le* in *Le manderò.* 6. Why is *punisca* in the Subj.? 7. Translate: *My arm aches. I broke my head yesterday.*

26. *Il cammello ed il topo.*—Un cammello stava un giorno pascolando in un campo e trascinava avvolto ad una gamba un laccio libero. Un topo, che passava a caso di là, vede quello strano e gobbuto animale e spia il moto del laccio. Rimane dunque il topo tutto pensoso e perplesso, ed alla fine dice tra sè: " Oh che nobile impresa sarà la mia se io meno un cammello dentro alla mia tana. Io diventerò il più famoso di tutti i topi." Afferra la fune tra' denti, ed il docile e compiacente cammello lo segue dove è tratto. Il topo sudava a tale lavoro; ma, pensando alla gloria che ne avrà, soffre tutto con rassegnazione. Giungono alla fine all'orlo del buco, ed il topo entra nella tana con la fune tra' denti. Quivi chiama i suoi compagni e loro dice: " Fate largo, o compagni, io vi arreco un cammello." Raddoppia gli sforzi, si contorce, s'adira e perde quasi tutti i denti nel tirare. Alla fine il cammello si accorge del vano disegno del topo, e lo lascia, deridendolo.

Grammatical Questions.—1. Explain the use of *stava.* 2. Parse *gobbuto* and state from what word it is modified. 3. Why is there an accent upon *sè?* 4. Give the irregular forms of *rimane.* 5. What is the difference between *il più famoso* and *famosissimo?* Write the sentence, using the latter word. 6. Give the past def. of *avrà,* and *giungono.*

27. *La volpe ed il bue.*—Una volpe un po' attempata, lasciando la cattiva compagnia del lupo, scelse ad amico un vecchio bove, animale reputato onestissimo da quanti lo conoscevano. Mentre un giorno la volpe raccontava al bue i molti suoi fatti passati, le colpe, i furti, le rapine di polli, galli e pollastri, il bue le disse: " Tu dovresti dar riparo a' tanti mali che hai fatti, almeno in parte, se non puoi per intero. Io per esempio so che distruggesti il pollaio del mio padrone; ebbene risarciscilo in qualche modo." La volpe rispose: "Sì, il tuo padrone avrà un pollaio molto più bello di quello che io gli distrussi, e prima che l'alba spunti domattina. Dovrò faticar molto a recarlo qui, perchè il villano, al quale intendo rubarlo stanotte, vive lontano; ma io non conto gli affanni, purchè possa fare del bene." Il bue, inorridito a tale progetto, rifiutò pel suo padrone.

Grammatical Questions.—1. Give the pl. of *bue, amico, dio, uomo, uovo.* 2. Parse *scelse* and give its pres. Ind. and p. p. 3. Give the past def. and p. p. of *conoscevano.* 4. State what difference there is between *polli* and *pollastri.* 5. Translate: *this is the book which I gave her.* 6. Of what words is *domattina* formed? Translate: *this morning, this evening.* 7. Give the p. p. of *dovrò, vive, possa.*

28. *I garofani, le rose e le viole.*—Grandeggiavano in un giardino sopra tutti gli altri fiori i garofani e certe rose incarnatine, e schernivano certe mammolette viole, che stavansi sotto all'erba, sicchè appena erano vedute. "Noi siamo," dicevano i primi, "di così lieto e vario colore, che ogni uomo e ogni donna, venendo in questo luogo a passeggiare, ci pongono gli occhi addosso, e pare che non siano mai sazi di rimirarci." "E noi," dicevano le seconde, "non solamente siamo ammirate e colte con grandissima affezione dalle giovani, le quali se ne adornano il seno, ma le nostre foglie spicciolate gittano fuori un'acqua che col suo gratissimo odore riempie tutta l'aria d'intorno. Io non so di che si possa vantare la viola, che appena ha tanta grazia di odore che si senta al fiuto, e non ha odore nè vistoso nè vivo come il nostro."—"O nobilissimi fiori," rispose la violetta gentile, "ognuno ha sua qualità da natura. Voi siete fatti per essere ornamento più manifesto e più mirabile agli occhi delle genti, ed io per fornire quest'umile e minuta erbetta che ho qui d'intorno, e per dar grazia e varietà a questo verde che da ogni lato mi circonda. Ogni cosa in natura è buona. Alcuna è più mirabile, ma non perciò le piccole debbono essere disprezzate."—GASPARO GOZZI.

Grammatical Questions.—1. Of what words are the following modifications: *violette, incarnatine, mammolette,* and *erbetta?* 2. Give the rule concerning the position of the article in *tutti gli altri;* and translate: *the whole family was in the country.* 3. Of what words is *sicchè* a contraction? 4. Give the sing. of *fiori, garofani, occhi, genti.* 5. Parse *colte,* and give its meaning as an adj.

29. *La zanzara e la lucciola.*—"Io non credo," diceva una notte la zanzara alla lucciola, "che ci sia cosa al mondo viva, la quale sia più utile e ad un tempo più nobile di me. Se l'uomo non fosse un ingrato, egli dovrebbe essermi obbligato grandemente. Certo non credo ch'egli potesse avere miglior maestra di morale di me; imperciocchè io m'ingegno quanto posso con le mie acute punture di esercitarlo nella pazienza. Lo fo anche diligentissimo in tutte le sue faccende, perchè la notte o il giorno, quando si corica per dor-

mire, essendo io nemica mortale della trascuraggine, non lascio mai di punzecchiarlo ora in una mano, ora su la fronte o in altro luogo della faccia, acciocchè si desti. Questo è quanto all'utilità. Quanto è poi alla dignità mia, ho una tromba alla bocca, con la quale a guisa di guerriero vo sonando le mie vittorie; e, non meno che qualsivoglia uccello, vo con le ali aggirandomi in qualunque luogo dell'aria. Ma tu, o infingarda lucciola, qual bene fai tu nel mondo?"
"Amica mia," rispose la lucciuletta, "tutto quello che tu credi di fare a benefizio altrui, lo fai per te medesima; la quale da tanti benefizi, che fai agli uomini, ne ritraggi il tuo ventre pieno di sangue, che cavi loro dalle vene, e, sonando con la tua tromba, o disfidi altrui per pungere, o ti rallegri dell'aver punto. Io non ho altra qualità, che questo piccolo lumicino, che mi arde addosso. Con esso procuro di rischiarare il cammino nelle tenebre della notte agli uomini quant'io posso, e vorrei potere di più; ma nol comporta la mia natura, nè vo strombazzando quel poco ch'io fo, ma tacitamente procuro di far giovamento."—G. GOZZI.

Grammatical Questions.—1. Why are the following verbs in the Subj.? *sia, fosse, potesse, desti*. 2. What kind of adverbs are: *più, quanto, quando, non . . . mai, cra, meno, addosso*? l'arse *certo*, and give its other meanings. 3. l'arse *miglior* (*migliore*) and state in what it differs from *meglio*. 4. Give the pos. of *diligentissimo*. 5. What other meaning has *desti*? 6. Give the pl. of: *notte, nemico, mano, faccia, utilità, dignità, bocca*. 7. Give the sing. of: *faccende, ali, benefizi, uomini*. 8. l'arse *bene* in: *qual bene fai tu nel mondo*? Give its other meaning. 9. Of what is *nol* a contraction?

30. *La serpe.*—Un contadino vide in un bosco una smisurata serpe, sopra di cui era caduta una grossa pietra dal vicino colle. La serpe non poteva muoversi e pregò il contadino di liberarla da quel duro incarco. Ricusò da principio il contadino di compiacerla col dire che, liberata ch'ella fosse, lo avrebbe poscia, in ricompensa del beneficio, divorato. Promise e giurò ella di non molestarlo in modo alcuno; anzi si protestò che mai in sua vita si sarebbe scordata di un tanto beneficio. Credulo e semplice, l'uomo levò a gran fatica la pietra di dosso alla serpe, e quest'ingrata, appena messa in libertà, se gli avventò addosso per divorarlo, adducendo in scarico della sua promessa e del suo giuramento, la necessità che non ha legge: poichè essendo stata già per tre giorni sotto la pietra senza cibo, si sentiva venir meno per la fame. "E che dirà il mondo," esclamò il contadino, "quando saprà un'ingratitudine di questa sorte?"—"Nulla può dire il mondo," rispose la serpe, "poichè le sue leggi questo e più ancora permettono. Ma per farti vedere che io non voglio essere giudice e parte in questa causa, m'accontento di soffrire la fame ancora per qualche poco, finchè, proposto il quesito ai primi tre che incontreremo per strada, al parere di questi ci rimettiamo entrambi."—"Son contento," replicò il contadino, "nè penso si possa dare al mondo persona sì scema, che non condanni la tua ingratitudine."—S'incamminarono adunque il contadino e la serpe; ed incontrarono un cavallo al pascolo, ma tanto magro, smunto e disfatto, che ad una ad una se gli potevano contare le coste. A questo proposero primieramente la causa, ricercandolo: quale legge avesse il mondo circa la gratitudine? "L'ingratitudine," rispose il cavallo, "è universale, ed io stesso ne sono prova. Io ho vinto nelle più celebri corse; ed ho arricchito il mio padrone co' guadagni delle mie vittorie. Ora, fatto vecchio ed inutile, meno una vita stentata, finchè piacerà ai corvi di lasciarmela." Poco dopo incontrarono un cane spelato, piagato e semimorto; il quale richiesto delle leggi del mondo in ordine alla gratitudine, così loro rispose: "Io servii fedelmente il mio padrone, ma aggravato dagli anni, e reso inutile al servizio, mi vidi fatto gioco dalla più vile canaglia di casa; sicchè, per isfuggire tanti strapazzi, fui obbligato abbandonare la casa, e vivere alla campagna una vita miserabile, finchè la morte, che non è lontana, me ne liberi." Più che mai temette di sè il contadino, e avanzando a lenti passi il cammino, s'abbatterono nella volpe, alla quale, come ai due primi, venne proposta la difficoltà. Frattanto il contadino, sapendo che dalla risposta della volpe dipendeva o la sua vita o la sua morte, la prevenne, col farle cenno d'un occhio. Capì ben presto il mistero quell'astuto animale, il quale disse: "Prima di sentenziare è necessario ch'io veda il sito e la positura in cui giaceva la serpe." Questa adunque ritornò col contadino e con la volpe al primo luogo; dove, caricata la serpe come prima la pietra sul dorso, la volpe soggiunse: "Stanne lì, sozza ed ingrata bestia, finchè la morte ti colga." Quindi la volpe, rivolta al rustico, lo richiese della mercede d'un tanto beneficio fattogli, ed egli cortesemente rispose che molto la ringraziava, e la faceva padrona del suo pollaio. Arrivati alla casa del contadino, la moglie di questo, vedendo la volpe incamminarsi verso il pollaio, gridò e mise in arme tutto il vicinato; sicchè la volpe fu costretta a fuggirsene digiuna per non lasciarvi la pelle, dicendo fra sè: "Insomma è pur troppo vero che il mondo paga d'ingratitudine."—GUERRAZZI.

Grammatical Questions.—1. Give the p. p. of *promise, adducendo, può, dire, rispose, permettono, fare, redere, soffrire, dare.* 2. Parse *se gli avventò addosso,* and put it in the pl. 3. Parse *leggi,* and state what other meaning the word has. 4. Write: *nulla può dire il mondo,* putting *nulla* at the end of the sentence. 5. Why is *possa* in the Subj. in: *nè penso si possa dare?* 6. Parse *meno* in: *meno una vita stentata,* and state the difference between the two *meno* in: *Io meno una vita infelice, ma meno infelice di quella del mio amico.* 7. Parse *richiese,* and give its pres. Ind. and p. p. 8. Give the masc. pl. of *padrona.* 9. Parse *mise* and give its p. p. and gerund.

ANEDDOTI.

1. *Castricio.*—Castricio, repugnante ad ordinare che Piacenza rendesse gli ostaggi, essendo stato minacciato da Gneo Carbone con le parole: "bada, io ho molte spade"—rispose: "ed io molti anni."—GUERRAZZI.

Grammatical Questions.—1. What part of the verb is *repugnante*? 2. Why is *rendesse* in the Subj. Mood? 3. Give the sing. of *ostaggi*. 4. What part of the verb is *bada*? 5. Parse *rispose*.

2. *Solone.*—Solone, interrogato che mai lo rendesse audace tanto contro l'Isistrato, esclamò: "la mia vecchiezza."—GUERRAZZI.

Grammatical Questions.—1. What word is omitted before *interrogato*? 2. What words are omitted in: *la mia vecchiezza*?

3. *Il Maresciallo Melas e le bastonate.*—Il maresciallo Melas fu udito proferire la seguente sentenza: "Spesso ho fatto dare le bastonate, e spesso ancora le ho ricevute; e in quanto a me confesso, che mi hanno fatto bene."—GUERRAZZI.

Grammatical Questions. — 1. Translate: *io ho fatto scrivere una lettere al banchiere*. 2. From what word is *bastonate* derived? State what change the original word undergoes in this modification. 3. Parse: *le ho ricevute*.

4. *Il negoziante inglese a Pietroburgo.*—Un negoziante inglese stabilito a Pietroburgo, animato da vivo amore pel suo paese, fece venire gran quantità di terra presa nella Gran-Bretagna, e che servì di zavorra a molti bastimenti; con essa fece coprire i viali del suo giardino, così che scorrendoli procuravasi il piacere di passeggiare sopra terra inglese.—MELCHIORRE GIOIA.

Grammatical Questions. — 1. Translate: *Having read his letter, I immediately answered him*. 2. Parse *fece*. 3. Give the pl. of *negoziante*, *paese*, *quantità*, *terra*. 4. Parse *presa*. 5. What modification would *così che* undergo if joined together?

5. *Enrico Quarto ed il Maresciallo Bassompierre.*—Il maresciallo Bassompierre, ambasciatore di Enrico Quarto, ritornato a Parigi, raccontava a questo re il suo ingresso a Madrid a cavallo ad un mulo. Il re gli osservò: "Bella mostra, in fè mia, un ciuco sopra un mulo": a cui tosto il Bassompierre di rimando: "Sire, considerate che in quel punto io rappresentava vostra maestà."—GUERRAZZI.

Grammatical Questions.—1. Give the fem. of *ambasciatore, traditore, pittore.* 2. What is the rule concerning the numerals attached to the names of kings? Translate: Charles V. died the twentieth of September and Victor Emmanuel II. died the ninth of January. 3. Give the pl. of *re, città, virtù.* 4. Why is *fè* written with an accent? 5. Give the verb omitted before *di rimando.*

6. *Omar e la Biblioteca alessandrina.*—Il Califfo Omar, che ordinò l'incendio della Biblioteca d'Alessandria, così scrisse al suo fidato Amrou, che cercava dissuaderlo da tale atto vandalico: "Quanto contengono i libri dei quali mi parli s'accorda col Corano o non si accorda: se non s'accorda, li giudico dannosi e brucinsi; se s'accorda, li giudico inutili e brucinsi."—GUERRAZZI.

Grammatical Questions.—1. Give the Inf. and pres. Ind. of *scrisse.* 2. Translate: my beloved children are with their aunt. My trusted servant is ill. 3. Give the irr. past def. and p. p. of *dissuadere.* 4. Give the pl. of *biblioteca, bottega.* 5. Give the irr. forms of the pres. Ind. of *contengono.* 6. Parse *brucinsi.*

7. *Filippo Secondo ed il suo buffone.*—Narrasi come certo giorno il buffone di Filippo II, temutissimo fra i re cristiani per modo, che lo appellassero *demonio meridiano,* così lo interrogasse: "di', babbo, se i tanti milioni di popolo che adesso ti dicono di sì, ad un tratto tutti d'accordo ti dicessero di no; fra noi due quale sarebbe più buffone, tu od io?" Il buffone venne cacciato di Corte e la passò liscia; il re disse avere cessato le consuete arguzie il buffone e che non sapeva più farlo ridere.—GUERRAZZI.

Grammatical Questions.—1. Give the different meanings of *certo.* Translate: *io lo so di certo: questa notizia è certa: lo vidi in compagnia di certi giovinastri: certi dicevan di sì e certi di no: certo, io ci verrò.* 2. Translate: The Marquis of Vasto won the battle of Pavia for Charles V., and there he made Francis I. prisoner. 3. Why is *interrogasse* in the Subj.? 4. Why in: *dicono di sì . . . dicessero di no* are two different moods of the verb *dire* used?

8. *Sisto Quinto ed il monaco.*—Narrasi che un reverendo padre francescano si recasse certa volta a baciare i piedi al papa, che credo fosse Sisto V, ma non lo so di certo. Alternando fra loro dotti e bei ragionamenti, al papa cortese venne fatto di offerire una presa di tabacco al padre francescano, il quale zotico, come la più parte di quelli del suo ordine, ricusando toccarlo, disse: "Santità, non ho questo vizio." A cui il papa, sentendosi morso, con carità cristiana rispose: "Frate furfante, se fosse vizio, tu avresti anche questo."—GUERRAZZI.

Grammatical Questions.—1. What sort of verb is *narrasi,* as used above? 2. From what Italian word is *francescano* formed? 3. Give the sing. of *bei.* 4. Give the Inf. of *venne* and *fatto.* 5. Parse: *disse, morso* and *rispose,* and give the Inf. of each.

9. *Della ipocrisia.*—In una bottega da caffè, attorniato da molti, loda Roberto l'onestà ad alta voce: "Guai a chi vuole la roba altrui. Non metterci mano ad una spilla del prossimo, se una spilla mi facesse re. Pura coscienza è inestimabile ricchezza. Questa è la gioia mia."—"Bella gioia!" rispondono tutti que' che l'accerchiano. "Prezzo infinito!" Tutti sono coppe d'oro. Partesi il caffettiere dal fornellino, e versando il caffè dice: "Bene avete ragione. Ha stanotte il Graffigna rubati due mila zecchini al padron suo. Ecco il frutto. Fu colto da' birri e balzò in prigione. Bestia! seppe trafugare due mila zecchini e non salvarsi con essi in mano?"—"Vada alle forche," rispondono le coppe d'oro.— G. GOZZI.

Grammatical Questions.—1. Give the plur. of *bottega, mano, re, gioia.* 2. Give the p. p. of all the irr. verbs in the above extract. 3. Why is *que'* written with an apostrophe? 4. How is *fornellino* a dim. of a dim. noun? 5. Translate: I am right, sir, and you are wrong.

10. *I musici nella Svezia.*—Gli Svedesi in antico tanto ebbero in abominio i musici, che ne concessero la strage, e questo si argomenta dal gastigo dell'uccisore, il quale appariva piuttosto scherzo che altro: imperciocchè l'omicida del musico fosse per legge tenuto di dare all'erede del morto un paio di scarpe nuove, un paio di guanti ed un vitello; però l'erede non guadagnava mica tutta questa roba a bocca baciata; all'opposto gli conveniva acquistarsela nel modo che sto per dire. L'omicida e l'erede del morto recavansi in cima ad un colle; quivi il primo metteva la coda del vitello insegata in mano al secondo, poi sferzava l'animale; se questa scivolasse (ed ordinariamente scivolava) di mano all'erede, invece del vitello aveva fischi e sassate.—GUERRAZZI.

Grammatical Questions.—1. Give the Italian for *Sweden, Norway, Spain* and *England.* 2. Give the pl. of *antico, abominio, strage, gastigo, paio.* 3. Give the p.p. of *concessero, appariva* and *metteva.* 4. Give the fem. of *uccisore, cacciatore, imperatore* and *vincitore.* 5. What is the meaning of *sto* with *per* and the Infinitive? Translate: "I am on the point of setting out." 6. From what adjectives are the following adverbs formed? *facilmente, generalmente, primieramente* and *odiosamente.* 7. Why are *scivolasse* in the Subj., and *scivolava* in the Ind. Mood? 8. From what words come *sassata, fischiata, vicinato?*

11. *Alessandro Magno ed il pirata.*—Diomede, pirata caduto nelle mani dei Macedoni e tratto davanti ad Alessandro, gli disse in barba: "Ora che tiro fu questo di farmi arrestare? Perchè con una sola nave io mi procaccio la vita, mi vuoi chiamare pirata e tu che rubi il mondo con grosse flotte pretendi il nome d'imperatore. Rovescia la berretta e pensa che tu saresti Diomede se io fossi Alessandro; inoltre bada ch'io rubo per malignità di fortuna ed angustia di averi, mentre tu arraffi per agonia di fasto e per non saziabile avarizia."

Alessandro che, preso pel suo pelo, in ispecie quando non avea bevuto, era dolce come pasta di zucchero, gli rispose: " Dunque, se vuoi rubare in pace, vieni a rubare meco," e lo promosse a grado cospicuo nella onoratissima professione delle armi.—GUERRAZZI.

Grammatical Questions.—1. Explain the use of *magno*, and translate: Charles the Great was crowned emperor of the West in the year 800. 2. Parse *averi, preso, vuoi*. 3. Parse *meco*. Give the meaning of *teco, seco, nosco, vosco*, and state when the last two can be used. 4. Give the positive and comparative of *onoratissima*.

12. *Policrate e la fortuna.*—Policrate, tiranno di Samo, fu udito lamentarsi della infelicità sua di non poter mai mirare cosa che gli andasse a traverso, onde passeggiando un dì sopra il lido estremo dell' isola, desideroso di sentire qualche dolore, si cavò dal dito uno smeraldo preziosissimo e lo gittò nell'acqua. Il giorno di poi, o l'altro appresso, i pescatori tirando su le reti presero un pesce mirabile, il quale avendo giudicato degno delle mense reali essi portarono a Policrate, che, fattolo sparare, gli trovò nel buzzo l' anello gettato via. Pertanto, mentre costui si assicura di avere inchiodato la ruota della fortuna, gli casca addosso Oronte satrapo di Dario, che lo vince in battaglia, lo imprigiona ed alfine lo conficca in croce sul colle di Micale.—GUERRAZZI.

Grammatical Questions.—1. Give the pres. Ind. and pres. Subj. of *udito*. 2. Translate: *Egli è stato mai sempre mio amico. Non far mai male al prossimo*. 3. Parse *che* in *cosa che gli*, stating if this *che* could be replaced by any other word. 4. Give the comp. of *massimo*. 5. Give the pres. Ind. of *presero*. 6. *Fattolo sparare*: state what word is omitted here. 7. Give the irregular forms and the Inf. of *vinto*.

13. *L'asino del pentolaio e la gentildonna.*—Fu già un pentolaio (il nome non importa) il quale menando in volta certo suo asino carico di stoviglie, allo svoltare di un canto, lo spinse per inavvertenza incontro a bellissima e giovane gentildonna. All' apparire che fece all'improvviso di dietro al muro la donzella, ogni pelo dell'asino arricciossi, si fece bianco nel muso e come quello di Balaam aombrando si arrembò alla parete, con rottura universale di stoviglie nel corbello sinistro. La gentildonna soffermasi alquanto e dimostra con le sembianze del volto rammarico grande del caso, non per questo però faceva atto alcuno di sollevare il danno del povero pentolaio, il quale o perchè arguto si fosse, o perchè la sua buona fortuna in quel punto lo assistesse, uscì fuori con queste parole: "O signora mia, la non si pigli passione, ch'Ella non ci ha briciolo di colpa; la disgrazia è stata mia che mi ha fatto incontrare un angiolo, e gli asini dopo quello di Balaam, sa Ella? ebbero

sempre paura degli angioli." Si piacque della lusinga sottile la figliuola di Eva e sollecitata dalla vanità a fare quello a cui si trovò corta la misericordia, donava al pentolaio dieci lire sterline, che tanto non valse l'asino con ambo i corbelli e il pentolaio per giunta.
—GUERRAZZI.

Grammatical Questions.—1. From what word is *pentolaio* derived? 2. Give the two other meanings of *canto.* 3. Of what word is *bellissima* a sup. absolute? Give the positive of *massimo, minimo, larghissimo, ricchissimo, raghissimo.* 4. Give the Inf. of *spinse* and *valse.* 5. Give the plur. of *lusinga, vanità* and *pentolaio.*

14. *La scimmia ed il cardinale.*—Giulio Mazzarino, cardinale di santa madre Chiesa, essendo dal mal di morte travagliato in grazia di un'apostema nella gola, vinto dallo spasimo, dopo un grande sospiro, si gettò giù. Per lo che i servi reputandolo morto, senza porre tempo fra mezzo si accinsero al saccheggio, e quale arraffava robe, chi quattrini, chi gioie. La scimmia, solenne imitatrice delle azioni umane, immaginò potersi in coscienza appropriare qualche cosa fra mezzo a cotesto rubamento universale. Uncinata quindi la berretta cardinalizia e la cappa purpurea, se le vestì con molto sussiego, riportando appuntino i gesti e gli atti del padrone. Ora accadde che, il Mazzarino riavutosi alquanto, schiudendo un po' gli occhi a fatica, di prima colta gli si presentasse davanti la scimmia cardinale, donde così veemente gli scosse la gola un gruppo di riso, che questo potè solo ciò che tutti i medici uniti insieme non avevano potuto, voglio dire, scoppiargli il tumore e sanarlo.—
GUERRAZZI.

Grammatical Questions.—1. Give the 1st p. sing. of the pres. Ind. and past def. of *vinto, spinto, estinto, tinto.* 2. Parse *morto*; and give the 1st p. sing. of the pres. Subj. of it, and of *porre, si accinsero, schiudendo, accadde.* 3. Give the masc. sing. of *imitatrice, cacciatrice, imperatrice* and *cantatrice.* 4. Give the other plural of *gesti* and its meaning.

15. *Alfonso Quinto ed i suoi cortigiani.*—Alfonso V, re di Aragona, cavalcando un dì in veste dimessa per certa città della Spagna, di cui non ricordo il nome, venne ad incontrarsi in un villano, che si affannava intorno al suo asino stramazzato, nè, per quanto annaspasse, gli riusciva raddrizzarlo sui piè. Costui, appena visto il cavaliere, e per l'aitante e complessa persona giudicandolo acconcissimo ai fatti suoi, lo supplicò a volere scendere, tanto da dargli una mano a rilevare l'asino. Il re, che uomo soprammodo cortese e grande filosofo era, di leggieri glielo consente, e, smontato, si pone ad aiutare il contadino. In questo ecco sopraggiungere i cortigiani, e quasi fosse miracolo vedere un re che solleva un asino, presero a fare le stimate. Senonchè Alfonso, rivoltosi loro, con piacevole viso disse proprio queste parole: Riveriti padroni miei, qui non ci è materia da trasecolare; sollevo un asino. Per avventura non fu scritto che il cristiano, per quanto gli bastino le forze, deve sovvenire il prossimo suo?—GUERRAZZI.

Grammatical Questions.—1. Translate: My uncle and his daughters visited my garden yesterday. 2. Give the other meaning of *dimessa*. 3. What is the rule concerning the use of the def. art. with names of countries? Translate: I have been in Italy and have passed through France in coming to London. 4. Is the rel. pron. *il quale* used for persons or things? 5. Parse *visto* and give its past def. 6. Parse *glielo*, and translate: I gave it to him.

16. *D' un leone, che non offese un fanciullo.*—Fu presentato al Comune di Firenze un nobile e feroce leone, il quale fu rinchiuso in sulla piazza di san Giovanni. Avvenne che per mala guardia di colui che lo custodiva, uscì della sua stia correndo per Firenze; onde tutta la città fu commossa di paura. E capitò in Orto san Michele, e quivi prese un fanciullo e tenealo fra le branche. E vedendo la madre questo (e non ne avea più, e questo fanciullo partorillo, poichè 'l padre fu morto da' suoi nemici di coltello), come disperata, con grande pianto e scapigliata, corse contro al leone e trassegliel delle branche. E il detto leone niuno male fece nè alla donna nè al fanciullo, se non che li guatò e ristettesi. Fu questione quale cosa fosse più mirabile la nobiltà della natura del leone, o la fortuna la quale riservasse la vita al detto fanciullo, che poi facesse la vendetta del padre, com' egli fece. E fu poi chiamato Orlanduccio del leone. E questo fu negli anni di Cristo 1259 in Orto san Michele.—R. MALESPINI, *Cronaca Fiorentina.*

Grammatical Questions.—1. Parse: *offese, rinchiuso, avenne, commossa, prese, morto.* 2. What other part of speech is *offese?* Give its other meaning. 3. Parse *partorillo.* 4. What other part of speech is the word *stia!* 5. Give the sing. of *branche.* 6. Give the word from which *Orlanduccio* is modified.

17. *Savio consiglio dato ad un villanaccio.*—Pippo da Brozzi andando per le vie di Firenze s' imbattè a vedere Poldo pisano, il quale imbestialito contro l' asino suo, che non voleva più andargli dietro, lo tirava strettoni per la cavezza e gli veniva urlando negli orecchi certi *Arri* da assordare una bombarda; ciò non montando a niente, gli si fece da lato col maggiore rovello del mondo, ingegnandosi di tirargli de' calci nella pancia; ma alla prova si trovava corte le gambe. Pippo gli si accosta e gli dice: "Fratelmo, pigliansi più mosche con un cucchiaio di mele che con un bigoncio di aceto; non bistrattare l'asino; parlagli soave; usa con lui da cristiano e l'asino verrà." E Poldo arruffato: "Va oltre pei fatti tuoi, che dell' asino sono padrone io e lo vo' picchiare quanto mi piace: magari mi trovassi una cannocchia in mano!" Allora Pippo: "E se tu lo vuoi bussare, e tu bussalo: però ti avviso che in cotesta maniera l' asino nella pancia non giungerai." "Oh come non lo giungerò?" disse Poldo. E Pippo da capo. "Tenendo una gamba in terra e l'altra levata, tu non se' spedito; alzale ad un tempo tutte e due e gli arriverai fino alle orecchie." Poldo si prova a dare una pedata all'asino co' due piedi, e invece dà del sedere in terra per modo ch'ebbe a rompere un lastrone.—GUERRAZZI.

Grammatical Questions.—1. Give the words from which *villanaccio*, *pedata* are derived, and modify in the same way: *asino*, *gamba*. 2. Has *corte* any other meaning? 3. What part of speech is *soave*, and how is it used here? 4. Give the Inf. of all the irr. verbs in the above. 5. State the difference between *da*, *da'*, *dà*. 6. What is the meaning of *avere* when followed by the prep. *a* before an Inf.?

18. *Il cambiatore e Pippo da Brozzi.*—Pippo da Brozzi recandosi per sue bisogne a Firenze passò per Ponte Vecchio e considerando le botteghe vuote molinava nel suo cervello, che diavolo si vendesse là dentro: non venendo a capo d'indovinare si struggeva di voglia di saperne il vero. Scorto pertanto un certo cambiatore, che se ne stava scioperato su lo sporto ed aveva nome Tonto da Bagnone, gli si trasse vicino, e salutatolo con bella grazia gli domandò: "La mi farebbe il piacere di dirmi, che cosa ci si vende qua dentro nella sua bottega?" A cui Tonto, squadratolo così di traverso e parutogli terreno da piantare vigna, rispose: "Ci si vendono teste di asino, galantuomo." Pippo aggrinzò il naso come quando gli si stappa sotto un barattolo di ammoniaca, ma pronto lì, da fiorentino vero, replicava: "Ed baccene ad essere spaccio davvero, però ch'io vegga, che la non ci è rimasta altra che la sua."—GUERRAZZI.

Grammatical Questions.—1. Parse: *saperne il vero*. 2. *La ... nella sua*: explain the use of the 3rd person. 3. How is *haccene* formed? Why is *c* doubled? 4. Parse *vegga*, *rimasta*.

19. *Il barbiere e il pellegrino.*—"Volta! che barba lunga," disse un giorno certo barbiere di Firenze al pellegrino, che passava per la via: "Che vuoi tu," questi rispose: "io non ho quattrini per farmela fare." "Vien via," soggiunse il barbiere, "io te la farò a ogni modo per amor di Dio." E il pellegrino si mise sotto; l'acqua si trovò a essere diaccia; il sapone scarso, il rasoio sfilato, la mano tremante conciavano il pellegrino come se dovesse servire di riscontro a San Bartolomeo; e il poveretto piangeva e gemeva: quando ecco il cane del barbiere di su la strada si mise a uggiolare: "va, fallo chetare," dice il barbiere al garzone, e quegli va: ma ell'erano novelle, e il cane guaiva peggio di prima. "O che diacine ha egli stamattina!" esclama il barbiere in collera, e il pellegrino, sospirato prima: "ah! forse fanno al tuo cane la barba per amor di Dio."—GUERRAZZI.

Grammatical Questions.—1. Translate: I have had a box made for these books.—Who has obliged you to do such a thing? 2. Parse *vien* and *mise*, giving their p.p. 3. How is *porcretto* used here? 4. Parse *va* and give its p.p. 5. Why is *fallo* written with a double *l*? and give the rule for joining a conjunctive pronoun to a monosyllabic verb. 6. Give the positive and superl. of *peggio*.

20. *Dionigi il tiranno.*—Dionigi il tiranno, perchè era re e faceva de' versi, pretendeva al vanto di poeta. Egli pregò un giorno Filoseno a correggere una sua opera teatrale; e questi avendola rappezzata e rifatta dal primo verso sino all'ultimo, il re lo condannò alla carcere, acciò vi imparasse a rispettare la regia poesia. Il giorno susseguente, trattolo di carcere, lo ammise alla sua mensa; e, finito il pranzo, dopo d'avergli letto alcuni versi, gli domandò il suo parere. Il poeta, senza rispondere, si rivolse alle guardie, e disse: Riconducetemi alla carcere.

Grammatical Questions.—1. *Faceva.* Conjugate the past definite of this verb. 2. *De' versi.* Why is the *i* of *dei* omitted? 3. *Questi.* Why is *questi* used and not *questo*? 4. *Rappezzata e rifatta.* Why are these words in the fem.? 5. *Il giorno.* In what case are these words, and why? 6. *Ammise.* What tense is this, and from what verb does it come? 7. Parse: *riconducetemi.*

SAGGI DI LETTERATURA.

1. *Importanza dell' amicizia.*—Un uomo che, o per sua colpa o senza, sia involto in qualche calamità, non si può dir pienamente infelice finchè gli resta un amico con cui liberamente sfogare il suo dolore; un amico che venga egli medesimo a raccogliere la ridondanza del nostro affanno, un amico che compatisca ciò ch'è proprio dell' uomo e di certi caratteri; un amico che non ha la sciocca crudeltà di rimproverarci e di darci delle lezioni morali giusto in mezzo all' alterazione maggiore del nostro spirito.—GIUSEPPE PARINI, *Lettera a G. Paganini.*

Grammatical Questions.—1. What words are omitted after *o senza*? 2. Parse *involto, può, venga.* 3. How do you account for the use of different *moods* of the verb in *un amico che venga . . . un amico che compatisca . . . un amico che non ha*? 4. Parse *darci.* 5. Give the pos. and superl. of *maggiore.*

2. *Arrivo a Rocca di Papa.*—La forma del mio ingresso a Rocca di Papa, solo, a piedi, cacciandomi innanzi un ciuco portatore delle mie poche robe, non aveva tradito il mio incognito. Generalmente la vista degli attrezzi di pittura, i bastoni, i cavalletti, l'ombrello bianco, la cassetta de' colori, risvegliava ne' ragazzini de' paesetti l'idea e la speranza che arrivasse il *burattinaro*; e talvolta venni accolto con le festose grida: "*Li burattini, ecco li burattini!*" Questa volta era arrivato dopo l'avemmaria, e non ebbi neppure questa modesta ovazione.—MASSIMO D'AZEGLIO, *I miei Ricordi.*

Grammatical Questions.—1. Give the fem. of *portatore.* 2. Give the words from which the following are modificd: *cavalletti, cassetta, ragazzini, paesetti, burattinaro.* 3. Give the sing. of *grida.* 4. Parse *venni* and *accolto,* and give their Inf.

3. *Inaugurazione del monumento a Guglielmo Pepe* (1858).— . . . . Nè il Pepe, in mezzo di voi ricoverato, disse di chiuder la vita in esilio; anzi, a rispetto della persona propria parvegli svenita e placata più che mai la fortuna, consentendogli di morire in terra italiana e libera, con la visione certa nell'animo delle vittorie finali a cui s'apparecchia e s'addestra questo popolo generoso e il magnanimo Re suo. Nel vero qui le ossa del Generale, invidiate da' suo' conterranei, riposano in degno sepolcro: qui non occulti sospiri, non secrete lagrime, non lodi mormorate nel cuore gli si consacrano, ma patenti, universali, solenni; qui per la cortesia ospitale e i sensi alti e liberalissimi di questo insigne Municipio la

statua del Pepe sorge e grandeggia a lustro singolare del luogo, singolare ornamento della città, conforto de' buoni, ammonimento degl' Italiani, augurio felicissimo della prossima liberazione.—
TERENZIO MAMIANI, *Prose letterarie.*

Grammatical Questions.—1. Parse *parcegli*. 2. Why is *i* omitted in *da' suo'*? 3. Give the sing. of *le ossa*, and its other pl.

4. *Consiglio al Doge di Venezia.*—Nel principio delle controversie che al presente sono al colmo, tra la Serenità Vostra ed il Sommo Pontefice, quando non avea fulminato egli se non il primo breve intorno alle leggi di non fabbricar chiese e non alienar beni laici agli ecclesiastici senza licenza; in una mia scrittura presentata a V. S. dissi che due contro i fulmini di Roma sono i rimedi da apporre : uno *de facto*, che è proibirne la pubblicazione e impedirne la esecuzione, resistendo alla forza violenta con la forza legittima, la quale non passi i termini di natural difesa: l'altro *de jure*, che è di appellarsi al futuro Concilio. Non feci alcun dubbio che il primo non fosse da usarsi. Quanto al secondo, dissi che in diverse occasioni è stato usato da molti principi e privati e dalla S. V. ancora ; ma che ove il primo bastasse, si potrebbe soprassedere al secondo.—PAOLO SARPI, *Lettere.*

Grammatical Questions.—1. What part of speech is *breve* here? give its other meaning. 2. Give the different meanings and pronunciations of *leggi*. 3. Explain the use of two negatives in *Non feci ... non*. 4. Why is *bastasse* in the Subjunctive?

5. *Parallelo del ragno col padre della famiglia.*—Voi vedete il ragno, quante egli ha nelle sue reti cordicine tutte in modo sparse in razzi, che ciascuna di quelle, benchè sia per lungo spazio tesa, pure il suo principio e nascimento si vede principiare ed uscire dal mezzo, nel quale luogo lo industrioso animale osserva sua sedia e mansione, e quivi dimora, tessuto e ordinato il suo lavoro, e sta sempre desto, che se ogni minima cordicina fosse tocca, subito la sente, subito si rappresenta, subito provvede. Così faccia il padre di famiglia; distingua le sue cose, tengale in modo, che a lui solo facciano capo ed a lui siano ordinate, e fermisi ne' più sicuri luoghi, stia in mezzo attento e presto a vedere, udire, sentire tutto, sicchè quando e ove bisogna provvedere subito vi provveda.—AGNOLO PANDOLFINI, *Del Governo della famiglia.*

Grammatical Questions.—1. What sort of noun is *cordicine* and from what other noun does it come? 2. Parse *sparse*. 3. Parse *tesa*. 4. In what mood are *facciano, siano,* and why?

6. *Potere della volontà.*—La volontà si ricerca, non meno dell'ingegno, a far gli uomini grandi e i popoli famosi. Anzi l' ingegno non è altro in gran parte, che la volontà stessa, e riesce tale in effetto, quale ciascuno sel forma. E veramente, per quanto io mi sappia, la storia non ci porge alcun esempio di un uomo grande in qualche genere, nel quale ai pregi dell'intelletto non si accoppiasse una volontà fortissima. Dovecchè all'incontro si fa menzione di parecchi, che vissuti per qualche tempo in concetto di uomini mediocri agli altri, e forse anco a sè stessi, pervennero in seguito, volendo e faticando, alla cima della perfezione. Non è mica il naturale ingegno, ma l'attività, la pazienza, la fermezza, l'ostinazione dell'animo a superare gli ostacoli, a indirizzare costantemente verso un solo oggetto le loro fatiche, che manca al comune degli uomini. Se Bacone diceva che l'uomo tanto può quanto sa, si può aggiungere non meno ragionevolmente, ch'egli tanto sa quanto vuole. Isacco Newton, interrogato, come avesse fatto a scoprire il sistema del mondo, rispose: pensandoci assiduamente.—VINCENZO GIOBERTI, *Introduzione allo studio della Filosofia*.

Grammatical Questions.—1. What is the construction of *si ricerca?* 2. Give the rule concerning the use of *sel*. 3. Explain the use of the Subj. in *io mi sappia*. 4. What is the force of *mica?*

7. *Degli eserciti permanenti.*—Ottaviano prima, e poi Tiberio, pensando più alla potenza propria, che all'utile pubblico, cominciarono a disarmare il popolo romano, per poterlo facilmente comandare, ed a tenere continuamente quelli medesimi eserciti alle frontiere dell'Impero. E perchè ancora non giudicarono bastassero a tenere in freno il popolo e senato romano, ordinarono un esercito chiamato pretoriano, il quale stava propinquo alle mura di Roma, ed era come una rocca addosso a quella città. E perchè allora ei cominciarono liberamente a permettere, che gli uomini deputati in quegli eserciti usassero la milizia per loro arte, ne nacque subito l'insolenza di quelli, e diventarono formidabili al senato e dannosi all'Imperatore. Donde ne risultò che molti ne furono morti dall'insolenza loro, perchè davano e toglievano l'Imperio a chi pareva loro. Dalle quali cose procedè prima la divisione dell'Imperio ed in ultimo la rovina di quello.—NICCOLÒ MACHIAVELLI, *Dell'Arte della Guerra*.

Grammatical Questions.—1. Parse *poterlo*. 2. What is the difference between *le mura* and *i muri?* give their sing. 3. How do you account for the use of *ei* before *cominciarono?*

8. *Degl'Imperatori greci.*—Se dopo il nascimento di Cristo fu serie d'uomini, i quali con arti inique si avanzassero a grandi acquisti, furono senza dubbio gl'Imperatori, o se così vogliam piuttosto chiamarli, Tiranni greci. Ora ditemi: vi sono mai stati altri imperi, ch'abbiano dati o più fortunosi, o più ferali argomenti alle scene tragiche? Niceforo Primo giunse alla fine co'suoi tradimenti e co'suoi spergiuri ad usurparsi l'impero, scacciandone Irene, giusta posseditrice. Ma che? Per le continue calamità divenne a sè medesimo sì obbrobrioso, che si chiamava nuovo Faraone indurato nelle disgrazie: e alla fine sconfitto e ucciso da' Bulgari, diede occasione a' suoi nemici di fare del suo cranio una tazza, dove non so se per allegrezza, o per onta, tutti beverono i principali del campo. Giunsero pure Staurazio con illegittime nozze, e Leone Armeno con pubbliche ribellioni, a stabilirsi nel Principato; ma quanto andò, che per tal cagione morirono trucidati, l'uno in guerra, l'altro all'altare?—l'AOLO SEGNERI, *Prediche.*

Grammatical Questions.—1. Explain the use of the Subj. in *si avanzassero* ... and *abbiano dati.* 2. Parse *vogliam.* 3. Parse *scacciandone.* 4. Give the masc. of *posseditrice.* 5. Give the Inf. of *sconfitto* and *ucciso.*

9. *Il Despotismo.*—Dove ci è despotismo, non ci è virtù. Perchè? perchè quando il governo è puramente arbitrario, quando l'autorità sovrana è tra le mani d'un tiranno, per lo più educato fra gl'intrighi d'una truppa di cortigiani avidi e corrotti, egli non sceglierà sicuramente per suoi ministri se non che i complici, o almeno i fautori de' suoi vizi. In questo paese non si vedrà nè un Aristide, nè un Cimone perchè col soccorso delle loro virtù e de' loro talenti non si perverrebbe mai ad ottenere una porzione di potere, che non può essere che l'emanazione dell'autorità del più corrotto degli uomini. Là, il vizio, l'indecenza, la crapula, la dissolutezza, le voluttà vergognose, l'oppressione, l'ingiustizia, la rapina, la frode, la bassezza, sono onorate, approvate, autorizzate, ricompensate dal potere supremo, applaudite dalla voce pubblica, legittimate, per così dire, dal consenso tacito d'una società, che non ardisce di richiamare. Là, il favorito è superiore all'eroe. Là, il traditore della patria diviene il più potente cittadino dello Stato. Là, colui che non è oppressore è oppresso. Là, l'uomo virtuoso procura di nascondere le sue virtù. Là, finalmente, il più coraggioso procura di comparire il più vile, perchè il valore e la virtù non sono niente ove il despota è tutto.—GAETANO FILANGIERI, *Scienza della Legislazione.*

Grammatical Questions.—1. Parse *sceglierà.* Give the pres. Indic. and Inf., the past def and p. p. of this verb. 2. Explain the construction of *si vedrà,* and give the pres. Inf. 3. What part of speech is *potere* in *una porzione di potere?* 4. Parse *corrotti.*

10. *Visita alla casa del Petrarca in Arquà.*—Io mi vi sono appressato, come se andassi a prostrarmi su le sepolture de' miei padri, e come uno di que' sacerdoti che taciti e riverenti s'aggirano per li boschi abitati dagl' Iddii. La sacra casa di quel sommo Italiano sta crollando per la irreligione di chi possiede un tanto tesoro. Il viaggiatore verrà invano di lontana terra a cercare con meraviglia divota la stanza armoniosa ancora dei canti celesti del Petrarca. Piangerà invece sopra un mucchio di ruine coperte di ortiche e di erbe selvatiche, fra le quali la volpe solitaria avrà fatto il suo covile. Italia! Placa l'ombra de'tuoi grandi!—Oh! Io mi risovvengo, col gemito nell'anima, delle estreme parole di Torquato Tasso. Dopo d'essere vissuto quaranta sette anni in mezzo ai dileggi de' cortigiani, le noie de' saccenti e l'orgoglio de' principi, or carcerato ed or vagabondo, e tuttavia malinconico, infermo, indigente, giacque finalmente nel letto della morte, e scriveva, esalando l'eterno sospiro: "Non è più tempo ch'io parli della mia ostinata fortuna, per non dire della ingratitudine del mondo, la quale ha pur voluto aver la vittoria di condurmi alla sepoltura mendico." O mio Lorenzo, mi sonano queste parole sempre nel cuore! E mi par di conoscere chi forse un giorno morrà ripetendole.—UGO FOSCOLO, *Lettere di Jacopo Ortis*.

Grammatical Questions.—1. Parse *andassi*. Give the 1st pers. pres. and fut. Indic., and 1st pers. pres. Subj. of this verb. 2. How is *sta* used in *sta crollando*? 3. Parse *di chi possiede*. 4. Parse *verrà*.

11. *Dell' obbligo di onorare i primi scopritori del vero.*—Ottimo divisamento degli antichi saggi fu quello di consacrare con monumenti di pubblica e religiosa riconoscenza la memoria di tutti coloro che furono d'un'arte, comunque giovevole, ritrovatori, o che, mediante lo scoprimento di alcun secreto della natura, la ragione umana aiutarono, e somma gloria a sè stessi ed alla patria partorirono; reputando essi quegli uomini sapientissimi, niuno potersi render della patria più benemerito che colui il quale di utili ritrovati la vantaggiasse, e splendor le crescesse fra le nazioni. Perciò niun pittore in Atene ebbe iscrizioni più onorevoli d'Apollodoro, solo perchè trovò egli l'arte di comporre i colori e cavarne le ombre; e fecero di uno zoppo e povero fabbro nulla meno che un dio, perchè primo foggiò il ferro in servigio dell'uomo; e concessero divini onori a Trittolemo artefice dell'aratro; e infinite ammirabili cose favoleggiarono di Mercurio inventore della grammatica e della musica, e di Prometeo scopritore del fuoco, e di Atlante primo contemplatore del cielo. Senza molto detrarre a quell'antica illustre sentenza, che la paura fece gli dei, io porto opinione che non pochi n'abbia pur fatti la gratitudine: la quale idea se per avventura non è più vera, pare almeno più consolante, poichè nobilita in certo modo questo grande errore dell'uomo, l'idolatria.—VINCENZO MONTI, *Opere*.

Grammatical Questions. — 1. Explain the use of *essi* after *reputando*. 2. Parse *le* in *splendor le crescesse*, and state what other pron. could be given instead of it. 3. Why is *abbia* ... in the Subj.?

12. *Arresto di Silvio Pellico.*—Il venerdì 13 ottobre 1820 fui arrestato a Milano, e condotto a Santa Margherita. Erano le tre pomeridiane. Mi si fece un lungo interrogatorio per tutto quel giorno e per altri ancora; ma di ciò non dirò nulla; e lasciando la politica ov'ella sta, parlo d'altro.

Alle nove della sera di quel povero venerdì l'attuario mi consegnò al custode, e questi, condottomi nella stanza a me destinata, si fece da me rimettere con gentile invito, per restituirmeli a tempo debito, orologio, denaro, e ogni altra cosa ch'io avessi in tasca, e m'augurò rispettosamente la buona notte.

Fermatevi, caro voi, gli dissi; oggi non ho pranzato; fatemi portare qualche cosa.

Subito, la locanda è qui vicina, e sentirà, signore, che buon vino!

Vino? non ne bevo.

A questa risposta, il signor Angiolino mi guardò spaventato, e sperando ch'io scherzassi. I custodi di carceri, che tengono bettola, inorridiscono d'un prigioniero astemio.

Non ne bevo davvero.

M'incresce per lei; patirà al doppio la solitudine.

E vedendo ch'io non mutava proposito, uscì; ed in meno di mezz'ora ebbi il pranzo. Mangiai pochi bocconi, tracannai un bicchier d'acqua, e fui lascia'o solo.—SILVIO PELLICO, *Le mie Prigioni.*

Grammatical Questions.—1. Give the rule and some examples of counting the hours in Italian. 2. Why is *non* used in *non dirò nulla*? 3. Translate, *he wished me good evening, he wished me a good journey.* 4. Why is *scherzassi* in the Subj.?

13. *Dichiarazione d'una stampa che mostra il Galilei innanzi a Fra Paolo Sarpi.*—Una delle cose di maggior consolazione ai buoni in questo misero e sciocco e presuntuoso mondo ci pare la riverenza sincera che hanno l'uno per l'altro gli uomini veramente grandi. E di questa abbiam creduto opportuno ricordare un esempio di due fra quanti mai furono grandissimi: e abbiamo voluto prenderlo da quel secolo decimosettimo, che noi crediamo forse unico in tutta la memoria umana, ad avere prodotta tanta copia insieme d'ingegni all'Italia, alla Francia, alla Germania, all'Inghilterra, all'Olanda, nel vero sapere propriamente giganti: e l'abbiam preso volentieri di due italiani, de' quali due niuna età, niun popolo ebbe i maggiori: ed abbiamo fatta visibile per figure l'affettuosa riverenza che a Paolo Sarpi veneziano portava Galileo Galilei fiorentino. È famosa la grandezza dell'uno e dell'altro: e da lei viene l'amicizia; perchè la vera grandezza non patisce l'invidia. Nè mancò sì all'uno sì all'altro la guerra de' vilissimi invidiosi.... Ma i due sommi, che il sublime intelletto, l'amor del vero, la scienza, l'ammirazione del mondo, l'odio de' tristi congiunge, si onorano e si amano: perchè non hanno cagione d'invidiarsi.

Come un discepolo sta attento ed ossequioso innanzi al maestro, così il Galilei alla presenza del Sarpi.—PIETRO GIORDANI, *Opere.*

Grammatical Questions.—1. Give the several meanings of *stampa.* 2. What degree of comparison is *i maggiori?* and for what other words is it here used? 3. Why is *congiunge* in the sing. after so many subjects? 4. Translate into Italian *one another,* masc. and fem. 5. Parse *prenderlo,* and give the past def. and p. p. of this verb. 6. With what word does *prodotta* agree? Give its Inf. and pres. Indic. 7. Why is the article used before *Galilei* and *Sarpi?*

14. *Segni precursori della tempesta.*—La nebbia s'era a poco a poco addensata e accavallata in nuvoloni, che, infoscando più e più, rendevano similitudine d'un annottare tempestoso; se non che, verso il mezzo di quel cielo cupo e abbassato, traspariva, come da dietro un fitto velame, il disco del sole, pallido, che spargeva intorno a sè un barlume fioco e sfumato, e pioveva una caldura morta e pesante. Ad ora ad ora, tra il vasto ronzio circonfuso, s'udiva un borbogliar di tuoni profondo, come tronco, irresoluto; nè, tendendo l'orecchio, avreste saputo distinguere da che lato venisse; o avreste potuto crederlo uno scorrer lontano di carri che si fermassero improvvisamente. Non si vedea, nelle campagne d'intorno, piegare un ramo d'albero, nè un uccello andarvisi a posare, o spiccarsene; solo la rondine, comparendo subitamente di sopra il tetto del recinto, sdrucciolava in giù con l'ali tese, come per rasentare il terreno del campo; ma, sbigottita di quel rimescolamento, risaliva rapidamente e fuggiva. Era uno di que' tempi, in cui, tra una brigata di viandanti, non v'è chi rompa il silenzio; e il cacciatore cammina pensoso, col guardo a terra; e la villana, zappando nel campo, cessa dal canto senza avvedersene: di que' tempi forieri della burrasca in cui la natura, come immota al di fuori e agitata da un travaglio interno, par che opprima ogni vivente, e aggiunga non so quale gravezza ad ogni faccenda, all'ozio, all'esistenza stessa.—ALESSANDRO MANZONI, *I Promessi Sposi*.

Grammatical Questions.—1. From what words are *nuvoloni*, *velame*, *caldura*, derived? 2. Why is the Subj. used in *che si fermassero?* 3. Parse *spiccarsene*. 4. Parse *v'è chi*. 5. Account for the use of the Subj. in *par che opprima*.

15. *Consigli per ben dipingere una tempesta.*—Se tu vuoi figurar bene una fortuna, considera e poni bene i suoi effetti, quando il vento soffiando sopra la superficie del mare o della terra rimuove e porta seco quelle cose che non sono ferme con la universale massa. E per figurar fortuna, farai prima le nuvole spezzate e rotte dirizzarsi per il corso del vento, accompagnate dall'arenose polveri levate da' lidi marini; e rami e foglie, levati per la potenza del vento, sparsi per l'aria in compagnia di molte altre cose leggiere: gli alberi ed erbe piegate a terra, quasi mostrar di voler seguire il corso de' venti, con i rami storti fuor del naturale loro stato, con le scompigliate e rovesciate foglie: e gli uomini, che vi si trovano, parte caduti e rivolti per li panni e per la polvere quasi sieno sconosciuti; e quelli che restano ritti, sieno dopo qualche albero abbracciati a quello, perchè il vento non li strascini: altri con le mani agli occhi per la polvere chinati a terra, ed i panni ed i capelli diritti al corso del vento. Il mare turbato e tempestoso sia pieno di ritrosa spuma infra le elevate onde, ed il vento faccia levare infra la combattuta aria della spuma più sottile, a guisa di spessa ed avviluppata nebbia. I navigli che dentro vi sono, alcuni se ne faccia con vela rotta, ed i brani d'essa ventilando fra l'aria in compagnia d'alcuna corda rotta;

alcuni con alberi rotti caduti col naviglio attraversato e rotto infra le tempestose onde; ed uomini gridando, abbracciare il rimanente del naviglio. Farai le nuvole cacciate da impetuosi venti, battute nell'alte cime delle montagne, e fra quelle avviluppate e ritorte a guisa o similitudine dell'onde percosse nelli scogli: l'aria spaventosa per l'oscure tenebre fatte dalla polvere, nebbia, e nuvoli folti.—LEONARDO DA VINCI, *Trattato della Pittura*.

Grammatical Questions.—1. What part of speech is *corso* in *per il corso del vento?* and give its other meaning. 2. Point out all the irr. verbs in the above extract. 3. Parse *stato* in *del naturale loro stato*. 4. What is the general meaning of *dopo*, and give its meaning in *dopo qualche albero*. 5. What prep. are now used instead of the obsolete *infra*, and what rule governs their use? 6. Account for the use of *li* in *nelli scogli*.

16. *Roccolino, il parasito.*—Io certo, non so per dire, ma sono il condimento delle più belle villeggiature. Se si tratta di ballare, io ballo minuetti, furlane con suoni, senza suoni, con chi ne sa, con chi non ne sa, e quando ballo io, tutti ridono, che si smascellano dalle risa. Io, bene o male, se occorre, prendo un violino in mano, e sono a rotta di collo. Per cantare poi ho un dono di natura, che tutti credono, che io abbia studiata la musica, e non so nemmeno che cosa voglia dire la solfa. Canto alla disperata da tenore, da soprano, alto, basso, in compagnia e solo, e non vi è nessuno che abbia l'abilità che ho io per cantar le canzonette di piazza. A tavola tutti ridono per causa mia, faccio rime stupende, e ho la facilità di far comparir per rima anche quello che non è rima. Quando ho bevuto un poco, sono deliziosissimo; non guardo in faccia a nessuno, insolenze a tutti, e prendomi poi, senza avermelo a male, guanciate, scappellotti, sudicerie nel muso, e fino qualche volta mi hanno lordato da capo a piedi, che era una cosa da morir di ridere. Tutte le burle si fanno a me; io sono quello, che tiene tutti in divertimento. Una volta mi hanno fatto prendere l'anguilla nel secchio, mi hanno fatto mangiare i maccheroni colle mani legate, mi hanno dato le polpette di crusca, e che so io; cento barzellette, tutte a me, signora. E quest'anno sono con voi. Farò veder chi sono. Ho imparato a posta il giuoco de' bussolotti, a fare sparir la moneta, a tagliar il nastro che resti intero, a far da un mazzo di carte saltar fuori un uccello; e vedrete quei contadini, con tanto di bocca, a dire: Oh! Che diavolo! Che stregone!—CARLO GOLDONI, *I Malcontenti*, atto i. scena 14.

Grammatical Questions.—1. Parse *con chi ne sa?* Give the Inf., the past def., and fut. Ind., and the Imperat. and Conditional of *sa*. 2. *Che cosa voglia.* Why is *voglia* in the Subj.? Give the Inf., the past def., the fut. Ind., and the Conditional of this verb. 3. Account for the use of *non* in *non vi è nessuno che abbia l'abilità*; and express the same idea with the same words, but without the negative. 4. Give the words from which *guanciate* and *scappellotti*, *polpette* and *stregone* are derived.

17. *Parigi nel* 1767.—Era, non ben mi ricordo il dì quanti agosto, ma fra il 15 e il 20, una mattina nubilosa, fredda, e piovosa; io lasciava quel bellissimo cielo di Provenza e d'Italia; e non era mai capitato fra sì fatte sudice nebbie, massimamente in agosto: onde l'entrare in Parigi pel sobborgo miserissimo di S. Marcello, e il progredire poi quasi in un fetido fangoso sepolcro nel sobborgo di S. Germano, dove andava ad albergo, mi serrò sì fortemente il cuore, ch'io non mi ricordo di aver provato in vita mia, per cagione sì piccola, una più dolorosa impressione. Tanto affrettarmi, tanto anelare, tante pazze illusioni di accesa fantasia, per poi inabissarmi in quella fetente cloaca! Nello scendere all'albergo già mi trovava pienamente disingannato; e se non era la stanchezza somma, e la non piccola vergogna che me ne sarebbe ridondata, io immediatamente sarei ripartito. Nell'andar poi successivamente dattorno per tutta Parigi sempre più mi andai confermando nel mio disinganno. L'umiltà e barbarie del fabbricato; la risibile pompa meschina delle poche case che pretendono a palazzi, il sudiciume e goticismo delle chiese; la vandalica struttura de'teatri d'allora; e i tanti oggetti spiacevoli che tutto dì mi cadeano sott'occhio, oltre il più amaro di tutti, le pessimamente architettate facce impiastrate delle bruttissime donne: queste cose tutte non mi venivano poi abbastanza rattemperate dalla bellezza de' tanti giardini, dall'eleganza e frequenza degli stupendi passeggi pubblici, dal buon gusto e numero infinito di bei cocchi, dalla sublime facciata del Louvre, dagli innumerabili e quasi tutti buoni spettacoli, e da altre sì fatte cose.— VITTORIO ALFIERI, *Vita*.

Grammatical Questions.—1. Give the sing. of *sudice*, *poche*, *facce*, *cocchi*. 2. Point out the Infinitives used as substantives in the above passage. 3. Give the pl. of *barbarie*, *umiltà*, *albergo*, *cloaca*, *occhio*. 4. What other verb could be used instead of *venivano* in *non mi venivano poi abbastanza rattemperate?* Explain the use of *venivano*.

18. *L'Inghilterra nel* 1768.—(A.) Partii di Parigi verso il mezzo gennaio, mille sette cento sessantotto, in compagnia di un cavaliere mio paesano, giovine di bellissimo aspetto, di età circa dieci o dodici anni più avanzato di me; di un certo ingegno naturale, ignorante quanto me, riflessivo assai meno, e più amatore del gran mondo che conoscitore o investigatore degli uomini. Egli era cugino del nostro Ambasciatore in Parigi, e nipote del Principe di Masserano, allora Ambasciatore di Spagna in Londra, in casa del quale egli doveva alloggiare. Benchè io non amassi gran fatto di legarmi di compagnia per viaggio, pure per andare a un determinato luogo, e non più, mi ci accomodai volentieri. Questo mio nuovo compagno era di un umore assai lieto e loquace, onde con vicendevole soddisfazione io taceva e ascoltava, egli parlava e lodavasi, essendo egli fortemente innamorato di sè per aver piaciuto molto alle donne, e mi andava annoverando con pompa i suoi trionfi amorosi, ch'io stava a sentire con diletto e senza invidia nessuna. La sera all' albergo aspettando la cena giuocavamo a scacchi, ed egli sempre mi vinceva, essendo io stato sempre ottusissimo a tutti i giuochi. Si fece un giro più lungo per Lilla, e Douay, e Sant' Oméro per renderci a Calais; ed era il freddo sì eccessivo, che in un calesse stivatissimo coi cristalli, ed inoltre un candelotto che ci tenevamo acceso, ci si agghiacciò in una notte il pane ed il vino stesso; e quest' eccesso mi rallegrava, perchè io per natura poco gradisco le cose di mezzo. Lasciate finalmente le rive della Francia, appena sbarcammo a Douvres, che quel freddo si trovò scemato per metà, e non trovammo quasi punto neve fra Douvres e Londra.

Grammatical Questions.—1. What is the mood and tense of *amassi*, and why? 2. Parse *ci* in *mi ci accomodai*. 3. Why is *io* used with the gerund *essendo*? Give the rule in the Syntax. 4. Parse *ci si agghiacciò*. 5. What word is omitted before *lasciate*? 6. Why is the article used with *della Francia*?

(B.) Quanto mi era spiaciuto Parigi al primo aspetto, tanto mi piacque subito e l' Inghilterra, e Londra massimamente. Le strade, le osterie, i cavalli, le donne, il ben essere universale; la vita e l' attività di quell' isola, la pulizia e comodo delle case benchè piccolissime, il non vi trovare pezzenti, un moto perenne di danaro e d' industria sparso egualmente nelle provincie che nella capitale; tutte queste doti vere ed uniche di quel fortunato e libero paese mi rapirono l' animo a bella prima, e in due altri viaggi oltre quello ch' io vi ho fatti finora, non ho variato mai più di parere, troppa essendo la differenza tra l' Inghilterra e tutto il rimanente dell' Europa in queste tante diramazioni della pubblica felicità provenienti dal miglior governo. Onde, benchè io allora non ne studiassi profondamente la costituzione, madre di tanta prosperità, ne seppi però abbastanza osservare e valutare gli effetti divini.

Grammatical Questions.—1. Why is *era* used with *spiaciuto*? 2. Translate literally *mi rapirono l'animo*. What case is *mi*? 3. What number and case is *fatti*, and why? 4. What is the longer form of *miglior*? Give the positive, comparative, superlative relative and superlative assoluto of this word. 5. Parse *non ne studiassi*.

(C.) In Londra essendo molto maggiore la facilità per i forestieri di essere introdotti nelle case, di quel che non sia in Parigi, io che a quella difficoltà parigina non avea mai voluto piegarmi per ammollirla, perchè non mi curo di vincere le difficoltà da cui non me ne ridonda niun bene, mi lasciai allora per qualche mese strascinare da quella facilità e da quel mio compagno di viaggio nel vortice del gran mondo. Contribuì anche non poco ad infrangere la mia naturale rusticità e ritrosia la cortese e paterna amorevolezza verso di me del Principe di Masserano ambasciatore di Spagna, ottimo vecchio appassionatissimo dei Piemontesi, essendo il Piemonte la sua patria, benchè il di lui padre si fosse già traspiantato in Ispagna. Ma dopo circa tre mesi avvedendomi che in quelle veglie e cene e festini io mi ci seccava pur troppo e niente imparavaci, scambiatami allora la parte, in vece di recitare da cavaliere nella veglia, mi elessi di far da cocchiere alla porta di essa, e incarrozzava o scarrozzava di qua e di là per tutto Londra il mio bel Ganimede compagno, a cui solo lasciava la gloria dei trionfi amorosi; e mi era ridotto a far sì bene e disinvoltamente il mio servizio di cocchiere, che anche di alcuni di quei combattimenti a timonate che usano tra i cocchieri Inglesi all'uscire del Ranelagh e dei teatri, ne uscii con un qualche onore, senza rottura di legno nè danno dei cavalli. In tal guisa dunque terminai i miei divertimenti di quell'inverno, col cavalcare quattro o cinqu'ore ogni mattina, e stare a cassetta due o tre ore ogni sera a guidare per qualunque tempo facesse.

Grammatical Questions. — 1. In *che non sia*, why is *non* used and why is *sia* in the Subj.? 2. In the sentence *non me ne ridonda niun*, why is *non* used with *niun*, and what cases are *me* and *ne*? 3. What is the Infinitive of *avvedendomi*? 4. Give the Inf. and p. p. of *elessi*.

(D.) Nell'Aprile poi col mio solito compagno si fece una scorsa per le più belle provincie d'Inghilterra. Si andò a Portsmouth, a Salisbury, a Bath, a Bristol, e si tornò per Oxford a Londra. Il paese mi piacque molto, e l'armonia delle cose diverse, tutte concordanti in quell'isola al massimo ben essere di tutti, m'incantò sempre più fortemente; e fin d'allora mi nacea il desiderio di potervi stare per sempre a dimora; non che gl'individui me ne piacessero gran fatto (benchè assai più dei Francesi, perchè più buoni e alla buona) ma il local del paese, i semplici costumi, le belle e modeste donne e donzelle, e sopra tutto l'equitativo governo e la vera libertà che n'è figlia, tutto questo me ne faceva affatto scordare la spiacevolezza del clima, la malinconia che sempre vi ti accerchia, e la rovinosa carezza del vivere.

Ed in fatti poi, dopo molti altri viaggi e molto più esperienza, i due soli paesi dell'Europa, che mi hanno sempre lasciato desiderio di sè, sono stati l'Inghilterra e l'Italia; quella, in quanto l'arte ne ha, per così dire soggiogata o trasfigurata la natura; questa, in quanto la natura sempre vi è robustamente risorta a fare in mille diversi modi vendetta dei suoi spesso tristi e sempre inoperosi governi.—VITTORIO ALFIERI, *Vita*.

Grammatical Questions.—Explain the use of *si* in *si fece, si andò*. 2. In *che n'è figlia*, parse *che* and *ne*. 3. What is the difference in meaning between *quella* and *questa*? To what Latin words do they correspond?

19 *Sparecchia, il Parasito.*—(A.) Ei mi fu posto questo nome Sparecchia, perciocchè quand'io mi metto intorno a una tavola, io la sparecchio in modo che non accade che la fante la sparecchi altrimenti; e in vero che chi mel pose non dormiva, perchè ci mi quadra molto bene in buona fè. Ma vedi in che bella speculazione io son caduto adesso, degna certo d'ogni sottil filosofo! e io giudico che coloro che legano i prigioni con le catene di ferro, e pongon loro le manette e i piedi ne' ceppi, acciocchè e' non si fuggano, facciano una grande sciocchezza; perchè a uno che ha male, se tu gli arrogi male a male, tu gli dai maggior cagione di cercar di fuggire; e per questo avviene che noi sentiam dire spesso, il tale ha rotto la prigione, e' s' ha collato dalle mura; tanto ch' ogni dì ne scappa. Ma chi volesse tenere un prigione in modo che non si fuggisse, bisognerebbe legarlo ai piedi d' una botte di trebbiano, di greco, o di malvagia, a una cassa di pan bianco, a una stia di cappon grassi, ovvero a uno stidione dove c' fussero cotti appunto allora, e meglio a un tagliere addove fussero belli e tagliati ; e se se ne fuggisse appollo a me, sebbene e' fusse in prigione per la vita : chè queste catene della gola, quanto più le allarghi, più ti stringono.

Grammatical Questions.—1. Parse *in vero che chi me!.* 2. What tense is *pose?* Give the Inf., pres. and imp. Ind., and p. p. of this verb. 3. Give the meaning of the sing. of *ceppi*. 4. What mood is *facciano*, and why? Give the Inf., pres. and past def. Ind., and p. p. of this verb. 5. What are the Inf. and p. p. of *cotti?*

(**B.**) Ecco che io me ne vo adesso da me stesso a mettermi in prigione in casa di Lucido, acciocchè ei mi leghi alla tavola sua con una catena lunga lunga d' un buon desinare; donde io non mi potrò mai partire, infinch' ella starà apparecchiata. E sai che a' suo' pasti non si sollecitan le gengive con la carne minuzzata a uso di lusignuoli : alla franzesa ogni cosa intera in tavola, e ognun piglia quel che vuole. Io so che chi vi mangia spesso, come fo io, vi diventa più largo che lungo; pongasi mente a me se mi si pare; o quante vivande, pasti da preti ! Maffè, c' son parecchi giorni ch' io non vi sono stato, che me ne duole assai: e Dio 'l voglia ch' il mio disegno mi riesca a bene, e che d' uno errore ch' io feci iersera, la gola non ne patisca oggi la penitenza. Ma lasciami vedere s' io ho quel madrigaletto ch' io feci fare in laude sua : eccolo appunto. E' m' è giovato a dargli ad intendere ch' io abbia del poeta anch' io; perch' io ho posto mente che sempre ch' io gli porto qualche cosetta in sua lode, ei mi dà bere quel vino, che bee per sè proprio : io non che comporre, non so a fatica leggere; egli che ne sa manco di me, se gli bee per miei, e io me lo beo e mangio per mio. Ma che? ogni bue non sa di lettera; e questi sciocchi lodan più le cose dozzinali, perchè par loro intenderle, che le cose de' valentuomini, che non ne mangiano; e come c' sentono rimare *zoccolo* con *moccolo*, non domandare se ridono : e se mai fu andazzo di poeti e di prosanti, n' è stato in questa terra quest' anno. —Agnolo Firenzuola, *I Lucidi.*

Grammatical Questions.—1. What is the full form of *maffè?* 2. Give the words from which *madrigaletto, cosetta* are formed. 3. *Ch' io abbia.* Why is *abbia* in the Subj.? 4. Give the full form of *bee* and *beo*. Give the Inf. and past def. of this verb. 5. Why is *domandare* used as an Imperative?

20. *Se i pianeti siano abitati.*—Che nella luna o in altro pianeta si generino o erbe o piante o animali simili ai nostri, o vi si facciano piogge, venti, tuoni come intorno alla terra, io non lo so e non lo credo; e molto meno, che ella sia abitata da uomini. Ma non intendo già come, tuttavoltachè non vi si generino cose simili alle nostre, si debba di necessità concludere che niuna alterazione vi si faccia, nè vi possano essere altre cose che si mutino, si generino e si dissolvano, non solamente diverse dalle nostre, ma lontanissime dalla nostra immaginazione, e insomma del tutto a noi inescogitabili. E siccome io son sicuro che a uno nato e nutrito in una selva immensa, tra fiere e uccelli, e che non avesse cognizione alcuna dell' elemento dell' acqua, mai non gli potrebbe cadere nell' immaginazione, essere in natura un altro mondo diverso dalla terra, pieno di animali li quali senza gambe e senza ale velocemente camminano, e non sopra la superficie solamente, come le fiere sopra la terra, ma per entro tutta la profondità: e non solamente camminano, ma, dovunque piace loro, immobilmente si fermano, cosa che non posson fare gli uccelli per aria; e che quivi di più abitano ancora uomini, e vi fabbricano palazzi e città, e hanno tanta comodità nel viaggiare che senza niuna fatica vanno, con tutta la famiglia e con la casa e con le città intere, in lontanissimi paesi; siccome, dico, io son sicuro che un tale, ancorchè di perspicacissima immaginazione, non si potrebbe giammai figurare i pesci, l' oceano, le navi, le flotte, e le armate di mare; così, e molto più, può accadere che nella luna, per tanto intervallo remota da noi e di materia per avventura molto diversa dalla terra, sieno sostanze e si facciano operazioni non solamente lontane ma del tutto fuori d'ogni nostra immaginazione, come quelle che non abbiano similitudine alcuna con le nostre, e perciò del tutto inescogitabili. Avvegnachè quello che noi ci immaginiamo, bisogna che sia o una delle cose già vedute, o un composto di cose o di parti delle cose altra volta vedute, chè tali sono le sfingi, le sirene, le chimere, i centauri. Io son molte volte andato fantasticando sopra queste cose; e finalmente mi pare di poter ritrovar bene alcune delle cose che non sieno nè possan esser nella luna, ma non già veruna di quelle che io creda che vi sieno e possano essere, se non con una larghissima generalità; cioè cose che l' adornino operando e movendo e vivendo, e forse con modo diversissimo dal nostro.—GALILEO GALILEI, *Dialoghi.*

Grammatical Questions.—1. Parse *si debba.* Give the Inf. and pres. Ind. 2. Give the positive of *larghissima* and *diversissimo.* 3. Explain the use of the Subj. *sieno sostanze.* What is the usual form of *sieno?* 4. For what purpose is the Gerund *fantasticando* preceded by *andato?*

21. *Un medico nel Serraglio in Costantinopoli.*—Il Morgagni raccontò un' avventura accaduta molt'anni sono ad un suo amico, il quale, essendo medico d'un bailo in Costantinopoli, fu chiamato a visitare una Sultana malata. Il buonomo fu introdotto nel

Serraglio, e accompagnato sino alla stanza dell'inferma da certi gaglioffacci, che tenevano certe loro acutissime picche rivolte verso il suo corpo, non de' più smilzi. Ve' le belle cerimonie che s'usano nella elegantissima corte di quell' Imperadore Musulmano! Giunto al letto, bisognò parlare per interprete alla Dama, nascosta al guardo del signor Dottore da un ampio velo, che copriva tutto il suo letto. L' interprete non sapeva spiegar bene quello che la malata gli stava dicendo di sotto a quel velo, attraverso il quale neanco il suo polso poteva essere ben toccato. L' Eccellentissimo, un po' stizzoso di natura, non potendo nè ben intendere, nè farsi ben intendere, fu sorpreso da una convulsione d'impazienza tale, che senza ricordarsi delle picche lasciate nella prossima camera, strappò a un tratto il velo d' addosso alla Sultana, giovanetta, per quanto si vedette subito, d'una bellezza tanto sfolgorata, da far morir d'amore la statua di Zenocrate, non che un Gran Turco fatto di carne e d'ossa come qualsivoglia Cristiano. La Bella non si scompose punto all' atto subitaneo, che la stizza dottorale aveva cagionato; ma ridendo anzi potentemente, si lasciò toccare il polso nudo, e guardare alla lingua, eccetera, eccetera; e il Signor Gran Turco, il quale stavale lì accanto seduto sur una mano di guanciali, presa la cosa dal buon lato, si diede a ridere anch' esso, e lasciò che il medico facesse quindi le sue cose alla nostrana, cioè, che visitasse l' inferma con quella schiettezza che s'usa da' nostri medici colle nostre donne, quando vogliono essere guarite de' loro mali: e dopo alquante altre visite fatte alla Sultana senza essere più preceduto da que' ribaldi colle picche, e restituitale la salute, fu finalmente congedato con una quantità di sultanini avvolti in un fazzoletto di seta, postigli in mano dal medesimo Gran Signore; cerimonia anche questa un po' strana, come quell' altra già detta, comecchè non tanto formidabile.—GIUSEPPE BARETTI.

Grammatical Questions.—1. Why is the article used with *Il Morgapni?* 2. What word is understood with *accaduta?* 3. Translate "It is a long time ago," using *fare.* 4. What part of the verb is *ve'?* Give the Inf., pres., past def. and fut. Indic. 5. *Stavale,* what case is *le,* and why? 6. What part of the verb is *diede?* Give the Inf., pres. and fut. Ind.; and the pres. and imp. Subj. 7. Parse *restituitale la salute.*

22. *Il lavoro e l' ozio.*—Quando ogni cittadino in uno stato può con un lavoro discreto di sette o otto ore per giorno, comodamente supplire a' bisogni suoi e della sua famiglia, questo stato sarà il più felice della terra: egli sarà il modello d'una società ben ordinata. In questo stato le ricchezze saranno ben distribuite; in questo stato, finalmente, non ci sarà l'eguaglianza delle facoltà, che è una chimera, ma l'eguaglianza della felicità in tutte le classi, in tutti gli ordini, in tutte le famiglie che lo compongono; eguaglianza, che debb' essere lo scopo della politica e delle leggi. Ho detto con un lavoro discreto di sette o otto ore per giorno, poichè un'eccessiva fatica non è compatibile colla felicità. Lasciamo a' poeti ed ai filosofi entusiasti gli elogi d'una vita interamente laboriosa, e contentiamoci di piangere sulla disgrazia di coloro che son condannati a menarla. La natura che ha dato a tutti gli esseri una forza proporzionata al mestiere che dovevano esercitare, non ha fatto l'uomo per una vita così penosa; egli non può adattarvisi che a spese della propria esistenza. Non ci lasciamo trasportare dall'errore. Non è vero che gli uomini occupati dalle penose arti della società, e che non hanno che poche ore della notte per sollievo delle loro fatiche, non è vero, io dico, che quest'infelici vivano tanto quanto l'uomo che gode del frutto de' suoi sudori, e che fa un uso moderato delle sue forze. Una fatica moderata fortifica; una fatica eccessiva opprime e consuma. Un agricoltore che prende la zappa prima che il sole esca fuori dall'orizzonte, e che non l'abbandona che all'avvicinarsi della notte, è un vecchio all'età di quaranta o di cinquant'anni. I suoi giorni si abbreviano, il suo corpo s'incurva; tutto palesa in lui la violenza fatta alla natura. Non è, dunque, possibile il trovar la felicità in un genere di vita così laborioso, ma è anche impossibile il trovarla nell'ozio. La noia, compagna indivisibile d'un ricco ozioso, lo seguita in tutti i luoghi, e non lo abbandona neppure nei piaceri stessi. Questa è come l'ombra del suo corpo, che lo accompagna da per tutto. I piaceri, quasi tutti esauriti per lui, non gli offrono più che una tetra uniformità che addormenta e stanca. Destinati a sollevare lo spirito dopo le fatiche del corpo o dopo i lavori dell'intelletto, essi lasciano d'esser piaceri subito che non sono preparati dall'occupazione. Privo di questo condimento necessario, l'uomo può passare, come vuole, senza interruzione da un piacere ad un altro: egli non farà che passare da una noia ad un'altra noia. Invano egli si fa un dovere di scorrerli tutti; invano egli affetta un volto ridente e un linguaggio di contentezza: questa è una felicità imprestata; questa è una felicità d'ostentazione: il cuore non vi prende quasi alcuna parte. Il lungo uso de' piaceri glieli ha resi inutili. Questi sono tante molle usate che s'indeboliscono a misura che si comprimono con maggior frequenza. Che diverranno allorchè restano sempre compresse?

No; non è ne' piaceri che il ricco ozioso può trovare qualche felicità. Egli non la gusterà che in que' soli momenti ne' quali soddisfa a' bisogni della vita. In questi momenti tutti gli uomini sono egualmente felici, ma la natura non moltiplica in favore del ricco i bisogni della fame, della sete, del sonno, ecc. Se egli mangia cibi più delicati dell'uomo che vive del frutto delle sue braccia, egli, non per questo, gode più di lui nel soddisfare questo bisogno. Se il suo letto è più morbido, il suo sonno non è, per questo, più profondo e meno esposto agl'incomodi della vigilia. Nel tempo, dunque, che gli uomini soddisfanno a' loro bisogni, tutti sono egualmente felici. La diversità dipende dalla maniera di occupare l'intervallo che passa tra un bisogno soddisfatto ed un bisogno rinascente. Or il ricco ozioso, che occupa tutto questo tempo in divertirsi e nell' andare in cerca dei piaceri, è egualmente infelice del povero che debbe impiegarlo in un lavoro eccessivo. L' uno soffre, durante quest' intervallo, tutto il peso della noia, e l' altro tutto il peso della sua miseria. L' uno va in cerca di nuovi bisogni e di nuovi desideri, e l' altro maledice la natura per avergli dati quelli che gli costa tanto di soddisfare. Un' occupazione, una fatica, dunque, moderata, quando questa basti per soddisfare i propri bisogni, e per riempire l' intervallo che passa tra un bisogno soddisfatto ed un bisogno che si dee soddisfare, è la sola che può rendere l' uomo felice, e che può farlo pervenire a quel grado di felicità che non è permesso a' mortali d' oltrepassare.—GAETANO FILANGIERI.

Grammatical Questions. — 1. In *tutti gli esseri*, why is the article used? 2. In what mood is *vivano*, and why? 3. With what word does *destinati* agree? 4. In *glieli ha resi*, parse *glieli* and explain the *e* between *gli* and *li*. What is the Inf. of *resi*? 5. What tense is *diverranno*? Give all the persons of this tense. Give the pres. Ind. and Subj., and the past def. of this verb. 6. What mood and tense is *dee*? Give the Inf., and the 1st pers. sing. of the pres. and fut. Ind., and of the pres. Subj.

23. *L' organino.*—Organino, che vuoi tu da me? Il ladrone chiede la borsa o la vita; ma tu mi lasci la vita per più tormento, e vuoi da me la mercede della tua crudeltà, che non la chiedono neanche agl' impiccati i carnefici loro: vuoi che la mia borsa ti sia mantice per darti fiato a nuove scelleraggini. I tiranni dell' antica Sicilia non inventarono maggior tormento dell' organino. Dante cantò di Rinieri da Corneto e di Rinieri Pazzo,

"Che fecero alle strade tanta guerra;"

ma la guerra, che tu fai dalle strade alle case, è più assassina; e *le fiere braccia di Ghino di Tacco* sarebbero, al paragone, un solletico. Dante non ha nel suo Inferno il supplizio dell' organino, perchè il medio evo non aveva inventata tanta atrocità. Il tuo nome finisce in *ino* per celia spietata, come Ezzelino e Valentino.

I posteri non crederanno il nostro secolo tanto malvagio e tanto disgraziato. Tutte le sue colpe e le pene delle colpe sono, come in vaso di Pandora, organino, dentro di te. Un galantuomo se ne sta in casa senza nè fare, nè pensar male; e, nel più bello delle sue fantasie, proprio a mezzo d' un discorso che gli premeva di far sentire, lo ferisce il tuo strale come una saetta che penetri nella bocca aperta, lo assorda e lo scorda tutto. E alla prima saetta un' altra ne segue subito, e poi un' altra; e quando il turcasso era da sperare vuotato, e tu ti rifai da capo, più spiritoso e più arrabbiato che mai. Che ti ha egli fatto il mondo misero, perchè ai suoi tanti strazi tu aggiunga questo?

Organino, che mi dici tu? Non dicessi nulla, saresti una beatitudine; ma tu mi porti davanti tutte le strimpellate e le stonature di tutti i sonatori e cantanti che ho udito. Tu non hai nulla di tuo; e però sei inesausto, impertinente, invaditore. Quelle sonate che furono rigettate fuori da tutte le bocche, tu le raccogli dal fango della strada e le chiudi nello scellerato tuo ventre: tu imbalsami l'orribile, l'odorifero appesti, perpetui l'agonia. Tu fai peggio ancora: quelle melodie, che ci rinfrescarono i pensieri e ci commossero il cuore, tu le sgualcisci e le scontraffai: e, per più tormento, io le riconosco, e la memoria mi è nuovo martirio; perchè

"Nessun maggior dolore
Che ricordarsi del tempo felice
Nella miseria,"

come diceva la figliuola del principe Da Polenta. Oh miseria! Se tu contraffacessi le cose in maniera da farle tue, avresti un' originalità che farebbe fremere, ma non inorridire. Io ti so a mente, e pure mi giungi terribile come una cosa nuova: io ti sento dove non sei; e quando ti comincio a sentire, il sangue mi dà un tuffo: io ti aspetto sempre, e pure mi caschi sempre tra capo e collo come un colpo improvviso.

Al primo tocco mi si affollano intorno tutte le memorie che tu hai profanate, tutti i pensieri che tu hai rotti a mezzo, tutte le parole che col tuo strillo hai ricoperte o rimandate in gola, tutte le impazienze che hai aizzate, tutte le scipitezze che hai seminate per l'aria. La mediocrità è l'avola tua, la trivialità madre tua, la ripetizione è tua sorella, la noia figliuola tua; la noia convulsa, irrequieta, quale sonno, presso a venire, rotto *da pulci, da mosche e da tafani.* Tu sei la rana di questo grande stagno ch'è il secolo decimonono; tu sei la spugna di tutte le cose volgari; il simbolo della volgarità, anzi dell'epoca. Tu sei da per tutto, e tutto è te. Organini certe mostre d'arti belle, organini certe accademie e scuole, organini certi parlamenti e certa libertà.

Organino, di che sai tu? Se tu non sapessi di nulla, saresti la Sapienza di tutte le università del mondo. Ma i tuoi influssi corrompono il gusto pubblico, che è parte viva della morale pubblica. Quelli che non volevano una corda aggiunta alla lira, come infrazione degli statuti della città, che direbbero in sentire aggiunto all'orchestra del secolo l'organino? C'è un' edilità per far murare a dirittura le case e tirare a filo le contrade in grazia d'un' euritmia melensa che mette nella linea retta ogni specie di bellezza; e per le contrade tripudierà senza freno poi la licenza de' ritmi iniqui? Purgasi la città da' rigagnoli e da' pozzi neri che ammorbano, se ne allontanano i cimiteri; e tu arnese mefitico, tu carogna armoniosa, passeggi tra noi? E creature in forma di donne s' affacciano per sentirti, e ti gettano, invece di quel vaso che so io, il soldo dovuto al povero che non parla! Esse, tue balie, sono quasi più ree di te. Quest' è più che fango, che inzacchera e penetra per gli orecchi nell'anima, più che acqua immonda e pestifera; è un'idra di Lerna che ripullula ad ogni sonata, e ad ogni divincolarsi delle sue spire fischia. E pensare che ci sono in questo globo popolose città, che non hanno per le loro strade altra musica che il fischio del vapore e l'organino! Pensare che quel che fa ballare le scimmie è l'educatore musicale d'un popolo! La cosa è seria, ed appartiene allo stato a provvedere alla sanità delle generazioni crescenti, più minacciata dall'organino che dai trecconi di cibi malsani.

Organino, che pensi tu? Io non chiedo quel che pensa chi ti porta e maneggia; ma vo' sapere quel che tu pensi e macchini, che sei meno macchina di chi ti porta e campa di te; come l'uomo che campa del far ballare bestie, è sovente più bestia di loro. E questa è una delle cose più terribili a pensare in questa terribile cosa di ch'io *piango e ragiono*. Le bestie e le macchine si fanno dotte, benefattrici, onnipotenti; e i progressi dell'uomo consistono nel farsi più importuno, più impotente e più organino che mai. È egli un uomo o un nuovo quadrumano costui che dimena il braccio nella inerzia di tutti gli altri organi, nonchè de' pensieri? E il lasciar girare codesto esemplare e spettacolo di oziosaggine premiata, non è egli uno scandalo? Paragonatelo al baco da seta, all'asino; e ditemi chi è meno uomo. Avesse almeno un'altra macchinetta accanto, che rendesse un qualche servigio; e, nell'atto di sonare, facesse andare un macinino da caffè, avvolgesse un gomitolo!—
NICCOLÒ TOMMASEO.

Grammatical Questions.—1. Give the words from which the following are modified: *organino, ladrone, macchinetta, macinino.* 2. Give the singular of *braccia.* 3. What is the force of the modification *ino* in Italian words? 4. Give the irregular forms of the verb from which *rotto* comes. 5. What mood is *che penetri*, and why? 6. To what does *ne* refer in *ne segue*? 7. In *non dicessi nulla* account for the two negatives, and explain why *dicessi* is in the Subj. 8. In *se tu contraffacessi*, what mood and tense is the verb, and why? Give the pres. Inf. 9. Explain the use of *mi* in *il sangue mi dà un tuffo.* 10. What is the difference of meaning when *sapere* is followed by the acc. and by *di*?

NOVELLE.

1. *L' incendio.*—Erasi una notte ad una casa di poveri abitanti appreso violentissimo fuoco. Da una stanza a pian di terra, ov' era stato male spento, e mal ricoperto, cominciò questo ad appigliarsi ad alcune vicine legna; quindi all' aride masserizie ch' eran d'intorno; giunto all' uscio, ed abbruciatolo, si propagò alla scala, ch'era di legno essa ancora, e per questa salendo portò la vampa fino al tetto.

Gli abitatori, ch' erano tutti nel primo sonno, destati dal fumo, e dal crepito delle fiamme corsero per salvarsi alla scala, e trovandola incendiata, incominciarono da ogni parte a mettere altissime strida. Atterriti i vicini dallo schiamazzo si alzano, e accorrendo si veggono innanzi la scena più spaventevole che fosse mai: il pian terreno già tutto a fuoco, che comunicato si era alle contigue stanze, e per le soffitte già propagavasi a' piani superiori; il tetto sormontato d'altissima fiamma destata dal fuoco, che asceso eravi per la scala; e le finestre tutte ripiene di gente, che chiusa tra due fuochi, e priva dell' unico scampo, che la scala avrebbe potuto somministrare, gridava disperatamente, chiedendo aiuto.

Non furon lenti a recare subitamente chi d'una e chi d'altra parte più scale a mano, che applicate alle finestre diedero campo a quegli infelici, d'uscirne e di salvarsi. Alcuni de' più coraggiosi pur si calarono per le funi: que' che si trovavan alle finestre più basse, per esse di un salto balzarono a terra: tutti in fine, chi per un modo, e chi per un altro, avventuratamente camparono.

Sol rimanevano due fanciulli, che in una piccola stanza trovavansi al più alto piano. Il loro padre, assente allor col padrone a cui serviva, aveali per loro disavventura lasciati soli. Non potendo essi per alcun modo aiutarsi, col pianto e colle strida chiedevano l' altrui soccorso: ma benchè ognuno de'circostanti sentisse per compassione strapparsi il cuore, niun sapeva come camparli. Altra uscita non avea la camera dov'essi erano, che sopra una loggia di legno, che tutta già era preda del fuoco; nè alla camera per altra via poteasi penetrare, se non entrando per la finestra di una stanza vicina, che ad essa comunicava. Ma oltre che questa era altissima, già le fiamme vi si erano introdotte, e manifesto sembrava il pericolo di perder sè stesso a chi avesse voluto per questa via cercar la loro salvezza.

Sopravvenne in questo punto monsignor d'Apochon; e al vedere in sì terribile frangente i due miseri fanciullini, si sentì tutto commuovere l'animo di pietà insieme e d'orrore. Non gli parendo dall'altro canto sì evidente il pericolo di chi affrettato si fosse a liberarli, incominciò a proporre ad alta voce per animare qualcuno all'impresa il premio di cento luigi d'oro. Non vedendo niuno muoversi a tal proferta, dubitando non si credesse proporzionata al rischio la ricompensa, ne promise tosto dugento. Ma questo pure non valse, chè troppo ognuno s'avea cara la vita, nè a qualunque costo sapea indursi con tanto pericolo ad avventurarla.

Scorgendo inutile ogni promessa, il piissimo e valorosissimo prelato: A Dio però non piaccia, esclamò, che noi abbiamo qui tutti sì neghittosi a mirare quelle due vittime sventurate perir colà tra le fiamme. Ciò che altri non osa, saprò osarlo io stesso: e fatte presto con corde unir due scale, chè una sola fin colà giugnere non poteva, applicolle alla finestra della stanza che era contigua, e su ascesovi animosamente, per essa in mezzo alle fiamme sen corse al luogo dov' essi erano, e un di loro recandosi sulle spalle, e l'altro in braccio, giù per la scala medesima, fra lo stupore e le acclamazioni del popolo attonito e intenerito, amendue portossegli a salvamento.

Uomini così fatti, perchè son eglino sì rari al mondo, o perchè, appena ci nascono, sono essi al bene e all'esempio degli altri sì prestamente involati!—FRANCESCO SOAVE, *Novelle Morali.*

Grammatical Questions.—1. Parse *crasi appreso.* Why is *cra* used, and not *avea?* 2. With what word does *lo* agree in *abbruciatolo?* 3. What is the nominative to *portò?* 4. Parse *si veggono innanzi.* Give all the persons of the pres. Ind. of this verb. 5. In *potendo essi* why is *essi* used? Explain the position of *essi.* 6. What mood and tense is *sentisse,* and why? 7. Why is the Inf. *strapparsi* used without a preposition? 8. In *a chi avesse,* why is *avesse* in the Subjunctive? 9. Parse *di chi affrettato si fosse.* 10. What part of the verb is *valse?* Give the Inf. and first pers. of the pres., past def., and fut. Ind., and of the pres. Subj. 11. Parse *applicolle.* Why is the accent of the verb dropped and the *l* of *le* doubled? 12. In *sen corse* of what words is *sen* a contraction?

2. *La vedova ammalata.*—Dolce in ogni tempo è i. benefizio, ma vie più dolce, quand' è accompagnato dalla sorpresa.

Mentre un altissimo personaggio passava una mattina per tempo, incognito e tutto solo, per un sobborgo di Vienna, vide accostarsegli un giovinetto d'intorno a dodici anni, il quale con occhi bassi e lagrimosi e con voce timida e smarrita si fece a domandargli qualche soccorso. L'aria gentile del giovinetto, il portamento composto, il rossore, che il volto gli coloriva, il pianto, che avea sul ciglio, la voce incerta, sospesa, interrotta, fecer nell'animo di questo Signore una viva impressione. Voi non avete sembianza, gli disse, di esser nato per chieder la limosina. Ch'è ciò, ch'a questo vi muove?— Ah, io non son nato certamente, rispose il giovinetto con un sospiro accompagnato da lagrime, in così misera condizione. Le sventure di mio padre e lo stato infelice, in cui mia madre si trova presentemente, a ciò mi costringono.—E chi è vostro padre?—Egli era un negoziante, che avea acquistato già qualche credito e incominciava a formare la sua fortuna. Il fallimento d'un suo corrispondente lo ha rovinato interamente ad un tratto. Per nostro male maggiore ei non potè sopravvivere alla sua disgrazia, e dopo un mese n'è morto di crepacuore. Mia madre, un fratello minore ed io siamo restati nell'estrema miseria. Io ho trovato ricovero presso un amico di mio padre. Mia madre s'è adoperata finora co' suoi lavori a sostener sè medesima e il fratello minore. Ma questa notte ella è stata sorpresa da un male violento, che mi fa temere della sua vita. Io sono privo di tutto, sprovveduto affatto di danaro, e non so come soccorrerla. Non assuefatto a mendicare, io non ho pur coraggio di presentarmi a chi mi può riconoscere. Voi, Signore, mi sembrate straniero, dinanzi a voi per la prima volta io mi son fatt'animo a vincere il rossore, che sento. Deh, abbiate pietà dell'infelice mia madre; fate, ch'io possa aver modo di sollevarla!

Così dicendo egli uscì in dirotto pianto, da cui l'incognito si sentì tutto commosso.—Sta assai lontano di qui vostra madre?—Ella è al fine di questa contrada, nell'ultima casa a manca, al terzo piano.— È stato ancor niun medico a visitarla?—Io andava appunto di lui cercando, ma non so come ricompensarlo nè come provvedere ciò, che per esso verrà ordinato.—Lo sconosciuto Signore trasse dalla borsa alcuni fiorini, e a lui porgendoli: Andate subito, disse, a procurarle alcun medico e sovvenirla. Il giovinetto, colle più semplici ma insieme più energiche espressioni d'un cuore riconoscente, rendutegli le grazie più vive, partì di volo.

L'incognito personaggio frattanto, allorchè quegli per altra parte si fu allontanato, prese determinazione d'andar egli stesso a visitare la vedova infelice. Salite le scale entrò in una piccola cameretta, ove altro non vide che poche scranne di paglia, pochi attrezzi da cucina, un tavolino rozzo e mal commesso, un vecchio armadio, un letto, ove giaceva l'inferma, e un altro piccolo letticciuolo accanto. Ella era nel più profondo abbattimento, e il piccolo figlio appiè del letto struggevasi in pianto. Cercava la madre di confortarlo, ma troppo ella medesima di conforto avea mestiere. Il personaggio s'accosta intenerito, e fattole cuore incomincia qual medico sovra il suo male ad interrogarla. Essa n'espone succintamente i sintomi; indi con un sospiro e piangendo: Ah Signore, da troppo alta cagione deriva il mio male, e l'arte medica non v'ha rimedio. Io sono madre, e madre infelice di troppo miseri figli. Le mie sciagure e quelle dei figli miei hanno ferito già questo cuore troppo profondamente. La sola morte può mettere fine a' miei mali; ma questa stessa mi fa tremare per la desolazione, in che i poveri miei figli si rimarranno. Qui crebbe il pianto; ella espose le sue sventure, che il supposto medico dissimulò di sapere già altronde e che gli trassero nuove lagrime. Alla fine: Or via, diss'egli, non disperate ancora; il Cielo non vorrà porvi in dimenticanza. Compiango le vostre calamità; ma il Cielo è provvido; voi non sarete abbandonata. Pensate intanto a conservare una vita, che troppo è preziosa pe' vostri figli. Avreste carta da scrivere?—Essa ne staccò un foglio da un librettino, sopra del quale esercitavasi il bambolino di circa sette anni, ch'era appiè del letto. L'incognito, dopo aver scritto: Questo rimedio, disse, comincerà a confortarvi; ad altro migliore, ove bisogni, procederemo in appresso, e fra poco io spero che voi sarete guarita.—Lasciò il viglietto sul tavolino e partì.

Passati pochi momenti ritornò il figlio maggiore. Cara madre, diss'egli, fatevi coraggio, il Cielo ha pietà di noi. Mirate il danaro, che un Signore mi ha dato generosamente questa mattina! Esso ci basterà per più giorni. Son ito pel medico, e sarà qui a momenti. Chetate il vostro dolore e consolatevi.—Ah figlio, disse la madre, vieni, ch'io t'abbracci! Il Cielo assiste la tua innocenza, deh, possa egli proteggerla costantemente! Un medico, ch'io non conosco, è partito di qua pur ora; vedine la ricetta sul tavolino, va e recami ciò, che prescrive.

Il figlio prende il viglietto, lo scorre e fa un atto d'estremo stupore; il riguarda da capo, il rilegge, poi alza un grido. Ah madre, ch'è questo mai! La madre, attonita e sorpresa, prende la carta e la legge impaziente.—Oh Cielo, l'imperatore!—In così dire le cade di mano il foglio e riman senza voce e senza respiro. Il viglietto era un ordine dell'augusto Giuseppe II, in cui le assegnava del suo privato erario un generoso sovvenimento. Il medico sopraggiunse opportuno per richiamare la madre dallo svenimento, in cui la sorpresa l'avea gettata. Gli apprestati rimedi presto pur la riebbero dalla malattia, che traeva dall'afflizione dell'animo la principale sorgente. Il generoso Monarca, ricolmo di lodi e di benedizioni, ebbe il piacere di renderle la sanità e la vita e di formare la felicità di un'onesta famiglia dalla fortuna aspramente perseguitata.—Francesco Soave, *Novelle Morali.*

Grammatical Questions. — 1. Explain the construction of *una mattina.* 2. Parse *accostarsegli.* Why is the Inf. used without a preposition? 3. Explain *andara cercando.* Translate, "Your aunt is seeking you everywhere." 4. How is *verrà* used in *verrà ordinato?* Give the Inf. and 1st pers. pres., past def. and fut. Ind. of *verrà.* 5. Give the Inf. and 1st pers. pres., imperf., and past def. Ind., and 1st pers. pres. and imperf. Subj. of *trasse.* 6. What is the Inf. of *rimarranno?* Give the 1st pers. pres., past def. and fut. Ind., and the 1st pers. pres. Subj. of this verb. 7. Parse *porti.* 8. Parse *vedine.*

3. *Le upupe, gli avoltoi e Salomone.*—Certo giorno re Salomone viaggiando sentivasi fieramente percosso sul capo dai raggi solari, per la qual cosa avendo visto gli avoltoi, che passavano per di là, li chiamò a sè, e disse loro: "Fate di ripararmi sotto le vostre ali." Ma gli avoltoi risposero: "Siamo forse tuoi vassalli, onde noi ti abbiamo a servire? Contentati, che non ti becchiamo gli occhi, e tira innanzi pei fatti tuoi." Queste parole non poterono garbare ad un re, fosse pure Salomone, ed invero non gli garbarono, ma dis-

simulando per allora, si voltò alle bubbole che facevano lo stesso viaggio di S. M. Isdraelitica, e chiamatele con la voce, che tengono in serbo i principi quando hanno bisogno, favellò loro così: "Copritemi con le vostre penne da questo sole che mi dà una emicrania del diavolo."—"Buon re," risposero le upupe, "o come va, che sei salutato un' arca di scienza e poi ignori quello che sa ogni contadino, vogliamo dire, di non metterti in viaggio senza ombrello e senza pastrano? Ad ogni modo sta di buon animo, ti faremo ombra con le ale." Salomone tornato dal pellegrinaggio citò le bubbole e gli avoltoi davanti al suo tribunale, dove, senza tante ipocrisie, costituitosi apertamente giudice e parte, come sempre in sostanza fanno i potenti quando piatiscono co'loro soggetti, giudicò che da quel momento in poi gli avoltoi andassero ignudi di penne il capo e il collo, ed alle bubbole donò una corona d'oro. Ma era destino, che per quel quarto d'ora il re sapientissimo non potesse commettere altro che spropositi, imperciocchè laddove le bubbole senza molestia al mondo volassero per lo innanzi a destra e a sinistra in grazia della loro carne stupendamente coriacea, si trovarono adesso perseguitate senza requie ed uccise dagli uomini mossi dalla cupidità di spogliarle delle belle corone d'oro; per la qual cosa le poche bubbole scampate dalla strage si ristrinsero insieme, e deliberarono di tornarsene al re per supplicarlo a emendare cotesta castroneria della corona. Il re, per quello che si racconta, fece allora tre atti rarissimi nella storia dei re, e degni di memoria; e il primo fu, che ascoltò con attenzione per comprendere bene; il secondo, che dopo avere bene inteso confessò addirittura di aver preso un granchio; e per ultimo appena confessato lo sbaglio, vi portò rimedio levando via alle bubbole la corona d'oro, sostituendone un'altra di penne, e mantenendo ferma la carne coriacea: benefizi che ai giorni nostri le upupe ritengono per la maggior gloria del re Salomone.—*I Monasteri d' Oriente.*

Grammatical Questions.—1. Parse *percosso.* 2. Give the rule for expressing the hours in Italian. Translate: He will come to see me at a quarter to ten o'clock this evening. 3. Parse *uccise* and give its Infinitive. 4. Why is *re* the same in the singular and in the plural? 5. With what word does *primo* agree in *il primo fu....?* 6. Parse *inteso* and state in what it differs from *udito.*

4. *Il ragno e la gotta.*—Vennero al mondo il ragno e la gotta, e, data un'occhiata intorno, "Oh!" disse il ragno, "la natura mia è fatta per dimorare in luoghi ampi e spaziosi. Tu sai bene, sorella mia, che io debbo stendere certe larghe tele, per le quali non avrei campo, che bastasse in queste casipole, sicchè pare a me che mi toccasse di abitare nell'ampiezza de'palazi, e che tu mi dovresti cedere le abitazioni più grandi."—"E così intendo io di fare," rispose la gotta. "Non vedi tu forse come ne'palagi vanno su e giù

sempre medici, cerusici e speziali? Io son certa che non avrei mai un bene al mondo, e la vita sarebbe un continuo travaglio." Così detto, le si accordarono insieme, e la gotta andò a conficcarsi nel dito grosso del piede di un povero villano, dicendo: "Di qua, cred'io, non verrò discacciata così tosto, nè i seguaci d'Ippocrate s'impacceranno de' fatti miei; tanto che io spero di tormentare costui e di starci con molta quiete." Dall'altro canto il ragno, entrato in un palagio molto ben grande, e salito fra certe travi colorite e con bellissimi lavori di oro fregiate, come se il luogo fosse stato suo, vi piantò la sua dimora, e cominciò ad ordire la tela e a prendere alla rete le mosche. Ma un indiavolato staffiere, quasi non avesse avuto altro che fare, con la granata in mano parea che avesse di mira quella tela, e dàlle su oggi, dàlle su domani, non gli lasciava mai aver pace, nè requie, sicchè ogni giorno era obbligato il ragno a ricominciare la sua orditura. Di che, preso egli un giorno per disperazione il suo partito, ne andò alla campagna a raccontare la sua mala vita alla gotta; la quale con dolorosa voce gli rispose: "Oh! fratello, io non so qual di noi abbia maggior cagione di lagnarsi. Da quel maledetto punto, in cui elessi di venir ad albergare con questo asinone di villano, pensa che io non ho saputo ancora che sia un bene. Sai tu quello ch'egli fa? Mi conduce ora a quel bosco a fender legna, e di là ad un tratto ad arare i campi e, quello che più mi spiace, a cavare la terra, dove calcando col piede sulla vanga, come se lo avesse di acciaio, non mi lascia mai campo di posare un momento; tanto che potresti dire che non solo io non fo verun male a lui, ma ch'egli all'incontro ne fa molti a me; sicchè si può dire ch'io abbia fatto come i pifferi di montagna, che andarono per sonare e furono sonati. Per la qual cosa, fratel mio, io credo che noi faremmo bene l'uno e l'altra se cambiassimo abitazione." Il ragno fu d'accordo, ed entrato nella casettina del villano non ebbe più fastidio veruno, perchè non vi fu chi gli ponesse mente; e la gotta, sconficcatasi di là, andò ad intanarsi nel piede di un gran signore, il quale si dilettava di tutti i punti della gola, e bevea i più squisiti vini, che uscissero dalle uve di ogni parte del mondo. Egli non sì tosto la si sentì ne' nodi, che non potendo più incominciò a starsi a letto e ad accarezzarla con impiastri, unzioni e mille galanterie, tanto che la vita sua divenne la più agiata e la più soave che mai si avesse.—GASPARO GOZZI, *Novelle*.

Grammatical Questions.—1. Give the sing. of *larghe*. 2. Of what word is *casipole* a modification? 3. Parse *dàlle su oggi*. 4. Give the irr. forms of *elessi*. 5. Parse *Ne fa*. 6. What is the difference between *sì* and *si* in *egli non sì tosto la si sentì ne' nodi?* To what does *la* refer?

5. *Novella de' tre anelli.*—Il Saladino, il valore del qual fu tanto, che non solamente di picciol uomo il fe' di Babilonia Soldano, ma ancora molte vittorie sopra i re saracini e cristiani gli fece avere,

avendo in diverse guerre, e in grandissime sue magnificenze speso tutto il suo tesoro, e per alcuno accidente sopravvenutogli bisognandogli una buona quantità di denari, nè veggendo donde così prestamente, come gli bisognavano, aver gli potesse, gli venne a memoria un ricco Giudeo, il cui nome era Melchisedech, il quale prestava ad usura in Alessandria, e pensossi costui avere da poterlo servire, quando volesse; ma sì era avaro, che di sua volontà non l'avrebbe mai fatto, e forza non gli voleva fare; per che stringendolo il bisogno, rivoltosi tutto a dover trovar modo come il Giudeo il servisse, s'avvisò di fargli una forza da alcuna ragion colorata. E fattolsi chiamare, e famigliarmente ricevutolo, seco il fece sedere, et appresso gli disse:

"Valente uomo, io ho da più persone inteso che tu sei savissimo, e nelle cose di Dio senti molto avanti, e perciò io saprei volentieri da te, quale delle tre Leggi tu reputi la verace, o la giudaica, o la saracina, o la cristiana."

Il Giudeo, il quale veramente era savio uomo, s'avvisò troppo bene, che il Saladino guardava di pigliarlo nelle parole, per dovergli muovere alcuna quistione, e pensò non potere alcuna di queste tre più l'una che l'altra lodare, che il Saladino non avesse la sua intenzione. Per che, come colui il quale pareva d'aver bisogno di risposta, per la quale preso non potesse essere, aguzzato lo 'ngegno, gli venne prestamente avanti quello che dir dovesse, e disse:

"Signor mio, la questione, la qual voi mi fate, è bella ed a volervene dire ciò che io ne sento, mi vi convien dire una novelletta, qual voi udirete. Se io non erro, io mi ricordo aver molte volte udito dire, che un grande uomo e ricco fu già, il quale intra le altre gioie più care, che nel suo tesoro avesse, era un anello bellissimo e prezioso; al quale per lo suo valore e per la sua bellezza volendo fare onore, ed in perpetuo lasciarlo nei suoi discendenti, ordinò che colui de' suoi figliuoli, appo il quale, sì come lasciatogli da lui, fosse questo anello trovato, che colui s'intendesse essere il suo erede, e dovesse da tutti gli altri essere, come maggiore, onorato e riverito. Colui al quale da costui fu lasciato, tenne somigliante ordine ne' suoi discendenti, e così fece come fatto avea il suo predecessore. Ed in brieve andò questo anello di mano in mano a molti successori: ed ultimamente pervenne alle mani ad uno, il quale aveva tre figliuoli belli e virtuosi, e molto al padre loro obbedienti: per la qual cosa tutti e tre parimente gli amava. Ed i giovani, li quali la consuetudine dello anello sapevano, sì come vaghi ciascuno d'essere il più onorato tra' suoi, ciascuno per sè, come meglio sapeva, pregava il padre, il quale era già vecchio, che quando a morte venisse, a lui quell'anello lasciasse. Il valente uomo, che parimente tutti gli amava, nè sapeva esso medesimo eleggere a qual più tosto lasciar lo volesse, pensò, avendolo a ciascun promesso, di volergli tutti e tre soddisfare; e segretamente ad uno buono maestro ne fece fare due altri, li quali sì furono somiglianti al primiero, che esso medesimo, che fatti gli aveva fare, appena conosceva qual si fosse il vero. E venendo a morte, segretamente diede il suo a ciascun de' figliuoli, li quali dopo la morte del padre volendo ciascuno la eredità e l' onore occupare, e l' uno negandolo all'altro, in testimonianza di dover ciò ragionevolmente fare, ciascuno produsse fuori il suo anello. E trovatisi gli anelli sì simili l' uno all' altro, che qual fosse il vero non si sapeva conoscere, si rimase la questione, qual fosse il vero crede del padre, in pendente, ed ancora pende. E così vi dico signor mio, delle tre Leggi alli tre popoli date da Dio Padre, delle quali la quistion proponeste: ciascuno la sua eredità, la sua vera Legge ed i suoi comandamenti si crede avere a fare; ma chi se l' abbia, come degli anelli, ancora ne pende la quistione."

Il Saladino conobbe costui ottimamente essere saputo uscire del laccio, il quale davanti a' piedi disteso gli aveva; e perciò dispose d' aprirgli il suo bisogno, e vedere se servire il volesse, e così fece; aprendogli ciò che in animo avesse avuto di fare, se così discretamente, come fatto avea, non gli avesse risposto. Il Giudeo liberamente d' ogni quantità che il Saladino il richiese, il servì; ed il Saladino poi interamente il soddisfece: ed oltre a ciò gli donò grandissimi doni, e sempre per suo amico l' ebbe ed in grande ed onorevole stato appresso di sè il mantenne.—GIOVANNI BOCCACCIO, *Il Decamerone.*

Grammatical Questions.—1. What part of speech is *il* in *di piccolo uomo il fe' di Babilonia Soldano?* and give the subject of *fe'*. 2. Parse *speso*. 3. Parse *gli* in *come gli bisognavano, aver gli potesse, gli venne a memoria*. 4. Of what words is *pensossi* formed? 5. Parse the last *il* in *stringendolo il bisogno . . . come il Giudeo il servisse.* 6. With what words are formed *fattolsi, dovergli, volervene, volergli?* 7. Parse *mi vi convien dire*. 8. Give the sing. of *raghi*, and its different meanings. 9. Give the meaning of the verb *fare* when repeated as in *ne fece fare*, and *fatti gli avea fare.* 10. Give the different pronunciations and meanings of the words *legge* and *leggi*. 11. Parse *stato* in *grande e onorevole stato*, and give its other meanings.

6. *Il mugnaio e l'abate.*—Messer Bernabò Signor di Milano ne' suoi tempi fu ridottato da più che altro Signore; e comecchè fusse crudele, pure nelle sue crudeltà avea gran parte di giustizia. Fra molti de' casi, che gli avvennono, fu questo, che un ricco abate, avendo commesso alcuna cosa di negligenzia di non avere ben nutricato due cani alani, che erano diventati stizzosi ed erano del detto Signore, gli disse, che pagasse scudi quattro mila. Di che l' abate cominciò a domandare misericordia. E 'l detto Signore, veggendogli addomandare misericordia, gli disse: Se tu mi fai chiaro di quattro cose, io ti perdonerò in tutto; e le cose son queste, che io voglio, che tu mi dica, quanto ha di qui al cielo, quant' acqua è in mare, quello che si fa in inferno, e quello che la mia persona vale. L'abate, ciò udendo, cominciò a sospirare, e parvegli essere a peggior partito che prima; ma pur, per cessar furore e avanzar tempo, disse, che gli

piacesse dargli termine a rispondere a sì alte cose. E 'l Signore gli diede termine tutto il dì seguente, e come vago d'udire il fine di tanto fatto, gli fece dare sicurtà del tornare. L'abate, pensoso, con gran malinconia tornò alla badia, soffiando come un cavallo, quando adombra, e giunto là, scontrò un suo mugnaio, il quale, veggendolo così afflitto, disse: Signor mio, che avete voi, che voi soffiate così forte? Rispose l'abate: io ho ben di che, chè 'l Signore è per darmi la mala ventura, se io non lo fo chiaro di quattro cose, che Salomone nè Aristotele non lo potrebbe fare. Il mugnaio dice: E che cose son queste? L'abate glielo disse. Allora il mugnaio pensando dice all'abate: Io vi caverò di questa fatica, se voi volete. Dice l'abate: Dio il volesse. Dice il mugnaio: Io credo, che 'l vorrà Dio e i Santi. L'abate, che non sapea, dove si fosse, disse: Se'l tu sai, togli da me ciò, che tu vuoi, che niuna cosa mi domanderai, che possibil mi sia, che io non ti dia. Disse il mugnaio: Io lascerò questo nella vostra discrezione. E che modo terrai? disse l'abate. Allora rispose il mugnaio: Io mi voglio vestir la tonaca e la cappa vostra e raderommi la barba, e domattina ben per tempo anderò dinanzi a lui, dicendo, che lo sia l'abate, e le quattro cose terminerò in forma, ch'io credo farlo contento. All'abate parve mill'anni di sostituire il mugnaio in suo luogo; e così fu fatto. Fatto il mugnaio abate, la mattina di buon'ora si mise in cammino, e giunto alla porta, là dove entro il Signore dimorava, picchiò, dicendo, che 'l tale abate voleva rispondere al Signore sopra certe cose, che gli avea imposte. Lo Signore, volenteroso d'udir quello che lo abate dovea dire, e maravigliandosi, come sì presto tornasse, lo fece a sè chiamare. E giunto dinanzi da lui un poco al barlume, facendo reverenza, occupando spesso il viso con la mano per non esser conosciuto, fu domandato dal Signore, se avea recato risposta delle quattro cose, che l'avea addomandato. Rispose: Signor, sì. Voi mi domandaste, quanto ha di qui al cielo. Veduto appunto ogni cosa, egli è di qui lassù trenta sei milioni e otto cento cinquanta quattro mila e settanta due miglia e mezzo, e venti due passi. Dice il Signore: Tu l'hai veduto molto appunto; come provi tu questo? Rispose: Fatelo misurare, e se non è così, impiccatemi per la gola. Secondamente domandaste, quant'acqua è in mare. Questo m'è stato molto forte a vedere, perchè è cosa, che non sta ferma e sempre ve n'entra; ma pure io ho veduto, che nel mare sono venti cinque milia e nove cento ottanta due milioni di cogna e sette barili e dodici boccali e due bicchieri. Disse il Signore: Come 'l sai? Rispose: Io l'ho veduto il meglio che ho saputo; se non lo credete, fate trovar de' barili e misurisi; se non trovate essere così, fatemi squartare. Il terzo mi domandaste quello, che si faccia in inferno. In inferno si taglia, squarta, arraffia e impicca, nè più nè meno come fate qui voi. Che ragione rendi tu di questo? Rispose: Io favellai già con uno, che vi era stato, e da costui ebbe Dante fiorentino ciò, che scrisse delle cose dell'inferno; ma egli è morto; se voi non lo credete, mandatelo a vedere. Quarto mi domandaste quello, che la vostra persona vale; ed io dico, ch'ella vale venti nove danari. Quando Messer Bernabò udì questo, tutto furioso si volge a costui, dicendo: Mo ti nasca il vermocan! Son io così dappoco, ch'io non vaglia più d'una pignatta? Rispose costui, e non senza gran paura: Signor mio, udite la ragione. Voi sapete, che'l nostro Signore Gesù Cristo fu venduto per trenta danari; fo ragione, che valete un danaro meno di lui. Udendo questo il Signore, immaginò troppo' bene, che costui non fosse l'abate, e guardandolo ben fiso, avvisando lui essere troppo maggiore uomo di scienza, che l'abate non era, disse: Tu non se' l'abate. La paura, che'l mugnaio ebbe, ciascuno il pensi; inginocchiandosi con le mani giunte addomandò misericordia, dicendo al Signore, come egli era mulinaro dell'abate, e come e perchè camuffato dinanzi dalla sua Signoria era condotto, e in che forma avea preso l'abito, e questo più per dargli piacere che per malizia. Messer Bernabò, udendo costui, disse: Mo via, poich'ello t'ha fatto abate, e se' da più di lui, in fè di Dio, ed io ti voglio confermare, e voglio, che da qui innanzi tu sia l'abate, ed ello sia il mulinaro, e che tu abbia tutta la rendita del monasterio, ed ello abbia quella del mulino. E così fece ottenere tutto il tempo che visse, che lo abate fu mugnaio e'l mugnaio fu abate.—FRANCO SACCHETTI, *Novelle*.

Grammatical Questions.—1. Point out the obsolete words in the above, and give those now used in their stead. 2. What is the difference between the two *gli* in *veggendogli* and *gli disser*? 3. Give the words omitted in *quanto ha di qui al cielo*? 4. Give the word omitted before *Salomone*, and those omitted after *i Santi*. 5. Parse: *Sel tu fai*, and put those words into a more natural and usual order. 6. Parse *ve n' entra*, and state the reason of the change undergone by one of these words. 7. What sort of verbs are *si taglia, squarta, arraffia, impicca* as used above? Give the word omitted before each one of the last three. 8. What part of speech is *fiso* in *guardandolo ben fiso*? 9. For what word is *ello* used, and to whom does it refer?

7. *Storia del padre Cristoforo.*—(A.) Il padre Cristoforo da * * * era un uomo più vicino ai sessanta che ai cinquant'anni. Il suo capo raso, salvo la piccola corona di capelli, che vi girava intorno, secondo il rito cappuccinesco, s'alzava di tempo in tempo, con un movimento che lasciava trasparire un non so che d'altero e d'inquieto; e subito s'abbassava, per riflessione d'umiltà. La barba bianca e lunga, che gli copriva le guance e il mento, faceva ancor più risaltare le forme rilevate della parte superiore del volto, alle quali un'astinenza già da gran pezzo abituale, aveva assai più aggiunto di gravità che tolto d'espressione. Due occhi incavati eran per lo più chinati a terra, ma talvolta sfolgoravano, con vivacità repentina; come due cavalli bizzarri, condotti a mano da un cocchiere, col quale sanno, per esperienza, che non si può vincerla, pure fanno,

di tempo in tempo, qualche sgambetto, che scontan subito con una buona tirata di morso.

Il padre Cristoforo non era sempre stato così, nè sempre era stato Cristoforo: il suo nome di battesimo era Lodovico. Era figliuolo d'un mercante di * * * (questi asterischi vengon tutti dalla circospezione del mio anonimo) che, ne' suoi ultim' anni, trovandosi assai fornito di beni, e con quell' unico figliuolo, aveva rinunziato al traffico, e s'era dato a viver da signore.

Nel suo nuovo ozio, cominciò a entrargli in corpo una gran vergogna di tutto quel tempo che aveva speso a far qualcosa in questo mondo. Predominato da una tal fantasia, studiava tutte le maniere di far dimenticare ch'era stato mercante: avrebbe voluto poterlo dimenticare anche lui. Ma il fondaco, le balle, il libro, il braccio, gli comparivano sempre nella memoria, come l'ombra di Banco a Macbeth, anche tra la pompa delle mense, e il sorriso de' parasiti. E non si potrebbe dire la cura che dovevano aver que' poveretti, per schivare ogni parola che potesse parere allusiva all' antica condizione del convitante. Un giorno, per raccontarne una, un giorno, sul finir della tavola, ne' momenti della più viva e schietta allegria, che non si sarebbe potuto dire chi più godesse, o la brigata di sparecchiare, o il padrone d'aver apparecchiato, andava stuzzicando, con superiorità amichevole, uno di que' commensali, il più onesto mangiatore del mondo. Questo, per corrispondere alla celia, senza la minima ombra di malizia, proprio col candore d'un bambino, rispose: "eh! io fo l'orecchio del mercante." Egli stesso fu subito colpito dal suono della parola che gli era uscita di bocca, guardò con faccia incerta alla faccia del padrone, che s'era rannuvolata: l'uno e l'altro avrebber voluto riprender quella di prima; ma non era possibile. Gli altri convitati pensavano, ognun da sè, al modo di sopire il piccolo scandalo, e di fare una diversione; ma pensando tacevano, e, in quel silenzio, lo scandalo era più manifesto. Ognuno scansava d'incontrar gli occhi degli altri; ognuno sentiva che tutti eran occupati del pensiero che tutti volevan dissimulare. La gioia, per quel giorno, se n'andò; e l'imprudente o, per parlar con più giustizia, lo sfortunato, non ricevette più invito. Così il padre di Lodovico passò gli ultimi suoi anni in angustie continue, temendo sempre d'essere schernito, e non riflettendo mai che il vendere non è cosa più ridicola che il comprare, e che quella professione di cui allora si vergognava, l'aveva pure esercitata per tant' anni, in presenza del pubblico e senza rimorso. Fece educare il figlio nobilmente, secondo la condizione de' tempi, e per quanto gli era concesso dalle leggi e dalle consuetudini; gli diede maestri di lettere e d'esercizi cavallereschi; e morì, lasciandolo ricco e giovinetto.

Grammatical Questions. — 1. In *rincerla*, explain *la*. 2. Explain the use of *da* in *da signore*. 3. What is the full form of *qualcosa*? 4. In *anche lui*, what case is *lui* and why? 5. What case is *un giorno* and why? 6. What part of the verb is *godesse* and why?

7. Explain the construction *andava stuzzicando*. 8. Give the Infinitive of *se n'andò*, and the corresponding Infinitive in French. What is the force of *n'* = *ne*? 9. Of what word is *giovinetto* a modification?

(B.) Lodovico aveva contratte abitudini signorili; e gli adulatori, tra i quali era cresciuto, l'avevano avvezzato ad esser trattato con molto rispetto. Ma, quando volle mischiarsi coi principali della sua città, trovò un fare ben diverso da quello a cui era accostumato; e vide che, a voler esser della lor compagnia, come avrebbe desiderato, gli conveniva fare una nuova scuola di pazienza e di sommissione, star sempre al di sotto, e ingozzarne una ad ogni momento. Una tal maniera di vivere non s'accordava, nè con l'educazione, nè con la natura di Lodovico. S'allontanò da essi indispettito. Ma poi ne stava lontano con rammarico; perchè gli pareva che questi veramente avrebber dovuto essere i suoi compagni; soltanto gli avrebbe voluti più trattabili. Con questo misto d'inclinazione e di rancore, non potendo frequentarli famigliarmente, e volendo pure aver che far con loro in qualche modo, s'era dato a competer con loro di sfoggi e di magnificenza, comprandosi così a contanti inimicizie, invidie e ridicolo. La sua indole, onesta insieme e violenta, l'aveva poi imbarcato per tempo in altre gare più serie. Sentiva un orrore spontaneo e sincero per le angherie e per i soprusi: orrore reso ancor più vivo in lui dalla qualità delle persone che più ne commettevano alla giornata: ch'erano appunto coloro ch'egli odiava. Per acquietare, o per esercitare tutte queste passioni in una volta, prendeva volentieri le parti d'un debole sopraffatto, si piccava di farci stare un soverchiatore, s'intrometteva in una briga, se ne tirava addosso un'altra; tanto che, a poco a poco, venne a costituirsi come un protettore degli oppressi, e un vendicatore de'torti. L'impiego era gravoso; e non è da domandare se il povero Lodovico avesse nemici, impegni e pensieri. Oltre la guerra esterna, era poi tribolato continuamente da contrasti interni; perchè, a spuntare un impegno (senza parlare di quelli in cui restava al di sotto), doveva anche lui adoperar raggiri e violenze, che la sua coscienza non poteva poi approvare. Doveva tenersi intorno un buon numero di bravacci; e, così per la sua sicurezza, come per averne un aiuto più vigoroso, doveva scegliere i più arrischiati, cioè i più ribaldi; e vivere co'birboni, per amor della giustizia. Tanto che, più d'una volta, o scoraggito dopo una trista riuscita, o inquieto per un pericolo imminente, annoiato del continuo guardarsi, stomacato dalla sua compagnia, in pensiero dell'avvenire per le sue sostanze che se n'andavano di giorno in giorno in opere buone e in braverie, più d'una volta gli era saltata la fantasia di farsi frate; che a que'tempi era la via più comune per uscire d'impacci. Ma questa, che sarebbe forse stata una fantasia per tutta la sua vita, divenne una risoluzione a causa d'un accidente, il più serio e il più terribile che gli fosse ancor capitato.

Grammatical Questions. — 1. In *ingozzarne una* what word is understood with *una?* 2. What word is understood with *a contanti?* 3. Explain the government of *si* in *tenersi intorno.* 4. Of what word is *bravacci* a modification? What is the force of the termination? 5. Of what word is *birboni* a modification? What is the force of the termination? 6. In *che gli fosse* why is the Subjunctive used?

(C.) Andava un giorno per una strada della sua città, seguito da due bravi, e accompagnato da un tal Cristoforo, altre volte giovine di bottega e, dopo chiusa questa, diventato maestro di casa. Era un uomo di circa cinquant' anni, devoto dalla gioventù a Lodovico, che aveva veduto nascere, e colle paghe e colla liberalità del quale viveva egli, e faceva vivere la moglie ed otto figliuoli. Vide Lodovico spuntar da lontano un signor tale, arrogante e soverchiatore di professione, col quale non aveva mai parlato in vita sua, ma che gli era cordiale nemico, e al quale rendeva pur di cuore il contraccambio: giacchè è uno de' vantaggi di questo mondo, quello di poter odiare ed esser odiati, senza conoscersi. Costui, seguito da quattro bravi, s' avanzava diritto, con passo superbo, con la testa alta, con la bocca composta all' alterigia e allo sprezzo. Tutti e due camminavano rasente al muro; ma Lodovico (badate bene) lo strisciava col lato destro; e ciò, secondo una consuetudine, gli dava il diritto (dove mai si va a cacciare il diritto!) di non istaccarsi dal detto muro, per dar passo a chi si fosse; cosa della quale allora si faceva gran caso. L' altro pretendeva, all' opposto, che quel diritto competesse a lui, come a nobile, e che a Lodovico toccasse d' andar nel mezzo: e ciò in forza d' un' altra consuetudine. Perocchè, in questo, come accade in molti altri affari, erano in vigore due consuetudini contrarie, senza che fosse deciso qual delle due fosse la buona; il che dava opportunità di fare una guerra, ogni volta che una testa dura s' abbattesse in un' altra della stessa tempra. Quei due si venivano incontro, ristretti alla muraglia, come due figure di basso rilievo ambulanti. Quando si trovarono a viso a viso, il signor tale, squadrando Lodovico a capo alto, con cipiglio imperioso, gli disse, in tono corrispondente di voce: " fate luogo."

"Fate luogo voi," rispose Lodovico. "La strada è mia."

"Co' vostri pari, è sempre mia."

"Sì, se l' arroganza de' vostri pari fosse legge per i pari miei."

I bravi dell' uno e dell' altro eran rimasti fermi, ciascuno dietro il suo padrone, guardandosi in cagnesco, con le mani alle daghe, preparati alla battaglia. La gente che arrivava di qua e di là si teneva in distanza ad osservare il fatto; e la presenza di quegli spettatori animava sempre più il puntiglio de' contendenti.

"Nel mezzo, vile meccanico; o ch' io t' insegno una volta come si tratta co' gentiluomini."

"Voi mentite ch' io sia vile."

"Tu menti ch' io abbia mentito." Questa risposta era di prammatica.

"E se tu fossi cavaliere, come son io," soggiunse quel signore, "ti vorrei far vedere, con la spada e con la cappa, che il mentitore sei tu."

"È un buon pretesto per dispensarvi di sostener co' fatti l'insolenza delle vostre parole."

"Gettate nel fango questo ribaldo," disse il gentiluomo voltandosi a' suoi.

"Vediamo!" disse Lodovico, dando subitamente un passo indietro, e mettendo mano alla spada.

"Temerario!" gridò l'altro, sfoderando la sua: "io spezzerò questa, quando sarà macchiata del tuo vil sangue."

Così s'avventarono l'uno all'altro; i servitori delle due parti si lanciarono alla difesa de' loro padroni. Il combattimento era disuguale, e per il numero, e anche perchè Lodovico mirava piuttosto a scansare i colpi, e a disarmare il nemico, che ad ucciderlo; ma questo voleva la morte di lui, a ogni costo. Lodovico aveva già ricevuta al braccio sinistro una pugnalata d'un bravo, e una sgraffiatura leggiera in una guancia, e il nemico principale gli piombava addosso per finirlo; quando Cristoforo, vedendo il suo padrone nell'estremo pericolo, andò col pugnale addosso al signore. Questo, rivolta tutta la sua ira contro di lui, lo passò con la spada. A quella vista, Lodovico, come fuor di sè, cacciò la sua nel ventre del feritore, il quale cadde moribondo, quasi a un punto col povero Cristoforo. I bravi del gentiluomo, visto ch'era finita, si diedero alla fuga, malconci: quelli di Lodovico, tartassati e sfregiati anche loro, non essendovi più a chi dare, e non volendo trovarsi impicciati nella gente, che già accorreva, scantonarono dall'altra parte: e Lodovico si trovò solo con que' due funesti compagni ai piedi, in mezzo a una folla.

Com'è andata?—È uno.—Son due.—Gli ha fatto un occhiello nel ventre.—Chi è stato ammazzato?—Quel prepotente.—Oh santa Maria, che sconquasso!—Chi cerca trova.—Una le paga tutte.—Ha finito anche lui.—Che colpo!—Vuol essere una faccenda seria.—E quell'altro disgraziato!—Misericordia! che spettacolo!—Salvatelo, salvatelo.—Sta fresco anche lui.—Vedete com'è concio! butta sangue da tutte le parti.—Scappi, scappi. Non si lasci prendere.

Queste parole, che più di tutte si facevan sentire nel frastuono confuso di quella folla, esprimevano il voto comune; e, col consiglio, venne anche l'aiuto. Il fatto era accaduto vicino a una chiesa di cappuccini, asilo, come ognun sa, impenetrabile allora a' birri, e a tutto quel complesso di cose o di persone, che si chiamava la giustizia. L'uccisore ferito fu quivi condotto o portato dalla folla, quasi fuor di sentimento; e i frati lo ricevettero dalle mani del popolo, che glielo raccomandava, dicendo: "è un uomo dabbene che ha freddato un birbone superbo: l'ha fatto per sua difesa: c'è stato tirato pe' capelli."

Grammatical Questions.—1. What is the meaning of *tutti e due*? Translate, "we went all five to the opera." 2. Why is *ista-carsi* written with an initial *i*? Translate, "with zeal," "in Spain." 3. Why is *abbia* in the Subjunctive in *ch' io abbia mentito?* 4. In *questi voleva la morte di lui,* why is *questi* used and not *questo,* and why is *di lui* used and not *suo?*

(D.) Lodovico non aveva mai prima d' allora sparso sangue; e, benchè l' omicidio fosse a que' tempi cosa tanto comune, che gli orecchi d' ognuno erano avvezzi a sentirlo raccontare, e gli occhi a vederlo, pure l' impressione ch' egli ricevette dal veder l' uomo morto per lui, e l' uomo morto da lui, fu nuova e indicibile; fu una rivelazione di sentimenti ancora sconosciuti. Il cadere del suo nemico, l' alterazione di quel volto che passava in un momento dalla minaccia e dal furore all' abbattimento e alla quiete solenne della morte, fu una vista che cambiò, in un punto, l' animo dell' uccisore. Strascinato al convento, non sapeva quasi dove fosse, nè cosa si facesse; e, quando fu tornato in sè si trovò in un letto dell' infermeria, nelle mani del frate chirurgo, (i cappuccini ne avevano ordinariamente uno in ogni convento) che accomodava faldelle e fasce sulle due ferite ch' egli aveva ricevute nello scontro. Un padre, il cui impiego particolare era d' assistere i moribondi, e che aveva spesso avuto a render questo servizio sulla strada, fu chiamato subito al luogo del combattimento. Tornato, pochi minuti dopo, entrò nell' infermeria, e, avvicinatosi al letto dove Lodovico giaceva, "consolatevi," gli disse: "almeno è morto bene, e mi ha incaricato di chiedere il vostro perdono, e di portarvi il suo." Questa parola fece rinvenire affatto il povero Lodovico, e gli risvegliò più vivamente e più distintamente i sentimenti ch' eran confusi e affollati nel suo animo: dolore dell' amico, sgomento e rimorso del colpo che gli era uscito di mano, e, nello stesso tempo, un' angosciosa compassione dell' uomo che aveva ucciso. "E l' altro?" domandò ansiosamente al frate.

"L' altro era spirato, quand' io arrivai."

Frattanto, gli accessi e i contorni del convento formicolavan di popolo curioso: ma, giunta la sbirraglia, fece smaltir la folla, e si postò a una certa distanza dalla porta, in modo però che nessuno potesse uscirne inosservato. Un fratello del morto, due suoi cugini e un vecchio zio, vennero pure, armati da capo a piedi, con grande accompagnamento di bravi; e si misero a far la ronda intorno, guardando, con aria e con atti di dispetto minaccioso, que' curiosi, che non osavan dire: gli sta bene; ma l' avevano scritto in viso.

Appena Lodovico ebbe potuto raccogliere i suoi pensieri, chiamato un frate confessore, lo pregò che cercasse della vedova di Cristoforo, le chiedesse in suo nome perdono d' essere stato lui la cagione, quantunque ben certo involontaria, di quella desolazione, e, nello stesso tempo, l' assicurasse ch' egli prendeva la famiglia sopra di sè. Riflettendo quindi a' casi suoi, sentì rinascere più che mai vivo e serio quel pensiero di farsi frate, che altre volte gli era passato per la mente: gli parve che Dio medesimo l' avesse messo sulla strada, e datogli un segno del suo volere, facendolo capitare in un convento in quella congiuntura; e il partito fu preso. Fece chiamare il guardiano, e gli manifestò il suo desiderio. N'ebbe in risposta, che bisognava guardarsi dalle risoluzioni precipitate; ma che, se persisteva, non sarebbe rifiutato. Allora, fatto venire un notaro, dettò una donazione di tutto ciò che gli rimaneva (ch'era tuttavia un bel patrimonio) alla famiglia di Cristoforo: una somma alla vedova, come se le costituisse una contraddote, e il resto a otto figliuoli che Cristoforo aveva lasciati.

La risoluzione di Lodovico veniva molto a proposito per i suoi ospiti, i quali, per cagion sua, erano in un bell'intrigo. Rimandarlo dal convento, ed esporlo così alla giustizia, cioè alla vendetta de' suoi nemici, non era partito da metter neppure in consulta. Sarebbe stato lo stesso che rinunziare a' propri privilegi, screditare il convento presso il popolo, attirarsi il biasimo di tutti i cappuccini dell'universo, per aver lasciato violare il diritto di tutti, concitarsi contro tutte l'autorità ecclesiastiche, le quali si consideravan come tutrici di questo diritto. Dall'altra parte, la famiglia dell'ucciso, potente assai, e per sè, e per le sue aderenze, s'era messa al punto di voler vendetta; e dichiarava suo nemico chiunque s'attentasse di mettervi ostacolo. La storia non dice che a loro dolesse molto dell'ucciso, e nemmeno che una lagrima fosse stata sparsa per lui in tutto il parentado: dice soltanto ch'eran tutti smaniosi d'aver nell'unghie l'uccisore, o vivo o morto. Ora questo, vestendo l'abito di cappuccino, accomodava ogni cosa. Faceva in certa maniera un'emenda, s'imponeva una penitenza, si chiamava implicitamente in colpa, si ritirava da ogni gara; era in somma un nemico che depon l'armi. I parenti del morto potevan poi anche, se loro piacesse, credere e vantarsi che s'era fatto frate per disperazione, e per terrore del loro sdegno. E, ad ogni modo, ridurre un uomo a spropriarsi del suo, a tosarsi la testa, a camminare a piedi nudi, a dormire sur un saccone, a viver d'elemosina, poteva parere una punizione competente anche all'offeso il più borioso.

Il padre guardiano si presentò, con un'umiltà disinvolta, al fratello del morto, e, dopo mille proteste di rispetto per l'illustrissima casa, e di desiderio di compiacere ad essa in tutto ciò che fosse fattibile, parlò del pentimento di Lodovico, e della sua risoluzione, facendo garbatamente sentire che la casa poteva esserne contenta, e insinuando poi soavemente, e con maniera ancora più destra, che, piacesse o non piacesse, la cosa doveva essere. Il fratello diede in ismanie, che il cappuccino lasciò svaporare, dicendo di tempo in tempo: "è un troppo giusto dolore." Fece intendere che, in ogni caso, la sua famiglia avrebbe saputo prendersi una soddisfazione: e il cappuccino, qualunque cosa ne pensasse, non disse di no. Finalmente richiesto, impose come una condizione, che l'uccisor di suo fratello partirebbe subito da quella città. Il guardiano, che aveva già deliberato che questo fosse fatto, disse che si farebbe, lasciando che l'altro credesse, se gli piaceva, esser questo un atto d'ubbidienza: e tutto fu concluso. Contenta la famiglia, che ne usciva con onore; contenti i frati, che salvavano un uomo e i loro privilegi, senza farsi alcun nemico; contenti i dilettanti di cavalleria, che vedevano un affare terminarsi lodevolmente; contento il popolo, che vedeva fuor d'impiccio un uomo ben voluto, e che, nello stesso tempo, ammirava una conversione; contento finalmente, e più di tutti, in mezzo al dolore, il nostro Lodovico, il quale cominciava una vita d'espiazione e di servizio, che potesse, se non riparare, pagare almeno il mal fatto, e rintuzzare il pungolo intollerabile del rimorso. Il sospetto che la sua risoluzione fosse attribuita alla paura, l'afflisse un momento; ma si consolò subito, col pensiero che anche quell'ingiusto giudizio sarebbe un gastigo per lui, e un mezzo d'espiazione. Così, a trent'anni, si ravvolse nel sacco; e, dovendo secondo l'uso, lasciare il suo nome, e prenderne un altro, ne scelse uno che gli rammentasse ogni momento ciò che aveva da espiare: e si chiamò fra Cristoforo. — ALESSANDRO MANZONI, *I Promessi Sposi.*

Grammatical Questions. — 1. In *dove fosse, nè cosa si facesse,* why is the Subjunctive used? Give the 1st pers. pres., imperf., and past def., Ind., of the latter verb. 2. In *ne avevano,* what is the meaning and government of *ne?* 3. What is the meaning of *si misero a far?* Give the Inf. and Past Part. of *misero.* 4. Why is *lasciati* used and not *lasciato?* 5. Give the Inf. and Past Part. of *ravvolse* and *scelse.*

STORIA.

1. *Federigo terzo, Duca d' Urbino.*—Federigo, tra l'altre cose sue laudevoli, nell' aspro sito d' Urbino edificò un palazzo, secondo l'opinione di molti, il più bello che in tutta Italia si ritrovi; e d'ogni opportuna cosa sì ben lo fornì, che non un palazzo, ma una città in forma di palazzo, esser pareva. E non solamente di quello che ordinariamente si usa (come vasi d'argento, apparamenti di camere di ricchissimi drappi d'oro, di seta e d'altre cose simili), ma per ornamento v'aggiunse una infinità di statue antiche di marmo e di bronzo, pitture singularissime, istrumenti musici d'ogni sorte; nè quivi cosa alcuna volle se non rarissima ed eccellente. Appresso con grandissima spesa adunò un gran numero di eccellentissimi e rarissimi libri greci, latini ed ebraici, i quali tutti ornò d'oro e d'argento, estimando che questa fosse la suprema eccellenza del suo magno palazzo.—BALDASSARRE CASTIGLIONE, *Il Cortigiano.*

2. *Morte del Duca di Borbone.*—Borbone, saputo che a Roma non era più soldati, sollecitissimamente spinse l'esercito suo alla volta di Roma. Per questa occasione tutta Roma prese l'arme; il perchè, essendo io molto amico di Alessandro figliuol di Piero del Bene, e perchè a tempo che i Colonnesi vennono in Roma mi richiese ch'io gli guardassi la casa sua, dove che a questa maggior occasione mi pregò, che io facessi cinquanta compagni per guardia di detta casa, e ch'io fussi lor guida, siccome avevo fatto a tempo de' Colonnesi. Onde io feci cinquanta valorosissimi giovani, ed entrammo in casa sua ben pagati e ben trattati. Comparso di già l'esercito di Borbone alle mura di Roma, il detto Alessandro del Bene mi pregò, che io andassi seco a farli compagnia; così andammo un di quelli migliori compagni ed io; e per la via con esso noi si accompagnò un certo giovanetto addomandato Cecchino della Casa. Giugnemmo alle mura di Campo Santo, e quivi vedemmo quel maraviglioso esercito, che di già faceva ogni suo sforzo per entrare. A quel luogo delle mura, dove noi ci accostammo, v'era di molti giovani morti da quei di fuora: quivi si combatteva a più potere; era una nebbia folta quanto immaginar si possa: io mi volsi ad Alessandro e li dissi: "Ritiriamoci a casa il più presto che sia possibile, perchè qui non è un rimedio al mondo; voi vedete, quelli montano e questi fuggono." Il ditto Alessandro spaventato disse: "Così volesse Iddio che venuti noi non ci fussimo!"—e così voltossi con grandissima furia per andarsene. Il quale io ripresi, dicendogli: "Da poi che voi mi avete menato qui, gli è forza far qualche atto da uomo;"—e volto il mio archibuso, dove io vedevo un gruppo di battaglia più folta e più serrata, posi la mira nel mezzo appunto ad uno ch'io vedevo sollevato dagli altri: per la qual cosa la nebbia non mi lasciava discernere, se questo era a cavallo o a piè. Voltomi subito a Alessandro ed a Cecchino, dissi loro, che sparassino i loro archibusi; ed insegnai loro il modo, acciocchè ei non toccassino un' archibusata da quei di fuora. Così fatto dua volte per uno io m' affacciai alle mura destramente, e veduto infra di loro un tumulto istraordinario fu che da questi nostri colpi si ammazzò Borbone: e fu quel primo, ch'io vedevo rilevato dagli altri, per quanto da poi s'intese.—BENVENUTO CELLINI, *La Vita*.

3. *Tumulti a Firenze nel secolo XIV.*—Mentre adunque in questi termini si trovavano le cose, i Signori Medici insieme col Cardinal Silvio andarono fuori della Città a Castello a trovare il Duca d'Urbino, ed in quello si levò un tumulto dentro di popolo, che da prima nato in Mercato Vecchio per cagion d'alcune insolenze fatte da' soldati a' bottegai, dappoi allargatosi in Mercato Nuovo senza alcun certo autore, si condusse finalmente in piazza, essendone stato capo Rinaldo Corsini, che in quel travaglio cominciò a gridare *Popolo, Popolo;* allora quella voce seguitata da ogni gente, con *Popolo e Libertà*, corse tutta la cittadinanza inverso il Palazzo de' Signori, lo qual penetrato per forza, ributtatane quella guardia che vi tenevano i Medici, se n'impadronirono i cittadini. Forzata la Signoria e ferito uno de' Signori, ch'era Federigo Ricci, da Jacopino Alamanni, la costrinsero a scendere in ringhiera ed a dichiarare per ribelli Ippolito ed Alessandro de' Medici.—BERNARDO SEGNI, *Vita del Gonfaloniere Niccolò Capponi*.

4. *Arresto e morte del Papa Bonifazio VIII.*— Sciarra della Colonna in sabato a' dì 7 di settembre 1303 entrò in Anagni (terra di Roma) con gente assai, e con quelli da Ceccano e con un cavaliere ch'era quivi per il re di Francia, e con la sua insegna e con quella del patrimonio, cioè delle chiavi: ruppono la sagrestia e la tesoreria del papa, e tolsongli molto tesoro. Il papa abbandonato dalla sua famiglia, rimase preso. Dissesi che messer Francesco Orsini cardinale vi fu in persona con molti cittadini romani. E tennesi fosse congiura fatta col re di Francia, perchè il papa s'ingannava d'abbassarlo. E la guerra de' fiamminghi fattagli contro, si disse fu per sua deliberazione: onde molti francesi perirono.

Il papa preso in Anagni fu menato a Roma, ove dopo alcuni dì si morì. Della sua morte molti ne furono contenti e allegri: e specialmente se ne rallegrarono i Bianchi e i Ghibellini, perchè era loro cordiale nemico. Ma i Neri se ne contristarono assai.—DINO COMPAGNI, *Cronaca Fiorentina*.

5. *Supplica de' mendicanti inglesi ad Enrico VIII.*—Vedendo gli eretici il Re poco amico del Papa, e da Anna di resia infettato, spargevano nel volgo e per le corti de' principi scritture maldicenti de' preti e frati. Una ne fu porta al Re intitolata Supplica de' poveri mendicanti, la quale, narrata e con pungente rettorica esagerata la gran moltitudine e miseria de' mendici veri, diceva esserne cagione certi mendici grassi e grossi e oziosi, che col pigolare, spaventare e altri artifici, avevano ingozzata la metà de' beni d' Inghilterra; e pregava Sua Maestà, che come Vicario di Cristo in terra, e padre de' poveri, per misericordia e per giustizia gli sollevasse, distribuendo a ogni sorte di uomini la sua parte di beni. I clerici d' Inghilterra ne hanno la metà, e non sono la dugentesima parte di tutti gli altri; lasciasse loro un per cento di quanto hanno, e novantanove ne confiscasse per altri nutricare. E guadagnassonsi quell' uno col sudore del volto, altrimenti fossono gastigati. — BERNARDO DAVANZATI, *Scisma d' Inghilterra*.

6. *Marsiglia nel 1596.*—Marsiglia è città e porto di somma importanza, collocata ai lidi del mare mediterraneo nella contea di Provenza. Il popolo di questa città ricca per il traffico delle mercanzie, e numerosa d' abitatori, tiene molti privilegi e gode molte importanti immunità ottenute fino dal tempo ch' erano sottoposti a' Conti di Provenza, e confermate ampiamente di poi che pervennero sotto al dominio della corona di Francia, tra le quali principalissima è questa, che i cittadini eleggevano un consolo da sè medesimi, il quale insieme con un luogotenente da lui senza altri suffragi nominato governa gli affari della terra, tiene le chiavi delle porte, ed ha la cura della difesa così della città come del porto; e questa prerogativa, che sente piuttosto qualche specie di libertà che una intera soggezione, hanno sempre i Marsigliesi conservata con quella vivezza ch' è propria degl' ingegni e della natura loro, non ammettendo presidii d' alcuna sorte, e governandosi con le maniere proprie alla vita mercantile e marinaresca, delle quali due sorti di persone è per lo più la cittadinanza composta.—ARRIGO CATERINO DAVILA, *Istoria delle Guerre civili di Francia*.

7. *Assassinio del Conte di Cornovaglia a Viterbo nel 1270.*—Venne in quest' anno in Firenze Eduardo figlio di Arrigo re d' Inghilterra; il quale armò cavalieri molti gentiluomini fiorentini, donando loro cavalli e arredi e abbigliamenti da guerra molto ricchi e belli a vedere; onde tanto maggior pietà lasciò negli animi de' cittadini della sventura accadutagli a Viterbo. Veniva egli col re Filippo di Francia e col re Carlo di Napoli e con altri principi e signori dalla guerra di Barberia, ove era morto il re Lodovico il Santo, padre di Filippo e fratello del re Carlo di Napoli. E trovandosi tuttavia la sede vacante n' erano insieme andati a Viterbo per sollecitare con la loro autorità la creazione del nuovo pontefice; nella qual dimora il conte Guido di Monforte, volendo vendicar la morte del conte Simone suo padre, stato ucciso l' anno passato da alcuno della casa reale, uccise di sua propria mano, quando si celebrava il sacrificio

divino nella chiesa di s. Silvestro, Arrigo conte di Cornovaglia, cugino carnale di Eduardo, di che egli oltre il dolore si tenea fortemente offeso dal re Carlo, di cui Guido era vicario in Toscana.—
Scipione Ammirato, *Istorie Fiorentine*.

8. *Battaglia di Pavia.*—Mentre che queste cose si facevano, aveva il Re mandato Giovanni Stuardo Duca d'Albania con cinquecento lance e cinque mila fanti a Roma e poi nel regno per tentare e molestare Napoli, pensando che gli Spagnuoli dovessero, lasciata la Lombardia, a quella volta per difendere quel reame concorrere; la qual cosa le forze dell'esercito indebolì, già per sè stesso stanco ed infievolito molto tra per li assalti dati a Pavia e per le scaramucce che molte e gagliardissime fatte s'erano. L'assenza del Signor Giovanni e la presenza di Borbone, il quale era di già con buon numero di buona gente arrivato, furono principali cagioni che il Marchese di Pescara deliberò di volere il campo de' nemici da tre bande assaltare, ancorchè munitissimo fosse, per tentare se fatto gli venisse di doverlo, come immaginato s'era, rompere, e così sciogliere l'assedio; perchè dato segretamente ordine a quanto voleva si facesse, e imposto al Marchese del Vasto, suo cugino e delle sue virtù non solo imitatore ma eziandio esecutore, che dovesse essere il primo ad assalire il Re infine dentro al suo forte di Mirabello, venne a giornata in sul fare del dì co' Franzesi, e dopo lunga e assai gagliarda difesa, il giorno di san Mattia alli 24 di febbraio, che era appunto il natale dell'Imperatore, nel MDXXIV gli ruppe, morti e presi quasi tutti i primi capitani e i maggiori personaggi della Francia; ed il medesimo Re in tre luoghi benchè leggermente ferito, mentre che francamente combattendo si difendeva, cadutoli sotto il cavallo, rimase prigione.—Benedetto Varchi, *Storia Fiorentina*.

9. *Astuzie militari.*—Giselberto, dopo la partita di Lodovico, con quelle che aveva, assediò il conte Immo in un suo castello, sperando che, levatosi costui dinanzi, tutta la Lotteringhia gli restasse quieta ed in pace. Ma il conte, che molto più si valeva della astuzia che delle forze, senza voler venire alle mani, temporeggiava il più che e' poteva: tempestando però tutto il giorno, e facendo mille molestie alle cose di Giselberto. Il quale, imbizzarrito contro di lui, voleva pure al tutto estirparlo, e, se altrimenti non poteva, per essere il luogo fortissimo, e munito di gran vantaggio, ottenerlo almanco per fame. Della qual cosa accortosi il conte, attendeva con varie astuzie a ingrassare il castello delle vettovaglie e grasce inimiche. Ed intra l'altre, avendo una volta fatto condurre il duca una gran quantità di porci pel servizio del suo esercito; Immo, vedutili per la campagna alle spalle de' suoi nemici, fatto pigliare uno de' suoi porci, lo fece agitare e battere in su la porta del castello: di maniera che gridando altissimamente quello animale, secondo il costume suo, gli altri che lo sentirono di lontano, anzi correndo, volando come saette, a dispetto de' guardiani e di tutti i soldati, forando fra le gambe degli uomini e de' cavalli, e traboccando o mandando sottosopra ciò che si opponeva alla furia loro, se ne vennero nel castello, senza restarne di fuori pur uno. Ed il conte, allegro di siffatta provvisione, riserrata la porta, a grande agio li fece uccidere, e serbarli poi ai bisogni.—PIER FRANCESCO GIAMBULLARI, *Della Storia d'Europa Libri* VII.

10. *La Svizzera nel 1607.*—Lucerna è in bel sito. Siede sopra un gran lago in un angolo, il qual si passa con un lunghissimo e bellissimo ponte di legno tutto coperto. Lucerna ha il primo luogo fra' sette cantoni cattolici. Altri cinque ve ne sono d'eretici, ed uno misto d'abitanti dell'una e dell'altra sorte. Questa è tutta l'unione svizzera. Ritengon l'unione di tutti insieme con una lega generale perpetua, e con una dieta pur generale, che si fa una o più volte ogni anno, dove si tratta degl'interessi comuni; ed hanno ancora altre leghe particolari tra loro, secondo che i tempi e gl'interessi hanno congiunto più strettamente questi con quelli. Nel resto ogni cantone è repubblica a parte, e son molto differenti i governi fra loro. Altri son popolari, altri d'aristocrazia, altri misti. Tutti hanno aborrito sempre l'imperio d'un solo, da che i primi si sottrassero all'ubbidienza di casa d'Austria. In Altorfo, per esempio, dove io sono passato, la moltitudine esce alla campagna; tutti concorrono a dare i suffragi, e gli danno alzando le mani. A questo modo fanno le leggi, ed eleggono i magistrati. Qui a Lucerna all'incontro il senato governa, e si ristringe a certe famiglie; ed in altri cantoni il senato non delibera in certe maggiori occorrenze, che non siano convocati i mestieri, che vuol dire la moltitudine. Con diversi principi, e particolarmente con due re, hanno lega gli Svizzeri; ma con varie eccezioni ed in varie maniere. I cantoni cattolici col re di Spagna; i cattolici e gli eretici col re di Francia. Da tutte le parti ricevono danari; a tutti si vendono; vi son le pensioni generali, vi son le particolari, ed un medesimo cantone, anzi un uomo medesimo ha danari dall'una e dall'altra corona. Vendono il servizio de' corpi ad altri, ma ritengon la libertà del paese per loro. Al che sono aiutati non meno dalle forze della natura, che dalla ferocia di loro medesimi. La natura è forte qui sopra modo, e sopra modo anche povera. Onde chi vorrebbe provarsi ad espugnar le Alpi? e chi vorrebbe desiderar di signoreggiarle? Le Alpi sono per gli Svizzeri, e gli Svizzeri all'incontro per le Alpi. —CARDINALE GUIDO BENTIVOGLIO, *Lettere.*

11. *Lutero alla Dieta di Vormazia.*—Si celebrò in Germania la dieta di Vormazia del 1521, dove Lutero fu chiamato con salvacondotto di Carlo, eletto due anni innanzi imperatore, per render conto della sua dottrina. Egli era consigliato a non andarvi, poichè già era pubblicata ed affissa la sua condanna fatta da Leone, onde poteva esser certo di non riportare se non conferma della condannazione, se

pur non gli fosse avvenuto cosa peggiore. Nondimeno, contra il parere di tutti gli amici, sentendo egli in contrario, diceva che, sebben fosse certo d'aver contra tanti diavoli quanti coppi erano nelli tetti delle case di quella città, voleva andarvi; come fece. Ed in quel luogo ai 17 d'aprile, in presenza di Cesare e di tutto il convento de' principi, fu interrogato se egli era l'autore de' libri che andavano fuora sotto suo nome, de' quali furono recitati i titoli e mostrati gli esemplari posti in mezzo del consesso; e se voleva difendere tutte le cose contenute in quelli o ritrattarne alcuna. Rispose, quanto alli libri, che li riconosceva per suoi, ma il risolversi di difendere o no le cose contenute in quelli essere di gran momento, e pertanto, avere bisogno di spazio per deliberare. Gli fu concesso tempo quel giorno, per dar risposta il seguente. Il qual venuto, introdotto Martino nel consesso fece una lunga orazione; scusò prima la sua semplicità, se, educato in vita privata e semplice, non aveva parlato secondo la dignità di quel consesso, e dato a ciascuno i titoli convenienti; poi confermò di riconoscer per suoi i libri. E quanto al difenderli, disse che tutti non erano d'una sorte, ma alcuni contenevano dottrina della fede e pietà, altri riprendevano la dottrina de' pontificii, un terzo genere era delli scritti contenziosi contra i difensori della contraria dottrina. Quanto alli primi disse che, se li ritrattasse, non farebbe cosa da cristiano e da uomo dabbene; tanto più quanto per la medesima bolla di Leone, se ben tutti erano condannati, non però tutti erano giudicati cattivi. Quanto alli secondi, che era cosa pur troppo chiara che tutte le provincie cristiane e la Germania massime erano espilate e gemevano sotto la servitù; e però il ritrattare le cose dette non sarebbe stato altro che confermare quella tirannide. Ma nelli libri del terzo genere confessò d'esser stato più acre e veemente del dovere; scusandosi che non faceva professione di santità, nè voleva difender i suoi costumi, ma ben la dottrina; che era parato di dar conto a qualunque persona si volesse, offerendosi non esser ostinato, ma quando gli fosse mostrato qualche suo errore con la Scrittura in mano, era per gettar i libri nel fuoco. Si voltò all'imperatore ed alli principi dicendo esser gran dono di Dio quando vien manifestata la vera dottrina, siccome il ripudiarla è un tirarsi addosso causa d'estreme calamità. Finita l'orazione, fu per ordine dell'imperatore ricercato di piena e semplice risposta, se voleva difender o no i suoi scritti. Al che rispose, di non poter revocar alcuna cosa delle scritte o insegnate, se non era convinto con le parole della Scrittura o con evidenti ragioni. Le quali cose udite, Cesare fu risoluto, seguendo i vestigi de' suoi maggiori, difender la Chiesa romana ed usar ogni rimedio per estinguer quell'incendio.— PAOLO SARPI, *Storia del Concilio di Trento*.

12. *Franklin, primo ambasciatore degli Stati Uniti a Parigi*.— Arrivava Franklin addì 13 dicembre 1776 a Nantes, e poco poi a Parigi. Da molto tempo non era in questa città capitato un uomo che più di questo e venerando fosse e venerato, o si consideri l'età

sua, che già era oltre i settant'anni trascorsa, o l'eccellenza dell'ingegno, o la vastità della dottrina, o la fama della virtù. Nè medesimamente di lunga pezza era stata tra gli uomini francesi, naturalmente molto avidi di novità, tant' aspettazione, come in questi dì. Pareva che di altro non si parlasse fra di loro, di altro non si scrivesse, ad altro forse non si pensasse, che a questa medesima causa americana, la quale tutti universalmente lodavano e ammiravano. Giunto adunque l'inviato americano, se i popoli lo riguardassero, se con ogni curiosità le parole, gli atti, e le opinioni ne spiassero, non è da domandare. Nè si potrebbe negare che non abbia molto acconciamente quella via seguita, che alla condizione della sua patria ed alla sua propria ottimamente si convenivano. Si dimostrava egli, ed in ogni luogo si appresentava, come un cittadino d'un'infelice patria agli estremi casi ridotta dalla britannica crudeltà. Con quelle canute chiome, ed in quell'età ormai caduca, venuto essere a traverso un mare smisurato a raccomandare la causa di lei a coloro che soccorrerla potevano. Non mai sì pietosa opera come questa essersi offerta a compire alla generosità francese; esser la Francia l'avvocata dei miseri, la difenditrice dei perseguitati, la protettrice degli oppressi; quella guerra essere per la parte britannica crudele; quel sangue sparso degli Americani innocente; sperar essi nel patrocinio del re ritrovare alcun rifugio alla loro misera e travagliata fortuna, e potersi un dì ridurre a vita tranquilla e sicura. Si ritraeva poscia alla villa di Passy, posta presso le porte di Parigi, dove pareva deplorasse in quel secesso i duri casi dell'America. Si spargeva la voce, se a caso, o a studio non saprei, che il governo inglese aombrasse per la vicinanza di lui, ed al francese domandasse lo facesse allontanare. Quindi nacque fra i popoli quella compassione che si ha di natura verso la virtù perseguitata. Tutti perciò lo guardavano con maggior curiosità; e ne' suoi passeggi, dove gli facevan l'accompagnatura molti fra i suoi paesani, stati prima o manomessi crudelmente, o proscritti dal governo britannico, siccome pure nelle brigate sì pubbliche che private, e nelle adunanze delle accademie dei dotti, dove interveniva spesso, si facevano le affoltate per vederlo. Su pei canti si vedevano i ritratti di Franklin, dipintovi con aspetto venerando, e con vestito, come si suol fare, anzi strano che no. Viveva poi a Passy con una certa semplicità che molto ritraeva da quella degli antichi filosofi; ed i suoi arguti motti e le gravi sentenze facevan sì che molti a Socrate lo somigliassero. Così il nome di Franklin era in bocca di tutti; e la moda, che sì spesso aggira i cervelli francesi anche nelle cose più leggiere, s'era questa fiata volta ad un oggetto molto grave e degno d'osservanza. Ma egli intanto, contento all'aver guadagnata l'attenzione, ed eccitata verso la patria sua la compassione di quegli spiriti parigini cotanto gentili e ben creati, a questo non si ristette; chè anzi con eccellente industria e con molta segretezza andava presso i ministri, dai quali era udito con allegra fronte, avanzando la causa de' suoi mandatori.

Nel che faceva grandissimi frutti, e si speravano dalla Francia di breve pubblici ed efficaci aiuti.—CARLO BOTTA, *Storia della Guerra dell'Indipendenza degli Stati Uniti d'America.*

13. *Niccolò Machiavelli.*—Niccolò Machiavelli nacque in Firenze nei 3 maggio del 1469, da Bernardo Machiavelli e da Bartolommea Nelli, ambidue di nobilissimo lignaggio. All'età di sedici anni rimase privo del genitore; ma non mancarono alla sua adolescenza le tenere cure della sollecita madre, che fu cultrice delle Muse e d'ogni liberal disciplina. Ebbe a maestro Marcello Virgilio Adriani, uomo di molte e squisite lettere: di ventinove anni ottenne il grado di segretario nell'ufizio dei Dieci di Libertà e di Pace. Può dirsi che per lo spazio di quattordici anni non vi fu cosa di momento nella fiorentina repubblica che al senno del Machiavelli non fosse commessa: ambasciatore al re di Francia, all'Imperatore, alla corte di Roma, al Duca Valentino e ad altri potenti dell'età sua diede in queste legazioni prove di somma destrezza: le lettere che di lui rimangono ne fanno splendida testimonianza. Nè la carità della patria fu in lui minore degli accorgimenti coi quali avrebbe mantenuto in libertà Firenze, se a umano consiglio fosse dato sempre il vincere la malignità dei tempi e il furore delle parti. Conobbe che l'armi mercenarie sono di timore e non di difesa, e nella sua città potè recare ad effetto il divisamento di stabilire milizie nazionali. Gli altri mali che alla Toscana e all'Italia sovrastavano previde, ma non potè riparare.

Perduta la repubblica per l'imbecillità di Pier Soderini, il Machiavelli fu privato d'ogni ufficio e rilegato. Sospetto o reo di congiura contro il cardinale dei Medici, sostenne con forte animo la prigionia e la tortura, e trovando nelle lettere a tanti mali conforto, quella patria, in cui non ebbe più loco come cittadino, aiutò cogli scritti. Nè mai private sventure tornarono a maggior utile d'Italia, perchè ad esse va debitrice delle *Istorie*, de' *Discorsi*, del *Principe*, dell'*Arte della guerra*, opere maggiori dell'invidia come della lode. I retori che stimano il lavoro più della materia, non fanno giustizia all'efficacia di quello scrivere franco, semplice e per età non invecchiato: ma nel Machiavelli non desidera eloquenza chi la ripone nella forza del pensiero e antepone la negligenza ai lenocinii di uno stile affannato. Le parole di tanto uomo aveano autorità d'oracolo fra quegli animosi e dotti giovani che s'adunavano negli Orti Rucellai: e per loro scrisse que' mirabili *Discorsi* coi quali erudì nella politica i posteri e superò gli antichi.

Quando Firenze si reggeva per Clemente VII, il Machiavelli fu reso alle pubbliche cure e negli ultimi anni di sua vita tenne onorato loco presso Francesco Guicciardini, commissario del papa all'esercito della lega contro Carlo V. L'amicizia di quel solenne istorico non gli era venuta meno ancora nelle sventure.

Tornato dal campo alla patria fatta libera, vi morì, nei 22 giugno del 1527, in età di anni cinquantotto, e, secondo il Busini, per dolore di vedersi posposto nell'uffizio di Segretario al Giannotti, perito ancor esso dei governi civili e valente scrittore, ma non tale che debba essere preferito al Machiavelli, se pur non vogliamo per vaghezza di nuove opinioni perdere il bene dell'intelletto. Il Varchi con saldi argomenti combatte la credenza che alla ricordata cagione attribuisce la morte del Machiavelli, ma col Busini s'accorda nel dire che il libro del *Principe* fece lo scrittore odioso all'universale. Nei pubblici affari si portò con tale integrità, che ei morendo lasciava in somma povertà i suoi figli. Se nella novella *Belfegor* volle ritrarre l'indole della sua moglie Marietta Corsini, convien credere che il matrimonio non fosse piccola parte delle sue gravi fortune.— GIOVAN BATTISTA NICCOLINI, *Opere*.

14. *Il terremoto di Calabria, 5 febbraio* 1783.—Alla prima scossa nessun segnale in terra o in cielo dava timore o sospetto; ma nel moto ed alla vista de' precipizi, lo sbalordimento invase tutti gli animi, così che smarrita la ragione, e per fino sospeso l'istinto di salvezza, restarono gli uomini attoniti ed immoti. Ritornata la ragione, fu primo sentimento de' campati certa gioia di parziale ventura, una gioia fugace, perchè subito la oppresse il pensiero della famiglia perduta, della casa distrutta, e fra tante specie presenti di morire, il timore di giorno estremo e vicino; più gli straziava il sospetto che i parenti stessero ancora vivi sotto le rovine, sì che, vista l'impossibilità di soccorrerli, dovevano sperare (consolazione misera e tremenda) che fossero estinti. Quanti si vedevano padri e mariti aggirarsi fra' rottami che coprivano le care persone, non bastare a muovere quelle moli, cercare invano aiuto ai passeggieri; e alfine disperati gemere dì e notte sopra que' sassi. Nel qual abbandono de' mortali, rifuggendo alla fede, votarono sacre offerte alla divinità, e vita futura di contrizione e di penitenza.

Ma la più trista fortuna (maggiore di ogni stile, di ogni intelletto) fu di coloro che viventi sotto alle ruine, aspettavano con affannosa e dubbia speranza di essere soccorsi; ed incusavano la tardità, e poi l'avarizia e l'ingratitudine de' più cari nella vita e degli amici; e quando, oppressi dal digiuno e dal dolore, perduto il senno e la memoria, mancavano, gli ultimi sentimenti che cedessero erano sdegno ai parenti, odio al genere umano. Molti furono dissotterrati per lo amore de' congiunti, ed alcuni altri dal terremoto istesso che, sconvolgendo le prime ruine, li rendeva alla luce. Quando tutti i cadaveri si scopersero, fu visto che la quarta parte di que' miseri sarebbe rimasta in vita, se gli aiuti non tardavano; e che gli uomini morivano in attitudine di sgombrarsi d'attorno i rottami; ma le donne con le mani sul viso, o disperatamente alle chiome: anche fu veduto le madri non curanti di sè, coprire i figliuoli facendo sopr' essi arco col proprio corpo; o tenere le braccia distese verso que' loro amori, benchè impedite dalle ruine non giungessero. Molti nuovi argomenti si raccolsero della fierezza virile e della passione delle donne. Un bambino da latte fu dissotterrato morente al terzo giorno, nè poi morì. Una fanciulla di undici anni fu estratta il sesto giorno, e visse; altra di sedici anni, Eloisa Basili, restò sotterrata undici giorni, tenendo nelle braccia un fanciullo, che al quarto morì, così che all'uscirne era guasto e putrefatto: ella non potè liberarsi dell'imbracciato cadavere, perchè stavano serrati fra i rottami, e numerava i giorni da fosca luce che giungeva sino alla fossa.

Più maravigliosi per la vita furono certi casi di animali; due muli vissero sotto un monte di ruine, l'uno ventidue giorni, l'altro ventitrè; un pollo visse pur esso ventidue giorni; due maiali sotterrati restarono viventi trentadue giorni. E cotesti bruti e gli uomini portavano, tornando alla luce, una stupida fiacchezza, nessuno desiderio di cibo, sete inestinguibile e quasi cecità, ordinario effetto del prolungato digiuno. Degli uomini campati alcuni tornarono sani e lieti, altri rimasero infermicci e malinconici; la qual differenza veniva dall'essere stati soccorsi prima di perdere la speranza o già perduta.—PIETRO COLLETTA, *Storia del Reame di Napoli*.

15. *Occupazione di Cipro da' Veneziani il 1489.*—Rumore già era che una grande armata da Baiazette Re de' Turchi apprestata nel Mare Egeo andar dovea. Per la qual cosa a M. Francesco Prioli, eletto Capitano generale, comandarono i Padri ch'egli s'avacciasse di partire: e perchè credevano che Baiazette a quel tempo sopra tutto avesse posto l'animo all'isola di Cipri, ivi quanto più tosto potesse, gli ordinarono che egli andasse. Questi salito in galea il mese d'aprile a Corfù, ed indi insieme con M. Cosmo Pasqualigo Provveditore, a Modone navigò: i quali seguitando M. Niccolò Capello Provveditore anco egli, il numero delle galee, che a Modone erano, accrebbe: con le quali galee, che venticinque furono, e fuste intorno a dieci, il quinto giorno tutti giunsero in Cipri. Inteso di questa venuta l'armata turchesca d'ogni qualità di legni lunghi fornita, non essendo ella guari da Cipri lontana, per lo golfo della Ghiazza distesasi, senza veruna cosa fare, tornò all'Ellesponto.

Avea la cura del regno di Cipri a' Padri duplicata lo essersi da loro inteso che Ferdinando Re di Napoli, con avere la Reina a maritarsi col figliuol di lui lusingata, occasion cercava di farsi signore di quella isola. Costei era Caterina, in Vinegia nata della famiglia Cornelia chiara e illustre: la quale il padre M. Marco Cornelio a Jacopo Lusignano Re di Cipri avea maritata con dote in contanti di libbre d'oro mille. Questa moglie in breve tempo il Re morendo lasciò pregna, avendola per suo testamento fatta erede insieme con chi dovea di lei nascere, sotto la tutoria del Senato di Vinegia: dal qual Senato Caterina Cornelia, come figliuola della Repubblica, egli avea con la fede di lui a moglie presa. Dunque appresso la morte del padre un figliuol nato, e in capo dell'anno il dì del natal suo parimente morto essendo, e alcuni maggiori di quel regno nuove cose movendo; mandato tostamente dal Senato all'isola e alla Reina un naviglio con Provveditori e col padre di lei, que' tumulti agevolmente si quetarono. Renduta all' isola la sua tranquillità, la donna con l'autorità della Repubblica avea dopo la morte del marito pacatamente quindici anni quel regno governato; quando per due suoi ministri, Ricci Napolitano e Tristano di Cipri, la cui sorella era una delle fanti della Reina, il Re Ferdinando nascosamente quelle nozze, che io dissi, procurava. Costoro dal Re venendo, scesi nell' isola, dal Capitano dell' armata presi, e senza indugio a Vinegia mandati furono.

Mossi da queste cose i Signori Dieci, quantunque senza dubbio non solamente gl' inganni di Ferdinando, ma ancora le insidie e gl' incominciamenti del Turco temuti aveano, e oltre a ciò ancora del Re della Siria non eran punto sicuri; a M. Giorgio Cornelio fratello della Reina danno carico di gire alla sorella e di persuaderle che, lasciato il governo del Regno alla Repubblica, ella a Vinegia si ritorni e voglia piuttosto nella patria e tra' suoi quello che gli avanza di vita sicuramente e tranquillamente passare, che in lontana e sospetta isola, a stranieri uomini sè e la vita sua commettere. M. Giorgio con piccol legno, per più velocemente ire, parte del cammino fornita, ne' giorni della bruma in Cipri arrivò, e la cagione della sua venuta alla sorella fe' palese. Costei, dalla novità della richiesta grandemente commossa, ricusava, nè volea le fosse persuaso di lasciare un ricco regno, siccome donna in vita regale e in regali onori avvezza, e che sapea quanto con nessuna propria condizione e parcamente nelle repubbliche si vivea; conchiudendo che assai potea bastare se, appresso la sua morte, quella isola in balia della Repubblica venisse. Contro le quali cose M. Giorgio avendo ragionato e argomentato lungamente, la Reina, a cui erano le lagrime negli occhi venute, come prima risponder potè: "Se così a voi, fratello mio, pare, e a me anco pare," disse, "o vorrò che così paia, e al mio animo il comanderò: ma più da voi avrà la nostra patria il mio regno ricevuto, che at me." Detto ciò, e ordinato quello che a fare era, l'anno seguente 1489 già entrato, il Capitano e Provveditori, detta una solenne messa e fatte orazioni a Dio, in presenza della Reina, e di suo ordine, nella piazza di Famagosta levarono lo stendardo della Repubblica; e il regno di Cipri fu ridotto in sua balia e sua provincia. Appresso a questo la Reina insieme con M. Giorgio sopra le galee, postovi prima il suo regale arnese, salì, e a mezza la state alla foce del porto veneziano pervenne: dove ricevuta da M. Agostino Barbarigo Principe della Città e dalli Padri, che le erano iti incontro, infine alla Chiesa di Santo Niccolò, che è sopra il lito del porto, con infinita moltitudine di tutti gli ordini, e piuttosto di tutti gli uomini della Città, i quali nelle barchette posti lietamente l'accompagnavano, portata nella nave detta Bucintoro, in mezzo delli Padri e di nobilissime donne, entrò nella città: il che a nissuna Veneziana era addivenuto infino a quel giorno. E poco stante, donato le fu dalli Signori Dieci il castello Asolo ne' colli Trevigiani posto, e libbre cinquanta d'oro ogni anno stanziato a

darle di stipendio: e per dono di presente datele dieci libbre.—
CARDINAL BEMBO, *Istoria Veneziana.*

16. *Giovanni de'Medici.*—In questo tempo Giovanni de' Medici ammalò, e conoscendo il mal suo mortale, chiamò Cosimo e Lorenzo suoi figliuoli, e disse loro: " Io credo esser vivuto quel tempo che da Dio e dalla natura mi fu, al mio nascimento, consegnato. Muoio contento, poichè io vi lascio ricchi, sani, e di qualità che voi potrete, quando voi seguitiate le mie pedate, vivere in Firenze onorati e con la grazia di ciascuno. Perchè niuna causa mi fa tanto morir contento, quanto mi ricordare di non aver mai offeso alcuno, anzi piuttosto, secondo ch' io ho potuto, beneficato ognuno. Così conforto a far voi. Dello Stato, se voi volete vivere sicuri, toglietene quanto ve ne è dalle leggi e dagli uomini dato, il che non vi recherà mai nè invidia nè pericolo: perchè quello che l'uomo si toglie, non quello che all'uomo è dato, ci fa odiare; e sempre ne avrete molto più di coloro che, volendo la parte d'altri, perdono la loro, e avanti che la perdano vivono in continui affanni. Con queste arti io ho tra tanti nimici, tra tanti dispareri, non solamente mantenuta, ma accresciuta la riputazione mia in questa città. Così, quando seguitiate le pedate mie, manterrete ed accrescerete voi; ma quando faceste altrimenti, pensate che il fine vostro non ha ad essere altrimenti felice, che sia stato quello di coloro che, nella memoria nostra, hanno rovinato sè e distrutta la casa loro." Morì poco dipoi, e nell'universale della città lasciò di sè un grandissimo desiderio, secondochè meritavano le sue ottime qualità. Fu Giovanni misericordioso, e non solamente dava elemosine a chi le domandava, ma molte volte al bisogno de'poveri senza essere domandato soccorreva. Amava ognuno, i buoni lodava, e de'cattivi aveva compassione. Non domandò mai onori, ed ebbegli tutti. Non andò mai in palagio se non chiamato. Amava la pace, e fuggiva la guerra. Alle avversità degli uomini sovveniva, le prosperità aiutava. Era alieno dalle rapine pubbliche, e del bene comune aumentatore. Ne' magistrati grazioso; non di molta eloquenza, ma di prudenza grandissima. Mostrava nella presenza malinconico, ma era poi nella conversazione piacevole e faceto. Morì ricchissimo di tesoro, ma più di buona fama e di benevolenza. La cui eredità, così de' beni della fortuna come di quelli dell'animo, fu da Cosimo non solamente mantenuta, ma accresciuta.—NICCOLÒ MACHIAVELLI, *Storie fiorentine.*

17. *Battaglia di Novara tra Francesi e Svizzeri il 6 giugno 1513.*—Alle parole di Mottino gridò ferocemente tutta la moltitudine, approvando ciascuno col braccio disteso il detto suo, e dipoi egli, promettendo la vittoria certa, comandò che andassero a riposarsi ed a curare le persone loro, per mettersi, quando col suono dei tamburi fossero chiamati, negli squadroni. Non fece mai la nazione degli Svizzeri, nè la più superba, nè la più feroce deliberazione: pochi contro a molti, senza cavalli e senza artiglierie, contro a un esercito potentissimo di queste cose; non indotti da alcuna necessità, perchè Novara era liberata dal pericolo, e aspettavano il giorno seguente non piccolo accrescimento di soldati; elessero spontaneamente di tentare piuttosto quella via, nella quale la sicurtà fosse minore, ma la speranza della gloria maggiore, che quella, nella quale dalla sicurtà maggiore risultasse gloria minore. Uscirono adunque con impeto grandissimo dopo la mezza notte di Novara, il sesto giorno di giugno, in numero circa di diecimila, distribuitisi con quest'ordine: settemila per assaltare le artiglierie, intorno alle quali alloggiavano i fanti tedeschi: il rimanente per fermarsi con le picche alte all'opposto delle genti d'arme. Non erano per la brevità del tempo, e perchè non si temeva tanto presto di un accidente tale, stati fortificati gli alloggiamenti de' Franzesi: e al primo tumulto, quando dalle scorte fu significata la venuta degl'inimici, il caso improvviso e le tenebre della notte dimostravano maggiore confusione e maggior terrore; nondimeno e le genti d'arme si raccolsero prestamente agli squadroni, e i fanti tedeschi, i quali furono seguitati dagli altri fanti, si messero subitamente negli ordini loro. Già con grandissimo strepito percuotevano le artiglierie negli Svizzeri, che venivano per assaltarle, facendo tra loro grandissima uccisione, la quale si comprendeva piuttosto per le grida e urla degli uomini, che per beneficio degli occhi, l'uso de' quali impediva ancora la notte; e nondimeno, con fierezza maravigliosa, non curando la morte presente, nè spaventati per il caso di quegli che cadevano loro a lato, nè dissolvendo la ordinanza, camminavano con passo prestissimo contro alle artiglierie, alle quali pervenuti, si urtarono insieme ferocissimamente essi e i fanti tedeschi, combattendo con grandissima rabbia l'uno contro all'altro, e molto più per l'odio e per la cupidità della gloria: avresti veduto (già incominciava il sole ad apparire) piegare ora questi, ora quegli, parere spesso superiori quegli che prima parevano inferiori, da una medesima parte, in un tempo medesimo, alcuni piegarsi, alcuni farsi innanzi, altri difficilmente resistere, altri impetuosamente insultare agl'inimici, piena da ogni parte ogni cosa di morti, di feriti, di sangue; i capitani fare ora fortissimamente l'uffizio di soldati, percuotendo gl'inimici, difendendo sè medesimi e i suoi; ora fare prudentissimamente l'uffizio di capitani, confortando, provvedendo, soccorrendo, ordinando, comandando. Da altra parte quiete e ozio grandissimo dove stavano armati gli uomini d'arme, perchè cedendo al timore ne' soldati l'autorità, i conforti, i comandamenti, i prieghi, l'esclamazioni, le minacce del Tramoglia e del Triulzio, non ebbero mai ardire d'investire gl'inimici che avevano innanzi a loro; e agli Svizzeri bastava tenergli fermi, perchè non soccorressero i fanti loro: finalmente in tanta ferocia, in tanto valore delle parti che combattevano, prevalse la virtù degli Svizzeri, i quali, occupate vittoriosamente le artiglierie, e voltatele contro agl'inimici, con esse e col valore loro gli misero in fuga. Con la fuga de' fanti fu congiunta la fuga delle genti d'arme, delle quali non apparì virtù o laude alcuna: solo Roberto della Marcia, sospinto dall'ardore paterno, entrò con uno squadrone di cavalli negli Svizzeri per salvare Floranges e Denesio suoi figliuoli, capitani di fanti tedeschi, che oppressi da molte ferite, giacevano in terra; e combattendo con tal ferocia che, non che altro, pareva cosa maravigliosa agli Svizzeri, gli condusse vivi fuori di tanto pericolo. Durò la battaglia da due ore, con danno grandissimo delle parti: degli Svizzeri morirono forse mille cinquecento, tra i quali Mottino, autore di così glorioso consiglio, percosso, mentre ferocemente combatteva, nella gola da una picca: degl'inimici, numero molto maggiore, dicono alcuni diecimila: ma de' Tedeschi fu morta la maggior parte nel combattere; dei fanti francesi e guasconi fu morta la maggior parte nel fuggire: salvossi quasi tutta la cavalleria, non gli potendo perseguitare gli Svizzeri; i quali, se avessero avuti cavalli, gli avrebbero facilmente dissipati; con tanto terrore si ritiravano. Rimasero in preda ai vincitori tutti i carriaggi, ventidue pezzi di artiglieria grossa, e tutti i cavalli deputati per uso loro. Ritornarono i vincitori, quasi trionfanti, il giorno medesimo in Novara, e con tanta fama per tutto il mondo, che molti avevano ardire, considerato la magnanimità del proposito, il dispregio evidentissimo della morte, la fierezza del combattere, e la felicità del successo, preporre questo fatto quasi a tutte le cose memorabili, che si leggono de' Romani e de' Greci. Fuggirono i Franzesi nel Piemonte; donde, gridando invano il Triulzio, passarono subitamente di là da' monti.—Francesco Guicciardini, *Storia d'Italia.*

18. *Orazione del Doge di Venezia Leonardo Loredano, in tempo della guerra contro i Collegati di Cambrai.*—Se, come è manifestissimo a ciascuno, prestantissimi senatori, nella conservazione della città di Padova consiste, non solamente ogni speranza di potere mai recuperare il nostro imperio, ma ancora di conservare la nostra libertà; e per contrario, se dalla perdita di Padova ne seguita, come è certissimo, l'ultima desolazione di questa patria; bisogna di necessità confessare che le provvisioni e preparazioni fatte insino a ora, ancora che grandissime e maravigliose, non siano sufficienti nè per quello che si conviene per la sicurtà di quella città, nè per quello che si appartiene alla dignità della nostra repubblica. Perchè in una cosa di tanta importanza e di tanto pericolo, non basta che i provvedimenti fatti siano tali, che si possa avere grandissima speranza che Padova si abbia a difendere; ma bisogna siano tanto potenti, che, per quel che si può provvedere con la diligenza e industria umana, si possa tenere per certo che abbiano ad assicurarla da tutti gli accidenti che improvvisamente potesse parturire la sinistra fortuna, potente in tutte le cose del mondo, ma sopra tutte le altre in quelle della guerra. Nè è deliberazione degna dell'antica fama e gloria del nome veneziano, che da noi sia commessa interamente la salute pubblica, e l'onore e la vita propria, e delle mogli e figliuoli nostri, alla virtù di uomini forestieri, e di soldati mercenari; e che non corriamo noi spontaneamente e popolarmente a difenderla con i petti e con le braccia nostre. Perchè, se ora non si sostiene quella città, non rimane a noi più luogo di affaticarci per noi medesimi, non di dimostrare la nostra virtù, non di spendere per la salute nostra le nostre ricchezze. Però mentre che ancora non è passato il tempo di aiutare la nostra patria, non dobbiamo lasciare indietro opera o sforzo alcuno; nè aspettare di rimanere in preda di chi desidera di saccheggiare le nostre facultà, di bere con somma crudeltà il sangue nostro.

Non contiene la conservazione della patria solamente il pubblico bene, ma nella salute della repubblica si tratta insieme il bene e la salute di tutti i privati, congiunte in modo con essa, che non può stare questa senza quella. Perchè, cadendo la repubblica e andando in servitù, chi non sa che le sostanze, l'onore e la vita de' privati rimangono in preda della avarizia, della libidine e della crudeltà degli inimici? Ma, quando bene nella difesa della repubblica non si trattasse altro che la conservazione della patria, non è premio degno de' suoi generosi cittadini, pieno di gloria e di splendore nel mondo, e meritevole appresso a Dio? perchè è sentenza insino de' Gentili, essere nel cielo determinato un luogo particolare, il quale felicemente godano in perpetuo tutti coloro che avranno aiutato, conservato e accresciuto la patria loro. E quale patria è giammai stata che meriti di essere più aiutata e conservata da' suoi figliuoli, che questa? la quale ottiene e ha ottenuto per molti secoli, il principato tra tutte le città del mondo; e dalla quale i suoi cittadini ricevono grandissime e innumerabili comodità, utilità ed onori. A tanta e a sì gloriosa patria, stata moltissimi anni antimuro della fede, splendore della repubblica cristiana, mancheranno le persone de' suoi figliuoli e dei suoi cittadini, e ci sarà chi rifiuti di mettere in pericolo la propria vita, e de' figliuoli, per la salute di quella? La quale contenendosi nella difesa di Padova, chi sarà quello che neghi di volere personalmente andare a difenderla?

E quando bene fossero certissimi, essere bastanti le forze che vi sono, non appartiene egli all'onor nostro, non appartiene egli allo splendore del nome veneziano, che si sappia per tutto il mondo che noi medesimi siamo corsi prontissimamente a difenderla e conservarla? Ha voluto il fato di questa città, che in pochi dì sia caduto dalle mani nostre tanto imperio; nella qual cosa non abbiamo da lamentarci tanto della malignità della fortuna, perchè sono casi comuni a tutte le repubbliche, a tutti i regni, quanto abbiamo cagione di dolerci che, dimenticatici della costanza nostra, stata insino a quel dì invitta, che perduta la memoria di tanti generosi e gloriosi esempi de' nostri maggiori, cedemmo con troppo subita disperazione al colpo potente della fortuna; nè fu per noi rappresentata ai figliuoli nostri quella virtù che era stata rappresentata a noi dai padri nostri. Torna ora a noi la occasione di ricuperare quell'ornamento, non perduto (se noi vorremo essere uomini), ma smarrito. Perchè, andando incontro all'avversità della fortuna, offerendoci spontaneamente ai pericoli, cancelleremo la infamia ricevuta; e vedendo non essere perduta in noi l'antica generosità e virtù, si ascriverà piuttosto quel disordine a una certa fatale tempesta, alla quale nè il consiglio nè la costanza degli uomini può resistere, che a colpa e vergogna nostra.

Però, se fosse lecito che tutti popolarmente andassero a Padova, che senza pregiudizio di quella difesa, e delle altre urgentissime faccende pubbliche, si potesse per qualche giorno abbandonare questa città, io primo, senza aspettare la vostra deliberazione, piglierei il cammino: non sapendo in che meglio potere spendere questi ultimi dì della mia vecchiezza, che nel partecipare con la presenza e con gli occhi di vittoria tanto preclara; o quando pure (l'animo aborrisce di dirlo) morendo insieme con gli altri, non essere superstite alla rovina della patria. Ma, perchè nè Venezia può essere abbandonata da'consigli pubblici; ne'quali col consigliare, provvedere e ordinare, non meno si difende Padova, che la difendano con le armi quegli che sono quivi, e la turba inutile de'vecchi sarebbe più carico che di presidio a quella città; nè anco, per tutto quello che potesse occorrere, è a proposito spogliare Venezia di tutta la gioventù; però consiglio e conforto che, avendo rispetto a tutte queste ragioni, si eleggano dugento gentiluomini de'principali della nostra gioventù; de'quali ciascuno con quella quantità di amici e di clienti atti alle armi, che tollereranno le sue facultà, vada a Padova, per stare quanto sarà necessario alla difesa di quella terra.

Due miei figliuoli, con grandi compagnie, saranno i primi a seguire quel che io, padre loro, principe vostro, sono stato il primo a proporre. Le persone de'quali, in sì grave pericolo, offerisco alla patria volentieri. Così si renderà più sicura la città di Padova; così i soldati mercenari che vi sono, veduta la nostra gioventù pronta alle guardie, e a tutti i fatti militari, ne riceveranno inestimabile allegrezza e animosità, certi che, essendo congiunti con loro i figliuoli nostri, non abbia a mancare da noi provvisione o sforzo alcuno. La gioventù e gli altri che non anderanno, si accenderanno tanto più con questo esempio a esporsi, sempre che sarà di bisogno, a tutte le fatiche e pericoli. Fate voi, senatori, le parole e i fatti de'quali sono in esempio e negli occhi di tutta la città, fate, dico, a gara ciascuno di voi che ha facultà sufficienti, di far descrivere in questo numero i vostri figliuoli, acciocchè siano partecipi di tanta gloria, perchè da questo nascerà non solo la difesa sicura e certa di Padova, ma si acquisterà questa fama appresso a tutte le nazioni, che noi medesimi siamo quegli che, col pericolo della propria vita, difendiamo la libertà e la salute della più degna e della più nobile patria che sia in tutto il mondo.—FRANCESCO GUICCIARDINI, *Storia d'Italia.*

DIALOGHI.

1. Dialogo del Calamaio e della Lucerna.

Poichè il calamaio ebbe scritto questa lettera ch'io vi mando, incominciò a ragionare con la lucerna, ed essa a rispondere a lui, ed io, che sentiva quella tresca, a stare in orecchi per intendere quel che fra loro dicevano; e la sostanza fu questa.

Calamaio. Lucerna, sorella mia, ti ringrazio che tu mi desti soccorso col tuo splendore, tanto ch'io abbia terminato di scrivere questa correzione fraterna.

Lucerna. Tu non mi dei avere obbligo veruno di ciò, perchè quando ho olio dentro che m'unga questo lucignolo, non posso fare a meno di non rischiarare altrui. Ma ti dico bene, che questa lettera m'è piaciuta molto, e che mentre tu la rileggevi, io feci due o tre scoppietti di riso: che non mi poteva tenere a sapere a cui tu la scrivi e perchè. Oh tu sei un calamaio che mi piaci, poichè secondo il bisogno sai ungere e pungere.

C. Sappi, lucerna, e non credere ch'io lo dica per vantamento, ch'io sono da più che tu non pensi, e che qualche volta il mio padrone non saprebbe che dirsi, quando io non gli suggerissi le parole.

L. Oh tu mi dici bene una novità! Io non me ne sono mai avveduta. Ma così va. Io credeva di far lume agli altri, e non ci vedrò per me.

C. Acciocchè un'altra volta tu te ne possa accorgere, e che tu sappia quando esso scrive di sua testa e quando io gli do aiuto, voglio solamente che tu gli esamini bene il viso e gli atti. Se tu lo vedi, per esempio, ch'egli corre a me col viso infocato, astratto e che gli si veggono i pensieri negli occhi e si mette a scrivere con grandissima fretta, di' allora ch' egli abbia materia in capo e che scriva di sua testa. All'incontro, quando vedi ch'egli mi s'accosta malinconico, che pare che gli caschino le ginocchia, mal volentieri, e che prende la penna in mano, e guardando allo insù o mordendosi le dita, la intinge in me, e comincia lento lento a scrivere, sappi ch'egli allora non detta col suo cervello, ma col mio.

L. Io credeva ch'egli scherzasse; ma doveva dire a buon senno, quando lo sentii a proferire qualche volta: calamaio, scrivi tu, perch'io non saprei che dettare.

C. Lo diceva con tutto il cuore certamente. Anzi verrà un dì, ch'io voglio che fra lui e me facciamo la divisione di quanto ha scritto egli e di quanto ho scritto io, perchè ciascuno abbia la sua parte dell'onore ch'egli merita.

L. Che! vuoi tu ancora stampare forse le cose tue?
C. Chi sa?
L. E credi tu che tocchino a te tanti componimenti della parte tua, che tu ne possa formare un libro?
C. Anzi cred'io che ne toccherà più a me, che a lui. Tutti miei e di mia ragione, senza che il suo cervello v'abbia punto parte, sono i sonetti e le canzoni ch'egli ha fatti comandato, per monache, per nozze o per dottori novelli; chè se non era io che glieli avessi dettati, egli non sapeva dove s'avesse il capo. Sicchè eccomi in punto un canzoniere; nè di suo altro gli rimane, fuorchè certe carte di sonetti amorosi, ne'quali egli pose veramente tutto il suo cuore e l'ingegno.
L. E delle prose, come n'avrai tu buona quantità?
C. Poche, perchè nè egli nè io insino a qui ce ne siamo dilettati molto; quand'io non volessi far valere le mie ragioni sopra alcune lettere, ch'egli a suo dispetto scrisse, delle faccende di casa sua a qualche avvocato o a qualche fattore, delle quali, per verità, non si può dire ch'egli n'abbia mai dettata una riga, ma sempre m'ha lasciato fare a modo mio, perchè le corrispondenze con altrui, circa gl'interessi suoi, le ha sempre lasciate al calamaio. Oltre di questo, tu ci vedesti tempo fa tradurre in prosa parecchie delle commedie di Plauto, e di queste n'ha volgarizzata egli una parte, e una parte è mia: sicchè s'egli non si risolverà a tradurle tutte da sè, o a lasciarmi indietro la mia parte, non consentirò mai ch'egli le dia fuori, quando non iscrivesse nel proemio che le sono fatiche tanto sue quanto mie; chè allora mi contenterei ch'egli le pubblicasse.
L. In questo ti do ragione: egli non ha da farsi bello delle tue fatiche.
C. Tu la intendi da vera amica; e s'egli credesse mai che fosse tempo da stamparle col nome suo, digli un poco da te, che sarebbe meglio che tu le ardessi: e se puoi, ardile.
L. Basta ch'egli me le accosti.
C. Perchè più presto che non aver io quell'onore che mi si conviene, mi contento che vada a rovina ogni cosa.
L. Tu saresti però il primo calamaio che avesse stampate le sue opere.
C. Eh! tu non sai, e perciò parli in tal forma. Sappi che se mai fu un tempo, nel quale i calamai stampassero, egli è oggidì. Che credi tu, perchè vedi tanti libri coi nomi degli autori, ch'essi gli abbiano veramente dettati? Sai tu quanti non sanno dove s'abbiano il capo, e scrivono perchè il calamaio detta? e poi mettono il proprio nome e stampano? Oh, non mi far dire....
L. Se t'ho mai servito, se tu credi ch'io ti possa mai giovare, dimmene qualche paio di que'libri che sono componimenti di calamai e non di teste d'uomini.
C. Tu mi stuzzichi, e io n'ho voglia. Accostati. Vedi qua questo: esaminiamolo. Ma tu ti vai molto oscurando.

L. Ohimè!
C. Oh tu rabbui molto!
L. Ohimè!
C. Che hai tu? io non ti posso veder dentro.
L. La troppa voglia ch'io avea di ragionar teco, non mi lasciava vedere che mi vien manco l'olio affatto. Vedi ch'io mi spengo.
C. Sorella, buona notte: a domanisera, chè sarai rifornita d'olio e ti tornerà la vita in corpo.
L. Addio.
C. Addio.

Io ebbi quasi soddisfazione che la lucerna si spegnesse, perch'essi andavano avanti col ragionamento troppo arditamente, e avrebbero forse dette di quelle cose che non le dicono gli speziali, e chi sa sopra a qual libro sarebbe caduto il giudizio loro. Basta; chè quando ebbero finito di cinguettare, m'addormentai; e stamattina levatomi, ritrovai la lettera, e raccapezzai fra me e il calamaio il dialogo ch'egli ebbe con la lucerna la notte, e l'una e l'altra cosa vi mando acciocchè veggiate che il mio calamaio non è un'oca.

GASPARO GOZZI.

2. DIALOGO DELLA TERRA E DELLA LUNA

Terra. Cara Luna, io so che tu puoi parlare e rispondere per essere una persona, secondo che ho inteso molte volte da' poeti: oltre che i nostri fanciulli dicono che tu veramente hai bocca, naso e occhi, come ognuno di loro; e che lo veggono essi cogli occhi propri; che in quell'età ragionevolmente debbono essere acutissimi. Quanto a me, non dubito che tu non sappi che io sono nè più nè meno una persona; tanto che, quando era più giovane, feci molti figliuoli: sicchè non ti maraviglierai di sentirmi parlare. Dunque, Luna mia bella, con tutto che io ti sono stata vicina per tanti secoli, che non mi ricordo il numero, io non ti ho fatto mai parola insino adesso, perchè le faccende mi hanno tenuta occupata in modo, che non mi avanzava tempo da chiacchierare. Ma oggi che i miei negozi sono ridotti a poca cosa, anzi posso dire che vanno co' loro piedi, io non so che mi fare, e scoppio di noia: però fo conto, in avvenire, di favellarti spesso, e darmi molto pensiero dei fatti tuoi, quando non abbia ad essere con tua molestia.

Luna. Non dubitare di cotesto. Così la fortuna mi salvi da ogni altro incomodo, come io son sicura che tu non me ne darai. Se ti pare di favellarmi, favellami a tuo piacere; chè quantunque amica del silenzio, come credo che tu sappi, io t'ascolterò e ti risponderò volentieri, per farti servigio.

Terra. Senti tu questo suono piacevolissimo che fanno i corpi celesti coi loro moti?

Luna. A dirti il vero, io non sento nulla.

Terra. Nè pur io sento nulla, fuorchè lo strepito del vento che va da' miei poli all'equatore, e dall'equatore ai poli, e non mostra saper niente di musica. Ma Pitagora dice che le sfere celesti fanno un certo suono così dolce ch'è una maraviglia; e che anche tu vi hai la tua parte, e sei l'ottava corda di questa lira universale; ma che io sono assordata dal suono stesso, e però non l'odo.

Luna. Anch'io senza fallo sono assordata; e, come ho detto, non l'odo: e non so di essere una corda.

Terra. Dunque mutiamo proposito. Dimmi: sei tu popolata veramente, come affermano e giurano mille filosofi antichi e moderni, da Orfeo sino al De la Lande? Ma io per quanto mi sforzi di allungare queste mie corna, che gli uomini chiamano monti e picchi, colla punta delle quali ti vengo mirando, a uso di lumacone, non arrivo a scoprire in te nessun abitante; se bene odo che un cotal Davide Fabricio, che vedeva meglio di Linceo, ne scoperse una volta certi, che spandevano un bucato al sole.

Luna. Delle tue corna io non so che dire. Fatto sta che io sono abitata.

Terra. Di che colore sono cotesti uomini?
Luna. Che uomini?
Terra. Quelli che tu contieni. Non dici tu d'essere abitata?
Luna. Sì: e per questo?
Terra. E per questo non saranno già tutte bestie gli abitatori tuoi.

Luna. Nè bestie nè uomini; che io non so che razze di creature si sieno nè gli uni nè l'altre. E già di parecchie cose che tu mi sei venuta accennando, in proposito, a quel che io stimo, degli uomini, io non ho compreso un'acca.

Terra. Ma che sorti di popoli sono coteste?
Luna. Moltissime e diversissime, che tu non conosci, come io non conosco le tue.

Terra. Cotesto mi riesce strano in modo, che se io non l'udissi da te medesima, io non lo crederei per nessuna cosa del mondo. Fosti tu mai conquistata da niuno de' tuoi?

Luna. No, che io sappia. E come? e perchè?
Terra. Per ambizione, per cupidigia dell'altrui, colle arti politiche, colle armi.

Luna. Io non so che voglia dire armi, ambizione, arti politiche, in somma niente di quel che tu dici.

Terra. Ma certo, se tu non conosci le armi, conosci pure la guerra: perchè, poco dianzi, un fisico di quaggiù, con certi cannocchiali, che sono istrumenti fatti per vedere molto lontano, ha scoperto costì una bella fortezza, co' suoi bastioni diritti; che è segno che le tue genti usano, se non altro, gli assedi e le battaglie murali.

Luna. Perdona, monna Terra, se io ti rispondo un poco più liberamente che forse non converrebbe a una tua suddita o fantesca, come io sono. Ma in vero che tu mi riesci peggio che vanerella a pensare che tutte le cose di qualunque parte del mondo siano conformi alle tue; come se la natura non avesse avuto altra intenzione che di copiarti puntualmente da per tutto. Io dico di essere abitata, e tu da questo conchiudi che gli abitatori miei debbono essere uomini. Ti avverto che non sono; e tu, consentendo che siano altre creature, non dubiti che non abbiano le stesse qualità e gli stessi casi de' tuoi popoli: e mi alleghi i cannocchiali di non so che fisico. Ma se cotesti cannocchiali non veggono meglio in altre cose, io crederò che abbiano la buona vista de' tuoi fanciulli; che scoprono in me gli occhi, la bocca, il naso, che io non so dove me gli abbia.

Terra. Dunque non sarà nè anche vero che le tue provincie sono fornite di strade larghe e nette; e che tu sei coltivata: cose che dalla parte della Germania, pigliando un cannocchiale, si veggono chiaramente.

Luna. Se io sono coltivata, io non me ne accorgo, e le mie strade io non le veggo.

Terra. Cara Luna, tu hai a sapere che io sono di grossa pasta e di cervello tondo; e non è maraviglia che gli uomini m'ingannino facilmente. Ma io ti so dire che se i tuoi non si curano di conquistarti, tu non fosti però sempre senza pericolo: perchè in diversi tempi, molte persone di quaggiù si posero in animo di conquistarti esse; e a quest'effetto fecero molte preparazioni. Se non che, salite in luoghi altissimi, e levandosi sulle punte de' piedi, e stendendo le braccia, non ti poterono arrivare. Oltre a questo, già da non pochi anni, io veggo spiare minutamente ogni tuo sito, ricavare le carte de' tuoi paesi, misurare le altezze di cotesti monti, de' quali sappiamo anche i nomi. Queste cose, per la buona volontà ch' io ti porto, mi è paruto bene di avvisartele, acciò che tu non manchi di provvederti per ogni caso. Ora, venendo ad altro, come sei molestata da' cani che ti abbaiano contro? Che pensi di quelli che ti mostrano altrui nel pozzo? Sei tu femmina o maschio? perchè anticamente ne fu varia opinione. È vero o no che gli Arcadi vennero al mondo prima di te? che le tue donne, o altrimenti che io le debba chiamare, sono ovipare; e che uno delle loro uova cadde quaggiù non so quando? che tu sei traforata a guisa di paternostri, come crede un fisico moderno? che sei fatta, come affermano alcuni Inglesi, di cacio fresco? che Maometto un giorno, o una notte che fosse, ti spartì per mezzo, come un cocomero; e che un buon tocco del tuo corpo gli sdrucciolò dentro alla manica? Come stai volentieri in cima dei minareti? Che ti pare della festa del bairam?

Luna. Va' pur avanti; chè mentre seguiti così, non ho cagione di risponderti, e di mancare al silenzio mio solito. Se hai caro d'intratteneri in ciance, e non trovi altre materie che queste; in cambio di voltarti a me, che non ti posso intendere, sarà meglio che ti faccia fabbricare dagli uomini un altro pianeta da girartisi intorno, che sia composto e abitato alla tua maniera. Tu non sai parlare altro che d'uomini e di cani e di cose simili, delle quali ho tanta notizia, quanta di quel sole grande grande, intorno al quale odo che giri il nostro sole.

Terra. Veramente più che io propongo, nel favellarti, di astenermi da toccare le cose proprie, meno mi vien fatto. Ma da ora innanzi ci avrò più cura. Dimmi: sei tu che ti pigli spasso a tirarmi l'acqua del mare in alto, e poi lasciarlo cadere?

Luna. Può essere. Ma posto che io faccia cotesto o qualunque altro effetto, io non mi avveggo di fartelo: come tu similmente, per quello che io penso, non ti accorgi di molti effetti che fai qui; che debbono essere tanto maggiori de'miei, quanto tu mi vinci di grandezza e di forza.

Terra. Di cotesti effetti veramente io non so altro se non che di tanto in tanto io levo a te la luce del sole, e a me la tua; come ancora, che io ti fo gran lume nelle tue notti, che in parte lo veggo alcune volte. Ma io mi dimenticava una cosa che importa più d'ogni altra. Io vorrei sapere se veramente, secondo che scrive l'Ariosto, tutto quello che ciascun uomo va perdendo; come a dire la gioventù, la bellezza, la sanità, le fatiche e spese che si mettono nei buoni studi per essere onorati dagli altri, nell'indirizzare i fanciulli ai buoni costumi, nel fare o promuovere le istituzioni utili; tutto sale e si raguna costì: di modo che vi si trovano tutte le cose umane; fuori della pazzia, che non si parte dagli uomini. In caso che questo sia vero, io fo conto che tu debba essere così piena, che non ti avanzi più luogo; specialmente che, negli ultimi tempi, gli uomini hanno perduto moltissime cose (verbigrazia l'amor patrio, la virtù, la magnanimità, la rettitudine), non già solo in parte, e l'uno o l'altro di loro, come per l'addietro, ma tutti e intieramente. E certo che se elle non sono costì, non credo si possano trovare in altro luogo. Però vorrei che noi facessimo insieme una convenzione, per la quale tu mi rendessi di presente, e poi di mano in mano, tutte queste cose; donde io penso che tu medesima abbi caro di essere sgomberata, massime del senno, il quale intendo che occupa costì un grandissimo spazio; ed io ti farei pagare dagli uomini tutti gli anni una somma buona di danari.

Luna. Tu ritorni agli uomini; e, con tutto che la pazzia, come affermi, non si parta da'tuoi confini, vuoi farmi impazzire a ogni modo, e levare il giudizio a me, cercando quello di coloro, il quale io non so dove si sia, nè se vada o resti in nessuna parte del mondo; so bene che qui non si trova; come non ci si trovano le altre cose che tu chiedi.

Terra. Almeno mi saprai tu dire se costì sono in uso i vizi, i misfatti, gl'infortuni, i dolori, la vecchiezza, in conclusione i mali? Intendi tu questi nomi?

Luna. Oh cotesti sì che gl'intendo; e non solo i nomi, ma le cose significate, le conosco a maraviglia: perchè ne sono tutta piena, in vece di quelle altre che tu credevi.

Terra. Quali prevalgono ne'tuoi popoli, i pregi o i difetti?

Luna. I difetti di gran lunga.
Terra. Di quali hai maggior copia, di beni o di mali?
Luna. Di mali senza comparazione.
Terra. E generalmente gli abitatori tuoi sono felici o infelici?
Luna. Tanto infelici, che io non mi scambierei col più fortunato di loro.
Terra. Il medesimo è qui. Di modo che io mi maraviglio come essendomi sì diversa nelle altre cose, in questa mi sei conforme.
Luna. Anche nella figura, e nell'aggirarmi, e nell'essere illustrata dal sole io ti sono conforme; e non è maggior maraviglia quella che questa: perchè il male è cosa comune a tutti i pianeti dell'universo, o almeno di questo mondo solare, come la rotondità e le altre condizioni che ho detto, nè più nè meno. E se tu potessi levare tanto alto la voce, che fosse udita da Urano o da Saturno, o da qualunque altro pianeta nel nostro mondo; e gl'interrogassi se in loro abbia luogo l'infelicità, e se i beni prevagliano o cedano ai mali; ciascuno ti risponderebbe come ho fatto io. Dico questo per aver dimandato delle medesime cose Venere e Mercurio, ai quali pianeti di quando in quando io mi trovo più vicina di te; come anche ne ho chiesto ad alcune comete che mi sono passate dappresso: e tutti mi hanno risposto come ho detto. E penso che il sole medesimo e ciascuna stella risponderebbero altrettanto.
Terra. Con tutto cotesto io spero bene: e oggi massimamente, gli uomini mi promettono per l'avvenire molte felicità.
Luna. Spera a tuo senno: e io ti prometto che potrai sperare in eterno.
Terra. Sai che è? questi uomini e queste bestie si mettono a romore, perchè dalla parte dalla quale io ti favello, è notte, come tu vedi, o piuttosto non vedi, sicchè tutti dormivano; e allo strepito che noi facciamo parlando, si destano con gran paura.
Luna. Ma qui da questa parte, come tu vedi, è giorno.
Terra. Ora io non voglio essere causa di spaventare la mia gente, e di rompere loro il sonno, che è il maggior bene che abbiano. Però ci riparleremo in altro tempo. Addio dunque; buon giorno.
Luna. Addio; buona notte. GIACOMO LEOPARDI.

COMMEDIE.

1.—*Il Progettista.*

ATTO I. Scena II.

Filiberto *con varie carte nelle mani, maestro* Fabio *che lo segue,* Sofia *seduta ad un tavolino disegnando,* Valerio *in piedi osservando il lavoro di costei.*

Filiberto. Saluto la nipote ed il signor Valerio.
Valerio. Riverisco umilmente.
Fil. Zitto; non voglio che vi disturbiate per me. Venite avanti, maestro Fabio. Ho bisogno, com'io vi diceva, dell'opera vostra; voi siete un uomo intelligente e di buon gusto, e mi fido di voi più che di qualunque architetto.
Fab. La ringrazio della buona opinione che V. S. ha de' fatti miei.
Fil. Ora che abbiamo formato il nuovo cortile del casino, pensava io stanotte che ci vorrebbe in fondo un giardino.
Fab. Allora ne avrebbe due.
Fil. Oibò! Voglio nel vecchio fare un solo piantamento di gelsi e togliere le altre piante; così spero che i bachi da seta, come nella China, potranno nutrirsi e lavorare, a cielo scoperto, i loro bozzoli. Ma veniamo a noi: esaminate il disegno del nuovo giardino, disegno da me fatto stamane, appena alzato di letto. (*Presenta una carta a Fabio e mentre costui l'osserva, Filiberto s'accosta a Sofia.*) Oh! che si fa di bello, nipote mia?
Sofia. Signor Zio, sto occupata.
Fil. (*Allontanandosi.*) Zitta! Or ora sono da voi. E così, maestro Fabio, che dite di questo mio pensiero?
Fab. Il progetto può riuscire benissimo.
Fil. Vedete idea grandiosa! Qui (*accennando vari siti sulla carta*) la casa colla porta che introduce nel salone nuovo; davanti la casa, lo spazioso cortile circondato da platani. Tutto questo è già terminato, come sapete. Ecco qui quel che rimane indispensabilmente a farsi: steccato del giardino, porta del giardino corrispondente alla grande entrata del salone, giardino di quattro iugeri. Eh? che dite, messer Fabio?
Fab. Bellissimo pensiero; ma per fare un tal giardino ci converrà annientare uno de' migliori campi....
Fil. Che importa del campo? Il giardino mi frutterà molto più.
Fab. Io voleva ben dire che V. S. pensava saviamente.

Fil. Come? Mi avreste creduto stolido a tal segno di far le cose per sola magnificenza?
Fab. Nemmeno per sogno.
Fil. Io maneggio le rendite di mia sorella Lucinda, e tutto quello che io fo, intendo, voglio e debbo farlo pel vantaggio della mia cara nipote, avendo sempre in mira la più giudiziosa e perfetta economia.
Sof. Caro signor Zio....
Fil. (*A Sofia.*) Zitta!
Fab. Non dico più nulla.
Fil. Signor no, voglio convincervi. Che rendono quattro jugeri di terreno, se consideriamo le imposte, le eventualità delle tempeste, le siccità e simili danni? No, non fruttano di netto venti scudi l'anno. Per lo contrario col commercio, che si può far di cedri, d'aranci, o di piante esotiche medicinali, fo conto di ricavarne almeno quattro cento annui scudi. Mano all'opera dunque; fate continuare il muro di cinta; dal conto che ho fatto, in pochi mesi dovrebbe esser terminato.
Fab. Mi pare di sì; ma frattanto vorrei ch'ella mi desse un centinaio di zecchini sul conto vecchio.
Fil. Per ora in verità, non posso.
Fab. Eppure deggio pagare la mia gente.
Fil. Dentro questo mese salderò il vostro credito vecchio; abbiate pazienza. Mia sorella ha vinto o sta per vincere una lite di cento mila fiorini, e porterà di Germania dei capitali, con cui faremo fronte a tutte le spese necessarie.
Fab. Bene, quand'è così, aspetterò, e vado a dar gli ordini.
Fil. Sì, andate e senza perdere un minuto.
Fab. (*Torna indietro.*) Signor Filiberto!
Fil. Che c'è?
Fab. Abbiam pensato a molte cose e dimenticato la più importante.
Fil. Sentiamo.
Fab. Dove prenderemo l'acqua per bagnare il giardino?
Fil. Per Bacco! (*Dandosi de' pugni nella testa.*) Avete ragione.... Potremmo in ogni peggior evento far una cisterna ... ma, no, aspettate. Ehi, non è il vecchio fattore che passeggia in sala?
Fab. Appunto.
Fil. Chiamatelo.
Fab. Subito! Ehi, Marco!
Fil. Si dee trovar l'acqua, mi costasse un tesoro!
Sof. (*Piano a Valerio.*) Mio Zio perde la testa ne' suoi progetti

Scena III.

Marco e detti.

Fil. Ditemi, Marco, ne' contorni de' poderi di mia sorella sarebbe possibile di derivare acqua da qualche sito?

Marco. Ella sa, signor mio, che il mancar d'acqua è il nostro maggior incomodo; ella sa che l'anno scorso....

Fil. Non voglio saper questo; ma, tre miglia lungi di qua, presso ai poderi del signor Fulgenzio, ho pur veduto un piccol rivo che si perde ne' boschi?

Mar. È verissimo.

Fil. Or bene, credete voi che non mi dia l'animo di far un canale che da' poderi del signor Fulgenzio....ma che? Ridete? E di che cosa?

Mar. Il rivo è proprietà del signor Fulgenzio.

Fil. Ne compreremo la derivazione.

Mar. Neppur ciò è possibile; perchè quando l'acqua ha irrigato i poderi del signor Fulgenzio, altri possessori godono d'un tal diritto.

Fil. Siete l'uomo delle difficoltà.

Mar. Mi perdoni: so io quanto ha speso in liti l'avolo di madamigella per ottenere....

Fil. Egli non v'intendeva niente; a me non mancano i mezzi. Fabio, badate a quanto v'ho ordinato; io penserò al resto.

Fab. Non occorre altro. (*Da sè partendo.*) Spenda pure da pazzo; faccia, rifaccia; tanto meglio per me.

Fil. (*Prende una penna e scrive su d'un pezzo di carta.*) Tre miglia di lontananza abbiamo detto?

Mar. Signor sì! ma badi bene....

Fil. Non voglio seccature. Vediam subito quanto importerà di spesa, se questi tali si contentassero di darmi una metà della lor acqua.... (*Va facendo calcoli e scrivendo senza badare a Marco.*)

Mar. Mi perdoni, signor Filiberto, se oso dirle il parer mio. Ella vuol annientare un bellissimo campo d'una rendita discreta e sicura, per far un giardino che sarà di poca o di nessuna entrata. Le par cotesta un'operazione da buon padre di famiglia? Che dirà la signora Lucinda, vedendo al suo arrivo queste novità nella casa di città, nel casino, ne' poderi, da per tutto? È forse una mia temerità l'entrare ne' fatti de' miei padroni; ma trent'anni di fedele servizio possono meritarmi qualche riguardo.

Fil. (*Senza badare a Marco.*) Benissimo.

Mar. V. S. sa inoltre che la signora Lucinda, prima di partire per la Germania, fece molte raccomandazioni tanto a me quanto alla povera mia moglie....

Fil. (*Come sopra.*) La cosa è chiarissima.

Mar. Spero che V. S.....

Fil. (*Come sopra.*) Non v'è più replica.

Mar. Se potessi sperare....

Fil. (*Come sopra.*) Sono convinto, vi dico.

Mar. Davvero? V. S. mi consola.

Fil. Il calcolo viene esattissimo; con mille scudi adacquo i prati, il nuovo giardino, e qui (*mostra un sito sulla carta*) avremo ancora dell' acqua per un vivaio.

Mar. Mi perdoni; ma questa non me la darà ad intendere.

Fil. Sapete l'algebra, signor fattore? Sapete che cosa siano le equazioni, gli equimoltiplici, e sottomoltiplici? Sapete dividere e sottodividere un piano? Sapete tutto ciò?

Mar. Io so....

Fil. Voi non sapete altro che piantar cavoli.

Mar. Io sono un ignorante; ma l'esperienza....

Fil. Vi ha fatto un seccatore de' più importuni.

Mar. Non mi comanda altro?

Fil. (*Osservando sempre le sue carte.*) No.

Mar. (*Da sè partendo.*) A buon conto la padrona verrà presto, ed è già informata di tutto.

ATTO III. SCENA I.

LUCINDA *in abito elegante da viaggio;* ASTURIO *vestito anche da viaggio;* MARCO.

Luc. (*Verso la porta.*) Voglio rimanermi in questa camera; non voglio altre seccature; m'avete intesa? Marco, venite avanti. Signor Asturio, compatite. Se non fo così, non ci lasceranno in libertà. Marco, io conosco sempre più che voi siete un uomo di giudizio e che mio fratello è un pazzo. Credetti scegliere il minor male, lasciando lui al governo della casa, mentre altri affari mi chiamavano altrove, e vedo che ho fatto peggio. Ma che? (*Guardando attorno.*) Anche in questa camera il carissimo signor Filiberto si è divertito a far novità!

Mar. Non vi è un angolo in tutta la casa in cui egli non abbia fatto qualche cambiamento: la sola cucina, l'avrà fatta rifare dieci volte, divisando sempre nuovi miglioramenti, e colla fiducia d'aver trovato mezzi infallibili per risparmiar legna e carbone, di cui, col denaro speso, avrebbe provveduto la casa per cinquant'anni.

Luc. Basta; dove non v'è rimedio, conviene aver pazienza. Ma per l'avvenire non si faranno altre innovazioni. Direte perciò anche a Maestro Fabio, che faccia sospendere ogni lavoro al casino sino a nuovo ordine.

Mar. Vado subito. Mi si serrava il cuore nel pensare al guasto del miglior campo.

Luc. Avvisate mio fratello che, se vuoi favorire in questa camera, avrò da qui a poco bisogno di favellar seco.—A. NOTA.

2.—I Malcontenti.

ATTO I. SCENA III.

FELICITA, GRILLETTA, e poi LEONIDE.

Grilletta. Ecco qui la signora Leonide.
Felicita. Va in campagna?
Gril. Se ci va? È vestita da viaggio.
Fel. Ah! tutte sì, ed io no. Quando ci penso, mi vengono cento mali.
Leo. Serva sua, signora Felicita.
Fel. Serva, signora Leonide. Come sta?
Leo. A servirla, ed ella?
Fel. A servirla.
Gril. (*Da sè.*) Questo complimento non manca mai.
Fel. (*A Grilletta.*) Datele da sedere.
Leo. Non s'incomodi, son qui per poco. Son venuta a riverirla, a ricevere i suoi comandi.
Fel. Vedo ch'ella è di viaggio; per dove, se è lecito di saperlo.
Leo. In campagna, nei nostri beni, a goder l'autunno, a star allegramente, con una buonissima compagnia.
Fel. Ci starà un pezzo?
Leo. Tutto l'autunno; fino che ci staranno gli altri.
Fel. Ah!
Leo. Che ha, che mi par malinconica?
Fel. Niente, mi duole un poco la testa. S'accomodi.
Leo. No, perchè bisogna ch'io vada via.
Fel. Quando si parte?
Leo. Oggi a qualche ora.
Fel. Viene il signor Ridolfo?
Leo. Sì, signora, viene egli, viene il signor Roccolino, altri tre o quattro amici di mio fratello. Non manca gente; staremo allegri.
Fel. Ma è fortunata la signora Leonide!
Leo. Oh! io in verità non posso lamentarmi di niente. In casa mia fanno tutto quel che voglio. Vede quest'abito? Me l'hanno fatto ora a posta per andar in campagna.
Fel. Anch'io me ne faccio uno. S'accomodi un poco.
Leo. No, perchè vado via. Di che cosa lo fa quest'abito?
Fel. Non so s'io me lo faccio di carè, o di stoffetta.
Leo. Per portare in città vuol essere un bel drappo di seta alla moda.
Fel. Basta, ci penserò. Mi dispiace vederla in piedi.
Leo. Bisogna ch'io me ne vada; m'aspettano. Dica, ella non ci va in campagna?
Fel. Non so, può essere.
Leo. Poverina; in verità me ne dispiace. Sempre qui sacrificata.

Hanno poca carità questi suoi parenti, e per dirla, anche poca convenienza.

Fel. Oh! io non me ne sono curata d'andar in campagna, per altro....

Leo. Oh! s'ella ci stesse un anno, come ci stiamo noi, l'assicuro che non la lascerebbe più.

Fel. Stanno allegri dunque?

Leo. Allegrissimi. Senta: voglio dirle la vita, che abbiamo fatto l'anno passato.

Fel. Non vorrei che per me l'aspettassero.

Leo. Che importa a me che aspettino! Siamo andati in dodici in compagnia; e tutti, uomini, donne, padroni, servitori, carrozze, cavalli, tutti alla nostra villa. Arrivati colà, trovammo preparata una sontuosa cena; dopo cena si giocò al faraone, e siccome il sonno andava prendendo ora l'uno, ora l'altro, e che mio fratello ed io eravamo impegnati nel giuoco, ciascheduno, che aveva volontà di dormire, andò nel primo letto che ritrovò, ed io fui obbligata di dormir colla cameriera, e mio fratello dormì sul canapè.

Fel. Questo è piacere! Questa libertà mi piace. E la mattina, come andò poi?

Leo. La mattina? Bellissima.....

Fel. Ma non istia così in piedi.

Leo. (*Sedendo.*) Chi si levò tardi, e chi si levò di buon'ora; chi al passeggio, chi a leggere, e chi alla tavoletta. Verso mezzodì ci radunammo a bevere la cioccolata; poi al giuoco, e si giocò fino che la zuppa era in tavola. Dopo pranzo, chi andò a dormire, chi a passeggiare, e chi a divertirsi secondo il suo capriccio. Eh! amica, un po' di genietto ci ha da essere, ci s'intende.

Fel. Ed io, sempre qui!

Leo. Non farei la vita ch'ella fa, se credessi di diventar regina.

Fel. Eh! questa volta mi sentiranno. Basta, basta! E così? Dica, dica; come andò poi?

Leo. Andò benissimo, e tutti i giorni bene, e sempre bene. Tardi a letto, buona tavola, giuoco eterno, fra mezzo un po' di ballo, un po' di passeggio, un poco di dir male del prossimo, abbiamo fatto una villeggiatura la più piacevole di questo mondo.

Fel. Queste son cose, per altro, che si possono fare anche in città.

Leo. Oh! vi è altra libertà in campagna. Quante cose si fanno colà liberamente, che qui non convengono. Per esempio....

Fel. Cara signora Leonide; non vorrei che per causa mia la si trattenesse.

Leo. Niente, niente; non ho da far niente.

Carlo Goldoni.

LETTERE.

1.—Ad Anton Federigo Seghezzi.

Di Pordenone, addì 13 gennaio 1742.

Carissimo Amico,
Per tutti i luoghi dove io vo, mi ricordo di voi e voglio scrivervi a ogni patto. Sto bene, lodato sia il Signore, e bene sta mia moglie ancora. Sono qui in Pordenone a passare, come io posso, il carnevale; e fo il comico. Pensate voi! Che si può fare? Salutate la signora comare per mia parte, e amatemi sempre come l'edera il muro. Addio.

Gasparo Gozzi.

2.—Allo stesso.

Di Vicinale, addì 5 novembre 1741.

Carissimo Amico,
Come ve la passate voi a questi freddi? Qui si trema. Tutto è pieno di vento e di neve. Stamattina, quando ci levammo, ci battemmo l'anca, vedendo tutto bianco il terreno: tanto fioccò gagliardamente. A mano a mano in questo modo si logoreranno più legna che pane. Ma voi come ve la passate? dico di nuovo. Che dice il petto? come sta la moglie e il fanciullino? Scrivetemi per minuto. Io sono qui cacciato nelle cantine e per li granai; cose che danno cagione a qualche sonetto. Ma quello, ch'io ebbi da voi nell'ultima lettera, m'ha tolta in parte la furia del poeteggiare. Vi ringrazio della gentilezza, che m'usaste; e ringrazio la signora comare e tutti de' dolci brindisi. Qui ve ne fo io col mosto a migliaia. Mentre che tutto il mondo ragiona d'imperatori morti, di stati, che s'hanno a rivolgere, io do a beccare ad una gallina, e sono cheto. Un'altra volta bestemmierò la fortuna; ma per ora lasciatemi fare lo stoico. Il desiderio di cianciare un poco col mio compare mi fa saltare di palo in frasca, e menar la penna per la carta senza ch'io sappia quello che mi dica. Orsù, leggete anche alquanti versi. Addio.

Gasparo Gozzi.

3.—A Domizio Todeschini, a Pordenone.

Di Venezia, addì 27 agosto 1745.

Carissimo Amico,
Prima la malattia e finalmente la morte del mio povero Seghezzi, accaduta a dì 21 del mese presente, sono state cagione

ch'io mi dimenticai di me stesso. Son restato privo di quell'unico sollievo d'amicizia e di sincera corrispondenza di cuore, che aveva in questa città. Son solo; son come un uomo morto. Aspetto quel rimedio, che mi può dare il tempo, e che da me non posso ritrovare, confessando in questo la mia fragilità. Amatemi intanto voi. Che se ho perduto per disgrazia un buon cuore di qua, uno me ne duri in cotesto paese per quando verrò.

Noi vi siamo debitori di danari per bollette; e questi nella prossima settimana vi saranno mandati. Avrei dolore che fossero fuori di tempo, ma nol credo. Quella nostra casa ve la raccomando, acciocchè qualche anima la prenda a fitto. Vi prego ancora, dite al signor Ernesto Motense che per la ventura settimana risponderò con qualche fondamento alle sue lettere; chè non ho potuto informarmi circa a quanto mi dice nella prima, stante il caso del mio caro amico, che non mi lasciò fiato. Mi ricorderete servo a tutta la vostra famiglia, e voi mi terrete sempre per vostro amico di tutto cuore.

GASPARO GOZZI.

4.—AL FRATELLO CARLO, A RECANATI.

ROMA, 20 FEBBRAIO 1823.

Venerdì 15 febbraio 1823 fui a visitare il sepolcro del Tasso e ci piansi. Questo è il primo e l'unico piacere che ho provato in Roma. La strada per andarvi è lunga, e non si va a quel luogo se non per vedere questo sepolcro; ma non si potrebbe anche venire dall'America per gustare il piacere delle lagrime lo spazio di due minuti? È pur certissimo che le immense spese che qui vedo fare non per altro che per procurarsi uno o un altro piacere, sono tutte quante gettate all'aria, perchè in luogo del piacere non s'ottiene altro che noia. Molti provano un sentimento d'indignazione, vedendo il cenere del Tasso coperto e indicato non da altro che da una pietra larga e lunga, circa un palmo e mezzo, e posta in un cantoncino d'una chiesuccia. Io non vorrei in nessun modo trovar questo cenere sotto un mausoleo. Tu comprendi la gran folla di affetti che nasce dal considerare il contrasto fra la grandezza del Tasso e l'umiltà della sua sepoltura. Ma tu non puoi avere idea d'un altro contrasto, cioè di quello che prova un occhio avvezzo all'infinita magnificenza e vastità de' monumenti romani, paragonandoli alla piccolezza e nudità di questo sepolcro. Si sente una trista e fremebonda consolazione pensando che questa povertà è pur sufficiente ad interessare e animar la posterità, laddove i superbissimi mausolei, che Roma racchiude, si osservano con perfetta indifferenza per la persona a cui furono innalzati, della quale o non si domanda neppure il nome, o si domanda non come nome della persona ma del monumento.

GIACOMO LEOPARDI.

5. — ALLO STESSO.

Milano, 31 luglio 1825.

Carlino mio,

Non ti posso esprimere quanto dolore mi ha cagionato la tua dei 25, che ricevetti nel momento ch'io montava in legno per Milano. Io non iscrissi con quell'ordinario col quale aveva promesso di scrivere, perchè non essendo ancor pratico della tabella degli arrivi e delle partenze, la quale in Bologna è una vera algebra, credetti di essere a tempo in un'ora in cui la posta era già passata. Spero che a quest'ora babbo avrà ricevuto la mia de' 22 e l'altra de' 26, e zio Ettore quella parimente de' 22. Mi dimenticai di dire che vidi finalmente in Bologna il zio Mosca, il quale sta bene, quantunque si lagni de' suoi nervi, e saluta tutti. Sono arrivato qui iersera, dopo un viaggio felice che ho fatto in compagnia di due viaggiatori inglesi. Al primo aspetto mi pare impossibile di durar qui neppure una settimana; ma siccome l'esperienza mi ha insegnato che le mie disperazioni non sempre sono ragionevoli e non sempre si avverano, perciò non ardisco ancora di affermarti nulla ed aspetto molto quietamente quello che porterà il tempo. Io sospiro però per Bologna, dove sono stato quasi festeggiato, dove ho contratto più amicizie assai in nove giorni che a Roma in cinque mesi, dove non si pensa ad altro che a vivere allegramente senza diplomazie, dove i forestieri non trovano riposo per le gran carezze che ricevono, dove gli uomini d'ingegno sono invitati a pranzo nove giorni ogni settimana, dove Giordani mi assicura ch'io vivrò meglio che in qualunque altra città d'Italia fuorchè Firenze, dove potrei mantenermi con pochissima spesa, e per questo avrei parecchi mezzi già stabiliti e concertati, dove ec. ec. Milano non ha che far niente con Bologna. Milano è uno *specimen* di Parigi, ed entrando qui si respira un'aria della quale non si può avere idea senza esservi stato. In Bologna nel materiale e nel morale tutto è bello, e niente magnifico; ma in Milano il bello, che vi è in gran copia, è guastato dal magnifico e dal diplomatico anche nei divertimenti. In Bologna gli uomini sono vespe senza pungolo; e credilo a me, che con mia infinita maraviglia ho dovuto convenire con Giordani e con Brighenti (brav'uomo), che la bontà di cuore vi si trova effettivamente, anzi vi è comunissima, e che la razza umana vi è differente da quella di cui tu ed io avevamo idea. Ma in Milano gli uomini sono come *partout ailleurs;* e quello che mi fa più rabbia, è che tutti ti guardano in viso e ti squadrano da capo a piedi come a Monte Morello. Del resto chi ama il divertimento, trova qui quello che non potrebbe trovare in altra città d'Italia, perchè Milano nel materiale e nel morale è tutto un giardino delle Tuileries. Ma tu sai quanta inclinazione io ho ai divertimenti. Per ora non ti dico di più, perchè le cose che ti potrei dire sarebbero infinite. Dammi o fammi dar nuove del zio Ettore, e fagli fare i miei saluti. Abbraccia i fratelli per me. Salutami babbo e mamma caramente; e, se mi scrivi, dammi nuove di tutti. Già s'intende che tu m'hai da parlare di te più lungamente che puoi. Se fosse possibile che tu ne dubitassi, ti direi che lontano o vicino tu sei sempre quel mio caro Carlo, che è per me una cosa unica; perchè neppure in Giordani, col quale si può dire che sono convissuto in Bologna, ho potuto trovare un altro Carlo, e non lo troverò certamente mai in mia vita. Addio, caro Carluccio. Io sto bene; gli occhi stanno passabilmente. Finisco, perchè scrivo quasi all'oscuro. Tu sai se ti voglio bene; addio, addio. Dammi nuove anche di Pietruccio.

Giacomo Leopardi.

6.—A Giuseppe Vaselli.

Firenze, 5 maggio 1843.

Beppe mio,
Debbo ringraziarti delle attenzioni che usasti a mia madre, e avrei potuto farlo a voce pochi giorni dopo, se la disgrazia del mio povero zio non m'avesse costretto a rinunziare al viaggio di Roma e di Napoli. Mia madre ripassò da Siena venti giorni dopo, e non ti fece cercare per timore d'incomodarti. Io la rimproverai dicendole che teco poteva fare come con me, e aggiunsi che, se tu l'avessi saputo, ne saresti rimasto dispiacente.

Sono due mesi e mezzo che sto ad assistere alla lenta ed inevitabile distruzione d'un uomo che ho riguardato sempre come un altro padre, e che per tanti lati consonava coll'animo mio. Metti insieme infinito ingegno naturale, un senso rettissimo in tutte le cose, una franchezza, un'esperienza di mondo senza danno del cuore, somma bontà, un carattere sempre fermo, sempre uguale e sempre pieno di brio, e avrai l'immagine del mio carissimo zio Giovacchino. Dio volesse che, come ho vissuto sempre d'accordo con lui, così potessi somigliarlo! Ah! la perdita d'un essere simile non può essere compensata da nulla sulla terra; ed io la vedo vicina, e non ho coraggio nè di sperare, nè di finire di sgomentarmi. Ha sofferto pene d'inferno fino a qui; ora è quieto, ma oh disgraziato! è la quiete del sepolcro. Vedi, è di là che dorme, ed io ne sento il respiro grave, lento e profondo, e con che cuore, pensalo, Beppe mio. Non vivo più nè per gli altri, nè per me stesso; ora vivo per lui, e mi studio di tenerlo in vita più che sia possibile, almeno per perderlo un giorno più tardi. Se è destinato che questo capo tanto amato da me debba piegarsi sotto la mano che lo percuote senza rialzarsi mai più, io, sistemate appena le cose sue, correrò a cercare un rifugio costà, in casa tua, come ho stabilito in me dacchè ho visto il pericolo imminente. Mi dispiacerebbe di trovarti impedito, perchè in questa solitudine che mi veggo davanti, cerco cogli occhi e non vedo che te. Io non era stato mai testimone di questo fatto solenne, dell'uomo che si diparte dalla vita; e m'era serbata la trista sventura d'imparare cos'è il morire, da un uomo al quale vorrei dare tutti gli anni che ho vissuti fin qui, e quelli che mi rimangono. Si resta soli, e appoco appoco non ci rimane che andare a raggiungere chi ci lasciò....

Saluta la tua sposa, saluta gli amici e le persone che si possono rammentare di me: io intanto starò qui ad aspettare quello che non vorrei vedere mai. Addio.

GIUSEPPE GIUSTI.

7.—A Pietro Fanfani.

Pregiatissimo signor Fanfani,

La lodo del suo Giornale, ma non posso prometterle nulla per ora, perchè ho molte cose da fare e non so come levarne le gambe. Ciò non vuol dire che io ricusi di scrivere per lei; anzi, se il tempo e la salute me lo permetteranno, lo farò volentieri.

Mi dorrebbe assai che i lettori del poco che ho scritto, da quel modo di dirla alla casalinga, desumessero che abbia tenuti sempre in un canto i Classici. Invece dica pure a chi volesse sapere ciò che accade tra me e me, che io da vent'anni in qua non ho letto più un libro moderno, altro che dopo desinare tra il vegliare e il dormire, come si leggerebbe la *Gazzetta di Firenze*. I Romanzi, i Giornali, e altre cose di questa fatta che affaticano i torchi, io le conosco di nome ma non di vista; e scroccando le nuove politiche e quelle del caos letterato qua e là per le conversazioni, a casa mia per mio cibo quotidiano adopero certi libri, che se i nostri prosatori di versi e verseggiatori di rime gli vedessero, si farebbero il segno della santa Croce. Se la vuole scandalizzare a conto mio i miei *ammiratori*, dica loro che una delle mie passioni è Virgilio, e che ogni sera che Dio mette in terra me lo porto a letto meco, e letti dugento versi, lo ripongo sotto il guanciale e mi ci addormento su: veda che vecchiate! Ponendo mente a ciò che scrivo e ai libri che m'hanno fatto da maestro, si direbbe che io sono andato da Doney per imparare a far la polenda.

La ringrazio delle cose che mi dice intorno a quelle poche pagine sul Parini: e la ringrazio della fiducia che mostra d'avere in me. Non mi abbia per iscortese, se io non me le presto subito: e creda pure che sarò pronto a contentarla, quando sarò uscito da certi gineprai che ho tra' piedi.

Mi saluti gli amici ec.

Suo affezionatissimo
GIUSEPPE GIUSTI.

(1847.)

8.—Allo stesso.

Carissimo signor Fanfani,

Ella mi ha indirizzata la lettera a Pescia, mentre io sono a Pisa; ecco la cagione che ha ritardata la risposta.

Le son grato del conto che fa di me e delle cose mie: ma che vuol Ella pubblicare una lettera scritta là alla buona, in punta di penna? Che sono un Santo, che si abbiano a raccattare tutti i cenci che scarico per la via? Per carità, la non mi faccia entrare nel bel numero di quei tali, che per aver imbroccato un verso o un periodo, c'vi mettono in tavola, come un gran che, ogni fungo che nasce loro dalla testa. È vero che io non scriverò mai lettere da epistolario, nè dissertazioni da legarsi nel tesoro degli atti accademici; ma è vero altresì che non sono mai andato in piazza senza essermi lavato il viso. Dall'altro canto non ho e non posso avere la sicurezza degli eleganti, i quali, anco sorpresi in ciabatte, non tremano dell'occhio più fino.

Le ciarle rimangano tra noi. Che importa a me che sappiano le mie brache? Che io ho amore ai sommi scrittori, chi ha il naso a queste cose lo dee sentire, e mi basta. Tempo fa, uno dei miei protettori mi diceva, quasi prendendomi per il ganascino come si fa a' bimbi: *via, via! per uno che non legge altro che romanzi e giornali, que' versi son qualcosa. Dimmi un po', ma è vero che tu hai letto Dante da cima a fondo?* Siccome era un procuratore in corpo e in anima, io mi precipitai subito a rispondere: *no davvero! vo' far altro!*—*Ah, ah, lo diceva io*, replicò il Sire: *lo diceva io: a me non la danno ad intendere.* Ella faccia altrettanto quando le capita l'occasione; dica che quanto a' pensieri, io li pesco alle feste di ballo, e la lingua alle riviste de' teatri. Crede Ella che dietro quella lettera certuni si ricrederebbero? Io dico che ci darebbero a tutti una presa chi sa di che. Il pubblico è un animaletto ombroso, difficile, che si volta col vento. Ha veduto i gatti? lasciati stare, si fregano e fanno le fusa; lisciati, sgraffiano.—Ella ha chi le fa spalla. Il Contrucci, il Bindi, l'Arcangeli son tali da mandare una fregata non che una barca; dunque la non si carichi di legne verdi. Appena mi sarò lavate le mani di certi scarabocchi, farò in modo di metterne insieme un paio anco per lei: ma avverta che la mia testa è gatto la parte sua.

Mi risaluti il Bindi, e gli dica che ho gradito molto di vedere che serba memoria di me. Mi creda.

(1847.)

Suo affezionatissimo
GIUSEPPE GIUSTI.

9.—AI SUOI FRATELLI.

Ieri verso le due ore dopo il mezzogiorno, e dopo aver pranzato in fretta e in furia si venne a bordo, e le vele si spiegarono immediate; e in meno di tre ore, avendo sempre costeggiato lungo l'estrema punta di Cornovaglia, ci trovammo a vista di *Land's End*. Oh! il profondo sospiro che diedi nel momento che mi sparì dagli occhi! Oh Inghilterra! Quando più saranno gli occhi miei rallegrati di nuovo dalla tua gloriosa vista? Addio mill' altre volte, nobilissima Inghilterra!

Quanto più m'allontanava dalla sua metropoli, tanto più trattabile trovava il popolo minuto. Non mi ricordo che mi sia stato dato pur una volta del *French Dog* (Can Francese) pel capo da Salisbury sino a Falmouth, cosa che in Londra non m'accadeva di rado. La canaglia di Londra, subito che vede alcuno che sia o che abbia l'aria di straniero, lo chiama *Can Francese*, se foss' anco un Turco con una barba lunga tre palmi al mento, e un turbante largo come un tamburo in testa. Nella Cornovaglia non mi parve che gli abitanti s' avessero commestibili da rivendere; eppure nella Cornovaglia, egualmente che in Middlesex, ognuno è persuaso che l' Inghilterra è miglior paese che non alcun altro sotto il sole. Dov' è, mi dicevan essi, quella contrada in cui, come nella nostra, vi sia tanto buon frumento, tanta buona birra, tanto buon bue, tanto buon castrato, tante belle querce, tanta bella lana, tanto piombo, tanto peltro, e tant' altre buone cose, come nella nostra? E quando io diceva loro che in Piemonte e nella Lombardia, e in altre parti d'Italia, v' è pane, vino e carne in copia grandissima, e che l' Italia in generale produce inoltre oli, e sete, e frutta, e metalli di più sorti, e altre cose necessarie e superflue d' ogni genere, quella buona gente mi credeva poco meno che fuor di cervello, nè poteva persuadersi ch' io dicessi vero. E se non avessi tratto tratto dato peso a' miei argomenti con citare la rispettabile autorità di quelle gran forme di formaggio lodigiano, o parmigiano, come lo chiaman essi, e che sono a tutti gl' Inglesi conosciutissime, sarebbe stato impossibile far loro credere che in Italia vi sono di quelle nobili creature chiamate vacche. Pure togliamo agl' Inglesi questa loro smisuratissima parzialità per la loro patria, e l' odio loro arrabbiatissimo contro i Francesi, e lo irragionevole disprezzo per tutte le nazioni del mondo, gl' Inglesi non sono gente insoffribilmente cattiva.

Sono, come ognun sa, molto coraggiosi e intrepidi, vuoi per mare, o vuoi per terra, nè è facile trovare nelle storie esempi di codardia inglese. I Francesi qualche volta li hanno rotti e vinti in battaglia, ma non so se li abbiano fatti fuggire una sola volta a rompicollo, nelle tante guerre che le due nazioni hanno avute insieme. La tempera naturale degl' Inglesi è un misto di semplicità e di beneficenza. Se ti possono far del bene, te lo fanno con molta magnanimità, e senza vantarsene dopo. L' umanità loro s' è molto luminosamente palesata in questa presente guerra, raccogliendo per tutta la nazione una contribuzione volontaria per vestire molte migliaia de' loro nemici, che avevano nella lor isola prigionieri, e che, senza questa generosissima universal contribuzione, sarebbono in gran parte morti di freddo l' inverno passato, che fu molto rigido. Qual nazione antica o moderna ha mai dato un esempio al mondo di tanto eroica carità? Vi furono degl' Inglesi, che diedero le venti, le trenta, e fin le cento e le dugento ghinee a questo effetto, senza voler esser nominati nelle liste, che si stamparono, de' magnanimi benefattori di que' poveri prigionieri; e molti mandarono quelle buone somme di danaro tanto destramente, che da quelli, i quali furono destinati a ricevere quelle contribuzioni, non si potette sapere donde e da chi quel danaro venisse. Mi dirà bene qualche austero filosofante, che anche questi furono effetti d'amor proprio, e per conseguenza furono atti non degni di lode; ma canchero venga a tutte le dottrine filosofiche, quando tendono a infiacchire la beneficenza degli uomini. Molto migliore è sempre quella nazione, che usa beneficenza per un impeto di smisurata vanità, che non un'altra nazione, la quale per saviezza si astiene dal beneficare, onde non appaia vana e rigogliosa. Pochi sono gli atti di pura virtù che gli uomini fanno, e la vanità e l'orgoglio troppe volte ne muovono a favore del nostro prossimo; tuttavia sempre è lodevole chi è liberale del fatto suo per aiutare il prossimo. Il fatto sta che gl'Inglesi fanno di gran cose per aver danaro; ma quando n'hanno, lo spendono liberalmente, e te ne danno, se ne chiedi loro; e se sai far qualche cosa di buono, t'insegnano a lor potere le vie d'impiegare i tuoi talenti, e di procacciarti onestamente la vita; e quando sono persuasi che tu sei galantuomo, o forestiere o nativo che tu sia, si fanno presto un punto d'onore di spalleggiarti e di tirarti innanzi. Nel conchiudere i loro contratti usano poche parole. Io lo seppi in prova più volte: e mi ricorderò sempre, che quando m'accordai con otto librai associati per correggere ed ampliare il dizionario dell'Altieri, domandai loro a dirittura dugento ghinee. Un bicchier di vino, e una stretta di mano finirono l'accordo in meno tempo che non lo scrivo; anzi, quando il mio lavoro fu terminato, furono presto unanimi in farmi anche un buon regalo, essendosi da sè stessi persuasi che io aveva fatto qualche cosa di più intorno a quel dizionario che un altro non avrebbe fatto.

I nobili d'Inghilterra non sono avari e superbi, come lo sono in molte parti d'Italia. A vedere come trattano i loro inferiori, pare che cerchino più di farsi amare, che non di farsi rispettare; che all'incontro molti de' nostri nobili paiono sempre agitati dal timore di non essere stimati per quel che la fortuna li ha fatti, e tanta più alterigia mostrano, quanta più abiettezza trovano in chi deve loro per sua sventura accostarsi. Fra i nobili inglesi se ne trovano molti di letteratissimi; e in tanti anni ch'io sono stato fra di essi non ne ho trovato neppur uno, che non si vergognasse di essere troppo ignorante; che all'incontro mi ricordo molti de' nobili nostri, i quali se ne stanno serenamente a sedere sulla seggiola della sciocchezza, senza mai mostrare d'esserne stanchi; e che anzi si fanno un animalesco pregio di essere riputati asinacci in ogni sorte di buone lettere, fidandosi unicamente alla riverenza che l'antichità della prosapia e l'abbondanza di quattrini naturalmente procurano.

Le arti in Inghilterra si sono perfezionate più che in altro moderno paese. Tranne la pittura, la scultura, l'architettura e la musica, in cui gl'Inglesi non ci possono venir vicini, per quanti sforzi si facciano; nel resto vincono e noi e gli altri. Se noi abbiamo primi adattata la calamita agli usi della nautica, e se primi abbiamo volto il cannocchiale a' corpi celesti, essi hanno tanto studiato su queste nostre due invenzioni, che le loro bussole e i telescopi loro hanno poi fatto scordare i nostri. Ma sarebbe un voler bere l'Atlantico, ch'io vo solcando, il voler dire di quante arti gl'Inglesi sono stati o i trovatori, o i perfezionatori. E che dirò della lor poesia, della loro astronomia, della loro metafisica, e di tutte le scienze che allontanano l'uomo dal bruto, e lo avvicinano all'angelo? E che dirò della costumatezza e del garbo infinito delle loro gentildonne, molte migliaia delle quali sono da scambiare per creature celesti? Graziose, modeste, prudenti, generose, caritatevoli, affabilissime, allegre, pie; oh Dio le benedica! E pratiche di lingue moderne, e intendenti di musica e di disegno, e conoscitrici di fiori, e dotte nel ricamo, e eleganti nel ballare, e naturali nel vestirsi, e sicure nel parlare come nel metter in carta, e esattissime nella pronunzia, nell'ortografia, e nella frase della loro lingua, e leggitrici indefesse di poesia e di libri morali; oh Dio le benedica un'altra volta! In somma chi è nato inglese, paragonando a qual uomo d'altra nazione tu vuoi, non ha sul totale ragione alcuna di vergognarsi della sua patria, malgrado quella tanta corruttela che ribocca per alcune parti d'Inghilterra, e specialmente per Londra, che si può veramente chiamare il centro d'ogni virtù e d'ogni vizio. Ma basta per oggi. Vado sul ponte a pigliar un po' d'aria, e domani, se continuerò a star bene, ripiglierò la penna per cianciare così a credenza co' miei fratelli. Addio.

(1760.)   GIUSEPPE BARETTI.

10.—A CARLO GOLDONI.

Oh! che Dio vel perdoni, sig. Carlo riveritissimo, l'avete pur fatta malgrado tutte le mie rimostranze. Quale spirito seduttore vi ha mai persuaso a dedicarmi il vostro grazioso ed erudito Terenzio? Voi con questo incenso a me così poco dovuto avete in primo luogo costretto un amico che vi ama sommamente e vi stima, a riflettere sulle rincrescevoli cagioni per le quali si sa di non meritarlo. In secondo luogo, con le tante e tanto belle cose che vi è piaciuto dir di me nell'eloquentissima epistola dedicatoria, avete fornita la malignità d'un apparente pretesto, onde chiamar contraccambio o restituzione la giustizia ch'io rendo ai felicissimi scritti vostri e ai vostri invidiabili talenti; e avete finalmente umiliata la mia eloquenza, che in risposta della gentile offerta che vi piacque farmi di questa dedica, credeva avervi pienamente convinto che non mi conveniva, e persuaso di rimanervene. Tutti questi inconvenienti non crediate per altro, sig. Goldoni stimatissimo, che possano rendermi ingrato: anzi nella sproporzione istessa del dono io trovo la più sicura prova dell'amicizia che ha potuto allucinarvi. Quanto più la traveggola è sensibile, tanto più dee la cagione esserne stata efficace, ed io compro volentieri una sì cara sicurezza con un poco di rossore di qualche onore usurpato.

(1758.)   PIETRO METASTASIO.

11.—Ad Antonio Costantini, Mantova.

Che dirà il mio signor Antonio quando udirà la morte del suo Tasso? E, per mio avviso, non tarderà molto la novella: poichè io mi sento al fine della mia vita; non essendosi potuto mai trovar rimedio a questa mia fastidiosa indisposizione, sopravvenuta alle molte altre mie solite, quasi rapido torrente, dal quale senza poter avere alcun ritegno, vedo chiaramente esser rapito. Non è più tempo ch'io parli della mia ostinata fortuna, per non dire dell'ingratitudine del mondo; la quale ha pur voluto aver la vittoria di condurmi alla sepoltura mendico, quando io pensava che quella gloria che, malgrado di chi non vuole, avrà questo secolo da' miei scritti, non fosse per lasciarmi in alcun modo senza guiderdone. Mi sono fatto condurre in questo monastero di Sant'Onofrio, non solo perchè l'aria è lodata da' medici più che d'alcun'altra parte di Roma, ma quasi per cominciare da questo luogo eminente, e con la conversazione di questi devoti padri, la mia conversazione in cielo. Pregate Iddio per me: e siate sicuro che, siccome vi ho amato ed onorato sempre nella presente vita, così farò per voi nell'altra più vera, ciò che alla non finta ma verace carità s'appartiene. Ed alla divina grazia raccomando voi e me stesso. Di Roma, in Sant'Onofrio, aprile 1595.

Torquato Tasso.

POESIA.

1.—All' Italia.

Sonetto.

Italia, Italia, o tu, cui feo la sorte
   Dono infelice di bellezza, ond' hai
   Funesta dote d'infiniti guai,
   Che in fronte scritti per gran doglia porte;
Deh, fossi tu men bella, o almen più forte,   5
   Onde assai più ti paventasse, o assai
   T'amasse men chi del tuo bello ai rai
   Par che si strugga, e pur ti sfida a morte:
Ch'or giù dall' Alpi non vedrei torrenti
   Scender d'armati, e del tuo sangue tinta   10
   Bever l'onda del Po gallici armenti:
Nè te vedrei del non tuo ferro cinta
   Pugnar col braccio di straniere genti,
   Per servir sempre, o vincitrice o vinta.
                VINCENZO DA FILICAIA.

2.—La Vecchiezza.

Già dello spirto il memore
   Moto veloce langue,
   E lento scorre e gelido
   In ogni vena il sangue.
Già fatte peso all'anima   5
   Sono le membra inferme;
   Cresce il cibo difficile
   Dentro la bocca inerme.
Dove le care immagini
   Son dell'età primiera?   10
   D'un superato ostacolo
   Dove la gioia altera?
Qual trema in sulla foglia
   Stilla a cader vicina
   Nel vasto interminabile   15
   Grembo della marina;
Tal tra i flutti e le tenebre
   D'un mar che non ha lito
   Sente smarrita l'anima
   L'orror dell'infinito   20
Che fu l'ambita gloria?
   Un lume menzognero
   Che dai sepolcri sorgere
   Ignora il passeggiero;

  Ei della luce tremula   25
   Segue l'infida traccia:
   La crede alfin raggiungere,
   E sol tenebre abbraccia.
  E mentre manda un gemito,
   Chè dell' error s'avvede,   30
   S'apre la tomba gelida
   Sotto lo stanco piede.
      GIOVAN BATTISTA NICCOLINI.

3.—A LAURA.

Sonetto.

In qual parte del ciel, in quale idea
 Era l'esempio, onde natura tolse
 Quel bel viso leggiadro, in ch'ella volse
 Mostrar quaggiù, quanto lassù potea?
Qual ninfa in fonti, in selve mai qual Dea   5
 Chiome d'oro sì fino all'aura sciolse?
 Quand' un cor tante in sè virtudi accolse?
 Benchè la somma è di mia morte rea.
Per divina bellezza indarno mira,
 Chi gli occhi di costei giammai non vide,   10
 Come soavemente ella li gira.
Non sa, com' Amor sana e come ancide,
 Chi non sa, come dolce ella sospira,
 E come dolce parla e dolce ride.
      FRANCESCO PETRARCA.

4.—AL CONTE VITTORIO ALFIERI.

Sonetto.

Tanta già di coturni, altero ingegno,
 Sovra l' Italo Pindo orma tu stampi,
 Che andrai, se te non vince o lode o sdegno,
 Lungi dell'arte a spaziar fra i campi.
Come dal cupo, ove gli affetti han regno,   5
 Trai del vero e del grande accesi lampi:
 E le poste a'tuoi colpi anime segno
 Pien d'inusato ardir scuoti ed avvampi!
Perchè dell'estro ai generosi passi
 Fan ceppo i carmi? E dove il pensier tuona   10
 Non risponde la voce amica e franca?
Osa! Contendi! E di tua man vedrassi
 Cinger l'Italia omai quella corona
 Che al suo crin glorioso unica manca.
      GIUSEPPE PARINI.

5.—La Rondinella.

Rondinella pellegrina,
Che ti posi in sul verone,
Ricantando ogni mattina
Quella flebile canzone?
Che vuoi dirmi in tua favella,
Pellegrina rondinella?   6
  Solitaria nell'obblio,
Dal tuo sposo abbandonata,
Piangi forse al pianto mio,
Vedovetta sconsolata?
Piangi, piangi in tua favella,
Pellegrina rondinella!   12
  Pur di me manco infelice
Tu alle penne almen t'affidi,
Scorri il lago e la pendice,
Empi l'aria de' tuoi gridi,
Tutto il giorno in tua favella
Lui chiamando, o rondinella!   18
  Oh se anch'io!... Ma lo contende
Questa bassa, angusta volta,
Dove sole non risplende,
Dove l'aria ancor m'è tolta,
Donde a te la mia favella
Giunge appena, o rondinella!   24
  Il Settembre innanzi viene
E a lasciarmi ti prepari:
Tu vedrai lontane arene;
Nuovi monti, nuovi mari
Salutando in tua favella,
Pellegrina rondinella!   30
  Ed io tutte le mattine
Riaprendo gli occhi al pianto,
Fra le nevi e fra le brine
Crederò d'udir quel canto,
Onde par che in tua favella
Mi compianga, o rondinella!   36
  Una croce a primavera
Troverai su questo suolo
Rondinella, in su la sera
Sovra lei raccogli il volo!
Dimmi pace in tua favella,
Pellegrina rondinella!   42

        Tommaso Grossi, *Marco Visconti*.

6.—A Tommaso Grossi.

Sonetto.

Grossi, ho trentacinque anni, e m'è passata
  Quasi di testa ogni corbelleria;
  O se vi resta un grano di pazzia,
  Da qualche pelo bianco è temperata.
Mi comincia un' età meno agitata,   5
  Di mezza prosa e mezza poesia;
  Età di studio e d'onesta allegria,
  Parte nel mondo e parte ritirata.
Poi, calando giù giù di questo passo
  E seguitando a corbellar la fiera,   10
  Verrà la morte, e finiremo il chiasso.
E buon per me, se la mia vita intera
  Mi frutterà di meritare un sasso,
  Che porti scritto: "Non mutò bandiera."
                                    GIUSEPPE GIUSTI.

7.—Il cinque Maggio.

Ode.

Ei fu;—siccome immobile,
  Dato il mortal sospiro,
  Stette la spoglia, immemore,
  Orba di tanto spiro,
  Così percossa, attonita,
  La terra al nunzio sta:—   6
Muta, pensando all' ultima
  Ora dell' uom fatale,
  Nè sa quando una simile
  Orma di piè mortale
  La sua cruenta polvere
  A calpestar verrà.   12
Lui sfolgorante in soglio
  Vide il mio genio e tacque;
  Quando con vece assidua
  Cadde, risorse, e giacque;
  Di mille voci al sonito
  Mista la sua non ha.   18

Vergin di servo encomio
  E di codardo oltraggio
  Sorge or, commosso al subito
  Sparir di tanto raggio,
  E scioglie all' urna un cantico,
  Che forse non morrà.   24
Dall' Alpi alle Piramidi,
  Dal Manzanare al Reno
  Di quel securo il fulmine
  Tenea dietro al baleno,
  Scoppiò da Scilla al Tanai,
  Dall' uno all' altro mar.   30
Fu vera gloria?—Ai posteri
  L' ardua sentenza! Nui
  Chiniam la fronte al Massimo
  Fattor, che volle in lui
  Del creator suo spirito
  Più vasta orma stampar.   36
La procellosa e trepida
  Gioia d' un gran disegno,
  L' ansia d' un cor che indocile
  Ferve pensando al regno,
  E 'l giunge, e tiene un premio
  Ch' era follia sperar: 42
Tutto ei provò; la gloria
  Maggior dopo il periglio,
  La fuga, e la vittoria,
  La reggia, e il triste esiglio;
  Due volte nella polvere,
  Due volte su gli altar.   48
Ei si nomò: due secoli,
  L' un contro l' altro armato,
  Sommessi a lui si volsero
  Come aspettando il fato;
  Ei fe' silenzio, ed arbitro
  S' assise in mezzo a lor.   54
Ei sparve!—E i dì nell' ozio
  Chiuse in sì breve sponda,
  Segno d' immensa invidia
  E di pietà profonda,
  D' inestinguibil odio
  E d' indomato amor.   60
Come sul capo al naufrago
  L' onda s' avvolve e pesa,
  L' onda su cui del misero
  Alta pur dianzi e tesa
  Scorrea la vista a scernere
  Prode remote invan: 66

Tal su quell' alma il cumulo
　Delle memorie scese.
　Oh, quante volte ai posteri
　Narrar sè stesso imprese,
　E sulle eterne pagine
　Cadde la stanca man!　　　　　　　　72
Oh, quante volte al tacito
　Morir d' un giorno inerte,
　Chinati i rai fulminei,
　Le braccia al sen conserte,
　Stette; e dei dì che furono
　L' assalse il sovvenir!　　　　　　　　78
Ei ripensò le mobili
　Tende, e i percossi valli,
　E il lampo dei manipoli,
　E l' onda dei cavalli,
　E il concitato imperio,
　E il celere obbedir.　　　　　　　　84
Ahi! Forse a tanto strazio
　Cadde lo spirto anelo,
　E disperò!—Ma valida
　Venne una man dal cielo,
　E in più spirabil aere
　Pietosa il trasportò:　　　　　　　　90
E l' avviò su i floridi
　Sentier della speranza,
　Ai campi eterni, al premio
　Che i desideri avanza;
　Ov' è silenzio e tenebre
　La gloria che passò.　　　　　　　　96
Bella, immortal, benefica
　Fede, ai trionfi avvezza,
　Scrivi ancor questo: allegrati,
　Chè più superba altezza
　Al disonor del Golgota
　Giammai non si chinò.　　　　　　　　102
Tu dalle stanche ceneri
　Sperdi ogni ria parola:
　Il Dio che atterra e suscita,
　Che affanna e che consola,
　Sulla deserta coltrice
　Accanto a lui posò.　　　　　　　　108

　　　　　　　　　ALESSANDRO MANZONI.

8.—All' Italia.
Canzone.

O patria mia, vedo le mura e gli archi
   E le colonne e i simulacri e l'erme
   Torri degli avi nostri;
   Ma la gloria non vedo,
Non vedo il lauro e il ferro ond' eran carchi   5
I nostri padri antichi. Or fatta inerme,
Nuda la fronte e nudo il petto mostri.
   Oimè quante ferite,
Che lividor, che sangue! oh qual ti veggio,
Formosissima donna! Io chiedo al cielo   10
E al mondo: dite, dite;
Chi la ridusse a tale? E questo è peggio,
Che di catene ha carche ambo le braccia;
Sì che sparte le chiome e senza velo
Siede in terra negletta e sconsolata,   15
Nascondendo la faccia
Tra le ginocchia, e piange.
Piangi, chè ben hai donde, Italia mia,
   Le genti a vincer nata
E nella fausta sorte e nella ria.   20
Se fosser gli occhi tuoi due fonti vive,
   Mai non potrebbe il pianto
Adeguarsi al tuo danno ed allo scorno;
Chè fosti donna, or sei povera ancella.
Chi di te parla o scrive,   25
Che, rimembrando il tuo passato vanto,
Non dica: già fu grande, or non è quella?
Perchè, perchè? dov'è la forza antica?
Dove l'armi e'l valore e la costanza?
Chi ti discinse il brando?   30
Chi ti tradì? qual arte o qual fatica,
O qual tanta possanza
Valse a spogliarti il manto e l'auree bende?
Come cadesti, o quando,
Da tanta altezza in così basso loco?   35
Nessun pugna per te? non ti difende
Nessun de' tuoi? L'armi, qua l'armi: io solo
Combatterò, procomberò sol io.
Dammi, o ciel, che sia foco
Agl' italici petti il sangue mio.   40
Dove sono i tuoi figli? Odo suon d'armi
   E di carri e di voci e di timballi.
   In estranie contrade
Pugnano i tuoi figliuoli.
   Attendi, Italia, attendi. Io veggio, o parmi,   45

Un fluttuar di fanti e di cavalli,
E fumo e polve, e luccicar di spade
Come tra nebbia lampi.
Nè ti conforti? e i tremebondi lumi
Piegar non soffri al dubitoso evento?   50
A che pugna in quei campi
L'itala gioventude? O numi, o numi!
Pugnan per altra terra itali acciari.
Oh misero colui che in guerra è spento
Non per li patri lidi e per la pia   55
Consorte e i figli cari,
Ma da nemici altrui
Per altra gente, e non può dir morendo:
Alma terra natia,
La vita, che mi desti, ecco ti rendo.   60
Oh venturose e care e benedette
  L'antiche età, che a morte
Per la patria correan le genti a squadre;
E voi sempre onorate e gloriose,
O Tessaliche strette,   65
Dove la Persia e il fato assai men forte
Fu di poch'alme franche e generose!
Io credo che le piante e i sassi e l'onda
E le montagne vostre al passeggiere
Con indistinta voce   70
Narrin, siccome tutta quella sponda
Coprir le invitte schiere
De'corpi, ch'alla Grecia eran devoti.
Allor, vile e feroce,
Serse per l'Ellesponte si fuggia,   75
Fatto ludibrio agli ultimi nepoti;
E sul colle d'Antela, ove morendo
Si sottrasse da morte il santo stuolo,
Simonide salia,
Guardando l'etra e la marina e il suolo.   80
E di lacrime sparso ambo le guance,
E il petto ansante, e vacillante il piede,
Toglieasi in man la lira.
— Beatissimi voi,
Ch'offriste il petto alle nemiche lance   85
Per amor di costei ch'al sol vi diede:
Voi che la Grecia cole, e il mondo ammira.
Nell'armi e ne'perigli
Qual tanto amor le giovanette menti,
Qual nell'acerbo fato amor vi trasse?   90
Come sì lieta, o figli,
L'ora estrema vi parve, onde ridenti
Correste al passo lacrimoso e duro?

Parea ch'a danza e non a morte andasse
Ciascun de'vostri, o a splendido convito: 95
Ma v'attendea lo scuro
Tartaro, e l'onda morta;
Nè le spose vi fôro, o i figli, accanto,
Quando su l'aspro lito
Senza baci moriste e senza pianto. 100
Ma non senza de' Persi orrida pena
Ed immortale angoscia.
Come lïon di tori entro una mandra
Or salta a quello in tergo e sì gli scava
Con le zanne la schiena, 105
Or questo fianco addenta, or quella coscia;
Tal fra le perse torme infurïava
L'ira de' greci petti e la virtute.
Ve' cavalli supini e cavalieri;
Vedi intralciare ai vinti 110
La fuga i carri e le tende cadute,
E correr fra' primieri
Pallido e scapigliato esso tiranno;
Ve' come infusi e tinti
Del barbarico sangue i greci eroi, 115
Cagione ai Persi d'infinito affanno,
A poco a poco vinti dalle piaghe,
L'un sopra l'altro cade. Oh viva! oh viva!
Beatissimi voi,
Mentre nel mondo si favelli o scriva. 120
Prima divelte, in mar precipitando,
Spente nell' imo strideran le stelle,
Che la memoria e il vostro
Amor trascorra o scemi.
La vostra tomba è un'ara; e qua mostrando 125
Verran le madri ai parvoli le belle
Orme del vostro sangue. Ecco, io mi prostro,
O benedetti, al suolo,
E bacio questi sassi e queste zolle,
Che fien lodate e chiare eternamente 130
Dall' uno all' altro polo.
Deh foss'io pur con voi qui sotto, e molle
Fosse del sangue mio quest'alma terra!
Che se il fato è diverso, e non consente
Ch'io per la Grecia i moribondi lumi 135
Chiuda prostrato in guerra,
Così la vereconda
Fama del vostro vate appo i futuri
Possa, volendo i numi,
Tanto durar quanto la vostra duri. 140

G. LEOPARDI.

9.—La Violetta.

La violetta
  Che in sull' erbetta
  S' apre al mattin novella,
Di', non è cosa
  Tutta odorosa,   5
  Tutta leggiadra e bella?
Sì certamente
  Che dolcemente
  Ella ne spira odori,
E n' empie il petto   10
  Di bel diletto
  Col bel de' suoi colori.
Vaga rosseggia,
  Vaga biancheggia
  Tra l'aure mattutine,   15
Pregio d' Aprile
  Vie più gentile;
  Ma che diviene al fine?
Ahi! Che in brev' ora,
  Come l' aurora   20
  Lungi da noi sen vola,
Ecco languire,
  Ecco perire
  La misera viola!—
Tu, cui bellezza   25
  E giovinezza
  Oggi fan sì superba,
Soave pena,
  Dolce catena
  Di mia prigione acerba!   30
Deh! Con quel fiore
  Consiglia il core
  Sulla sua fresca etate—
Chè tanto dura
  L' alta ventura   35
  Di questa tua beltate.

                    GABRIELLO CHIABRERA.

NOTES.

[In references, P. I. indicates First Part of the Italian Principia.]
(S. refers to the Syntactical Rules given, pp. 147-167.)

NOTES ON THE FABLES AND GRAMMATICAL QUESTIONS.

[PAGE 1.

1. era entrata: the p. p. conjugated with *essere* agrees in gender and number with the subject. See P. I. p. 24. With neuter verbs *essere* is frequently used, and not *avere*. See P. I. pp. 98, 99.——**tutti i polli**: See P. I. p. 46, 1.——**che**: is here a rel. pron. See P. I. p. 89.——**ci**: conj. pers. pron., *us*. *Ci*, adv.=*there*. See P. I. p. 78.——**salvati**: the p. p. conjugated with *avere*, often agrees with the object or accusative; but may also be left undeclined. See P. I. p. 24.——**dice**: 3rd p. sing. pres. Ind. of *dire*. See P. I. p. 145.——**loro**: pron., *to them*.——**peggiore**: irr. comp. of *cattivo*. *Peggio* is the comp. of the adv. See P. I. pp. 32 and 113.

2. superbissimo: sup. absolute of *superbo*. See P. I. p. 32, 3.——**credendola**: the gerund in *endo* or *ando* is an indeclinable word, and is used like the English gerund to give a reason or explain the cause, manner, or instrument: as in this example, "believing it," i.e. "since he believed it," or "because he believed." S. § 42.——**scorse**: 3rd p. sing. past def. of *scorgere*. P. I. p. 132.——**le penne**, instead of *le sue penne*. See P. I. p. 80, 8.——**le**: pron., *it*, governed by *contro*.——**giunto**: p. p. of *giungere*. P. I. p. 132. The gerunds *essendo* and

PAGE 1, 2.]

avendo are frequently omitted with past participles, giving thereby greater liveliness to the narrative. S. § 44.——**rimase**: 3rd p. sing. past def. of *rimanere*. P. I. p. 152.

3. pallone: *foot-ball*, modification of *palla*. Remark the change of gender produced by the termination *one*. P. I. p. 33.——**cameretta**: dim. of *camera*. P. I. p. 34.——**seco**: contraction of *con sè*. See P. I. p. 77 (5).——**dan**: contraction of *danno*, 3rd p. pl. pres. Ind. of *dare*. P. I. p. 144.——**vado**: 1st p. sing. pres. Ind. of *andare*. P. I. p. 141.——**L' udì**: *L'* contraction of *lo*, pron. *Udì*, 3rd p. sing. past def. of *udire*. P. I. p. 159.——**rispose**: 3rd p. sing. past def. of *rispondere*. P. I. p. 138.

4. ciuco: means *ass*, it is a more familiar word than *asino*.——**li**: pron., *them*. See P. I. p. 78.——**conosceva**: from the irr. v. *conoscere*, *to know* (*physically*), moral or intellectual knowledge being rendered by *sapere*.——**vi**: the *first* is acc. "us" with the reflexive v.: the *second* is the pronominal adv.

5. per quanto grossa tu sia: *however big you may be*; *sia* is in the Subj. after *per quanto*. S. § 30.——**preferisco**: 1st p. sing. pres. Ind. of *preferire*.——**fiorellino**: dim. of *fiore*, flower. See P. I. p. 34.——**de' prati**: the *i* of *dei* is often omit-

[PAGE 2, 3.

ted, Part I. p. 1, 3.——le: pron., *to her*.——**ben**: contraction of *bene*, adv.——**farfalletta**: dim. of *farfalla, butterfly*. P. I. p. 34.——**che**: conj., *that*.——**nascesti**: from v. *nascere, to be born*. P. I. p. 61.——**pascesti**: from v. *pascere, to pasture, to feed*.——**stato**: noun, *state, position*. *Stato* is also p. p. of *essere*.

6. **preso**: 3rd p. sing. past def. of *prendere*. See P. I. p. 62. *Prendere in presto = to borrow*.——**non rendendo nulla**: *nulla* must be accompanied by *non* when *nulla* comes after the verb, but in English we have only one negative following the verb. *Nulla* does not require a negative if it precedes the verb. P. I. p. 46.——**questi**: demonst. pron. nom. pl.——**procedere**: the Infinitive preceded by the article is used as a noun, S. § 32:——**dicendogli**: *dicendo*, gerund of *dire, to say*. *Gli*, pron., *to him*.——**far**: contraction of *fare, to do, to make*. On *di* with Inf., see S. § 37. *Far giustizia*, to judge, to administer justice.——**alla volta**: adverb. expr. *at a time*; it also means, *in the direction of, or towards*.

7. **ne**: pron., *by him*. **no** corresponding to the French **en**, refers always to persons things or animals previously spoken of. It is used as the genitive, dative, acc. or ablative of the 1st Pers. Pron.——**domandò alla**: verbs of asking, replying, &c., are constantly construed with the dative case.——**perchè**: *why*, an adv. used here as a noun.——**gli**: dative, *to him*, for the reason given above.——**pel**: contr. of *per, il*.——**che**: instead of *nel quale*.

8. **sonar ... tirar**: the final *e* of the Inf. is here omitted.——**ogni qual volta**: adverb. expr. *whenever*.——**loro**: poss. adj.——**presero**: 3rd p. pl. past def. of *prendere, to take*. See P. I. p. 62.——**per tirar che facessero**: *however much they pulled*, idiom. *Facessero*, 3rd p. pl. imp. Subj. of *fare*. See S. § 30.——**loro**

PAGE 3, 4.]

sforzi: *their efforts*.——**in questo mentre**: adverb. expr., *in the meanwhile*.——**da sotto**: adverb. expr., *from underneath, from below*.——**credettero**: 3rd p. pl. past def. of *credere*. This verb has two forms for the same person. See P. I. p. 61.——**che le campane fossero sonate da loro**: *that the bells were being rung by them*. *Fossero* in the Subj. after the verb *credettero*, S. § 23.

9. **cagnolino**: dim. of *cane, a pet dog (small)*.——**sì**: contraction of *così*, conj., *such a*.——**in faccia**: lit. *in face*, adverb. expr. meaning *before*, followed by *a*.——**esserne**: contraction of *essere ne*. *Ne*, pron., *by it*: see note on Fab. 7.——**Morto però il leone**: the acc. absolute, *essendo* being omitted before *morto*. See S. § 52. *Morto*, from *morire*. See P. I. p. 148.——**com' era**: for *come era*.——**lo sbranò**: *tore in pieces*, from *brano*, "a small piece," and Lat. *dis* shortened into *s*.——**fanno la fine**: *make the end*, i.e. *end*.

10. **temendo che, se si fosse liberato da essa**: *fearing that if he had freed himself from her*. Remark *fosse* in the imp. Subj. after *se*. S. § 30.——**ne**: pron., refers here to *sangue*, blood.——**uccise**: 3rd p. sing. past def. of *uccidere*. See P. I. p. 63.——**darsi pensiero**: to care, lit. *giving itself thought*. *Dare*, irr. v. See P. I. p. 144.——**di chi l' aveva sin' allora nutrita**: *of him who had fed her until that time*. *Chi*, pron., for *colui il quale*. *L'*, pron., instead of *la*. *Sin'* contraction of *sino*.

11.——**precipitossi**: for *si precipitò*. Remark the doubling of the first letter of *si* when joined to *precipitò*. See P. I. p. 20, note.——**agnelletto**: dim. of *agnello*, lamb.——**li artigli**: See P. I. p. 3, note.——**vide**: 3rd p. sing. past def. of *vedere*, to see. See P. I. p. 161.——**prendere**: irr. v., *to take*, used here as a noun with the art. prefixed: S. § 32. *Col = con, il*.——**diviene**: 3rd p. sing. pres. Ind. from *divenire*. See P. I. p. 162.——**sopraggiunto**:

AND GRAMMATICAL QUESTIONS. 107

[PAGE 4, 5.]

p. p. of *sopraggiungere*. See P. I. p. 132.———**gracchiare**: *to croak*, here used as a noun, with the art. prefixed: S. § 32. *Al*=*a il*.———**Bisogna**: impers. v. *it is necessary*. See P. I. p. 110.———**può**: irr. v. from *potere*, *to be able*. See P. I. p. 151.

12. **lunghe**: pl. fem. of *lungo, long*.———**corna**: irr. pl. of *corno, horn*. See P. I. p. 6.———**trattar**: instead of *trattare, to treat*.———**dicendo**: gerund of the irr. v. *dire, to say*. See P. I. p. 145.———**udrebbe**: 3rd p. sing. Cond. of the irr. v. *udire, to hear*.———**opporre**: irr. v. *to oppose*. See P. I. p. 150.

13. **far**: irr. v. instead of *fare, to do, to make*. See P. I. p. 147.———**ch' egli**: for *che egli*, which he, *che*, rel. pron.———**menava**, see S. § 62.———**Ei**: for *egli*.———**l' animava**: for *lo animava*: *lo*, pron.———**Alla fine**: adv. expr., = *at last*.———**trae**: 3rd p. sing. pres. Ind. of the irr. v. *trarre*, to draw. P. I. p. 158.———**seco**: contraction and inversion of *con sè*.———**a traverso**: adv. expr., *across*.———**tutta la mandria**: the whole flock. Remark the position of the art. See P. I. p. 44.

14. **le loro ali**: their wings. *loro* is here a poss. adj.; *ali*, sing. *ala*. P. I. p. 6.———**videro**: 3rd p. pl. past def. of the irr. v. *vedere*, to see. P. I. p. 161.———**disse**: 3rd p. sing. past def. of the irr. v. *dire*, to say. P. I. p. 145.———**arrivati in mezzo al fiume**: having arrived in the middle of the river, the gerund *essendo* is here omitted.———**in mezzo**: adv. expr., in the midst. When *mezzo* precedes a noun it agrees with it, as *mezza lira*, half a lira. but is left unchanged when it follows the noun, as *una lira e mezzo*, a lira and a half. See P. I. p. 43.———**potea**: for *poteva*, from the irr. v. *potere*, to be able. P. I. p. 151.———**prese**: 3rd p. sing. past def. of the irr. v. *prendere*, to take. P. I. p. 62.———**da quel giorno in poi**: thenceforth, since that day.———**da principio**: a lv. expr., at first.

[PAGE 5.]

15. **eletto**: p. p. of the irr. v. *eleggere*, to elect. P. I. p. 135.———**un suo feudo**: *one of his fiefs*. Remark the use of *suo* in this case.———**ben**: for *bene*, adv., here means very, and is often used to add emphasis to a word. *Ben presto*, very quickly.———**amministrare la giustizia**, or **rendere giustizia**: to judge, to administer justice.———**ne aver profitto**: to receive profit from it.———**recasse**: from *recare*, to bring. In the Subj. after *finchè*. For the use of *non* before *le recasse*, see S. § 22, note.———**di chi lo faceva**: of him who made to her: *chi*, pron., is used here instead of *colui il quale*, as it is the Genitive case governed by the prep. *di*, and is at the same time the subject of the verb *faceva*.———**riseppe**: 3rd p. sing. past def. of the irr. v. *risapere*, to hear, or to know through somebody else. P. I. p. 153.———**ottenni**: 1st p. sing. past def. of the irr. v. *ottenere*, to obtain. P. I. p. 157.———**capretto**: dim. of *capro* = goat.

16. **men**: for *meno*. *Più o men volentieri*, more or less willingly.———**le loro arguzie**: notice that the poss. pron. *loro* is never changed, and is always used with the article: P. I. p. 37, note.———**finito il desinare**: having finished the dinner: the gerund *essendo* is here omitted before *finito*.———**fosse**: in the Subj. after a verb of asking.———**la maestà vostra mi permette**: Your Majesty allows me. Remark the use of the verb in the third person. See P. I. p. 19, 4.———**parlarle**: for *parlare le*, *parlare a lei*: speak to HER (to your Majesty).———**devo**: 1st p. sing. pres. Ind. of the irr. v. *dovere*, to be obliged. P. I. p. 146.———**il ruggire** ... **l' aguzzare**: Inf., used as nouns. S. § 32.———**li artigli**: for *gli artigli*, the claws: *li* is here used for the sake of the sound, to avoid the repetition, as *li scogli*, the rocks. P. I. p. 3.———**sul più bello del pranzo**: idiom. phr. meaning in

[PAGE 5, 6.

the midst. The noun is here omitted, i.e. *punto*, *tempo*, etc. lit. "at the most beautiful point of the dinner."———**producono**: 3rd p. pl. pres. Ind. of the irr. v. *produrre*, to produce. P. I. p. 135.———**ne rise**: laughed at it. 3rd p. sing. past def. of the v. *ridere*, to laugh.

17. **davanti**: before (of place). *Avanti*, before (of time). P. I. pp. 115, 119.———**Nel fuggire**: in running away. The Inf. here used as a noun.———**rintanati**: p. p. hidden in their lair. It is in the m. pl. because it agrees with *two* nouns, one of which is masc. Hence: *Il fratello e la sorella sono* ANDATI *a Londra*, the brother and sister are gone to London. P. I. p. 28.———**cerbiotto**: fawn, dim. of *cervo*, stag, *b* and *v* being sometimes interchangeable.———**preso quest' ultimo**: having taken the latter; the gerund *avendo* is omitted here before *preso*. *Preso* is p. p. of the v. *prendere*, to take. P. I. p. 62.———**visto**: p. p. of irr. v. *vedere*, to see. P. I. p. 161.———**pur troppo l' ho visto**: idiom. I have seen him only too well, or too much! *Pur troppo* in this sense is only used in answering, as: *Ti duole il capo? Pur troppo mi duole!* Does your head ache? It aches only too much!———**ucciso**: p. p. of the v. *uccidere*, to kill. P. I. p. 63.———**morrai**: 2nd p. sing. fut. of the irr. v. *morire*, to die. P. I. p. 148.

18. **melo**: apple-tree, masc. *Mela*, apple, fem. See P. I. p. 6.———**gran**: for *grande*, large, big.———**frutta**: fruits, irr. pl. of *frutto*. *Frutti* means the results. See P. I. p. 7.———**che gliene gittasse qualcuna**: that it should throw her some of them. *Gliene* for *le ne*, the dat. *le* not being used before *ne*, but *gli* instead; *e* is inserted between *gli* and *ne*. See P. I. p. 79, 3. *Gittasse* in the Subj., after *che* conj.———**rintanarsi**: to hide herself again in her lair.———**ripreso un po'**: p. p. of the v. *riprendere*, to take again, to re-

PAGE 6, 7.]

sume. P. I. p. 62. *Po'* for *poco*, little, adv. *Ripreso un po' di coraggio*, is an accusative absolute (see S. § 52), whereas *spinta* in the next sentence agrees with *lepre*.———**spinta**: p. p. of the v. *spingere*, to push. P. I. p. 132.———**la caduta mela e la divora**: the first *la* is an art., the second *la* a pron.———**io te la feci cadere sulla testa**: I let it drop on thy head. Remark the use of the pron. *te* (=*ti*) in the dat. instead of the poss. adj. *tua*, which is here omitted before *testa*. P. I. p. 80, 8. Also notice the superfluous use of the pronoun *la* referring to *quella mela*: in Italian where the object is separated by several words from the verb, a pronoun is used to direct special attention to the object.———**poco fa**: *tempo* is here omitted, a little while ago. See P. I. p. 41 (4).———**quasi quasi**: very nearly. When the conj., adv., or adj. is doubled, its original meaning is increased. See P. I. p. 113 (9).———**mi costò la vita**: cost me my life. The poss. adj. *mia* is here omitted before *vita*. P. I. p. 80.———**vuoi**: 2nd p. sing. pres. Ind. of the irr. v. *volere*, to wish. P. I. p. 163.———**te ne sia grato**: be grateful to you for it: *sia* in Subj. after *vuoi che*. S. § 21.———**deve**: 3rd p. sing. pres. Ind. of the irr. v. *dovere*, to be obliged.

19. **le si avvicinarono**: came near her, reflective verb.———**troppo acuto . . . troppa menta e ramorino**: when *troppo* is an adv. it is never to be declined. Here it is an adj.———**cosicchè**: so that, from *così* and *che*; the *c* in *che* is doubled. See P. I. p. 20, note.———**c' è**: for *ci è*, there is.———**per lunga pezza a ragionare**: to reason for a long while; *di tempo* is here omitted after *pezza*.

20. **pe' suo'**: for *per i suoi*.———**stanchi**: pl. of *stanco*, tired.———**a fischiate**: with hisses or hootings, adverb. expr. from *fischio*, hiss; *fischiata*, the hissing.

[PAGE 7, 8.]

21. aveva voglia: wished, followed by *di.* See P. I. p. 19.——**sapientissima:** very wise. Superl. absolute of *sapiente.*——**qual modo... tal cosa:** for *quale modo ... tale cosa.*——**esservi riuscita:** to have succeeded in it. The *vi* is here pronominal adv. and refers to the second part of the preceding sentence.——**venuta la primavera:** spring having arrived: acc. absol. with the gerund *essendo* omitted. S. § 52.——**lodata a cielo:** praised to the skies = very much.——**porrai:** 2nd p. sing. fut. of the irr. v. *porre,* to put. P. I. p. 150.——**uova:** pl. of *uovo.* See P. I. p. 6.——**ne risero:** laughed at it. *Risero,* 3rd p. pl. past def. of the v. *ridere,* to laugh. P. I. p. 62.——**a crepapelle:** very much, adverb. expr. used with *ridere* (and *mangiare*), composed of the words *crepa* (from *crepare,* to burst) and *pelle,* skin.——**ci fecero beffe:** from *farsi beffe,* to mock. *Fecero,* 3rd p. pl. past def. of the irr. v. *fare,* to do, to make. P. I. p. 147.

22. topini: dim. pl. of *topo,* mouse.——**figlinolini:** dim. pl. of *figliuolo,* which is itself a dim. of *figlio,* son.——**ai piedi:** in his feet. The poss. adj. *suoi* is here omitted; *piedi* in poetry is often written *piè.*——**facovano:** 3rd p. pl. imp. Ind. of the irr. v. *fare,* to do, to make.——**buon:** for *buono,* good.——**gattino:** diminutive of *gatto,* cat.——**così graziosamente che:** *così . . . che* are correlatives, meaning: so . . . that.——**nè:** nor.——**bisogna,** impers. verb.: see P. I. p. 110.

23. fece osservare: pointed out, lit. made (him, the lion) observe. *Fece,* 3rd p. sing. past def. of the irr. v. *fare,* to do, to make.——**vendicarsene:** = *vendicare si ne;* revenge himself of it (the fox).——**seppe:** 3rd p. sing. past def. of the irr. v. *sapere,* to know.——**corse:** 3rd p. sing. past def. of the irr. v. *correre,* to run.——**eccovi dinanzi:** behold before you. *Vi* is here pron.

PAGE 8, 9.]

——**vi davano:** gave to you, 3rd p. pl. imp. Ind. of the irr. v. *dare,* to give.——**nel cercare:** in seeking. *Cercare,* Inf. of the verb, here used as a noun. S. § 32.——**si prenda la pelle:** let the skin be taken; on this use of *si* with the Active Voice for the Passive, see S. § 56.

24. farnelo: for *fare lo ne,* make him from it.——**cibarsene:** for *cibare si ne,* feed himself off him.——**buon:** for *buono,* good.——**darti:** *dare a te,* give to thee.——**loro messaggera:** their messenger, *loro* is here poss. adj. and is never declined.——**vada:** 2nd p. sing. pres. Subj. of the irr. v. *andare,* to go: the Subj. Mood is used after *perchè,* conj. S. § 30.——**giurar:** for *giurare,* to swear.——**codesti:** = *cotesti,* the *d* and *t* being often interchangeable, those, used to express the thing near the person addressed. P. I. p. 37.——**lascia ch' io t' abbracci:** let me embrace you: the v. *abbracci* in the Subj. S. § 21.——**andar:** for *andare,* to go.——**avea:** for *aveva,* had. The Imperfect terminations of the 1st and 3rd p. sing. and 3rd p. pl. often lose the *v,* as in this case.——**detto:** p. p. of the irr. v. *dire,* to say. P. I. p. 145.——**sì:** for *così,* so.

25. reso: p. p. of the v. *rendere,* to render, to return. P. I. p. 62.——**procacciarsi da vivere:** to procure for himself the means of living.——**visitarmi:** for *visitare me,* visit me. *Me* is changed into *mi* when suffixed to the verb, although in the accusative. See P. I. p. 79.——**fingea:** for *fingeva* from *fingere,* to feign. P. I. p. 132.——**quanti:** as many as, *tanti* being understood.——**venivangli:** for *gli venivano,* came to him. P. I. p. 162.——**venne:** 3rd p. sing. past def. of the irr. v. *venire,* to come. P. I. p. 162.——**sparso:** p. p. of the v. *spargere,* to shed. P. I. p. 63.——**Le:** a lei, to her (*i.e.* to you). The third person is used in addressing a superior: hence in same paragraph *spacciarlo*

[PAGE 9, 10.]

and *trai suoi sudditi*. See P. I. pp. 19 and 78.——**spacciarlo**: for *spacciare lo*, (lit. for announcing you (lit. him) as dead among your (lit. his) subjects.

26. **stava ... pascolando**: was pasturing. See S. § 45.——**a caso**: adverbial expression, casually, by chance.——**gobbuto**: adj. modified from *gobbo*, hunchback, hump. P. I. p. 34.——**spia**: is here a verb, *spies*. It is also a noun, meaning *spy*.——**tra sè**: to himself.——**meno**: 1st p. sing. pres. Ind. of the v. *menare*, to lead. S. § 62.——**tratto**: p. p. of the irr. v. *trarre*, to draw, to lead. P. I. p. 158.——**che ne avrà**: which he will have of it.——**io vi arreco**: I bring to you.——**nel tirare**: in pulling: the v. with the art. is here used as a noun.——**deridendolo**: mocking him. S. § 42.

27. **scelse**: 3rd p. sing. past def. of the irr. v. *scegliere*, to choose. P. I. p. 143.——**bove**: less freq. used than *bue*, ox.——**quanti**: the antecedent *tanti*, omitted: "as many as."——**pollastri**: modification of *pollo*, fowl: it means a pullet.——**dovresti**: 2nd p. sing. Cond. of the irr. v. *dovere*, to be obliged. P. I. p. 146.——**dar riparo**: make reparation.——**per intero**: adv. wholly, altogether.——**so**: 1st p. sing. pres Ind. of the irr. v. *sapere*, to know. P. I. p. 153.——**distrussi**: 1st p. sing. past def. of the irr. v. *distruggere*, to destroy.——**domattina**: for *domani mattina*, to-morrow morning.——**dovrò**: 1st p. sing. fut. of the irr. v. *dovere*, to be obliged. P. I. p. 146.——**faticar molto a recarlo qui**: work very much to bring it here, *faticar*, *recar* for *faticare*, *recare*.——**rubarlo stanotte**: for *rubare lo questa notta*, steal it to-night.——**possa**: 1st p. sing. pres. Subj. of the irr. v. *potere*, to be able. S. § 30.——**fare del bene**: do good. *Bene* with the art. is a noun.

28. **grandeggiavano**: were great above all other flowers, from the adj. *grande*.——**violette**: dim. of *viola*, violet.——**tutti gli altri**: see P. I. p. 44.——**incarnatine**: dim. of *incarnato*, reddish (flesh-coloured), from *carne*, flesh.——**mammolette**: dim. of *mammola*, a kind of deep blue violet.——**stavansi**: for *si stavano*, imp. Ind. of the irr. v. *stare*, P. I. p. 155.——**sicchè**; for *così che*. See P. I. p. 20, note.——**vedute**: p. p. of *vedere*, to see. P. I. p. 161.——**ogni**: is indeclinable and only used in the sing. See P. I. p. 43.——**ci**: dat. governed by *addosso*, direct their eyes upon us. See note, p. 111, col. 2.——**pongono**: 3rd p. pl. pres. Ind. of the irr. v. *porre*, to put. See P. I. p. 150.——**sieno**: Subj. pres. governed by *parc che*. S. § 25. *Sieno* instead of *siano*.——**rimirarci**: to look at us. The *ci* is accusative. See P. I. p. 78.——**colte**: p. p. of the irr. v. *cogliere*, to gather. See P. I. p. 143. The *o* is pronounced open. The adjective *colto*, educated, has its first *o* pronounced close. See P. I. p. 2.——**se ne**: instead of *si di noi*. See P. I. p. 78-80.——**so**: 1st p. sing. pres. Ind. of the irr. v. *sapere*, to know. See P. I. p. 153. Remark the use of the Subj. after *sapere* with a negation, expressing doubt. S. § 22.——**che si senta al fiuto**: which may be perceived by the scent: *senta* in the Subj.; *che* preceded by the superlative, and equivalent words like *tanto*, govern the Subj. S. § 29.——**nè vistoso nè vivo**: neither of beautiful appearance (from *vista*, sight) nor bright.——**fatti**: p. p. of the irr. v. *fare*, to do, to make. See P. I. p. 147.——**genti**: pl. of *gente*: *la gente*, the people; *le genti* is more generally used in the sense of the nations. See P. I. p. 8.——**erbetta**: dim. of *erba*, grass. See P. I. p. 34.——**dar**: for *dare*, to give. See P. I. p. 144.——**verde**: an adj. used here as a substantive. The word *colore*, colour, or *prato*, field, is understood.——**alcuna**: some one.

[PAGE 10, 11.

See P. I. p. 91.——**debbono**: for *devono*, 3rd p. pl. pres. Ind. of the irr. v. *dovere*, to be obliged. See P. I. p. 146.

Gasparo Gozzi (1713-1786). A Venetian writer of light literature and satires. His *Novelle* are very popular in Italy. He edited with great success *L' Osservatore*, a weekly newspaper. His style is correct and easy.

29. **che ci sia cosa al mondo viva**: that there be any living thing in the world. *Sia* in the Subj. after a verb of believing. S. § 23. *Ci* is here an adv. of place.——**Se l' uomo non fosse un ingrato**: were man not ungrateful, the Subj. Mood used after *se*, if. S. § 30.——**imperciocchè**: a conj. formed with *in per ciò che*.——**m' ingegno quanto**: a reflective verb, I try as much as I can; its correlative *tanto* omitted.——**la notte o il giorno**: the acc. is used to signify a point of time or duration of time.——**si desti**: 3rd p. sing. pres. Subj. of *destarsi*, to awake. It is pronounced with the *e* open. When pronounced with the *e* close it is the 2nd p. sing. past def. of the irr. v. *dare*, to give. See P. I. p. 144.——**Questo è quanto all' utilità**: this is what concerns usefulness: this is so much as (concerns) usefulness; *tanto* omitted, as above.——**Quanto è poi alla dignità mia**: for what however concerns my dignity.——**a guisa**: like. An adverb. expr.——**vo tonando**. See S. § 55.——**qual si voglia**: any other (bird); sometimes written as one word. See P. I. p. 91.——**vo**: for *vado*, 1st p. sing. pres. Ind. of the irr. v. *andare*, to go. See P. I. p. 141.——**rispose**: 3rd p. sing. past def. of the irr. v. *rispondere*, to reply. See P. I. p. 138.——**altrui**: of others. See P. I. p. 91.——**ne ritraggi**: for *ne ritrai*, from *ritrarre*. See P. I. p. 158. *Ne*, from them, is here a pleonasm, being a repetition of the word *benefizi*, to which it refers.——**punto**: stung. P. p.

[PAGE 11, 12.]

of *pungere*. P. I. p. 62. *Punto* is also a noun, *a dot, a point;* and an adv., *at all*. See P. I. p. 119.——**lumicino**: dim. of *lume*, light. See P. I. p. 34.——**mi arde addosso**: for *arde addosso a me*, burns on my back.——**quanto io posso**: for *tanto quanto io posso*, as much as I can: *posso*, 1st p. sing. pres. Ind. of the irr. v. *potere*, to be able. See P. I. p. 151.——**vorrei**: 1st p. sing. pres. Cond. of the irr. v. *volere*, to wish. See P. I. p. 163.——**nol**: for *non il*. See P. I. p. 82, 7.

30. **smisurata**, very large, lit. unmeasurable, from negative *s* (=*dis*) and *m'surato*, measured, from *misurare*, to measure.——**da principio**: adv. expr., at first.——**col dire**: by saying; *col*=*con il*. The Infinitive with art. is here used as a noun. S. § 32.——**liberata ch' ella fosse**: when she should be free.——**a gran fatica**: with great effort: for *grande*, great.——**se gli avventò addosso**: lit. threw itself suddenly upon him; *avventarsi*, a reflective verb; *addosso*, and *indosso* (from *dosso*, a back), lit. on the back, hence upon; an adv. used as a preposition, governing the dative.——***adducendo**: gerund of the irr. v. *addurre*, to bring forward.——**venir meno**: to faint, lit. coming less.——**qualche poco**: a little while: *tempo* is omitted.——**proposto**: p. p. I. the irr. v. *proporre*, to propose. P. of p. 150.——**parere**: noun, means opinion. When verb it means *to seem, to appear*.——**son**: for *sono*, I am.——**ci rimettiamo**: refer ourselves: pres. Subj. governed by *finchè*, indicating a purpose. S. § 30.——**si possa dare**: there could be. *Possa*, 3rd p. sing. pres. Subj. of the irr. v. *potere*, to be able. It is in the Subj. after *pensare*, S. § 23.——**sì**: for *così*, so.——**ad una ad una se gli potevano contare le coste**: his ribs could be counted one by one; on this use of the dative pronoun, see P. I. p. 80, 8. There are three words *coste* in Ital. When verb (3rd p.

[PAGE 12.]

sing. pres. Ind. of *costare*, to cost) the o is pronounced *very* close: when *costa*, noun, means rib, it is not pronounced so close: when *costa*, noun, means coast and slope, the o is pronounced open.——**proposero**: 3rd p. pl. past def. of the irr. v. *proporre*, to propose. P. 1. p. 150.——**io stesso no sono prova**: I am myself a proof of it.——**vinto**: p. p. of the irr. v. *vincere*, to win. P. 1. p. 132.——**corse**: races, noun. It is also 3rd p. sing. past def. of the v. *correre*, to run. P. 1. p. 62.——**fatto vecchio ed inutile**: having become old and useless, *essendo* is here omitted.——**meno**: from the v. *menare*, to lead. *Meno*, adv., means less.——**lasciarmela**: for *lasciare la mi*, leave it to me.——**spelato**; stripped of hair; from *s* (=*dis*) and *pelare*, to strip off the hair, from Latin *pilare*, not from *pellis*. ——**richiesto** p. p. of the irr. v. *richiedere*, to ask, to request. ——**reso**: p. p. of the v. *rendere*, to become, to give back. P. 1. p. 62.——**fatto gioco**: from the idiom *farsi gioco*, to mock.——**casa**, house, here means household.——**isfuggire**: for *sfuggire*, the *i* being prefixed because the preceding word ends with a consonant.——**liberi**: pres. Subj. governed by *finchè*. S. § 30.——**venne proposta**: was submitted. *Venne* past def. from *venire*. On the use of *venire* to form the Passive Voice, see S. § 54.——**temette di sè**: feared for himself. See P. 1. p. 61. ——**col farle cenno d' un occhio**: with a wink, lit. with making him a sign with an eye. The Inf. *fare* with

PAGE 12.]

art. used as a noun. S. § 32.——**caricata la serpe**: having loaded the serpent. *Avendo* is here omitted.——**soggiunse**: from *soggiungere*, to add.——**stanne li**: for *sta li*, stay there: -*ne* is only what in Ital. is called a *riempitivo* or pleonasm.——**colga**, pres. Subj. from *cogliere* (contr. *corre*), from Lat. colligere. See P. 1. p. 143. It is in the Subj. governed by *finchè*. S. § 32. ——**rivolto al rustico**: turning to the countryman. *Essendosi* is here omitted.——**richiese**: 3rd p. sing. past def. of the irr. v. *richiedere*, to request.——**mise**: 3rd p. sing. past def. of the irr. v. *mettere*, to put. ——**costretta**: p. p. of the irr. v. *costringere*, to oblige, to force.—— **fuggirsene**: i.e. *fuggire se ne*, to run away from that place.——**paga d' ingratitudine**: pays with ingratitude = is ungrateful.

Francesco Domenico Guerrazzi (1805–1873). A powerful and elegant writer, and a prominent democratic politician of modern Italy, of whose unity he was an ardent advocate. To this end he wrote several historical novels, such as *L' Assedio di Firenze*, *La Battaglia di Benevento*, etc. After 1848 he suffered a long imprisonment in Tuscany in consequence of assuming the dictatorship of that province, on the flight of its Grand Duke. He wrote in prison an able and voluminous *Apologia* of his political life, as well as *L' Asino* and other works. Guerrazzi died a member of the Italian Parliament.

NOTES ON THE ANECDOTES AND GRAMMATICAL QUESTIONS.

[PAGE 13.

1. **repugnante ad ordinare**: unwilling to order.——**rendesse**: Subj. after *che*, following a verb of ordering. See S. § 21.——**bada**: 2nd p. sing. Imp.: *take care*.——**spade**:

PAGE 13.]

swords, is used here for those who carry the swords = soldiers.——**rispose**: 3rd p. sing. past def. of the irr. v. *rispondere*, to answer. P. 1. p. 138.——**ed io molti anni**: and I

[PAGE 13, 14.

have many years. The verb *ho* is omitted.

2. **interrogato**: for *essendo interrogato*. See S. § 44.

3. **bastonato**: blows with a stick. Modification of *bastone*, stick. See P. I. p. 34.——**fatto dare**: ordered to be given. After *fare*, *lasciare*, and a few other verbs the active Infinitive is used where in English we use the passive.——**in quanto a me**: as for me.

4. **animato da vivo amore**: for *essendo animato da vivo amore*. See S. § 44.——**fece venire**: had brought (ordered to be brought). See note to preceding Anecdote.——**presa**: p. p. of the v. *prendere*, to take. See P. I. p. 62.——**nella Gran Bretagna**: in Great Britain. See P. I. p. 15.——**così che** = *cosicchè*. See P. I. p. 20, note.——**scorrendoli**: walking upon them, lit. running over them; the *li* refers to *viali*.

Melchiorre Gioia (1777-1829). An Italian economist, wrote several works, the best of which are *Il nuovo Galateo*, *Del Merito e delle Ricompense*, and a *Prospetto delle Scienze economiche*.

5. **Enrico Quarto**. See P. I. p. 41.——**ritornato a Parigi**: for *essendo ritornato a Parigi*. S. § 44.——**re**: for its plural see P. I. p. 6.——**fè**: for *fede*, the accent indicating the contraction. See P. I. p. 1.——**di rimando**: for *osservò di rimando*, lit. in return.

6. **alessandrina**: for *d' Alessandria*.——**scrisso**: 3rd p. sing. past def. of the irr. v. *scrivere*, to write. See P. I. p. 138.——**vandalico**: an adj. formed from *Vandalo*, the name of a barbarous race which, at the fall of the Roman Empire, overran Italy and destroyed there many works of art.——**contengono**: 3rd p. pl. pres. Ind. of the irr. v. *contenere*, to hold, to contain. See P. I. p. 159.——**Corano**: al-Koran, the Bible of the Mahometans.——**dissuaderlo**: to dissuade him, for *dissuadere lo*.——**brucinei**: Imp. for

PAGE 14, 15.]

brucino si, let them be burnt, or, they must be burnt. With the reflective pron. the active verb is frequently used as a passive. (See S. § 56.) From *bruciare*, to burn, is derived *brustolare*, whence comes Fr. *brûler*.

7. **narrasi**: *it is related*; *si* is used in this way, equivalent to the French *on* and the German *man*: one relates, or it is related. (See S. § 60.) The verb is here used as impersonal.——**certo giorno**: one day.——**interrogasse**: Subj. after *narrasi che*. The Subj. is used in the obliqua oratio, as in Latin.——**di'**, Imperative of the irr. v. *dire*.——**dicono di sì** . . . **dicessero di no**: the first verb affirms a fact positively, and is in the Ind. Mood. The second verb supposes a fact that might happen, but is not so, indicating doubt, and is in the Subj. Mood. S. § 1.——**venne cacciato**: was expelled. See S. § 54.——**la pascò liscia**: passed easily through this (trial); was rather lucky, an idiom.

8. **Sisto Quinto**: Sixtus V., a pope.——**francescano**: from Francesco, i.e. of the monastic order of Saint Francis.——**bei**: for *belli*.——**venne fatto**: it happened. An idiom. See *venire* and *fare* in Dict. and S. § 55.——**fosse**: after *se* the v. is in the Subj. Mood, S. § 30.——**morso**: p. p. of the irr. v. *mordere*, to bite. See P. I. p. 62.——**Frate**: for *fratello*, is now used only of monks.

9. **a chi**: to him who, for *quello* or *colui che*.——**la roba altrui**: the property of others. See P. I. p. 91.——**metterei mano**: would lay hands on = steal.——**que'**: for *quelli*. See P. I. p. 86, note.——**coppe d'oro**: lit. golden cups = very honest men. An idiom.——**fornellino**: dim. of *fornello*, which is dim. of *forno*, oven. See P. I. p. 34.——**avete ragione**: you are right. See P. I. p. 19.——**Graffigna**: proper noun, very appropriate for a thief, formed from the v. *graffiare*, to

[PAGE 15, 16.]

scratch.——**zecchini**: sequins. A Venetian gold coin, no longer in circulation.——**colto**: p. p. of *cogliere*. See P. I. p. 132.——**seppe**: from *sapere*. See P. I. 154.——**Vada**: let him go to the gallows, he deserves to be hanged. Imp. of *andare*. See P. I. p. 141.

10. nella Svezia: in Sweden; see P. I. p. 15.——**in antico**: used here adverbially = in old times.——**ne**: of them.——**concessero**: see *concedere*. P. I. p. 133.——**del morto**: for *dell' uomo morto*, an adj. used here as a substantive.——**non mica**: not at all. See P. I. p. 119, 2.——**a bocca baciata**: an idiomatic adv. expr. = easily (as easily as a kiss is given).——**acquistarsela**: = *acquistare si la; si* before another pron. becomes *se*.——**sto per dire**: I am going to say; *sto* with *per* and the inf. means on the point of doing a thing. S. § 71.——**sassate**: from *sasso*, stone. See P. I. p. 34.

11. gli disse in barba: said to his face; lit. said in his beard; notice the use of *gli* in the dat.: in speaking of the parts of the body the dat. pron. is used instead of the poss. adj. See P. I. p. 80, 8.——**tiro**: trick, a noun here. It is also a verb from *tirare*.——**mi procaccio la vita**: I get my living.——**angustia d' averi**: straitened circumstances = poverty. *Averi* is here a noun. S. § 32.——**agonia di fasto**: lust of luxury, display.——**preso pel suo pelo**: when properly approached. An idiom. *Preso* from *prendere*. See P. I. p. 62.——**in ispecie**: for *specie*, the *i* prefixed on account of the preceding consonant.—— **in pace**: used adverbially.—— **promosso**: 3rd p. sing. past def. of the irr. v. *promuovere*. See P. I. p. 134.

12. Policrate . . . Samo: Polycrates, a Greek tyrant of Samos, an island in the Ægean Sea.——**andasse a traverso**: went against him. *Andasse*, Subj. dependent upon *mirare che*: see S. § 20.——**gli . . . nel buzzo**: on this use of the dat. pron.

[PAGE 16, 17.]

with parts of the body, see preceding note under 11.——**vinto**: from *vincere*. See P. I. p. 132.——**Oronte**: Orontes, a proper name.——**Dario**: Darius, king of Persia.——**gli . . . addosso**: *gli*, the dative, governed by *addosso*. See note on p. 111, col. 2.——**Micale**: Mycale, a promontory in Asia Minor, opposite the island of Samos.

13. pentolaio: from *pentola*.——**gentildonna**: from *gentile donna* = lady.——**menando in volta**: going about. S. § 62.——**canto**: corner (of a street).——**apparire**: apparition, used here as a noun.——**La non ci pigli passione**: do not grieve, do not worry yourself. *La* instead of *Ella*. Notice the use of the 3rd person in addressing. See P. I. pp. 19, 38.——**Ella non ci ha colpa**: it is not your fault, lit., you have not fault here —— **ebbero . . . paura**: were frightened. See P. I. p. 19.——**ci piacque**: was pleased.——**valse**: from *valere*. See P. I. p. 160.——**per giunta**: in addition, an adv. expr.

14. Giulio Mazzarino (1602–1661): Jules Mazarin, an Italian, prime minister of Louis XIII. and Anne of Austria, governed France for nearly 19 years.——**per lo che**: *lo* or *il che* refers to the whole of a preceding sentence. See P. I. p. 90, 2.——**porro tempo fra mezzo**: to wait, to lose time. An idiom.—— **imitatrice**: fem. of *imitatore*. See P. I. p. 27.——**Uncinata quindi . . .**: having therefore hooked = taken hold of.——**accadde**: from *accadere*. See impersonal verbs, P. I. p. 108.—— **il Mazzarino**: on the use of the article with proper names, see P. I. p. 15, 4.——**di prima colta**: directly, straightway; the first thing that presented itself, &c.——**a fatica**: with difficulty. Adverb. expr.—— **presentasse**: Subj. governed by *accadde che*. See S. § 25.——**scosse**: from *scuotere*. See P. I. pp. 133 and 134.——**voglio**: from *volere*. See P. I. p. 163.——**riso**: noun, which here means *laughter*; it means *rice*

[PAGE 17, 18.

as well. It is also p. p. of the irr. v. *ridere*. See P. I. p. 62.

15. **dimessa**: adj. quiet, humble. It is also p. p. of *dimettere*. See P. I. p. 151——**per quanto annaspasso**: Subj. gov. by *per quanto*. In like manner, lower down, *per quanto bastino*. S. § 30.——**dargli una mano**: give a hand to him = help him.——**si pone ad**: puts himself to. *Porsi*, followed by *a* and an Infinitive, means *to begin*. ——**In questo, ecco**: in the meanwhile, behold.——**fare le stimate**: to be greatly astonished.—— **devo sovvenire il prossimo**. Remark the point of this sentence, which leaves in doubt if by *prossimo* the king means the peasant or the donkey.

16. **rinchiuso**: p. p. of *rinchiudere*. See P. I. p. 62.——**avvenne**: impersonal verb. See P. I. p. 108.—— **uscì della**: *di* often used instead of *da* after *uscire*, *sortire*, *venire*.——**commossa**: from *commuovere*. See P. I. p. 134.——**tenealo**: for *lo teneva*. non ne avea più: she had no other, lit. had no more of them (children). ——**partorillo**: for *lo partorì*. See P. I. p. 80, 5. Lit. this child she brought it forth.——**poichè 'l padre fu morto . . . di coltello**: after his father was killed ... with a knife. *Morire*, a neuter verb, used here as a passive = *was killed*. S. § 75 (v.). ——**corse**: from *correre*.——**trasseglieli**: *il* (= *lo*) *trasse gli*. See P. I. p. 80, 4. Took it (the child) from its claws. On this use of the pron. instead of the poss. adj. see P. I. p. 80, 8.——**detto**: p. p. of *dire*. ——**ristettesi**: from *ristarsi*, stood still.——**Orlanduccio**: dim. of *Orlando*.

Ricordano Malespini (d. 1286). The earliest writer of chronicles in the Italian language. In his *Cronaca fiorentina* he begins with the Tower of Babel and comes down to the 13th century. He relates many fables, and is not remarkable for historical accuracy, although his

PAGE 18, 19.]

diction is pure and he is one of the Italian classics.

17. **Pippo da Brozzi**: Pippo, Joe, a short name for *Giuseppe*, Joseph; *Brozzi*, a village near Florence. Remark the use of the prep. *da* here, meaning origin, derivation. ——**Poldo**: shortened form of Leopoldo.—— **pisano**: of Pisa.—— **s'imbattè**: past def. from *imbattersi*, met with, lighted upon by chance; followed by *a vedere*, happened to see.——**si trovava corte le gambe**: found his legs short. See P. I. p. 80, 8. —— **Fratelmo** = *mio fratello*. Fam. —— **pigliansi**: are taken: on this use of the passive, see S. § 56.——**verrà**: from *venire*. P. I. p. 162.——**va**: from *andare*. P. I. p. 141.——**va oltre pe' fatti tuoi**: go on about thy business.——**vo'**: for *voglio*. See *volere*, P. I. p. 163. ——**magari mi trovassi**: I wish much I had. On the Subj. expressing a wish, see S. § 28. *Magari* intensifies the wish, and is used only in familiar language.——**da capo**: from the beginning, again.——**del scdere**: Inf. used as a noun. S. § 32.

18. **molinava nel suo cervello**: was thinking. Lit. was revolving in his brain. From *mulino* = mill. ——**non venendo a capo**: not succeeding. —— **si struggeva di voglia**: was wasting himself with the wish, was very eager.——**scorto**: p. p. of *scorgere*. See P. I. p. 132. ——**La, &c.**: notice the use of the 3rd person in addressing a person. *La*, instead of *Ella*. See P. I. p. 19 and 76. —— **terreno da piantar vigna**: a likely subject for a joke. Lit. ground to plant vine-trees.—— **haccene**: compounded of *ha ci ne*; *ci* doubles its first letter when subjoined to a monosyllabic verb. See P. I. p. 79, 5. *Ha* must be translated with *ad essere*; there must be a good sale of them. See S. § 67. ——**che ... la sua**: that no other (head) has remained there (*ci*, i.e. in the shop), except yours (*la sua*, the 3rd person being used as above).

[PAGE 19, 20.]

19. Volta! a verb used as an interjection: turn round and look! Behold!——**da farmela fare:** to get it done for me: S. § 65: **mi** in conjunction with another pron. becomes *me*. P. I. p. 69, 2.——**vien via:** for *vieni via*, come on. Lit. come away.——**ad ogni modo per amor di Dio:** anyhow for God's sake (out of charity).——**fallo:** for *fa lo*. See P. I. p. 79, 5——**ell' erano novelle:** literally, they were fibs = It was useless.——**che ha egli:** what is the matter with him.——**fanno la barba:** they are shaving.

20. Dionigi il tiranno: i.e. Dionysius, the tyrant of Syracuse.——**de' versi** = *dei versi*. The art. *i* contracted with prepositions is constantly omitted, and an apostrophe substituted, especially when

[PAGE 20.]

the following word ends with *i*: thus *de'*, *a'*, *da'*, *ne'*, *co'*, *pe'*, etc., are used instead of *dei*, *ai*, *dai*, *nei*, *coi*, *pei*, etc.——**pretendeva al vanto:** strove after the reputation, aspired to: *pretendere a qualche cosa* " to strive after anything, to aspire to."——**Filoseno:** Philoxenus.——**una sua opera:** one of his works.——**questi:** when *questo*, *quello*, refer to a male person in the Nom. sing. without the noun, they often take in the sing. the forms *questi*, *quegli* (*quelli*). See P. I. pp. 85, 86.——**finito il pranzo:** the dinner being finished: the Participle used absolutely, equivalent to the Ablative Absolute in Latin. See S. § 44.——**riconducetemi:** Imperative from *ricondurre; mi*, conj. pers. pron.

NOTES ON THE LITERARY ESSAYS AND GRAMMATICAL QUESTIONS.

[PAGE 21.]

1. o senza: for *o senza sua colpa*.——**sia:** subj. following the relative with the idea of uncertainty. S. § 27.——**involto:** p. p. of *involgere*: See P. I. p. 132.——**finchè resta un amico:** Subj. governed by *finchè*. See S. § 30. In the following clauses, *che venga* and *che compatisca*, the Subj. continues to be used, being explanatory of the actions of the same friend.——**con cui ... sfogare:** lit. with whom to exhale, i.e. to disburthen, or with whom he may disburthen. In Italian the Inf. is frequently used with the relative, when in English the Subj. would be employed.——**egli medesimo:** he himself, giving emphasis to *amico che*.——**un amico che non ha:** here the Indic. is used, as the author does not wish to express any doubt about the friend being without the cruelty.

Giuseppe Parini (1729–1799). The greatest of all Italian satirists, wrote *Il Mattino*, *Il Mezzogiorno*, *Il*

[PAGE 21.]

Vespro and *La Sera*, in which he ridicules and lashes in the most powerful way the lazy, immoral and useless life led by the Italian nobility of the 18th century. He wrote several other poems, and in prose, the *Principi fondamentali delle belle lettere*, being extracts from his lessons on Literature, of which he was a professor at the school of Brera. Parini was the first to bring back Italian literature to serious and useful purposes, from the childishness into which it had fallen owing to the *secentisti* = writers of the 17th century. See a Sonetto of Parini on p. 96.

2. Rocca di Papa: a village in the province of Rome.——**che arrivasse:** Subj. governed by *che* following a word of hope. See S. § 21.——**burattinaro:** the man who works the marionettes, from *burattino*.——**venni accolto:** I was welcomed: on the use of *venire* to form

[PAGE 21, 22.]

the passive, see S. § 54.——**li burattini**: marionettes, Punch and Judy show.——**Li**: for *i*, as used by the Roman people.——**avemmaria**: from the Latin *ave, Maria*, here means the sunset, because at that time the bells ring the 'Angelus,' to call the faithful to sing the praises of Mary.——**non ... neppure**: *neppure*, not even, strengthens the negative.

Massimo d'Azeglio (1798-1865). A politician, an artist, a writer, and a diplomatist, D'Azeglio was one of the leading men in bringing about the unification of Italy under the House of Savoy. His best novel, *La Disfida di Barletta*, was eagerly read everywhere in Italy. *I miei Ricordi*, a kind of posthumous autobiography, has been edited by Ricci, and is full of wise and useful advice to the Italians.

3. Guglielmo Pepe (1782-1855). A Neapolitan general, who fought unsuccessfully against the Austrians in 1815, 1821 and 1848. His name is very popular in Italy. He wrote *Relazione degli eventi* 1820-21, and *Memorie*.——**a rispetto della persona propria**: towards his own person. The construction is here, *anzi la fortuna parve a lui più che mai svelenita e placata a rispetto della persona propria*.——**magnanimo Re suo**: Victor Emmanuel II., first King of Italy, died January 9th 1878; he was King only of Piedmont from 1849-1860.——**nel vero**: truly. An adj. used adverbially. See P. I. p. 113.——**le ossa**: the remains, ashes. Sing. *l'osso* the bone: the other pl. *gli ossi*, the bones.

Terenzio Mamiani. A contemporary Italian writer, still living. His principal works are *Il Rinnovamento della Filosofia italiana, Dialoghi di scienza prima, Confessioni d'un Metafisico*, which have placed him amongst the highest Italian philosophers of this century. He is also an original and popular poet, as shown in his *Idilli* and *Inni sacri*.

[PAGE 22.]

Mamiani is a Life Senator in the Italian Parliament.

4. Serenissimo Principe or **Vostra Serenità**: this is the title by which the Doges of Venice were addressed.——**il Sommo Pontefice**: the Pope; lit. the highest priest. ——**se non**: if not, that is, except, only.——**breve**: brief = a letter of the Pope. In this sense it is a substantive, not an adj.—— **V. S.**: usually mean *Vostra Signoria*, or *Vossignoria* = Your Lordship; but here mean *Vostra Serenità* (see above).——**Non feci alcun dubbio ... non fosse**: remark that when *non* is used with a negative verb or a verb of doubting, it is repeated in the dependent clause, though it must not be translated in English: thus, "I did not make any doubt that the first was not to be used," really means I did not make any doubt (i.e. I was certain) that the first (remedy) was to be used. S. § 22, note.

Paolo Sarpi (1550-1623). A Venetian monk, who advocated the rights of the Republic of Venice against the interference of the Popes. His principal work is a *Storia del Concilio di Trento*, the most impartial and faithful record of the proceedings of that assembly. Another extract is given on pp. 60, 61.

5. sparse: p. p. of *spargere*, (here means *spread*). See P. I. p. 63.—— **tesa**: p. p. of *tendere*. See P. I. p. 63. Remark the position of this past part. This is a usual construction in Italian, like the Latin.—— **faccia**: Subj. or Imperative of *fare*. See P. I. p. 147.——**che ... facciano capo**: should be under his control. Notice that *facciano* and *siano* are in the Subj., being dependent clauses governed by *che*. *Fermisi* is in the Imper. coupled by *e* with *tengale* = *le tenga*.——**ordinate**: for *coordinate*.

Agnolo Pandolfini (1360-1446). It is now believed that the book *Del Governo della famiglia* ascribed to

[PAGE 22, 23.]

this Florentine merchant, was written by *Leon Battista Alberti* (1404–1472), and that it is in reality the third book of the latter's *Dialoghi della Famiglia.*

6. si ricerca: is required. The passive voice in the 3rd person, expressed by the active with *si*. See S. § 55. In the same manner below, *si fa menzione.*——**sel forma:** for *se il = lo.* See P. I. p. 82: lit. forms it for himself.——**per quanto io mi sappia:** as far as I know. S. § 30. ——**nel quale ... si accoppiasse:** on the Subj. after the relative, see § 29.——**non è mica:** *mica* strengthens the negation. See P. I. p. 119, 2.——**Bacone:** Lord Bacon. ——**Isacco Newton:** Sir Isaac Newton.

Vincenzo Gioberti (1801–1852), born in Turin. An Italian philosopher, politician, and writer, was Secretary of State to the Piedmontese Government in 1848. His best works are: *Il Rinnovamento civile d' Italia,* and *Il Gesuita moderno.*

7. Ottaviano: Octavius Augustus, Roman emperor.——**Tiberio:** Tiberius, Roman emperor.——**per poterlo,** &c.: in order to be able to rule it easily. *Poterlo = potere lo.*——**E perchè ancora non giudicarono ... il popolo,** and because they did not think that (these armies) were sufficient to keep the people in subjection. *Bastassero* in the Subj. dependent upon a verb of thinking (S. § 20), the conjunction *che* being omitted.——**mura:** *le mura,* the walls of a town; *i muri,* the walls of a house: sing. *il muro,* the wall.——**ei cominciarono:** for *eglino. E'* and *ei* are used instead of *egli.* Ancient writers used them also for *eglino.*——**per loro arte:** as their profession.——**donde ne risultò:** from this originated; this *ne* is pleonastic.——**molti ne:** many of them (the emperors); used instead of *molti di essi* or *di loro.*

Niccolò Machiavelli (1469–1527). The greatest historian of Italy, was

[PAGE 23, 24.]

Secretary and Ambassador of the Republic of Florence. When the House of Medici overthrew the liberties of Florence, Machiavelli was imprisoned. His style is remarkable for its terseness, purity and clearness. His principal works are *I Discorsi, L' arte della guerra, La vita di Castruccio, Le Istorie fiorentine* and *Il Principe.* The word *machiavellism* is derived from his name. See also the account of him by Niccolini on p. 63. Another extract is given on p. 67.

8. vogliam = *vogliamo,* from *volere.* ——**ferali:** deadly, is obsolete.—— **Niceforo:** Nicephorus, a Greek emperor.——**scacciandone Irene:** lit. driving away Irene from it, i.e. dethroning Irene. *Scacciando,* the gerund : *ne,* from it.——**Irene,** a Greek empress.——**divenne:** from *divenire,* to become. See P. I. p. 162. ——**Faraone:** Pharaoh. —— **sconfitto e ucciso:** p. p. of *sconfiggere, uccidere.* See P. I. p. 63.——**Bulgari:** Bulgarians. —— **Staurazio:** Stauracius, a Greek emperor.——**Leono Armeno:** Leo the Armenian, a Greek emperor.—— **Giunsero ...:** construe thus: *Staurazio con illegittime nozze e Leone Armeno con pubbliche ribellioni giunsero pure a stabilirsi nel Principato. Giunsero a stabilirsi,* succeeded in establishing themselves.——**ma quanto andò:** but how much (time) passed. *Tempo* is here omitted.

Paolo Segneri (1624–1694). An eloquent Italian preacher; his sermons are still much admired, but his style is too ornate. His *Quaresimale,* Lent Sermons, is the most important of his works.

9. non sceglierà ... se non che: will not choose ... except, i.e. will only choose. —— **si vedrà:** from *vedere.* Used as a passive. See S. § 56. In the same way lower down, *si perverrebbe* from *pervenire.* ——**Aristide** (480 B.C.). Aristides, called the Just.——**Cimone** (484 B.C.) Cimon, son of Miltiades.——

[PAGE 24, 25.

richiamare: to recall. It means here: *to protest*, in which sense it is Obs.——**diviene:** from *divenire*. See P. I. p. 162.——**oppresso:** p. p. of *opprimere*. See P. I. p. 133. Used here as a substantive.——**non sono niente:** are nothing. See P. I. p. 91, 3.

Gaetano Filangieri (1752–1802), an eminent writer on legislation, was born in Naples. In his *Scienza della Legislazione* he tried to give the rules governing the civil and penal laws of nations, reducing them to a systematic science.

10. Petrarca: Francesco Petrarca (1304–1374). A great Italian poet, whose *Sonetti* have made his name famous everywhere. He also wrote several works and poems in Latin, which are now forgotten. One of his sonnets is given on p. 96.——**Arquà:** a village near Padua, where Petrarch died.——**se andassi:** Imperf. Subj. governed by *sc.* S. § 30.——**sta crollando:** is falling to pieces. *Stare* with the gerund represents an action as lasting, and is translated in English by the verb " to be." See S. § 45.——**di chi possiede:** for *di colui il quale possiede*. For *chi = colui il quale*, see P. I. p. 88.——**ortiche ... selvatiche:** sing. *ortica ... selvatica.* See P. I. p. 6.——**io mi risovvengo:** I remember, lit. I remember again, from *risovvenirsi*. The simple verb *sovvenire* (*sovvenirsi*) comes from the Lat. *subvenire*; whence also the Fr. *se souvenir*.——**saccenti:** pretenders to learning, or sham-learned men; always expresses contempt.——**mi voglio dolere:** *mi* belongs to *dolere*, which is generally used as a reflective verb, *dolersi*.——**per non diro:** lit. for not to say, that is, without mentioning.——**Torquato Tasso** (1546–1595). A celebrated Italian poet, the author of the epic poem " Gerusalemme Liberata." See *Lettere*, No. 11, p. 94.——**vissuto:** p. p. of *vivere*. See P. I. p. 140.——**tuttavia:** all the while.——**Lorenzo:** to whom Foscolo,

PAGE 25.]

under the name of Jacopo Ortis, addressed his letters.——**mi par di conoscere chi ... morrà:** it seems that I know him, who ... will die = he means himself (Foscolo).

Ugo Foscolo (1778–1827), born at Zante, wrote many works in prose and poetry on different subjects. His best poems are *I Sepolcri* and *Le Grazie*; and amongst his prose writings the most remarkable are the *Lettere di Jacopo Ortis* and the translation of Sterne's *Sentimental Journey*. He lived in London from 1816 to the day of his death. His remains were removed, in 1871, from Chiswick to Santa Croce in Florence, at the expense of the Italian Government.

11. reputando essi: the personal pronoun is frequently used with the gerund to prevent ambiguity, in which case it immediately follows the gerund. Here **essi** refers to *antichi saggi*, and is used because several words had intervened. Lit. they = those very wise men ... thinking.——**le crescesse:** *le*, dat. for *a lei*, (*alla patria*) *crescesse*.——**concedere:** see *concedere*. P. I. pp. 133, 134.——**Atene:** Athens.——**Apollodoro:** *Apollodorus*, a celebrated painter, lived about 408 B.C.——**cavarne:** drawing or producing with them (*ne*), i.e. the colours.——**uno zoppo e povero fabbro:** a lame and poor smith, that is, Vulcan.——**Trittolemo:** Triptolemus; in return for his hospitality, Ceres taught him the cultivation of the earth.——**Mercurio:** Mercury, the god of commerce and of thieves, messenger of the gods, invented the lyre.——**Prometeo:** Prometheus, stole the fire from heaven.——**Atlante:** Atlas, a mythical astronomer.——**detrarre:** from the Lat. *detrahere*. Pres. Ind. *detraggo*. See P. I. p. 158.——**io porto opinione che ...:** I am of opinion that gratitude made not a few of them (gods). *Abbia* in the Subj., governed by

[PAGE 25, 26.]

che, following a verb of thinking. S. § 23.

Vincenzo Monti (1754–1828), born at Fusignano, near Ferrara, died at Milan. A celebrated poet, who, without knowing Greek, translated Homer's *Iliad* (from the Latin). He wrote also original poems, the best of which are *La Basvilliana*, *La Mascheroniana*, *Il Fanatismo*, *La Superstizione*. He also wrote tragedies, of which *L'Aristodemo* is considered the best.

12. **Il venerdì**: a point of time, or any period of time is constantly put in the Accusative without a preposition.——**Milano**: Milan.——**Santa Margherita**: a prison in Milan, formerly a convent.——**le tre**: three o'clock, *ore* understood. See P. I. p. 43. *Pomeridiano*, in the afternoon, agrees with *ore*, understood: the words *dopo pranzo*, *dopo mezzodì*, *dopo mezzogiorno*, are also used to signify the afternoon. Before noon is expressed by *antimeridiano* or *del mattino*.——**mi si fece un lungo interrogatorio**:——I underwent a long examination. On the construction *si fece*, see S. § 56.——**condottomi**: the gerund *avendo* understood. See S. § 44.——**restituirmeli** = *restituire mi li*. See P. I. p. 79, 4.——**ch' io avessi**: Subj., which I had or might happen to have. In Italian the Subj. is used after the relative, as in this passage, when there is no absolute certainty. S. § 20.——**la buona notte**: in Italian the definite article is frequently used where it is omitted in English, or the indefinite article used; thus, *augurare il buon giorno*, *la buona sera*, *il buon viaggio*, to wish good morning, good evening, a good journey.——**si fece da me rimettere**: obliged me to hand over to him.——**sentirà**: the 3rd p. s. used in addressing a person: hence also lower down, *lei* and *patirà*.——**ch' io scherzassi**: Subj. after a verb of hoping. S. § 21.——**caro voi**: my dear fellow, a familiar expres-

[PAGE 26.]

sion.——**Angiolino**: diminutive of *Angiolo*, Angel, a proper name.

Silvio Pellico (1788–1854) wrote several tragedies, as *La Francesca da Rimini*, etc., but the work that made his name known throughout the world was *Le mie Prigioni*, in which, in a simple and natural style, he related all his sufferings during the ten years' imprisonment to which he was condemned by the Austrian Government of Lombardy for his political opinions.

13. **stampa**: an engraving, it also means the Press.——**Galileo Galilei**: see below, No. 20.——**Fra Paolo Sarpi**: see above, No. 4. *Fra* for *frate*, friar.——**l' uno per l' altro**: for each other, *l' uno l' altro*, mean each other, one another.——**un esempio di due fra quanti mai furono grandissimi**: an example of the two greatest men amongst ever so many. *Tanti* omitted before *quanti*, as is constantly the case.——**prenderlo**: *lo*, it, refers to *esempio*.——**prodotta**: p. p. of *produrre* (see P. I. p. 135), agreeing with the object *copia* (see P. I. p. 24, note 2).——**nel vero sapere**: in true knowledge, the Inf. with the article used as a noun.——**Nè mancò sì all' uno sì all' altro**: *sì* = *così*, conj., not an adv. here, as well to the one as to the other. Nor was there wanting either to the one or the other the war, etc.——**congiunge**: is here in the sing. as it is supposed to be repeated (although omitted) after every one of its subjects (*il sublime intelletto*, *l' amor del vero*, etc.) taken singly and not collectively.——**si onorano e si amano**: honour each other and love each other. *Si*, reflex. pron.

Pietro Giordani (1774–1848). An elegant writer of pamphlets and light literature; he is the best Italian essayist on literary subjects in the first half of the 19th century. His *Panegirico ad Antonio Canova* and *Discorsi sulle operette di Gia-*

[PAGE 27.

como Leopardi are amongst his best essays.

14. **nuvoloni**: modification of *nuvolo*, cloud. See P. I. p. 34.——**caldura**: for *caldo*, heat.——**s'udiva**: there was heard. See S. § 56.——**di tuoni profondo**: notice that *profondo* agrees with *un borbogliar*, an Inf. here used as a noun. *Tuoni* is a plural.——**tendendo l'orecchio**: listening, lit. stretching the ear.——**che si fermassero**: Subj. after a verb of believing. See S. § 23.——**spiccarsene**: = *spiccare si ne*, lit. detaching itself from it (the tree), i.e. leaving it.——**tese**: spread out, p. p. of *tendere*. See P. I. p. 63.——**non v' è chi**: = colui il quale. See P. I. p. 88.——**in cui**: more usual than *nel quale*. See P. I. p. 89. 1.——**par che opprima . . . e aggiunga**: Subj. depending upon *par* (from *parere*). See S. § 25.——**vivente**: adj. used as a substantive: living thing.——**non so**: I do not know, that is, indescribable, constantly thus used as an adj.

Alessandro Manzoni (1785-1872), born at Milan, the best Italian novelist of the 19th century. *I Promessi Sposi*, his only novel, describing the life and the customs of Lombardy in the 17th century, has been translated into most European languages. Another and longer extract from this novel is given on pp. 48-55. He also wrote some poems, of which his ode *il cinque Maggio*, on the death of Napoleon, is the most celebrated. See *Poesia*, p. 98. Manzoni died a Senator of the Italian Parliament.

15. **fortuna**: for *tempesta*, is obsolete.——**sparse**: p. p. of *spargere*. See P. I. p. 63.——**parte caduti**: some fallen.——**fuor**; or *fuori*, a prep. followed by *di*.——**sieno**: = siano. Obs.——**dopo**: Obs. as an adv. of place.——**infra**: for *fra* is obsolete.——**vi**: there, in the picture.——**alcuni ce ne faccia con vela rotta**: lit. let some of them be made with rent sails. *Se (si) faccia*,

PAGE 28.]

Imp. 3rd pers. sing. used as a passive. See S. § 56.——**abbracciare**: dependent upon *uomini gridando* (gerund). Let men be made shouting to cling (i.e. and clinging).——**il rimanente**: the remaining part, what is left, the wreck. A pres. part. used as noun here.——**nelli**: instead of *negli*, because *scogli* ends in *gli*. See P. I. p. 3, note.

Leonardo da Vinci (1452-1519). A great artist, whose masterpieces are still a living proof of his genius, wrote a didactic work, *Trattato della Pittura*, full of golden rules concerning the art of painting.

16. **Roccolino**: a proper name.——**Io certo**: I, certainly. *Certo* an adj. used here adverbially. See P. I. p. 113.——**non fo per dire**: without boasting.——**se si tratta**: if it is a question. The verb here is used impersonally with *si*.——**con chi ne sa**: with him who knows (anything) about (of) it: *chi* = *colui il quale*. See P. I. p. 88. *Ne*, of it (i.e. the dancing), in the Gen. See P. I. p. 83, 10.——**a rotta di collo**: as fast as I can. An idiomatic adverbial expression.——**che io abbia . . . che cosa voglia**: Subj. depending on a verb of believing. See S. § 23.——**la solfa**: the names of the notes: from *sol* and *fa*, two of them.——**canto alla disperata da tenore**, etc. . . . I sing as hard as I can, or without notes, as a tenor, etc.——**nessuno che abbia**: Subj. used after *nessuno*. See S. § 26.——**canzonette**: diminutive of *canzone*, song.——**di piazza**: of the street; i.e. popular.——**faccio**: for *fo*. See *Fare*. P. I. p. 149.——**non guardo in faccia**: do not respect.——**nel muso**: in the face, lit. muzzle, snout. Of the same root are the Fr. *museau* and the Provençal *mursel* (whence Engl. *muzzle*). All these words probably come from the Lat. *morsus*, signifying that with which one bites. The *r*, which is retained in the Provençal *mursel*, disappeared in the other words, like *dosso* from

[PAGE 28, 29.

dorsum, and *quaso* from *deorsum*.—— **senza avermelo a male**: without feeling myself insulted. See P. I. p. 19.—— **Farò veder chi sono**: I shall let people see who I am.—— **a posta**: on purpose. Adverbial expression.—— **stregone**: from *strega*, witch. See P. I. p. 34. Remark the change of gender produced by the modification. *Strega* comes from Lat. *striga*, a witch; which comes from *strix*, an owl.—— **I Malcontenti**: the Grumblers, the title of one of the comedies of Goldoni.

Carlo Goldoni (1707-1793), born at Venice. The greatest and most prolific writer of Italian comedies. He is the author of more than 150 comedies and dramas, amongst the best of which are: *Il Burbero beneﬁco, La Bottega del Caffè, Il Ventaglio, Il curioso accidente*, etc. Another extract from *I Malcontenti* is given on p. 83. He also wrote in French his *Mémoires*, having long lived in Paris, where he died in great poverty.

17. **Parigi**: Paris.—— **Era ... agosto**: I do not remember which day in August it was. *Quanti* in the plural agreeing with the days between *il 15 e il 20*.—— **una mattina**: accusative of time, used without a preposition. See Note p. 119, col. 2, *Il venerdì*.—— **S. Marcello**: "St. Marceau," formerly a suburb, now one of the streets of Paris.—— **S. Germano**: "St. Germain," formerly a suburb, now a street in Paris.—— **dove andava ad albergo**: where I went to lodge. An idiom.—— **tanto affrettarmi**: so much haste. Inf. of reflexive verb used as a noun. S. § 32.—— **nello scendere ... nell' andare**: equivalent to the gerund *scendendo, andando*, in the act of descending.—— **e se non era**: for *se non fosse stata*: not to be imitated.—— **tutto dì**: all day long. An idiom.—— **venivano ... rattemperate**: were mitigated. *Venire* is frequently used instead of

PAGE 29, 30.]

essere to form the Passive, especially when a momentary action is spoken of or described. See S. § 54.—— **si fatte cose**: *sì = così*; lit. things so made, such like things.

Vittorio Alfieri (1749-1803). Wrote the best tragedies extant in the Italian language. He is also the author of an autobiography (*La Vita*) and the *Misogallo*, a Satire upon the French. His style is remarkable for its conciseness and power.

18. (A.) **Di Parigi**: from Paris. The preposition *di* is often used instead of *da* after the verbs *partire, sortire, uscire, venire*.—— **di me**: the English *than* is expressed by *di*, when the comparative is followed by a noun or a pronoun. See P. I. p. 33.—— **ignorante quanto me**: as ignorant as myself. In this phrase *tanto* is omitted.—— **degli uomini**: *of men*. The article is used in Italian when speaking of whole species.—— **doveva alloggiare**: *was to reside*. *Dovere*, to be obliged, must, signifies obligation or constraint, and must be rendered variously.—— **Benchè io non amassi**: the Subj. governed by *benchè*. See S. § 30.—— **mi ci accomodai**: I reconciled myself to it. On the dat. *ci*, see P. I. p. 83, 10.—— **essendo egli**: *he being*. The personal pronoun is placed after the gerund. The personal pronoun must always be used with the gerund, whenever there is any doubt of the person to whom the gerund refers. Thus in the sentence lower down *io* is used with *essendo*, because it would be otherwise doubtful to whom *essendo* referred. See S. § 43.—— **piaciuto ... alle donne**: *piacere* to please, governs the dative, and therefore requires the preposition *a*.—— **stava a sentire**: lit. stood to hear, i.e. listened to. *Stare*, to stand, frequently cannot be translated literally.—— **la sera**: the accusative of duration of time. See Note above to No. 12.—— **si fece**: an impersonal verb;

[PAGE 30.]

there made itself, i.e. we made, one made. In such expressions *si* is used like the French *on*. See S. § 60.——**renderci**: a reflective verb, to render ourselves, i.e. to arrive.——**lasciate**: having left, the gerund *avendo* omitted before the past participle. See S. § 44.——**della Francia**: of France; the article is used with the names of countries: see P. I. p. 15 (No. 2). **quella ... questa**: the former, the latter. *Quello* (the Latin *ille*) refers to that which is at a distance; *questo* (the Latin *iste*) to that which is nearer. See P. I. p. 38.

(B.) **Si trovò**: was found; used as a passive verb.——**il ben essere ... il non vi trovare**: the well being ... the not finding there; the infinitive mood with the article used as a noun. S. § 32. After *egualmente, così* is here understood and its correlative *che* comes before *nella capitale*.——**mi rapirono l'animo**: charmed my mind, lit. charmed (snatched away) the mind to me, *mi* being a dative pron. used instead of the poss. adj. P. I. p. 80. 8.——**a bella prima**: at the very first; *bello* and *bella* are frequently used in this way to give emphasis to the expression.——**ch'io vi ho fatti**: *fatti* in the pl. agreeing with *che*, the relative of which the antecedent is *viaggi*.——**non ne studiassi**: Imperf. Subj., dependent on *benchè*. *Ne*, of it, gen. dependent on *la costituzione*.——**seppi**: past def. of *sapere*, to know. P. I. p. 153.

(C.) **che non sia**: when two verbs or clauses are compared *non* is used in the second clause if no negative precedes, but it is not translated in English. See P. I. p. 34 (iv). *Sia* is in the Subj. after *che*.——**da cui non me ne ridonda niun bene**: *non* is here used with *niun* (*niuno*) because *niun* follows the verb. See P. I. p. 46, 2. Lit. from which not to me therefrom redounds any good. *Ne* is an ablative and pleonastic here. See

[PAGE 30, 31.]

P. I. p. 83, 10.——**il di lui padre**: the father of him, his father. Not grammatically correct; better *il padre di lui*.——**in Ispagna**: when a word begins with *s* followed by another consonant, and preceded by a word ending in a consonant, the letter *i* is prefixed to the word beginning with *s*, as *in Ispagna*, in Spain; *in iscritto*, instead of *scritto; con istudio*, instead of *studio*.——**avvedendomi**: gerund; *mi* is used because it is a reflective verb, *avvedersi*.——**da cavaliere ... da cocchiere**: *da* sometimes means fitness or quality: thus, here to act as a gentleman, to act as a coachman.——**incarrozzava e scarrozzava**: verbs coined by Alfieri from *carrozza* a coach; lit. put into a coach and put out of a coach, that is, took up and set down.——**di qua e di là**: on this side and on that side, here and there.——**all' uscire del Ranelagh**: Ranelagh Gardens, a place of public amusement on the Thames.——**ne uscii**: I got out of them; *ne* is a repetition of *di alcuni*, etc.

(D.) **si fece ... si andò**: we made ... we went: see above, Note under extract A.——**mi nascea il desiderio**: the wish was born to me; i.e. I wished.——**me ne piacessero ... me ne faceva**: notice that in these passages *ne* means of it, i.e. of the island, and is separated by several words from the noun upon which it depends.——**che n'è figlia**: which is the daughter of it, that is, liberty.——**stare per sempre a dimora**: reside altogether.

19. (A.) **Sparecchia**: here a proper name, appropriate to a parasite, being formed from the verb *sparecchiare*, to clear away the table of viands, etc.——**ei**: a contraction of *egli*, here means *it*, it was given me this name.——**sparecchi**: Subj. governed by *che*, being a subordinate clause. See S. § 29.——**in vero che chi mel pose**: truly he who gave (placed) it to me; *in vero che*, an adverb, *che* being part of the

[PAGE 31, 32.]

adverbial expression; *mel = mi il;* *il* is frequently used instead of *lo* before consonants, and is contracted when *mi, ti, ci, vi* and *non* precede into *mel, tel, cel, vel* and *nol.* P. I. p. 82.——**pose**, past def. of *porre.* See P. I. p. 150.——**ei mi quadra molto bene**: it suits me very well. ——**in buona fè**: truly. *Fè*, for *fede.* For the accent, see P. I. p. 1.—— **ceppi**: in sing. *il ceppo* is the trunk of a tree. See P. I. p. 8.——**e' non si fuggano**: e' for *egli no.* Throughout this passage the Parasite uses familiar colloquial forms.—— **si fuggano**: reflective verb, in the Subj. because a subordinate clause. —— **facciano**: Subj. because it follows a verb of thinking, *giudico che.* See S. § 23.——**ha male**: See P. I. p. 19.——**mura**: See P. I. p. 7.——**s' ha collato dalle mura**: escaped over the walls (of the prison).—— **collarsi**: is now obsolete.——**un prigione**: for *un prigioniero,* or *un in prigione*; **trebbiano, greco, malvagia**: names of good wines.——**cotti**: from *cuocere.* P. I. p. 135.——**se se ne fuggisse**: if he should run away from it; *se ne = si ne.*——**appollo**: for *apponi lo,* lay the fault of it upon me; you may say that I am wrong.

(B.) **Lucido**: the name of the host of *Sparecchia.*——**leghi**: from *legare.* See P. I. p. 58.——**lunga lunga**: the repetition of an adjective, like that of an adverb (see P. I. p. 114), increases to a superlative degree the simple positive = very long.—— **lusignuoli**: obsolete for *usignuoli,* or *rosignuoli,* nightingales. ——**alla franzesa**: obsolete for *alla francese,* i.e. in the French fashion. ——**ogni cosa intera**: everything (is brought) whole.—— **pongasi mente a me se mi si pare**: look at me and see if the thing appears in me = if my appearance shows it. *Pongasi mente a me,* lit. let people set their mind upon me.——**pongasi,** Pres. Subj. 3rd pers. sing. from *porre.*——**bee**: for *beve,* drinks; so

PAGE 32, 33.]

lower down, *beo* for *bevo,* from *bere,* to drink.——**se gli bee per miei**: thinks that they are my own composition; lit. drinks them in as my own composition. *Se gli: se* instead of *si* before another pronoun; *gli* instead of *li,* acc. pl. *Beversi una cosa,* or *beversela,* is an idiomatic expression, to believe a thing implicitly, without discrimination, especially said of those who believe any fib told them. In the same way *darla a bere* is to make people believe what is really a falsehood. ——**io non che comporre...**: I not only do not know how to write poetry, I hardly know how to read: *non che* followed by an Inf. is an idiomatic expression.——**Maffè**: for *per mia fede*: truly, an interj. Sometimes *affè,* for *a fede mia,* is used.——**e' son**: for *eglino sono,* there are.——**Dio 'l voglia**: for *Dio (lo) voglia,* God grant. S. § 28.—— **feci fare**: I had made, caused to be made.——**riesca a bene**: may succeed.——**madrigaletto**: diminutive of *madrigale,* madrigal.——**par loro**: for *pare,* impers., it appears to them, they think.—— **laude**: for *lode,* praise. Obsolete. —— **che non ne mangiano**: which they do not understand, lit. which they do not eat of.——**domandare**: the Inf. is used to express the Imperative with a negative. See S. § 14.——**fu andazzo**: there was a surfeit; lit. a fashion.

Agnolo Firenzuola (1493–1545), born at Florence, an elegant prose writer and poet. His best works are *I Ragionamenti* and *L'asino d' oro,* a translation of Lucius Appuleius. His *Dialoghi sulle bellezze delle donne* are full of grace and wit. He wrote also two comedies, from one of which, *I Lucidi,* the above extracts are given.

20. **generino...facciano...sia abitata**: in the Subj., dependent on the following verb of knowledge, *io non lo so.* S. § 23.—— **io non lo so**: notice the pronoun *lo* referring to the whole of the preceding sentence— "that in the moon, &c.... I do not

[PAGE 33, 34.

know it, and do not believe it" (see note below):—**si debba**: one ought. Impers. Subj. following a verb of knowledge: from *dovere*.——**a uno ... non gli potrebbe**: since *a uno* is separated from *potrebbe* by several words, the pronoun *gli* is inserted to make the reference clear.——**cadere nell' immaginazione**: think, imagine.——**li quali**: for *i quali*. Obsolete.——**quivi di più**: there moreover.——**bisogna che sia**: on the Subj. after *bisogna*, see S. § 25.——**sieno**: an old form for *siano*.——**andato fantasticando**: on the use of *andare*, with the gerund, see S. § 45.——**movendo** $= movendo$. Obs.

Galileo Galilei (1564-1642), born at Pisa, died at Florence, the great Italian astronomer, imprisoned by the Inquisition for teaching that the earth moved round the sun. He wrote several scientific works, as the *Dialoghi di scienza nuova*, *Dialoghi dei due massimi sistemi del mondo*, *Il Saggiatore*, etc.

21. **Il Morgagni**: a celebrated Italian physician (1682-1771). The definite article is frequently used with the names of eminent persons. See P. I. p. 15, 4——**molt' anni sono**: there are many years, i.e. many years ago. *Essere* and *fare* are frequently used thus. See P. I. p. 41, 4.——**bailo**: a consular agent of the Venetian Republic in Mahometan countries; and regent, who exercised a supreme jurisdiction over the colony of Venetians in Constantinople.——**Ve'**: = *vedi*, Imp. of *vedere*.——**Signor Dottore**: in Italian, Signor is prefixed to the title in addressing persons of rank, or members of the learned professions, as *Signor Conte*, *Signor Dottore*.——**stava dicendo**: was saying. On this use of *stare* with the gerund, see S. § 45.——**scomposo**: past def. from *scomporre*.——**stavale lì accanto seduto**: was seated there near her; as *stava dicendo*, above. *Le*, dat. governed by *ac-*

PAGE 34-36.]

canto, near. See P. I. p. 124.——**alla nostrana**: *maniera* being understood.——**restituitale la salute**: having restored health to her, the Accusative Absolute, like the Ablative Absolute in Latin, the gerund being omitted. See S. § 52.——**sultanini**: Turkish gold coins.——**postigli in mano**: being put into his hand, *gli*, the dat. of the pers. pron. being used instead of the poss. adj. See P. I. p. 80, 5.

Giuseppe Baretti (1716-1789), born at Turin, died in London, where he resided a long time and taught Italian. He published his travels in Spain, Portugal and France. See another extract from his works on pp. 90-93.

22. **debbe**: $= deve$; a vulgarism.——**vivano**: Subj. because it depends upon *è vero che*. See S. § 25.——**glieli ... inutili**: has rendered them useless to him. On the use of *gli* before *li* with *e* inserted, see P. I. p. 79, 2.——**diverranno**: fut. of *divenire*.——**or**: for *ora*.——**si dee**: one must, shortened form of *deve* from *dovere*.

Gaetano Filangieri. See p. 119, col. 1.

23. **Organino** = barrel-organ. Dim. of *organo*, see P. I. p. 34.——**vuoi**, from the irr. v. *volere*. P. I. p. 163.——**ladrone**, augmentative of *ladro*, thief. A highway robber, or brigand.——**che non la chiedono**: remark here the pleonasm, as both the pronouns *che* and *la* refer to *mercede*.——**chiedere** has for indirect complement the dative, and is thus followed by *a*.——**Dante** (1265-1321), Dante Alighieri, the greatest of all Italian poets.——**Rinieri da Corneto e Rinieri Pazzo**: two notorious highway robbers in Central Italy in the thirteenth century. Remark the *da* which expresses origin, the first Rinieri being *from* the village of Corneto.——**alle strade**: for *nelle strade*, on the highways. The verse is quoted from Dante's *Inferno*.——**fiere**

[PAGE 36.]

braccia: *fiere* = terrible, *braccia*, irr. pl. of *braccio*. See P. I. p. 6.———**Ghino di Tacco**, another notorious brigand of the thirteenth century. *Di* means here the *son of*.———**Inferno** = Hell, the first part of Dante's *Commedia*, its other two parts being *Purgatorio* = Purgatory, and *Paradiso* = Paradise.———**medio evo**: the middle ages. *Evo* is only used as in this case and has no pl.———**ino**: terminations in *ino*, beside expressing *diminution*, mean also *fondness* (see P. I. p. 34), and thus here it is used in an ironical sense.———**Ezzelino**: *Ezzelino da Romano*, one of the most bloodthirsty and pitiless tyrants that ever lived, ruled a small portion of northwestern Italy in the thirteenth century.———**Valentino**: *Cesare Borgia*, son of pope Alexander VI., and brother of Lucrezia Borgia, duchess of Ferrara. He got this name from the dukedom of Valentinois, in France, which was bestowed on him by its king for some favour received from the pope, his father. He is infamous in Italian history for his numberless crimes.———**I posteri**, the descendants, an irr. n. which has no singular.———**vaso di Pandora**: a mythological urn from which all the evils which scourge the world are said to have escaped, leaving only hope at its bottom.———**galantuomo**: gentleman, here means a good fellow.———**se ne sta**: idiomatic phrase = stays.———**nel più bello**: *momento* is here omitted, meaning *just in the midst*.———**ne segue**: the *ne* is here the gen. of the pron. which refers to *saetta*, as *un' altra saetta (ne, di essa)*.———**ti rifai da capo**: *rifarsi da capo* = begin again from the beginning.———**tu aggiunga**: the Subj. used here after *perchè*, see S. § 30.———**Non dicessi nulla**: the negative used when *nulla* follows the verb, which is here in the Subj., *se*, if, being understood (see S. § 30) if you were to say nothing.———**davanti**: remark

[PAGE 36, 37.]

this adv. of *place*, which should never be mistaken for *avanti*, adv. of *time*, as is done even in Italy by illiterate persons.———**strimpellate**: an imitative word formed from the verb *strimpellare* = to play badly the piano, or any *stringed* instrument. It should not be used for playing badly *other* instruments.———**stonature**: from *tono*, the prefixed *s* depriving the word of its original meaning and giving it quite the opposite one.———**Nessun maggior dolore ....**: from Dante's *Inferno*.———**la figliuola del principe Da Polenta**: Francesca da Rimini, who said those words to Dante, and whose father's family name was da Polenta.———**Se tu contraffacessi**: the imp. Subj. after *se*; the v. from *fare*, to make, with the prefix *contra*, to imitate, used only in a depreciative meaning = to sham.———**ti so a mente**, I know you by heart.———**mi dà un tuffo**: lit. my blood gives a plunge = my blood freezes within me. Remark the use of the pron. *mi* instead of the possessive *mio*. P. I. p. 80, 8.———**tra capo e collo**: an idiomatic expression, meaning unexpectedly (lit. between the head and the neck).———**La mediocrità ...** Remark the use of the art. with abstract names.———**rotto da pulci, da mosche e da tafani**: a quotation from Berni's *Satire*.———**tutto è te**: the pron. is here in the acc., and this is an idiomatic phrase.———**Organini certe mostre**, etc.: in this sentence the verb *sono* is omitted five times.———**di che sai tu?** the verb *sapere* when followed by *di* means *to taste of*, *to have the flavour of*, it means *to know* (intellectually) when followed by the acc. See S. § 61 (ii.).———**una corda aggiunta alla lira**: a string added to the *lyre*. This Greek musical instrument had *four*, *seven*, and sometimes *ten* strings. The author refers to the opposition which some Athenians showed to the increase in the number of the strings

[PAGE 37, 38.]
of the old lyre.——o' è un' edilità: there is an ædileship. In Italian towns there is a board or committee from the municipal council, which surveys and authorizes new buildings, the water supply, the roads, the sewers, &c. The office of the ædiles is derived from the times of the Roman republic.——**murare a dirittura** .... **tirare a filo**: idioms = to build the walls straight, to lay the (new) streets straight. —— **euritmia**: eurythmy, a Greek word used in architecture to express the harmony of all the parts of a building.——**idra di Lerna**: hydra of Lerna, a fabulous, many-headed serpent, killed by Hercules. To understand the author's allusion to it, we must remember that whenever one of that hydra's heads was cut another replaced it at once.—— **pensare che ci sono**: the *ci* is here a pleonasm as it refers to *questo globo*, which is expressed, but it is a good idiomatic expression.—— **vapore**: in Italian, means *steam*, *steamer*, and *steam-engine*. —— **trec-**

[PAGE 38.]
coni di cibi malsani: dealers in adulterated (unhealthy) food. The word *trecconi* is only used in a depreciative meaning.——**vo'**: for *voglio*; see P. I. p. 163.——**del far ballare**: Infinitives used as substantives. See S. § 32.——**baco da seta**: silkworm. —— **macchinetta**: dim. of *macchina*, P. I. p. 34.——**macinino da caffè**: coffee-grinder. *Macinino* dim. of *macina*, P. I. p. 3, 4. Remark the change of its gender in being modified. The prep. *da* indicates here the use to which something is put.

Niccolò Tommaseo (1802–1874), born a Slav, resided in Italy from his youth, and became one of the best critics and most elegant and popular writers of contemporary Italian literature. Tommaseo was a good philologist, and the editor of various dictionaries, the most important of which is his *Dizionario de' Sinonimi della Lingua Italiana*. He also wrote *Fede e Bellezza*, and his *Scritti Vari* have been collected and published in Florence.

NOTES ON TALES AND GRAMMATICAL QUESTIONS.

[PAGE 39.]
1. **Erasi** .... **appreso**: had broken out. *Erasi = si era*. *Apprendersi*, a reflective verb, and therefore used with the auxiliary verb *essere*.——**giunto**: having arrived; the gerund omitted. See S. § 44.——**anch' essa**: also, lit. it also, *essa* referring to *scala*. In Italian the pron. is frequently used in this way, to make the reference to a preceding noun still more clear. ——**portò la vampa**: it carried the flame; *fuoco* being the nominative to *portò*.——**su fino al tetto**: right up to the roof; *fino* (till) governs the dative case.——**si veggono innanzi**: they see before their eyes, lit. themselves; *si* ... *innanzi*, instead of *innanzi a sè*; *innanzi* being a pre-

[PAGE 39.]
position, governing the dative.—— **chi** .... **d'altra parte**: some from one side, some from another, that is, from all sides——**scale a mano**: ladders; as *scala* by itself generally means a staircase.——**sol**: = *soltanto*, only.——**aveali** .... **soli**: had left them alone; *aveali* for *avea li*.—— **pur si calarono**: even let themselves down.——**non potendo essi**: they not being able. Notice that the pron. is used with the gerund when there is any doubt to which subject the gerund refers. In this sentence as *il loro padre* is the immediate subject, it might be supposed that *potendo* referred to it. Notice further that the pron. is always placed after the gerund. See S. § 43.——**strapparsi**:

[PAGE 39-42.]

to rend, to tear off; the Inf. is used without a prep. after the verb *sentire*. See S. § 34.———**a chi avesse**: to him who. *Avesse* in the Subj. in a subordinate sentence after the verb *sembrava*. See S. § 29.———**di chi affrettato si fosse**: of him who had hastened. *Affrettarsi* a reflective verb, and therefore used with *essere*. *Fosse* in the Subj. depending upon *parendo*, for the same reason as in the preceding note.———**non valse**: did not avail, was of no use. Past def. of *valere*———**chè**: = *perchè*, because. ———**che noi ... a mirare**: that all of us here should be so fainthearted as to see.———**applicolle**: he applied them, placed them. On the doubling of the *l* and the dropping of the accent, see P. I. p. 79, 5.———**sen corse**: = *se ne corse*, he ran to.———**portosseli**: = *si le portò*, he brought them.

Francesco Soave (1743-1816), born at Lugano, died at Pavia, was professor of philosophy at Milan. He was the author of several works, but his *Novelle Morali*, Moral Tales, are the most known.

2. **vie**. Vie is an adv. never used alone, but only before another adv., which it makes superlative.———**una mattina per tempo**: one morning early. The accusative is used absolutely to signify a point of time, a duration of time. *Per tempo* or *di buon' ora*, early.———**accostarsegli**: = *si gli accostare*. See P. I. p 79, 5. The Inf. *accostarsi* is used without a preposition after *vedere*. See S. § 34.———**chieder la limosina**: to ask for alms. The def. art. is frequently used in Italian, where no art. is expressed in English.———**a chi**: = *colui che* or *colui il quale*. See P. I. p. 88.———**andava cercando**: See S. § 45.———**verrà ordinato**: will be ordered. On the use of *venire* as an auxiliary to form the Passive, see S. § 54.———**più giorni**: several days. *Più* is used as an adj. as well as an adv. "more."———**son ito**: I have gone; *ito* is a participle of the obso-

[PAGE 42-44.]

lete verb *ire*.———**a momenti**: = *subito*.

3. **fate di ripararmi**: try to shelter me. Remark this signification of *fare* when followed by an Inf. governed by *di*. S. § 63.———**ti becchiamo gli occhi**: in speaking of parts of the body the dative of the pron. is used instead of the possessive adj. See P. 1. p. 80, 8.———**tira innanzi pe' fatti tuoi**: go about thy business; lit. draw forward for thy affairs. ———**o come va**: the *o* here is used for *ora* in a familiar style.——— **per quel quarto d'ora**: at that moment.———**tornarseno**: = *tornare* (also *ritornare*), *si* and *ne*. The verb is reflective, and *ne* refers to the place from which one returns, but it is not to be translated into English. **per quello che si racconta**: as it is reported.———**aver preso un granchio**: having made a mistake (lit. caught a crab).

"**I monasteri d'Oriente.**" A book by an unknown writer.

4. **non avrei campo che bastasse**: would not have sufficient room; lit. would not have room which would suffice.———**le si accordarono insieme**: they agreed. *Le* for *elleno*.———**nel dito grosso del piede**: in the big toe.———**i seguaci d'Ippocrate**: the followers of Hippocrates = the doctors. ——— **dàlle su**: knocks it away, *dà le*. See P. I. p. 79, 5, where it is stated that the accent of the verb is dropped; but *dàlle* is an exception in order to distinguish it from *da le*, the prepos. and the art., which, when joined, do not take the accent.——— **non so quale ... abbia**: on the Subj. see S. § 29.———**i pifferi di montagna ....**: a subject of Italian novels, and a proverb. To understand the joke we should remember that the word *sonare* means here to play (an instrument) and to play (the stick on somebody). Thus the pifferi (bag-pipes) from the hill went to play to a neighbouring village, and instead of playing were

[PAGE 44–46.]

thrashed, and had to return home discomfited. —— **chi gli ponesse mente**: who heeded him.

Gasparo Gozzi: see p. 111, col. 1.

5. Il Saladino: Al-Eddin. On the use of the art. with proper names see P. I. p. 15, 4.—— **il fa' di Babilonia Soldano**: made him Sultan of Babylon. *Fè'* for *fece*.——**Soldano**: = *Sultano*. Obs.—— **per alcuno** ... **denari**: a great sum of money being necessary to him in consequence of some unforeseen occurrence (*accidente*) which had happened to him. Notice that *bisogna* is an impersonal verb, "it being necessary to him."—— **aver gli potesso**: *gli* (it, the money) in the acc., obsolete; *potesse* in the Subj. dependent upon *reggendo onde*. See S. § 29.—— **gli venne a memoria**: remembered.——**pensossi**: = *pensò si*. See P. I. p. 79, 5. *Pensarsi*, as a reflective, is obsolete.——**fattolsi**: Obs. for *fattolo a sè*. See S. § 52.——**senti molto avanti**: you are well versed.——**mi vi convien dire**: I must tell you; lit. it is convenient for me to tell you. ——**il qual intra le altre ...**: there is no verb to *il quale*. The sentence begins in one way and ends in another, unless *era* is here used instead of *areva*.——**appo**: for *appresso*, prep. with, obsolete.——**lasciatogli da lui**: left to him (the son) by him (the father).—— **in brieve**: Obs. for *in breve*, in brief. ——**gli amava**: *gli* acc. as before. ——**ne fece fare due altri**: had two others of them (rings) made. S. § 65.——**teso**: p. p. of *tendere*. See P. I. p. 63.——**onorevole stato**: honourable position. *Stato* is here a substantive. It is also the p. p. of *essere*. See. P. I. p. 24.

Giovanni Boccaccio = (1313-1375), born at Paris, where his father, a Florentine merchant, lived. He died at Certaldo, not far from Florence. He was the father of Italian prose. His great work, the *Decamerone* (from the Greek *δ κα*

[PAGE 46, 47.]

'ten,' and *hemera* 'a day'), containing one hundred *Novelle*, is so called, because the tales were told in ten successive days by a party of seven young women and three young men, who had retired to a country house some distance from Florence to escape the plague which raged in that city in 1348. He took an active part, with his friend Petrarch, in the revival of classical learning in Italy. He was also the first expounder of the *Divina Commedia* of Dante, his *Commento* to the same extending to the first seventeen cantos, it being cut short by his death.

6. Messer Bernabò: Bernabò Visconti, Duke of Milan.——**Messer (Messere)**: from *mio sere* (sire, signore) is an obsolete title.——**fusse**: obsolete for *fosse*, Subj. governed by *come cche*. —— **avvennono**: obsolete for *avvennero*.——**negligenzia**: obsolete for *negligenza*. —— **cani alani**: bull-dogs. *Alano* is probably for *Albanus*, these dogs having come from Albania, from which country the Molossian dogs, celebrated in antiquity, also came.——**mi fai chiaro**: explain to me. —— **voglio che ... dica**: Subj. after a verb of wishing. See S. § 21.——**quanto ha**: for *quanto spazio vi ha*; how far it is.—— **per cessar furore e avanzar tempo**: to put off the anger (of the prince) and gain time.——**io ho ben di che**: I have good reason.——**chè**: = *poichè*. ——**è per darmi, &c.**: will ruin me. *Per* with the Infinitive after *essere* and *stare* is frequently thus used to signify something immediately about to happen. S. § 71.—— **che Salomone nè Aristotele**: which neither Solomon nor Aristotle, *nè* being understood before *Salomone*. ——**sel tu fai**: if you do it. *Sel* = *se il*.——**che ... dia**: which I will not give you. Pres. Subj. from *dare*. ——**ben per tempo**: early. —— **dinanzi da lui**: = *dinanzi a lui*. Obs. ——**molto appunto**: very exactly. ——**cogna**: pl. of *cogno*, a hogs-

[PAGE 47–49.]

head or butt, an obsolete measure used in Tuscany.—— **si taglia, squarta, arraffia, e impicca**: the *si* is here omitted before each of the last three verbs.—— **Dante fiorentino**: the Florentine Dante, the greatest of all the Italian poets.—— **Mo ti nasca il vermacon**: an oath in the Milanese dialect. *Mo* for *ora*: *vermacon* for *vermecane* = tapeworm.—— **non era**: when two sentences are compared, *non* is used in the second sentence, though not expressed in English.—— **la paura . . . il pensi**: lit. the fright which the miller felt each one can imagine it. The pronoun is frequently used in this way, when the object is a substantive and separated by several words from the verb.—— **dinanzi dalla sua Signoria**: *dalla* for *alla*, as used here, is Obs.—— **Mo via**: now then; for *mo* see note above.—— **ello**: for *egli*, Milanese dialect.—— **se' da più di lui**: are worth more than he.—— **in fè di Dio**: truly.—— **così feco ottenere**: thus he had it done.

Franco Sacchetti (1335–1401). Born at Florence. A merchant and a diplomatist. His *Novelle* remained in MS. till 1724, when they were first published. They are written in a natural and unaffected style.

7. (A.) **col quale . . . . vincerla**: *vincerla con uno*, is to overcome a person, to get the upper hand. With *la* must be understood *la cosa*, or some similar word.—— **scontan**: = *scontano*, they have to pay for. *Scontare* is to deduct or make good, speaking of an account.—— **da signore**: as an independent gentleman. *Da* is frequently used in this way before substantives, and must be translated in English by "as" or "like."—— **qualcosa**: = *qualche cosa*.—— **anche lui**: the accusative of the third pers. pron. is here used instead of the nom. in familiar style. Being grammatically incorrect, this form is not to be imitated.—— **sul finir della tavola**: towards the end

[PAGE 49–51.]

of dinner.—— **sparecchiare**: to empty the table or dishes; a play of words with the following participle *apparecchiato*.—— **andava stuzzicando**: he was rallying. See S. § 45.—— **il più onesto**: ironically, the most prodigious eater.—— **io fo l' orecchio del mercante**: a proverbial expression, meaning, I take no heed to it; lit., I listen like a merchant.—— **se n' andò**: went away, disappeared. *Ne* signifies "thence" or "away," expressing motion: *andarsene*, like the French *s'en aller*. So also *fuggirsene*. In such cases *si* becomes *se*.—— **l' aveva**: l' = *la* is pleonastic in English. The pron. in Italian is frequently inserted referring to the subject, especially when the latter is separated from the verb by several words.—— **giovinetto**: a dim. of *giovine*.

(B.) **stare sempre al di sotto**: always to give way.—— **ingozzarne una**: an elliptical phrase; with *una* supply *ingiuria*, to submit to slights, lit. to swallow.—— **comprandosi a contanti**: supply *danari*, lit. purchasing for himself with ready money.—— **l' aveva**: on this pleonastic use of the pron., referring to a previous subject, see note under A.—— **restava al di sotto**: failed, did not succeed.—— **tenersi intorno**: = *tenere intorno a sè*. With adverbs used as prepositions the pron. governed by the prep. is frequently placed as an affix to the verb.—— **bravacci**: a modification of *bravo*, with the termination of *accio*, which signifies something bad. See P. I. p. 34.—— **birboni**: a modification of *birbo*, with the termination *one* (P. I. p. 34), but *birbo* is seldom used.—— **che gli fosse**: the Subj. after the superl. See S. § 26.

(C.) **il contraccambio**: lit. mutual exchange, i.e. to whom he heartily returned the hatred.—— **tutti e due**: both; so *tutti e cinque*, all five.—— **non istaccarsi**: for **staccarsi**, the letter *i* is prefixed to a word

AND GRAMMATICAL QUESTIONS. 131

[PAGE 51, 52.

beginning with an impure *s* (P. I. p. 3 note), when the preceding words end in a consonant.—— **nel mezzo**: *i. e.* of the street.—— **co' vostri pari**: with the like of you, with men of your rank; said contemptuously. —— **in cagnesco**: fiercely, like dogs, lit. in a currish way, *cagnesco* being an adj. from *cane*, a dog.—— **prammatica**: = according to the pragmatic law = legally, according to established usage.—— **questi voleva la morte di lui**: notice the use of *questi* in the nom. sing. masc. without a noun (P. I. p. 85), and *di lui* (not *suo*), because it does not refer to the subject of the sentence (*questi*), but to *Lodovico*. (See P. I. p. 37, 3.) —— **anche loro**: for *anche essi*; *anche lui* for *anche egli*, are vulgarisms.

PAGE 53-55.]

(D.) **Dove fosse**: on the Subj., see S. § 29.—— **ne avevano .... uno**: one of them, namely surgeons.—— **il cui impiego**: whose employment. See P. I. p. 90, 3.—— **si misero a far**: they began to make. *Porsi a far* has the same meaning.—— **essere stato lui**: for *egli*; a vulgarism. —— **garbatamente**: politely from *garbato*, and the latter from *garbo*. In the same sense *un uomo garbato*, or *un uomo di garbo*, a polite man. —— **in ismanie**: as to the initial *i* in *ismanie*, see previous note under C.—— **si ravvolse nel sacco**: put on the monastic habit, lit. enveloped himself in the sack.

Alessandro Manzoni: see p. 121, col. 1.

NOTES ON THE HISTORY.

[PAGE 56.

1. Urbino: a town in central Italy, formerly the capital of a dukedom.—— **laudevoli**: for *lodevoli*; obsolete.—— **aspro sito**: rugged site, stony, difficult of access.—— **apparamento**: = *mobilia*, Obs.—— **singularissime**: for *singolarissime*; obsolete. —— **si ben** = *così bene*. —— **volle**: past def. 3rd p. s. of the irr. v. *volere*.—— **fosse**: Subj. after a verb of opinion. S. § 23.

Baldassarre Castiglione (1478-1529), born at Mantua, died at Toledo, a diplomatist who wrote *Il Cortigiano*, in which we have, besides other subjects, the best and most faithful description of court-life in the 16th century, written in an elegant and classical style.

2. Borbone: the Constable Bourbon commanded one of the armies of the Emperor Charles V. in the wars waged by this sovereign in Italy against the Allies of France. Amongst these was the Pope (Clement VII.). Bourbon, after a short siege, took Rome. He was killed

PAGE 56, 57.]

on the same day that his troops stormed the city, by Benvenuto Cellini, if we are to believe his narrative (1527) —— **non era più**: = *non c'erano più*, used in familiar style.—— **alla volta**: in the direction.—— **occasione**: obsolete in the meaning used here of *occurrence*. —— **arme**: pl. not so generally used as *armi*.—— **Piero**: familiar for *Pietro*.—— **Colonnesi**: the partisans and followers of the princely Colonna family. In 1527 Rome was still swayed by the two powerful factions of the Colonna and the Orsini, as it had been since the tenth century.—— **vennono**: Obs. for *vennero*. —— **dove che**: Obs. in the meaning whilst, or so much the more —— **facessi cinquanta**: *fare* is not used at present in this meaning. —— **fussi**: = *fossi*. Obs.—— **avevo**: = *aveva*, a vulgarism.—— **comparso**: irr. p. p. of *comparire*.—— **allo mura**: the prep. *innanzi* is here understood. —— **farli**: = *fargli*, Obs. **Cecchino**: dim. of *Cecco*, familiar

[PAGE 57.]

for Francesco.——— **giugnemmo**: better *giungemmo*.———**Campo Santo**: cemetery. Lit. holy field.———**v'era di molti**: the *v'* = *vi* is here a pleonasm, as it refers to *luogo*.———**fuora**: = *fuori*. Obs.———**a più potere**: = as much as possible, an idiom.———**era una nebbia**: *ci* is here understood.———**mi volsi**: from the irr. v. *volgersi*.———**li dissi**: = *gli dissi*. Obs.———**ditto** = *detto*. Obs.———**fussimo**: = *fossimo*. Obs.———**gli è forza**: = *egli è forza*, it is necessary.———**posi la mira**: took aim.———**vedevo**: = *vedeva*, a vulgarism.———**per la qual cosa**: here stands for *ma* = but; an example not to be imitated.———**sparassino**: *sparassero*. Obs.———**toccassino**: *toccassero*. Obs.———**dua volte**: = *due volte*. Obs.———**vedevo**: *vedeva*, a vulgarism.

Benvenuto Cellini (1500–1569). A Florentine artist, who lived at the Courts of Rome, Paris and Florence, where he died. His autobiography is a delightful book, and unique in Italian literature. He wrote it (or rather dictated it to his apprentice Ascanio, while working in his studio) in the same style he used in speaking, which explains the use of so many familiar words and the sometimes irregular construction of his periods. It has been translated into German by Göthe, and into English by Roscoe.

3. Medici: a powerful Florentine family which ruled Tuscany until the middle of the last century.———**Cardinal Silvio**: *Silvio de' Medici*.———**Città a Castello**: a town in Central Italy.———**Duca d' Urbino**: see above, No. 1.———**in quello**: *tempo* is omitted.———**Mercato Vecchio**, **Mercato Nuovo**: two market-places in Florence.———**Palazzo de' Signori**: lit. the palace of the lords. *I Signori* were the elected rulers of the Florentine republic.———**lo qual**: for *il quale* is obsolete.———**la Signoria**: the government of Florence.———**scendere in ringhiera**: to come down to the rostrum: *ringhiera*

[PAGE 57.]

the pulpit or bar from which the orators addressed the people. Hence the verb *arringare* and Fr. *haranguer*.———**Gonfaloniere**: the first magistrate of the republic of Florence.

Bernardo Segni (1504–1558). A Florentine historian, employed in affairs of state by Cosmo de' Medici, wrote a history of Florence from 1527 to 1555, and is reckoned one of the best writers of Italy. He also translated Aristotle into Italian.

4. Bonifazio VIII.: Cardinal Gaetani was elected pope in 1294, and died soon after the event here related in 1303, it is said of a broken heart, from having had his ears boxed by Sciarra Colonna on this occasion.———**Anagni**: a village in the province of Rome.———**con gente assai**: with many people.———**Ceccano**: a village near Rome.———**insegna**: flag.———**patrimonio**: thus was called the possession (by the pope) of Rome and its province.———**Quella del patrimonio**: the flag of the papal government.———**delle chiavi**: of the keys worn on the pope's flag.———**ruppono**: for *ruppero*; obsolete.———**tolsongli**: for *gli tolsero*; obsolete.———**E tennesi**: and it was believed.———**s' ingannava**: was trying; obsolete in this signification.———**si morì**: the same as *morì*.———**Della sua morte molti ne**: the *ne* is a pleonasm, referring to *morte*, which is already mentioned.———**Bianchi e i Ghibellini**: names of the imperial party in Italy in the middle ages.———**Neri** and **Guelfi**, names of the papal party in Italy.

Dino Compagni (1250–1323). Until recently *La Cronaca Fiorentina* was attributed to this writer, who filled the highest offices in the Republic of Florence; but it has lately been asserted that this work was written by Anton Francesco Doni (1532–1574) a celebrated bibliographer, who wrote also *I Marmi*, *La Zucca*, *I Mondi*, &c.

[PAGE 57-59.

5. Enrico VIII.: Henry VIII., King of England.——**Anna:** = Anne Boleyn.——**resia:** for *eresia*; obsolete.—— **narrata ... esagerata:** *avendo* is here omitted. See S. § 44.——**gli:** for *li*.——**dugentesima:** for *duecentesima*.——**lasciasse:** let him leave (they said), in the Subj. dependent upon a verb of opinion understood. See S. § 23.——**guadagnassonsi:** for *si guadagnassero*; obsolete.——**fossono:** for *fossero*; obsolete.

Bernardo Davanzati (1529-1606). Born at Florence, author of an essay on the *Scisma d' Inghilterra*, also translated Tacitus, a work remarkable for its brevity and the purity of its style.

6. Marsiglia: Marseilles.——**Provenza:** Provence.——**consolo:** for *console*; obsolete.——**da lui:** refers to *consolo*.——**Marsigliesi:** the inhabitants of Marseilles.

Arrigo Caterino Davila (1576-1634), born at Pieve di Sacco, near Padua. Having taken an active part in the civil wars of France, he wrote their history with great truthfulness and clearness, his descriptions of the principal actors of its events being very lively and impartial.

7. Viterbo: a town in the province of Rome.——**Eduardo:** Edward, Prince of Wales, son of Henry III. of England.——**armò cavalieri:** knighted; lit. armed as knights.——**Filippo:** Philippe III. (1245-1285), King of France, called *le Hardi*.——**Carlo di Napoli:** Charles d'Anjou, King of Naples, brother of Louis IX.——**Barberia:** the states on the north coast of Africa. In this war the King of France, Louis IX., had died of the plague before Tunis.——**la sede vacante:** the papal throne then vacant by the death of Clement IV., who died 1268.——**Guido di Monforte:** Guy de Montfort, son of Simon de Montfort, Earl of Leicester, killed in battle.——**il sacrificio divino:** the Mass.——**cugino car-**

PAGE 59.]

nale: first cousin.——**di che egli:** refers to Edward.——**vicario:** representative, lord-lieutenant; lit. vicar.

Scipione Ammirato (1531-1601): wrote the most complete history of Florence from its foundation to the year 1574. He also wrote several political works, of which the best is *Discorsi sopra Cornelio Tacito*.

8. Pavia: a town in northern Italy.——**il Re:** Francis I., King of France.——**Giovanni Stuardo, Duca d' Albania:** John Stuart, Duke of Albany.——**cinquecento lance:** 500 lancers; *lance*, the thing carried, used for those who carry it (*lancieri*).——**nel regno:** the kingdom (of Naples). When *il regno* is mentioned in Italian histories, it always refers to that kingdom, which was the only kingdom amongst Italian States up to the beginning of this century.——**lasciata la Lombardia:** the accusative absolute with the gerund omitted. See S. § 52.——**a quella volta ... concorrere,** hasten in that direction. *Volta* is used to indicate *time* as well as place.——**gagliardissime:** hotly fought, from *gagliardo*, stout, stubborn, with which Fr. *gaillard* is connected.——**Signor Giovanni:** the celebrated Captain Giovanni de' Medici, *dalle Bande Nere* (of the Black Troops).——**Borbone:** the Constable Bourbon, who took and sacked Rome in 1527. See p. 131.——**Marchese di Pescara:** the commander-in-chief of the armies of the Emperor Charles V. in Italy. *Pescara* in southern Italy, a fortress.——**se fatto gli venisse:** if he could succeed; an idiom.——**doverlo ... rompere:** = for *poterlo*, to be able to break it (the camp).——**sciogliere l'assedio:** raise the siege of Pavia.——**voleva si facesse:** he wished one should do, should be done. Subj. after a verb of wishing. See S. § 21.——**Marchese del Vasto:** of the same family of *Pescara*, and Viceroy of Naples for the Emperor Charles V.

7

[PAGE 59-61.]

—— **Il Vasto**: a town in the Abruzzi, on the Adriatic coast. Always with the art. P. I., p. 15.—— **infine dentro il suo forte**: even inside his fortress. —— **venne a giornata**: began the battle; an idiom.—— **il natale**: the birthday. An adj. agreeing with *giorno*.—— **cadutoli**: for *cadutogli*; obsolete.

Benedetto Varchi (1502-1565), wrote a history of Florence by order of Cosimo de' Medici, Grand-duke of Tuscany.

9. **Giselberto**: a Duke of Lothringen or Lorraine; in It. *Lotteringhia* is now obsolete for *Lorena*.—— **partita**: = *partenza*. Obs.—— **venire alle mani**: come to blows = to fight. —— **senza ... pur uno**: without even one of them.—— **siffatta**: for *si fatta*, such a. For the doubling of the *f* see P. I. p. 20.

Pier Francesco Giambullari (1495-1555). Wrote a *Storia d'Europa*, which he left unfinished, and the only merit of which is the purity and elegance of its diction.

10. **Svizzera**: Switzerland. The substantive and the adj. of this word are the same in Italian.—— **Altri son ... misti**: some are democratic, some aristocratic, some with a mixed government. —— **da che**: for *da quando*, since.—— **non delibera ... che**: does not deliberate without; *non ... che* = but.—— **dall' una e dall' altra corona**: from both governments, those of Spain and of France.

Cardinal Guido Bentivoglio (1579-1644), born at Ferrara, died at Rome. He wrote a *Storia delle Guerre di Fiandre*, some *Relazioni*, and *Memorie* of his life. His style is rather too elaborate; but as he was in the diplomatic service of the Roman court, his writings have great historical importance.

11. **Lutero**: Luther —— **Vormazia**: Worms. —— **Leone**: the pope, Leo X.—— **Cesare**: Cæsar, the Emperor = Charles V.—— **il convento de' principi**: the assembly of

[PAGE 61-63.]

princes. *Convento* is obsolete in this sense.—— **fuora** = *fuori*. Obs. —— **Martino**: Martin (Luther): after *di spazio* the words *di tempo* are understood. —— **massime**: for *massimamente*; a Latinism.—— **vien manifestata**: passive, was made plain. See S. § 54.

Paolo Sarpi: see above, *Letteratura*, No. 4.

12. **Franklin**: Benjamin Franklin. —— **Nè ... negare che non abbia**: *nè*, and not, is frequently used for *e non*: in the second clause *non abbia*, the negative is used after a verb of denial, though not required in English. See S. § 22, note.—— **la causa di lei**: i.e. *della sua patria*. —— **Passy**: then a village outside, now inside Paris.—— **aombrasse**: *aombrare* or *adombrare*, to shy, here means to take umbrage.—— **dove gli facevan l'accompagnatura**: in which he was accompanied.—— **si facevano le affollate**: there were crowds. *Affollate* lit. means: crowds assembled eagerly or in haste; obsolete. —— **ritraeva da**: resembled. *Ritrarre da* = *somigliare a*.—— **volta**: p. p. of *volgere*. See P. I. p. 132. —— **a questo non si ristette**: did not stop here.

Carlo Giuseppe Botta (1766-1837), born at San Giorgio in Piedmont. Wrote (1) *Storia della guerra dell' Indipendenza degli Stati Uniti di America*; (2) *Storia d' Italia dal 1789 al 1814*; (3) *Storia d' Italia continuata da quella del Guicciardini*, from 1534 to 1789. His style is classical, his diction correct, and he is considered the best imitator of the Italian historians of the *Cinquecento*.

13. **Niccolò Machiavelli**. (See p. 118.)—— **Muse**: the nine Muses, here stands for *poetry*. —— **Marcello Virgilio Adriani** (1553-1604). Translated into Italian the Lives and the Moral Works of Plutarch.

—— **Duca Valentino**: that is, *Cesare Borgia*, whom Louis XII. of France made Duke of Valentinois. See

[PAGE 63-65.]

Note, p. 126.——**Pier Soderini**: the last Gonfaloniere of Florence, in whose time of office the Medici became rulers of Tuscany definitely.——**il Cardinal dei Medici**: the Cardinal Giovanni, then the ruler of Florence, afterwards Leo X.——**Orti Rucellai**: favourite resort at that gardens of Bernardo Rucellai, a time of the educated classes of Florence.——**Francesco Guicciardini**: see p. 137.——**venuta meno**: failed.——**Busini**: *Giovan Battista Busini*, banished by the Medici from Florence, wrote several letters to *Benedetto Varchi*, containing much historical information.——**Giannotti** (1492-1572): *Donato Giannotti* wrote several political works, amongst which are essays *Della repubblica de' Veneziani* and *Della repubblica de' Fiorentini*.——**perdere il bene dell' intelletto**: to become mad.

Giovan Battista (Gianbattista) Niccolini (1785-1861), born and died at Florence, is celebrated for his tragedies, of which *Arnaldo da Brescia, Antonio Foscarini, Medea, Giovanni da Procida*, are thought the best. His *Lezioni sulla Mitologia* are very good; he wrote also some critical essays on art and politics. One of his poems is given on pp. 95, 96.

14. più gli straziare il sospetto: moreover the suspicion pained them.——**incusavano**: for *accusavano*; obsolete.——**rimasta**: p. p. of *rimanere*. See P. I. p. 152.——**un bambino da latte**: lit. a sucking baby.——**estratta**: from *estrarre*. See P. I. p. 158.——**o già perduta**: or when hope had been already lost.

Pietro Colletta (1775-1831), born at Naples, died at Florence; wrote *Storia del reame di Napoli dal 1734 al 1825*. He is considered one of the best of the modern Italian historians. He was a General of the R. E. when Murat was King of Naples, and was exiled by the Bourbons after the revolution of 1821.

[PAGE 65-67.]

15. Cipro: Cyprus.——**Baiazette**: Bajazet.——**M.**: for *Messer*. See Note, p. 129, col. 2. **i Padri**: the Venetian Senators.——**s'avacciasse**: for *s'affrettasse*; obsolete.——**Cipri**: for *Cipro*; obsolete.——**Provveditore**: an official of the Venetian Republic, with some attributes of the Quartermaster-General of modern times.——**Modone**: a small port in Morea, which the Venetians ceded to the Turks by the Treaty of Passarowitz (1718).——**lo essersi da loro inteso**: this clause is the Nom. to the verb *area*.——**Vinegia**: for *Venezia*; Venice, now only used in poetry.——**tuteria**: for *tutela*; obsolete.——**in capo all' anno il dì del natal suo**: on his first birthday = when he was exactly one year old.——**alcuni maggiori di quel regno**: some of the most powerful of that kingdom = the principal subjects.——**i Signori Dieci**: the Council of Ten (in whom all the real power of the Venetian Republic was placed).——**ne' giorni della bruma**: in December: the winter solstice.——**fe' palese**: made known. *Fe'* for *fece*.——**assai potea bastare**: would have been quite sufficient.——**vorrò ... comanderò**: I shall wish that it may appear so, and I shall order it to my mind, that is, I will try and believe by an effort of the mind that the thing is right. *Vorrò*, fut. from *volere*; *paia*, Subj. from *parere*, after a verb of wishing. See S. § 21.——**di suo ordine**: by her order.——**il suo regale arnese**: her royal train (all her moveable property), *regale*, obsolete for *reale*.——**barchette**: diminutive of *barca*; boats.——**Bucintoro**: the name of the ship used on state ceremonials by the Venetian Doges.——**nissuno**: = *nessuno*. Obs.——**era addivenuto**: had happened. Obs.——**Asolo**: a castle in the province of Trevigi in northern Italy.

Pietro Bembo (1470-1547), born at Venice; a cardinal, in the diplomatic service of the Pope, wrote the

[PAGE 67, 68.]
earliest grammar of the Italian language. He also wrote many lyric imitations of Petrarch, and a History of Venice, which is considered his best work.

16. **Giovanni de' Medici**: the founder of the greatness of the family, died in 1428, leaving two sons, mentioned in the text, *Cosmo* (or *Cosimo*) and *Lorenzo*. —— **vivuto**: = *vissuto*. Obs. —— **mi ricordare**: instead of *ricordarmi*, an Infinitive used as a substantive, S. § 32 —— **mostrava .... malinconico**: *si* is understood; lit. he showed himself melancholy in aspect.

Niccolò Machiavelli. See *Letteratura*, No. 7.

17. **Novara**: a town in northern Italy, in which Maximilian Sforza, Duke of Milan, had taken refuge, after being deprived of most of his dominions by the French. He had with him 5000 Swiss and a few Italians. —— **Mottino**: Jacob Mutti, of the canton Uri, was the leader of the Swiss, who had addressed his men in Novara, and exhorted them to attack the French. —— **mettersi ... negli squadroni**: to form into battalions. *Squadrone* is now used only of cavalry. —— **contra**: = *contro*. Obs. —— **indotti**: p. p. of the irr. v. *indurre*. P. I. p. 135. —— **circa di diecimila**: = *di circa diecimila*. The latter is the more usual order of these words. —— **i fanti tedeschi**: the German infantry, who were serving in the French army. —— **all' opposto**: now only used in the meaning of *on the contrary*, and not as an adv. of place (opposite = against) as used here. —— **genti d'arme**: the cavalry. —— **Franzesi**: Obs. = *Francesi*. —— **messero**: Obs. = *misero* from *mettere*. —— **percuotevano ... negli Svizzeri**: this construction would now be thought too far-fetched, as the verb *percuotere* is only used with the Acc. —— **facendo ... occisione**: an expression hardly to be used in common parlance, being too high-flown. *Occisi-*

[PAGE 68, 69.]
one = *uccisione*. Obs. —— **urla**: = *urli*. Obs. —— **per beneficio degli occhi**: by the help of the eyes. *Beneficio* is Obs. in this meaning. —— **fierezza**: in the sense of *courage*, as used here, is Obs. —— **per il caso di quegli**. *Caso* is not now used for *fato*. *Quegli* = *quelli*, not generally used for the latter word. —— **farsi innanzi**: = *to come forward* = *to push forward*, an idiom. —— **insultare agl' inimici**: this v. is now only used with the Acc. —— **da altra parte**: on the other side (of the French army). —— **stavano armati**: stood under arms, ready for action. —— **del Tramoglia e del Triulzio**: *Tramoglia* is the French general *Louis de la Tremouille*, who commanded the French army, and was supported by the Milanese general *Gian Giacopo Trivulzio*. —— **la virtù degli Svizzeri**: *virtù* in its Latin signification of *valour* is now Obs. —— **occupate le artiglierie**: *occupare* is Obs. in the sense of *to seize*, as used here. —— **laude**: = *lode*. Obs. —— **Roberto della Marcia**: that is, *Robert de la Marque*. —— **entrò con uno squadrone ... negli Svizzeri**: *entrare* would hardly be used now in this signification (to break into the midst of). —— **Denesio**: = *Dionigio* = Denis. Obs. —— **non che altro**: let alone anything else, without mentioning anything else. —— **Degl' inimici ...**: *morirono* is here understood. —— **fu morta**: p. p. of the irr. v. *morire*; here used as a passive v. It is also an act. and a neut. v. See S. § 75. (v.) —— **salvossi**: = *si salvò*. P. I. p. 20, note. —— **dissipati**: Obs. in the sense of destroyed or defeated, as used here. —— **rimasero in preda ai vincitori**: more usually: *rimasero preda dei vincitori*. —— **gridando invano**: here *gridare* means to complain, but in this sense it is now Obs.

Francesco Guicciardini (1482-1540), born at Florence, took an active part in public affairs, and wrote a History of Italy from 1494

NOTES ON THE DIALOGUES.

[PAGE 69.]

to 1534, which is a classic work, written in a beautiful style and containing most important matter.

18. **Orazione**: In imitation of Livy and other ancient writers, Guicciardini inserts in his history many orations of this kind, which appeared suitable to the occasion, though not actually spoken by the persons to whom they are attributed.———**Cambrai**: Cambray, a town in France. The League of Cambray is the name given to an alliance of Pope Julius II., Louis XII. of France, Maximilian I., and Ferdinand, against the Venetians in 1508.———**Padova**: Padua, belonging then to the Venetians, celebrated for its University.———**bisogna siano**: it is necessary that they should be.

[PAGE 69–71.]

Siano in Subj. after *bisogna* (see S. § 25), *che* being omitted.———**parturire**: for *partorire*; obsolete.———**alla virtù di uomini forestieri**: *virtù* is here taken in its Latin signification of strength, valour.———**rimanere in preda**: be left a prey. ———**facultà** = *facoltà*. Obs.———**ma quando bene**: but if even.———**Gentili**: heathens.———**tanto imperio**: so many possessions, or provinces = dominion.———**de' nostri maggiori**: of our ancestors.———**piglierei il cammino**: would start = would take the road.———**le sue facultà**: his wealth.———**fate a gara**: vie with each other.

Francesco Guicciardini. See above, No. 17.

NOTES ON THE DIALOGUES.

[PAGE 72.]

1. **stare in orecchi**: = to listen attentively.———**desti**: from the irr. v. *dare*. P. I. p. 144.———**dei**: from the irr. v. *dovere*. P. I. p. 146.———**non posso fare a meno**: I cannot avoid (doing something).———**scoppietti**: dim. of *scoppio*, a cracking or crackling noise, same word as *schioppo*, a gun from Lat. *stloppus*, a slap, a word used by Persius.———**sono da più**: I am worth more. *Essere da più*, an idiom.———**che tu non pensi**: the negative inserted following the comparative. P. I. p. 34 (iv.).———**che dirsi**: *si* is a dative, to say for himself.———**gli ... il viso**: on this use of *gli* instead of *suo*, see P. I. p. 80, 8, so also below *gli caschino le ginocchia*. ———**di'** : = *dici*, from *dire*. P. I. p. 145.———**caschino le ginocchia**: not to have courage or will to do anything; lit. that his knees fail him. On the pl. *ginocchia*, see P. I. p. 7.———**chè se non era**: because if it had not been. *Chè* for *poichè*. In Italian, as in French, the impf. Indic. is sometimes used instead of

[PAGE 73, 74.]

the pluperfect Subj.———**non sapeva dove s' avesse il capo**: did not know what to do. On the Subj. see S. § 29. In *s' avesse*, *s'* is the dat. as in *dirsi* above.———**canzoniere**: a collection of songs.———**pose**: from *porre*. P. I. p. 150.———**ce ne siamo dilettati**: we cared about them ; *dilettarsi*, a reflective verb.———**Plauto**: T. Maccius Plautus, the great Latin writer of comedies (d. B.C. 184).———**ti do ragione**: you are right.———**farsi bello**: to boast, to be proud of.———**la intendi**: with *la* understand *cosa*, or some similar word.———**dimmene**: = *di' ne a me*, tell me of them. *Di'* from *dire*.———**vien manco**: fails.———**quelle cose che non le dicono gli speziali**: things which even evil tongues would not dare to say. *Speziale* is a chemist or an apothecary, in whose shop it was the custom to assemble, and talk scandal. Hence in this passage the *speziali* mean evil tongues.———**veggiate**: Pres. Subj. from *vedere*. P. I. p. 161.———**non è un' oca**: is not a fool ; *oca*, a *goose*.

[PAGE 74, 75.]

Gasparo Gozzi: see p. 111, col. 1.
2. **per essere una persona**: since you are a person.——**che tu non sappi**: on the negative see S. § 22, note.——**sicchè = così che**: so that.——**con tutto che**: although.——**fatto .... parola**: spoken.——**vanno co' loro piedi**: go of their own accord, take care of themselves. *Vanno* from *andare*.——**la fortuna mi salvi**: P. I. p. 141, the Subj. used absolutely to express a wish. S. § 28.——**per farti servigio**: in order to oblige you.——**va**: from the irr. v. *andare*. P. I. p. 141.——**Pitagora**: Pythagoras, a celebrated Greek philosopher.——**odo**: from *udire*. P. I. p. 159.——**mutiamo proposito** = let us change the subject (of our conversation).——**Orfeo** = Orpheus.——**De la Lande** := A French astronomer.——**corna**: irr. n., pl. of the m. *corno*. P. I. p. 7.——**vengo mirando**: on the use of the gerund with *venire*, see S. § 45.——**Linceo**: Lynceus, a mythological personage, celebrated for his sharp sight.——**spandevano un bucato**: were hanging the wet linen (just washed).——**Fatto sta**: the fact is.——**contieni**: from *contenere*. P. I. p. 157.——**si sieno**: *si* is a dative, and cannot be translated in English. *Sieno* for *siano*.——**io non ho compreso un' acca**: = I have not understood a word. *Acca* is the letter *h*, which is the least important letter in the Italian alphabet, is never aspirated, and is only an orthographical sign. See P. I., the alphabet.——**mi riesce strano**: seems very odd to me. *Riescere* or *riuscire*, to succeed, to turn out, is frequently used with adjectives as equivalent to *essere*.——**cannochiali**: telescopes, from *canna* a cane, a reed, and *occhiale*, an eyeglass, spectacles.——**monna**: familiar for *madonna*, obsolete for *signora*.——**converrebbe**: from *convenire*. P. I. p. 162.——**vanerella**: f. dim. of *vano*.——**da per tutto**: everywhere.——**di grossa pasta o di cor-**

[PAGE 75-78.]

vello tondo: slow to understand and stupid——**io ti so dire**: I can tell you.——**si posero in animo**: had decided. *Posero* from *porre*. P. I. p. 150.——**Se non che**: but.——**Arcadi**: Arcadians.——**paternostri**: pater noster, the beginning of the prayer Our Father in Latin. Here it means the beads used to count the number of times the prayer is said. The meaning is that a hole runs throughout the moon as it does through a bead.——**Inglesi**: Englishmen.——**Maometto**: Mahomet, the prophet and founder of the Mahometan religion.——**minareti**: minarets. Slender turrets outside the mosques, from which the muezzin calls out the hours of prayer.——**bairam**: the great Mahometan festival.——**Va' pur avanti** = go on.——**composto**: p. p. of *comporre*. P. I. p. 150.——**meno mi vien fatto**: the less I succeed.——**posto**: p. p. of *porre*. Here means granted.——**Ariosto**: Lodovico Ariosto (1474-1533) the greatest poet of Italy, next to Dante. His great poem, *L' Orlando Furioso*, written nearly four centuries ago, does not contain one word which is not to-day spoken or understood in Italy.——**io fo conto**: I reckon.——**per l' addietro**: formerly.——**di presente**: at once.——**di mano in mano**: from time to time.——**di gran lunga**: by far.——**risposto**: p. p. of *rispondere*. P. I. p. 138.——**a tuo senno**: as you like. An idiomatic adverbial form.——**si mettono a romore**: make a great noise.

Giacomo Leopardi (1798-1837), born at Recanati and died at Naples. one of the most distinguished of modern Italian poets. Among his best poems are: *All' Italia* (printed on p. 101); and *Sul monumento di Dante*. He also wrote in prose a *Saggio sugli errori popolari degli antichi*; and his numerous Letters, edited by Giusti, are the best in the Italian language.

NOTES ON THE COMEDIES.

[PAGE 79–81.

1. *Act* I. *Sc.* 2.—**maestro Fabio**: master (mason foreman) Fabius.—— **V. S.**: for *Vostra Signoria*: your lordship = you.——**de' fatti miei**: = *di me*, of me. In the same way *a' fatti suoi* = a sè. —— **casino**: country-house, equivalent to *villa*; a dim. of *casa*.—— **ci vorrebbe**: we should. *Volerci* or *volervi* is frequently used in this way.——**ne avrebbe due**: you would have two of them, that is, two gardens.—— **China**: more usually Cina = China. **veniamo a noi**: = let us come to business. An idiom.——**avendo ... in mira**: thinking of.——**di netto**: net. An adverbial form.——**scudi**: a silver coin worth about four shillings. —— **Mano all' opera**: let us begin.——**zecchini**: an ancient gold coin, worth about 22 shillings. ——**desse**: Impf. Subj., from *dare*. P. I. p. 146. —— **deggio** = devo: from *dovere*. P. I. p. 146.——**sta per vincere**: is on the point of gaining. **Stare** and **Essere** followed by *per* and the Inf. signify an immediate future, something immediately about to happen, S. § 71.—— **vinto**: p. p. of the irr. v. *vincere*. P. I. p. 132.——**mila**: irr. pl. of *mille*. P. I. p. 41, 1.——**fiorini**: a silver coin worth about 1s. 10d. The fiorino of the Republic of Florence in the Middle Ages was worth about 7s. Out of circulation.—— **faremo fronte**: we shall meet.—— **Per Bacco**: an interjection = By Jove!

Sc. 3.—**miglia**: irr. pl. of *miglio*. P. I. p. 7.——**non mi dia l'animo**: I have not the courage. *Dare l'animo* or *il cuore*, to have courage, must not be confounded with *dar animo* or *cuore*, to give courage or inspire courage. *Dia* here is in the Subj. depending upon a verb of believing.

PAGE 81–84.]

See S. § 23.——**non me la darà ad intendere**: you cannot make me believe it.——**A buon conto**: anyhow.

Act III. *Sc.* 1.—**legna**: irr. pl. of *legno*. P. I. p. 7.——**Mi si serrava il cuore**: my heart was breaking. An idiom.——**se vuol favorire in questa camera**: if he will kindly come into this room. *Favorire*, to favour, to oblige, is constantly used in this way, when the Inf. with *di* must be supplied: as here, *se vuol favorire di venire in questa camera*.

Alberto Nota: born in 1775 at Turin, where he died in 1847. Author of more than thirty comedies, which are very cold and do not show the same knowledge of human passions as those of the gifted Goldoni. Among his best comedies are reckoned *Il Progettista*, *La Fiera*, *L' Irrequieta*, *La Lusinghiera*, etc.

2. **Va in campagna?** = do you go into the country? i. e. to your country house for the season.—— **Datele da sedere**: give her a chair. **È di viaggio**: you are dressed for a journey.——**un pezzo**: some time. —— **s' accomodi**: sit down. ——**Roccolino**: for an account of this parasite see p. 28.——**carè**: a trade name for square pattern silk.——**stoffetta**: dim. of *stoffa*. ——**faraone**: the name of a game at cards.——**andava prendendo**: see S. § 45.——**non istia**: for *stia*, the *i* is added, as the preceding word ends with a consonant; see Note, p. 130, col. 2.——**genietto**: dim. *di genio*. Here means inclination.——**ci s'intende**: = it is understood.——**la si trattenesse**: *la* = *ella*.——**non ho da far niente**: I have nothing to do.

Carlo Goldoni: see p. 122, col. 1.

NOTES ON THE LETTERS.

[PAGE 85, 86.

1. **Pordenone**: a village in northern Italy, then under the rule of the Republic of Venice.——**a ogni patto**: by all means.——**comare**: godmother, or simply a lady friend, a gossip.

Gasparo Gozzi: see p. 111, col. 1.

2. **ve la passate**: from *passarsela* (*la vita*), idiomatic expression = how are you getting on? *Ve* for *vi*. For conjugation of a reflective verb see P. I. p. 101. —— **ci battemmo l'anca**: idiomatic phrase, expressing a movement made in order to get warm. *Ci battemmo*, reflective verb from *battersi*, lit. we beat ourselves; we beat our haunches or hips. It. *anca* same word as Fr. *hanche*, whence Engl. *haunch*; from O. H. G. *ancha*, a leg.——**cacciato nelle cantine e per li granai**: hunted in cellars and barns, that is, made a lion of, his company being sought by everybody, as they wanted to get some verses from him.——**per minuto**: minutely, in full. —— **brindisi**: a toast, drinking to your health. In the Venetian dialect *prindese*. From the Germ. *bring dirs*. The Fr. *brinde* is of the same origin. —— **mosto**: is the unfermented juice of the grape.——**migliaia**: irr. pl. of *migliaio*. P. I. p. 7.——**compare**: godfather, an intimate friend. ——**saltare di palo in frasca**: go from one subject to another; an idiomatic phrase, taken from the hopping of birds from a pole to a branch.

3. **bollette**: a ticket or receipt given by carriers when paid for the carriage of goods. —— **fuori di tempo**: not in time.——**nol**: = *non il*, for *lo*.——**prenda a fitto**: take it on rent. *Fitto*, rent, hire, from old Latin part. *fictus* for *fixus*.——**non mi lasciò fiato**: did not leave me breathing-time. —— **terrete**: from the irr. v. *tenere*. See P. I. p. 157.

4. **Recanati**: a small town in central Italy, the birthplace of Leopardi.

——**sepolcro del Tasso**: Tasso's Tomb at the monastery of Sant' Onofrio in Rome. (See *Lettere*, No. 11, p. 94.) A magnificent monument has since been raised to him. ——**palmo**: an obsolete measure, the length of the outstretched fingers of the hand = about 9 inches.—— **posta**: p. p. of the irr. v. *porre*. P. I. p. 150.——**cantoncino**: little corner, dim. of *canto* = *cantone*. —— **chiesuccia**: paltry little church, dim. of *chiesa*.

Giacomo Leopardi: see p. 138.

5. **Carlino**: Charley, dim. of Carlo. See P. I. p. 34.——**montava in legno**: was entering the coach. *Legno*, wood, is frequently used in the sense of *carrozza*, *vettura*. —— **ordinario**: courier, post.—— **tabella degli arrivi e delle partenze**: table of the arrivals and departures; time-table.—— **babbo**: familiar for father. —— **Ettore**: Hector.——**Mosca**: a family name here. —— **diplomazie**: ceremonies. ——**Giordani**: see p. 120, col. 2. **specimen**: sample, only used in familiar language. —— **Brighenti**: an Italian journalist. —— **partout ailleurs**: everywhere else. French. ——**mi fa più rabbia**: enrages me most.——**Monte Morello**: a street in Recanati, in which was the house of Leopardi's father.——**Carluccio**: Charley, another dim. of Carlo.—— **gli occhi**: Leopardi suffered much during his whole life, from a chronic disease of the eyes.

6. **Beppe**: Joe, an endearing and familiar form of *Giuseppe*, Joseph. ——**a voce**: adverbial expression = *viva voce*.——**assistere**: on this verb with the dative, see S. § 72.—— **Giovacchino**: Joachim.——**Dio volesse**: on the Subj. see S. § 28. —— **vissuti**: p. p. of the irr. v. *vivere*. P. I. p. 140. Note †.

[PAGE 88, 89.

—— nè di sperare nè di finire di sgomentarmi: neither to hope nor to give up all hope (lit. to cease from frightening myself).—— piegarsi sotto la mano che lo percuote: should be laid low by the hand (i.e. the illness), which is striking it (i.e. the head, my uncle).

Giuseppe Giusti (1809 – 1850). Born at Pescia in Tuscany, died at Florence, the Tyrtæus of modern Italy, whose poetry contributed to its unification and independence. Several letters, and a collection of proverbs, are also amongst his works. See a sonnet of his on p. 98.

7. Pietro Fanfani: a well-known literary man, still living in Florence, author, amongst other works, of a *Vocabolario della Lingua Italiana*, and *Vocabolario della Lingua parlata*.—— **levarne le gambe**: to get rid of (something); a fam. idiom.—— **vuol dire**: means; *vuol*, from the irr. v. *volere*. P. I. p. 163.—— **per lei**: for you. The 3rd person used in addressing his friend. So above, *la* and *le*.—— **dorrebbe**: from the irr. v. *dolere*. P. I. p. 146.—— **modo di dirla**: mode of expressing oneself.—— **alla casalinga**: familiarly, from *casa*.—— **che abbia tenuti in canto**: that I have neglected, lit. kept in a corner.—— **dica**: you may say, from the irr. v. *dire*. P. I. p. 145.—— **Gazzetta di Firenze**: the Gazette of Florence, the official organ of the government of the extinct Grand-duchy of Tuscany.—— **caos letterato**: literary chaos, ironically for literary world.—— **si farebbero il segno della santa Croce**: would make the sign of the holy cross = would be greatly astonished.—— **dugento**: *duccento*, two hundred.—— **ripongo**: from the irr. v. *riporre*. P. I. p. 150.—— **vecchiate**: old-fashioned doings, from *vecchio*. See P. I. p. 34.—— **ponendo mente**: thinking.—— **Doney**: the then most fashionable *café* in Florence.—— **polenda**: hominy, a homely dish made with

PAGE 89, 90.]

maize-flour, in very general use in Italy, especially among the peasantry.—— **poche pagine sul Parini**: Giusti edited the poetical works of Parini, and prefaced them with a beautiful and exhaustive essay on this author. For Parini's biography see p. 116.

8. Pescia: a small town in Tuscany, where Giusti was born and resided for many years.—— **alla buona**: in a familiar style, carelessly.—— **in punta di penna**: i.e. *currente calamo* = as the pen went on.—— **ogni fungo**: every trifle.—— **andato in piazza senza essermi lavato il viso**: published anything to be ashamed of (without due care); lit. never went into the street without previously washing my face.—— **eleganti .... più fino**: lit. the fine writers who even when surprised in slippers do not tremble before the keenest eye, that is, who even when taken unawares can stand any criticism.—— **chi ha il naso**: those who know, lit. those who scent.—— **ganascino**: dim. of *ganascia*.—— **procuratore**: a public prosecutor.—— **sire**: here used derisively = the fellow.—— **a me non la danno ad intendere**: they do not make me believe it.—— **darebbero .... una presa chi sa di che**: they would treat us all I do not know how; lit. they would give to all of us a pinch of who knows what?—— **animaletto**: dim. of *animale*.—— **fanno le fusa**: to purr. *Fusa*: irr. pl. f. of the m. *fuso*.—— **fa spalla**: props (you) up, helps (you).—— **Il Contrucci**: a Florentine editor.—— **Il Bindi**: Enrico Bindi, a well-known literary man, still alive, editor, amongst others, of the *Poesie* and *Prose* of the following author.—— **Arcangeli**: Professor Giuseppe. An elegant writer of Florence, an Academician of *La Crusca*, well known for his translations from Virgil, Cicero and Callimachus.—— **legne verdi**: green wood, said here allegorically

7*

[PAGE 90–93.

of a useless cargo, or encumbrance. —— **la mia testa è gatto la parte sua**: lit. my head has its part of cat, i.e. we must make allowance for my head, my head must be left alone.

9. This letter was written on board ship. —— **in fretta e in furia**: very quickly. An adverbial idiom. —— **immediate**: for *immediatamente*. —— **Cornovaglia**: Cornwall. —— **il popolo minuto**: the lower classes. —— **che mi sia stato dato pel capo**: that they called me, lit., thrown at my head. —— **commestibili da rivendere**: too much food. —— **mi credeva poco meno che fuor di cervello**: believed me almost mad. —— **lodigiano**: of Lodi, a town in Lombardy. —— **parmigiano**: of Parma, an Italian city. —— **vacche**: singular *vacca*, cow. —— **vuoi per mare, vuoi per terra**: either on sea or on land. —— **migliaia**: irregular plural. See P. I. p. 7. —— **Sarebbono** = *sarebbero*, a vulgarism. —— **canchero venga**: lit. may a canker come, that is, cursed be. —— **che non un' altra**: the negative used after the comparative. See P. I. p. 34 (iv). —— **ne muovono**: for *ci muovono*. See P. I. p. 82, 5. —— **tranne**: except, formed from the 2nd pers. sing. *trai* from *trarre* and *ne*. —— **liberale del fatto suo**: generous, free with his property. —— **t' insegnano a lor potere**: teach you as much as they can. —— **l' Atlantico, ch' io vo solcando**: the Atlantic, which I am crossing. On *andare* with the gerund, see S. § 45. —— **metter in carta**: or *porre in carta*, to write.

Giuseppe Baretti. See p. 125.

10. **Carlo Goldoni**: see p. 122, col. 1. —— **l' avete pur fatta**: you

PAGE 93, 94.]

have done it all the same. —— **vel**: *vi* and *il* (for *lo*). —— **incenso**: incense, praise. —— **rimanervene**: means, not to do anything of the kind = to let it alone. —— **istessa**: for *stessa*. —— **dee**: for *deve*. See *dovere*. P. I. p. 146.

Pietro Metastasio (1698–1782). *Pietro Trapassi*, named *Metastasio* by his protector Vincenzo Gravina (1664–1718), an Italian dramatist and poet laureate to the court of Vienna. He wrote 63 dramas, besides many lyrics and translations from the Latin poets. He had a great facility in portraying the human passions, and his verse flows always smoothly. Amongst the best of his dramas are: *La Clemenza di Tito, Attilio Regolo, Didone, Temistocle*, etc.

11. **del Tasso**: of Tasso. On the use of the definite article with proper names, see P. I. 15, 4. —— **per mio avviso**: to my thinking. —— **ritegno**: check; not usually used in a physical sense as it is here. —— **Sant' Onofrio**: a monastery in Rome. —— **ciò che … s' appartiene**: which belongs to …

Torquato Tasso (1544–1595), one of the greatest poets of Italy. When he was 18 years old he published *Il Rinaldo*, a poem of chivalry, now almost forgotten. Later on he published *L'Aminta*, the finest pastoral fable of Italy. The work which made his name famous is *La Gerusalemme liberata* (1575). In this poem he describes the Crusade of 1099, led by Godfrey de Bouillon, and the taking of Jerusalem by the Crusaders. Tasso led a very unhappy life, being even confined for seven years in a madhouse through the jealousy of the Duke of Ferrara.

NOTES ON THE POETRY.

[PAGE 95, 96.

1. l. 1. **feo**: instead of *fè'*, and this instead of *fece* from **fare**.—— l. 2. **onde**: from which, an adv. of place, often used as a rel. pron. ——l. 4. **porte**: instead of *porti*, a poetical licence, which (woes) to thy great grief thou bearest written on thy forehead.——l. 5. **fossi tu men bella . . .** : would thou wert less beautiful. On the Subj. see S. § 28.——l. 6. **paventasse**: = *temesse*. Obs.——ll. 7, 8. the construction is *chi (colui che) par che si strugga ai rai del tuo bello*, &c., he who seems to pine away at the rays of thy beauty or challenges thee to deadly combat, should fear thee, &c. *Bello* for *bellezza*. *Rai*, poetical for *raggi*.——**che ora**: *così* is here understood.——l. 12. **e del tuo sangue**: the construction is, *e gallici armenti bevere l' onda del Po tinta del tuo sangue*.——l. 12. **gallici**: *francesi*: only in poetry.

Vincenzo da Filicaia (1642-1707), born and died at Florence, one of the most distinguished poets of his age, expressed in beautiful verses the sentiments of Italian patriots on the political degradation of their country.

2. l. 1. **spirto**: poetical form for *spirito*.——l. 7. **membra**: irr. pl. of the m. *membro*. P. I. p. 7.——l. 8. **inerme**: unarmed, powerless, here, toothless.——l. 13. **qual**: as corresponding to *tal* in l. 17.——l. 18. **lito**: = *lido*, in poetry.——l. 22. **menzognero**: alluding to the phosphorescence sometimes seen in cemeteries.

G. B. Niccolini. See p. 135, col. 1.

3. **Laura**: *Mlle. de Noves*, born in 1308 at Avignon, then belonging to the popes, married in 1325 the Chevalier de Sade. Petrarch saw her in the church of St. Claire in her native town the 16th April, 1327, and fell in love with her. In

PAGE 96, 97.]

her honour he wrote the whole of his *Canzoniere*, consisting of over 300 sonnets, canzoni, etc.——l. 2. **esempio**: Obs. in the sense of archetype, as used here.——l. 3. **volse**: poetical form for *volle*.——l. 6. **sciolse**: from *sciorre* (*sciogliere*). See P. I. p. 143.——l. 7. **virtudi**: = *virtù*: only in poetry. The accent in the latter word replaces the last syllable of the former. P. I. p. 1.——l. 8. **benchè la somma**: *di esse virtudi* is here understood.——**ancide**: = *uccide*, used only in poetry and obsolete.

F. Petrarca. See p. 119, col. 1.

4. **Vittorio Alfieri.** See p. 122, col. 2.——l. 1. **coturni**: buskins, boots worn by tragic actors in ancient Greece. Parini alludes here to Alfieri being a great writer of tragedies.——l. 2. **Italo**: = *Italiano*: only in poetry.——**Pindo**: Pindus, a mountain in Greece, the abode of the Muses.——l. 4. The construction is, *a spaziar lungi fra i campi dell' arte*.——l. 5. **dal cupo**: an adj. used here as a n. ——l. 6. **trai**: from *trarre*. See P. I. p. 158.——l. 7. **le poste a' tuoi colpi anime**: the souls exposed to (or excited by) the shafts of thy genius, governed by *scuoti ed avvampi*.——l. 10. **fan ceppo**: shackle, an expression used only in poetry. ——l. 11. **non risponde**: understand *perchè* from the preceding sentence. Why should not words respond to &c. . . .——l. 12. **di tua man vedrassi**: = *si vedrà dalla tua mano*. ——l. 13. **omai**: = *ormai*, in poetry only.

G. Parini: See p. 116.

5. **La Rondinella**: this song, from Grossi's novel, *Marco Visconti*, is supposed to be sung by a prisoner in the dungeon of a castle.——l. 2. **verone**: the terrace or balcony on the tower of a castle.——l. 5. **fa-**

[PAGE 97, 98.

vella: = language; only in poetry.
l. 10. **vedovetta**: dim. of *vedova*.
———l. 13. **manco**: = *meno*, less unhappy than I am.———l. 14. **alle penne.... t' affidi**: thou trustest thyself at least to thy wings, that is, thou hast at least thy wings to trust to. *Penne* is here used for *ali*.
———l. 18. **lui chiamando**: the pron. here refers to *sposo*, line 8.———l. 19. **Oh, se anch' io...**: the sentence is here interrupted; *potessi fare lo stesso*, could do the same thing, i. e. fly, or such like words being understood.———l. 19. **contende**: = *proibisce*, forbids it, in poetry only.———l. 20. **volta**: lit. ceiling, stands here poetically for dungeon, prison.———l. 25. **innanzi viene**: is coming on, approaches, a poetical expression.———l. 27. **arene**: lit. *sands*, poetically meaning *shores*.———l. 32. **riaprendo**: the diæresis is here used to lengthen the line by another syllable: this word is pronounced *ri-a-pren-do*.
———l. 39. **in su la sera**: towards evening.———l. 40. **raccogli il volo**: a poetical expression, stay thy flight.

Tommaso Grossi (1791–1853), a Lombard poet and novelist, born at Bellano on the lake of Como, died at Milan. He was the author of *Marco Visconti*, an historical novel, and an epic poem on the Lombards in the first Crusade.

6. Tommaso Grossi. See above, No. 5.———l. 3. **Vi**: i. e., *nella testa mia*, P. I. p. 83, 10.———l. 5. **mi comincia**: familiar expression for *comincia per me.*———l. 7. **mezza prosa e mezza poesia**: these two nouns are used here in an allegorical meaning: i. e. partly earnest, partly merry, as explained in the following lines. For the use of *mezza*, see P. I. p. 43.———
l. 9. **calando giù giù**: sliding downwards = getting old. See P. I. p. 113, 9.———l. 9. **di questo passo**: *passo*, step, here means: rate.———
l. 10. **a corbellar la fiera**: lit. to quiz the fair, i. e. the world.———
l. 11. **finiremo il chiasso**: we shall

PAGE 98, 99.]

end the noise, i. e. we shall die.———
l. 12. **e buon per me**: the verb *sarà* is here understood, *buono* being used as a n.———l. 13. **mi frutterà**: lit. shall bring fruit to me, i. e. if I shall gain.———l. 14. **che porti scritto**: which may bear the inscription. *Porti*, Subj.———**non mutò bandiera**: did not change his flag, i. e. his principles.

Giuseppe Giusti. See p. 141.

7. Cinque Maggio: the date of Napoleon's death at St. Helena in 1821. This celebrated ode was published in 1823. There is a well-known German translation of it by Göthe.———l. 1. **Ei fu**: he was. The beginning of this ode with a simple pron., not referring to any previously mentioned subject, was criticized by the Italian purists. The construction is *siccome la spoglia stette immobile, immemore, dato il mortal sospiro, orba di tanto spiro, così la terra sta percossa attonita, muta*, &c.———l. 3. **la spoglia**: the corpse, in this sense, in poetry only.
———l. 4. **spiro**: poetical for *spirito*, breath = soul.———l. 8. **uom fatale**: used in its original Latin meaning of *ordained by fate*.———l. 10. **orma**: footstep, only in poetry.———l. 10. **piè**: = *piede*, in poetry only.———
l. 11. **cruenta**: = *sanguinolente*, blood-stained, in poetry only.———
l. 13. **soglio**: = *trono*, in poetry only.———l. 15. **vece**: lit. place, here change, vicissitude (only in poetry).
———l. 18. **la sua**: its voice (i. e. of the genius, the poet).———l. 19. **vergin**: pure, unstained, *genio* of line 14 is here understood.———l. 22. **raggio**: ray, stands here poetically for genius.———l. 23. **scioglie**: lit. unties a song upon the urn, that is, crowns the urn with a song. Göthe; *die Urne kränzend mit Gesang*.———l. 26. **Manzanare**: Manzanares, a river in Spain, upon which Madrid stands.———ll. 27, 28: the construction, *Il securo fulmine di quel (Napoleone) tenea dietro al baleno*, the unerring thunderbolt of

[PAGE 99, 100.
him followed the lightning. Göthe translates—

> Des sichern Blitzes Wetterschlag
> Aus leuchtenden Donnerwolken.

l. 29. da Scilla al Tanai: *Scylla*, the straits between Sicily and the Italian peninsula. *Tanais*, the ancient name of the river Don in Russia.——l. 32. nui: = *noi*, poetical licence.——ll. 37–48. ei provò tutto: he felt, underwent everything, refer to *la procellosa e trepida gioia* ... down to the end of l. 48.——l. 42. giunge: = *raggiunge;* in poetry only.——l. 48. altar: for *altari*.——l. 49. ei si nomò: he made a name for himself.——l. 49. due secoli: the 18th and the 19th centuries. This bold poetical allegory met with sharp criticisms from contemporary purists.——l. 56. breve: used only in poetry, to mean *narrow, limited. Breve sponda;* narrow shore, small island, St. Helena.——l. 60. indomato: *indomito*, in poetry only.——l. 62. s'avvolve: = *s'avvolge*, in poetry only.——ll. 63–66. The construction is difficult: *l'onda su cui, la vista del misero alta pur dinanzi e tesa, scorreva in vano a scemere prode remote.*——l. 69. ai posteri narrar sè stesso impreso: undertook to write out his memoirs for future generations, referring to the unfinished memoirs which Napoleon dictated at St. Helena.——l. 76. conserte: in poetry only, his arms folded upon his breast.——l. 80. percossi valli: the battered walls. *Percossi*, p. p. of *percuotere. Valli* = *mura.* Göthe erroneously translated it valleys (*durchwimmelte Thäler*).——l. 81. manipoli: infantry. The Latin *manipulus* was a division of the Roman cohort.——l. 93. al premio, che avanza i desideri: a poetical form, *avanzare* not being generally used in the meaning of *surpassing.*——l. 101. disonor del Golgotha: the shame of Golgotha, that is, the crucified Christ.——l. 101. ria: for *rea*.

PAGE 100–102.]
Alessandro Manzoni. See p. 121, col. 1.

S. l. 1. mura: irr. pl. of *muro*, meaning the walls of a town, or fortress.——l. 2. simulacri: *immagini*, only in poetry.——erme: = *solitarie*, lonely, in poetry only.——l. 5. il lauro: the laurel, with which victorious generals were crowned.——carchi: *carco* for *carico*, like *spirto* for *spirito* in poetry.——l. 14. sparte: *sparse*, in poetry only.——l. 17. ginocchia: irr. pl. of *ginocchio*.——l. 18. donde: with *avere* signifies to have cause, or reason for something.——l. 20. ria: *rea.*——l. 24. donna: used here in its original sense of mistress.——ancella: = *serva*, only in poetry.——l. 25. chi di te parla ...: the words *è colui il quale* are here understood.——l. 30. brando: = *spada*, in poetry only.——l. 35. loco: = *luogo*, in poetry only.——l. 38. procomberò: = *cadrò*, in poetry only.——l. 39. dammi, o ciel: grant to me, O heaven.——l. 40. che sia foco: the Subj. after an invocation.——foco: = fuoco: in poetry only.——l. 42. timballi: = *tamburi*, in poetry only.——l. 43. estranie: = *estranee*, in poetry only.——l. 45. attendi: only in poetry in the meaning of *listen*.——o parmi: *vedere* is here understood.——l. 47. polve: = *polvere*, in poetry only.——l. 49. lumi: = *occhi*, in poetry only.——l. 50. piegar non soffri = *non soffri di piegare:* a poetical phrase meaning: do not endure to look down.——l. 52. itala gioventude: = *italiana gioventù*, in poetry only.——l. 53. acciari: = *spade. Acciaro* means steel, and is used for sword in poetry only.——l. 54. spento: p. p. of the irr. v. *spegnere.*——l. 55. pia consorte: the adj. is here used in its Latin signification of kind, loving.——l. 61. venturose: = *fortunate*, in poetry only.——gloriose: see Note on *riaprendo*, p. 144.——l. 65. Tessaliche strette: the pass of

[PAGE 102, 103.]

Thermopylæ where Leonidas and the 300 Greeks fell in resisting the Persian army.——l. 67. **franche:** = *valorose*; this adj. is taken here in its original meaning, in which it is now used in poetry only.——l. 71. **narrin**: = *narrino* in the Subj. after *credo.* S. § 23.——l. 75. **Serse:** Xerxes, the Persian king, who lived in the 5th century B.C., and invaded Greece.——**Ellesponte:** the Hellespont, now called the Dardanelles.——**si fuggia:** in the Subj. because it is a continuation of the narrative.——l. 78. **Antela:** *Anthela*, a hill near Thermopylæ.——l. 77. **ove morendo si sottrasse da morte:** where by dying the holy band withdrew themselves from death, that is, by their death gained eternal renown.——l. 79. **Simonide salia:** Simonides (5th century B.C.) a great poet from the island of Cos, wrote a celebrated hymn on the battle of Thermopylæ, and is thus said to have mounted the hill of Anthela. Only a few fragments are now left of his poetry.——l. 80. **etra:** = *cielo*, in poetry only.——**Beatissimi voi:** here begins what purports to be the Hymn of Simonides.——l. 86. **al sol vi diede:** lit. gave you to the sun = gave you life.——l. 87. **cole:** = *adora*, worship, Obs.——l. 89: *vi trasse* is here understood.——l. 96. **Tartaro:** *Tartarus*, the infernal regions.——**onda morta:** Styx, the river in the infernal regions.——l. 98. **fôro:** = *furono*, in poetry only.——l. 107. **perse torme:** Per-

[PAGE 103, 104.]

sian throng.——**infuriava:** see Note on *ri prendo*, p.144.——ll. 110, 111: construe thus: *vedi i carri e le tende cadute intralciare la fuga ai vinti.*——l. 113. **esso tiranno:** the tyrant himself, Xerxes.——l. 121. **divelte:** p. p. of the irr. v. *divellere.*——l. 122. **nell' imo:** = *nell' abisso.*——l. 123. **la memoria:** *vostra* is here understood.——l. 124. **trascorra o scemi:** on the use of the Subj. see S. § 30.——l. 126. **verran:** fut. of *venire.*——l. 130. **fien:** *fieno* or *fiano* are poetical forms for *saranno.* In the same way *fia* is used for *sarò* and *sarà.*——l. 134. **che se il fato:** here *che* is a conj. *so that.*

G. Leopardi. See p. 138.

9. l. 1. **violetta:** dim. of *viola.*——l. 2. **erbetta:** dim. of *erba.*——l. 3. **novella:** agrees with *violetta.*——l. 4. **di':** from *dire.* *Tu* is here understood.——l. 9. **ne spira:** breathes to us = sends forth to us.——l. 10. **n'empie:** (lit. fills of us) fills our breasts. P. I. p. 80, 8.——ll. 11, 12. **di bel diletto col bel:** the first *bel* = *bello* is an adj.; the second is used as a n.——l. 21. **sen vola:** from *volarsene*, to fly away (from somewhere).——**core:** = *cuore:* only in poetry.——**etate:** = *età:* only in poetry.

Gabriello Chiabrera (1552–1637), sometimes called the Italian Pindar, was born at Savona, in the territory of Genoa. He was the last of the great Italian poets till the revival of literature in the second half of the eighteenth century.

SOME SYNTACTICAL RULES.

I.—THE INDICATIVE MOOD.

§ 1. This Mood is used exclusively to denote an action or state which is, was, or shall be, beyond all doubt, with or without a negative: as, Sai ch' egli È morto? *Do you know that he is dead?* Egli non È morto. *He is not dead.*

If the fact of his being dead were not certain, we should say: Sai ch' egli SIA morto? *Do you know that he is dead (whether he is dead)?*

§ 2. The PRESENT TENSE denotes an action being performed or a condition lasting at the time one speaks: as, io mangio, *I eat, I am eating*; tuona, *it thunders, it is thundering*.

§ 3. The IMPERFECT is used to denote in the past:

(*a*) An action often repeated: as, egli mangiava formaggio tutti i giorni, *he used to eat cheese every day*.

(*b*) Two actions taking place at the same time: as, egli parlava mentre io leggeva, *he was speaking whilst I was reading*.

(*c*) An action interrupted by another: as, egli arrivò mentre io gli scriveva, *he arrived whilst I was writing to him*.

§ 4. The PAST DEFINITE is more especially the historical tense, and is used to express in the past:

(*a*) An action *quite* completed at a fixed time, without any reference to other actions at that time or different times: as, morì di febbre l' altrieri, *he died of fever the day before yesterday*.

(*b*) An action quite completed with reference to another action, if this is preceded by the conjunctions **tosto che**,* *as soon as*; **dopochè**, *since*; **dacchè**, *as soon as*; **quando**, *when*: as, quando mi vide, mi disse, *when he saw me, he said to me*.

§ 5. As in English the same form is used for the Italian Imperfect and Past Definite, it is necessary to mark well the above stated differences. Whenever the English form can be rendered by the auxiliary in the Past and the verb in the present participle, it should be rendered in Italian by the Imperfect Tense. If this cannot be done, then the Past Definite should be used: as,

He read *this book every day*; that is, *He* **was reading** *this book every day*. Egli **leggeva** questo libro tutti i giorni. [He

---

* *Chè* (=*poichè*) loses its accent when written separately: thus, *dopo che*, but *dopochè*.

He read this book in two days. (We could not use **was reading** in this case.) Egli **lesse** questo libro in due giorni.

§ 6. The PAST INDEFINITE expresses :

(*a*) A past action, the results of which are still present: as, io ho comprato questo libro, *I have bought this book;* or

(*b*) A past action which took place at some part of a period of time not yet ended : as, Io ho letto molti libri questo mese, *I have read many books this month.*

§ 7. The PLUPERFECT, which is a compound of the Imperfect of the auxiliary verb and the past participle, corresponds in meaning to the Imperfect. It therefore denotes an action repeated, interrupted, or taking place in the past with some other action, but not so closely connected with it as in the Past Anterior (see below): as,

Quando aveva pranzato, s'addormentava,	*When he had dined, he used to go to sleep.*
Egli aveva pranzato, quando l' incontrai,	*He had dined when I met him.*
Ella non era abituata a cantare in pubblico,	*She was not used to sing in public.*

§ 8. The PAST ANTERIOR, which is a compound of the Past Definite of the auxiliary verb and the past participle, corresponds in meaning to the Past Definite. It therefore expresses an historical or past fact or action that happened at a certain fixed time. Hence it is used after adverbs and conjunctions denoting time: as,

Appena ebbi letta la sua lettera, io svenni,	*As soon as I had read his letter, I fainted.*
Quando ebbe finito di parlare, si sedette,	*When he had done speaking he sat down.*
Temistocle dopo che ebbe salvato la patria, ne fu bandito,	*Themistocles, after he had saved his country, was banished from it.*

§ 9. The FUTURE is used to express :

(*a*) Actions or events to come : as,

Io andrò a Parigi,	*I shall go to Paris.*
Mio zio mi manderà del danaro domani,	*My uncle will send me money to-morrow.*

(*b*) An Imperative idea : as,

Ubbidirai ai tuoi genitori,	*Thou shalt obey thy parents.*

(*c*) The English Infinitive, when this follows **si dice**, *it is said :* as,

Si dice che il nuovo allievo arriverà domani,	*It is said that the new pupil is to come to-morrow.*

§ 10. (a) Instead of the English Future Tense, the Italians use the Present Tense of **aver da, aver a,** when conveying an idea of *compulsion* or *prohibition:* as,

 Io **ho da** imparare tutta questa lezione,   *I shall* (be obliged to) *learn the whole of this lesson.*

(b) When an immediate Future is expressed in English by *to be about to, to be going to, soon, directly, immediately,* the Italians use the Present Tense of **essere** or **stare** with **per, in procinto di, sul punto di,** followed by the Infinitive: as,

 Io **sto per** partire,   *I am about to depart.*
 Sono in procinto di visitarlo,   *I am going to visit him directly.*

(c) An English negative Future, implying also an idea of disapprobation, is rendered in Italian with the Present Tense of **volere** used negatively: as,

 Così non vuoi far nulla,   *In this way you will do nothing.*

§ 11. The FUTURE ANTERIOR expresses an action that will happen *when* another one shall have taken place: as,

 Gl' invierò questa lettera, quando avrò finita di scriverla,   *I shall send him this letter when I (shall) have finished writing it.*
 Tosto che avrò ricevuto la vostra lettera vi risponderò,   *Immediately I (shall) have received your letter, I will write to you.*

In these two sentences *shall* would not be expressed in English.

II.—THE CONDITIONAL MOOD.

§ 12. The Conditional Mood is used in all cases in which it is used in English: as,

 Amerebbe Ella bere un bicchier di vino?   *Would you like to drink a glass of wine?*
 Se mi foste amico, mi prestereste del danaro,   *If you were my friend, you would lend me money.*

When the English verb is in the Indicative and expresses *doubt* or *uncertainty,* it may be rendered in Italian by the Conditional: as,

 Non saprei, s' egli è a casa,   *I do not know if he is at home.*
 Dovrei ben conoscerne il valore, poichè l' ho fatto io,   *I ought to know well its value, since I have made it.*

III.—The Imperative Mood.

§ 13. The Imperative Mood, when used *positively*, is the same in both languages: as,

Ama i tuoi genitori,   *Love thy parents.*
Soccorrete gl' infelici,   *Help (ye) the unfortunate.*

§ 14. When used *negatively*, the Italians use the Infinitive instead of the Imperative, in the second person singular only: as,

Non amar l' ozio,   *Do not (thou) love laziness.*

§ 15. If a *negative* Imperative is preceded by another Imperative (negative, or affirmative), the Infinitive is used, and *and (do) not* is translated by **nè**: as,

Fa il tuo dovere, nè ti curare   *Do thy duty, and do not mind*
delle conseguenze,   *what may follow.*

§ 16. For the third person singular and first and third persons plural of the Imperative, the Italians use the present of the Subjunctive Mood: as,

Ch' egli mi ubbidisca,   *He must obey me.*
Andiamo via,   *Let us go away.*
Ch' eglino partano,   *Let them depart.*

IV.—The Subjunctive Mood.

The Subjunctive Mood is used in Italian to a much greater extent than in English. The English verbs *may, might, could, would,* etc., are generally translated by the Italian Subjunctive, and not expressed separately.

A. Sequence of Tenses.

§ 17. The verb of a *Subordinate* sentence, expressing the result or consequences of an act, is put in the Subjunctive Mood, and the Tense is determined by that of the *Principal* Sentence, upon which it depends.

If the verb of the *Principal* Sentence is in the Present or Future, the verb of the Subordinate sentence is in the Present or Past (indefinite) Subjunctive: as

Sapete se qualcuno sia stato a   *Do you know if anybody has been*
trovarmi?   *to see me?*
Ordinerò ch' Ella sia subito   *I shall order that you be at once*
servita,   *served.*

SOME SYNTACTICAL RULES. 151

§ 18. If the verb of the *Principal* sentence is in the Imperfect, Past Definite, Conditional, Pluperfect, or Past Anterior, the verb of the *Subordinate* sentence is put in the Imperfect or Pluperfect Subjunctive: as,

Io desiderava molto ch' egli venisse a pranzo con me,	*I wished very much that he might come to dinner with me.*
Egli uscì senza ch' io glielo avessi permesso,	*He went out without my permitting him to do so.*
Io glielo darei, se me lo domandasse,	*I would give it to him, if he asked me for it.*
Io aveva creduto ch' egli dicesse la verità,	*I had believed that he told the truth.*
La tua prima lettera non fu letta avanti che la seconda fosse arrivata,	*Thy first letter was not read before the second had arrived.*

§ 19. If the verb in the *Principal* Sentence is in the Past Indefinite, the verb of the Subordinate Sentence is in the Present Subjunctive, when it expresses a present action or state, and in the Past (Indefinite) Subjunctive when the action is past: as,

Io ti ho dato quel danaro affinchè te ne serva,	*I have given you that money, that you may use it.*
Ho sempre detto che voi non vi siate stati,	*I have always said that you were not there.*

B. Other uses of the Subjunctive Mood.

§ 20. The Subjunctive Mood is used, as in Latin, whenever there is *contingency, uncertainty,* or *doubt,* and to express the *words, thoughts,* or *opinions* of another, dependent upon a preceding sentence. Hence the following rules:—

§ 21. The Subjunctive is used after verbs expressing *command, wish, hope, prohibition,* and after the Imperative Mood: as,

Comandai che partisse,	*I ordered that he should depart.*
Desidero che venga qui,	*I wish that he may come here.*
Proibisco ch' egli sorta,	*I forbid him going out.*
Ditegli che vada via,	*Tell him to go away.*

§ 22. The Subjunctive is used after verbs expressing *denial, doubt, fear:* as,

Dubito ch' egli arrivi oggi,	*I doubt that (whether) he will arrive to-day.*
Temo che il mio consiglio l' abbia offeso,	*I fear that my advice has offended him.*

NOTE.—When a verb of denial or doubt is used with *non*, the *non* must be repeated in the Subjunctive clause: as,

Non nego ch' egli **non** sia ricco,	*I do not deny that he is rich.*

§ 23. The Subjunctive is used after verbs expressing *belief, opinion*, admitting of doubt: as,

Credo ch' egli abbia ragione,	*I believe that he is right.*
M' assicurò che si fosse divertito,	*He assured me he had amused himself.*

NOTE.—If the accessory sentence expresses an action beyond all doubt, then the verb must be in the Indicative, as:

Ti assicuro che mi sono divertito,	*I assure you that I have amused myself.*

§ 24. The Subjunctive is used after verbs expressing *astonishment, rapture, lamentation, sorrow*: as,

Sono sorpreso ch' egli non sia ancora qui,	*I am astonished at his not being here already.*
Ci rallegriamo con Lei ch' Ella sia arrivata felicemente,	*We congratulate you on your happy arrival.*
Abbiamo gran paura che si battino in duello,	*We fear much that they may fight a duel.*
Ci attristò tutti il sapere ch' Ella sia ammalata,	*It saddened us all to know that you are ill.*

§ 25. The Subjunctive is used after the impersonal È, as: **è necessario**, *it is necessary*; **è possibile**, *it is possible*; **è naturale**, *it is natural*; **è giusto**, *it is just*; **è buono**, *it is good*; **è conveniente**, *it is convenient*; **è facile**, *it is easy*, and similar expressions; also, after the impersonal verbs **bisogna**, *it is necessary*; **basta**, *it is sufficient*; **conviene**, *it is convenient*; **importa**, *it is important*; **pare**, *it seems*; **vale meglio**, *it is better*; and the like: as,

È necessario ch' io lo veda subito,	*It is necessary that I should see him at once.*
È possibile ch' egli sia arrivato,	*It is possible that he is arrived.*
È naturale ch' Ella pensi così,	*It is natural for you to think so.*
È giusto ch' ella sia ricompensata,	*It is just that she should be rewarded.*
È buono che tu lo sappia,	*It is good that thou shouldst know it.*
Bisogna che voi veniate meco,	*It is necessary for you to come with me.*
Basta ch' egli m' intenda,	*It is sufficient that he understands me.*

§ 26. The Subjunctive is used after *Superlative Adjectives*; and after Adjectives of a Superlative kind, such as **unico**, *only one*; **solo**, *alone*; **nessuno**, *nobody*; **l' ultimo**, *the last*; **il primo**, *the first*, etc., whenever the sentence implies *doubt* or *uncertainty*, as:

Il massimo de' piaceri ch' io possa godere è il viaggiare,	*The greatest pleasure I enjoy is to travel.*

SOME SYNTACTICAL RULES. 153

  Egli è l' unico amico che m' ab- *He is the only friend, who has*
   bia promesso aiuto,   *promised me help.*
  Questa è una delle prime let- *This is one of the first letters he*
   tere ch' egli abbia scritto,   *has written.*

§ 27. The Subjunctive is used after all *Pronouns* and *Adverbs* of vague and indistinct meaning: as,

  Chiunque egli sia, non voglio *Whoever he be, I will not receive*
   riceverlo,   *him.*
  Qualsisia storiella tu mi rac- *Whatever fib you may tell me, I*
   conti, io non ti crederò,   *shall not believe you.*

§ 28. The Subjunctive is used absolutely in *Principal* sentences, when they express a wish: as,

  Dio lo voglia! *May God grant it!*
  Venga a vedermi, *Come to see me.*
  Volesse il cielo! *Heaven grant!*

§ 29. The Subjunctive is used in *Subordinate* sentences beginning with **il quale, che, ove, dove, onde, donde**, when the *Principal* sentence implies *choice, knowledge, expectation*: as,

  Sceglierò una guida che conosca *I shall choose a guide who knows*
   la via,   *the way.*
  Donde egli venga, io non so, *I do not know whence he comes,*
  Aspetterò ch' egli mi paghi, *I shall wait to be paid by him.*

§ 30. The Subjunctive is used after the following and other Conjunctions, whenever the least idea of *doubt* or *uncertainty* is implied:—

abbenchè,*	*though.*	**perchè,**	*however much.*
acciocchè,	*so that.*	**per quanto,**	*however much.*
affinchè,	*so that.*	**posto che,**	*suppose that.*
ancorchè,*	*although.*	**posto il caso che,**	*in case that.*
anzi che,	*rather than.*	**purchè,**	*provided.*
avvegna che,	*although.*	**quand' anche,**	*though.*
benchè,	*although.*	**quantunque,**	*although.*
caso che,	*in case that.*	**se,**	*if.*
con tutto che,	*although.*	**sebbene,**	*although.*
dato che,	*suppose that.*	**senza che,**	*without …*
fino a tanto che, **finchè,**	} *till.*	**sin a tanto che,** **sinchè,**	} *till.*
in caso che,	*in case that.*	**solamente che,**	
malgrado che,	*in spite of.*	**solo che,**	} *provided that.*
non che,	*not only.*	**supposto che,**	
non ostante che,	*notwithstanding that.*	**tutto che,**	*although.*

---

 * On the use of **chè** and **che**, with and without an accent, see footnote on p. 147.

Sebbene egli lo dica, io non lo credo,	Although he says it, I do not believe it.
Supposto che finisca il lavoro prima di sera, io lo pagherò oggi,	Provided he finishes the work before evening, I shall pay him to-day.
Purchè egli studii...	Provided he studies.
Benchè sia tardi...	Although it is late.
Posto il caso ch'io lo veda, glielo dirò,	In case I see him, I shall tell it to him.
Io lo rimproverai, tutto che egli fosse mio amico,	I reproached him, although he was my friend.
Verrò qui ogni giorno, finchè io sia pagato,	I shall come here every day, till I am paid.
Lo pagai affinchè mi servisse,	I paid him in order that he should serve me.

§ 31. NOTE 1.—As the Subjunctive has no Future, the Present Subjunctive or the Future Indicative is used in its stead: as,

Non credo che venga (or che verrà) domani,	I do not believe that he will come to-morrow.

NOTE 2.—Even when a Conjunction is understood, and not expressed, the Subjunctive must be used.

V.—THE INFINITIVE MOOD.
A.—The Infinitive used as a Noun.

§ 32. In Italian the Infinitive is constantly used as a Noun, either with or without the article, and very rarely in the plural. Though used as a Noun, and declined with prepositions, it retains its verbal character, and governs its object in the accusative or any other case, like a real verb. It must be translated by the English Infinitive, or more usually by the English Gerund in -*ing*: as,

Promettere e dare son cose differenti,	To promise (promising) and to give (giving) are different things.
Il leggere buoni libri è utile alla gioventù,	Reading good books is useful to youth.
Non è raro il trovar degli uomini che si lamentino d'esser troppo sensibili ai mali altrui,	It is not unusual to find men who lament being too sensible to the misfortunes of others.
Dopo molto aspettare,	After much waiting.
All' uscire dei teatri,	In going out of the theatres.
Feci in quel giorno, nell' andare e tornare di Valchiusa in Avignone, quattro sonetti,	I made on that day, in going and returning from Vaucluse to Avignon, four sonnets.

B.—The Infinitive without a Preposition.

§ 33. After verbs of *speaking*, and verbs denoting *belief, opinion, supposition, etc.*, the verb of the *Subordinate* sentence is frequently put in the Infinitive, instead of the Subjunctive, and the word *that* is omitted. In this case the subject of the *Subordinate* sentence is put in the Accusative before the Infinitive, thus answering to the Latin construction of the Accusative before the Infinitive: as,

<blockquote>

Credendo lui (*Acc.*) essere dotto, Believing him to be learned (that he is learned).

Credendo lei (*Acc.*) essere dotta, Believing her to be learned (that she is learned).

</blockquote>

If the subject of the *Subordinate* sentence is the same as the subject of the *Principal* sentence, the reflexive pronoun **se** must be used (as in Latin) before the Infinitive: as,

<blockquote>

Rispose se essere certo . . . He answered that he was sure . . .

</blockquote>

§ 34. The Infinitive is used *without* a preposition after **e**, used impersonally and the impersonal verbs mentioned in § 25, and after the verbs of mood and a few others: namely,

ardire,	to dare.	potere,	to be able.
bramare,	to long.	sapere,	to know.
desiderare,	to wish.	sembrare,	to seem.
dovere,	to be obliged.	sentire,	to feel.
dubitare,	to doubt.	solere,	to be accustomed.
fare,	to do, to make.	udire,	to hear.
intendere,	to understand.	usare,	to be accustomed.
lasciare,	to let.	vedere,	to see.
osare,	to dare.	volere,	to will.
parere,	to seem.		

<blockquote>

Bisognerà vederlo per poterlo credere, It will be necessary to see it in order to be able to believe it.

Io soglio vederlo tutti i giorni, I am accustomed to see him every day.

Quel ragazzo sembra essere intelligente, That boy seems to be intelligent.

È necessario studiare per imparare, It is necessary to study in order to learn.

È meglio restar a casa, It is better to remain at home.

Io udii ripetere poco fa tale storia, I heard that story repeated just now.

Che dobbiamo pensare di tale condotta! What should we think of such behaviour!

Io li vidi venire da lontano, I saw them coming from afar.

Quel forestiere sembra essere un italiano, That foreigner seems to be an Italian.

</blockquote>

Eglino dovettero aspettare due ore alla stazione,	They had to wait two hours at the station.
Bramerei fare la conoscenza di quel signore,	I should like to make the acquaintance of that gentleman.

§ 35. The Infinitive is used elliptically without a preposition after the pronouns and pronominal forms, **che**, *what*; **chi**, *who*; **dove**, *where*; **onde, donde,** *whence*: as,

Io non aveva a chi ricorrere,	I had nobody to whom to have recourse.
Io non sapeva dove andare ad alloggiare,	I did not know where to go to reside.
Non abbiamo donde vivere,	We have not whereof to live.

C.—The Infinitive with Prepositions.

§ 36. The Infinitive is more generally preceded by the Prepositions **di, a,** or **da**.

With DI.

§ 37. The Infinitive is preceded by **di** when it is the *Complement* of nouns answering to the questions *what? what kind of?* &c., or when it is in a *Subordinate* sentence beginning with **a fine,** *in order;* **a forza,** *owing to;* **per paura,** *for fear;* **invece,** *instead;* **prima,** *before;* **presso,** *near,* &c.: as,

Ho il piacere di salutarla,	I have the pleasure to salute you.
L'arte del disegnare,	The art of drawing.
La voglia di battersi,	The wish to fight.
Ella andò a Londra, a fine di rivederla,	She went to London in order to see her again.
E' divenne ricco a forza di lavorare,	He became rich by hard work.
Non uscì di casa, per paura d'essere assalito,	Did not go out of the house for fear of being assaulted.
Pensaci due volte, prima di farlo,	Think twice before doing it.

§ 38. The Infinitive is preceded by **di**:

(i.) After verbs governing the Genitive (see the list in Part I. p. 71);

(ii.) After the following adjectives:

abbondante,	*abundant.*	**consapevole,**	*conscious.*
ammalato,	*ill.*	**contento,**	*satisfied.*
avido,	*greedy.*	**cupido,**	*covetous.*
bramoso,	*eager.*	**curante,**	*caring.*
capace,	*capable.*	**degno,**	*worthy.*
certo,	*sure.*	**desideroso,**	*desirous.*

SOME SYNTACTICAL RULES. 157

fecondo,	fertile.	povero,	poor.
fornito,	provided (supplied).	pratico,	experienced.
incapace,	incapable.	privo,	deprived.
incerto,	uncertain.	ricco,	rich.
indegno,	unworthy.	scarso,	scarce.
largo,	large (munificent).	soddisfatto,	satisfied.
meritevole,	deserving.	sollecito,	zealous.
pago,	satisfied.	vago,	eager.
persuaso,	persuaded.	vestito,	dressed.
pieno,	full.	vuoto,	empty.

§ 39. The Infinitive may be used with or without **di**:

(i.) After verbs denoting *belief, opinion, supposition, etc.* (see § 33).

(ii.) After the impersonal verbs mentioned in § 25.

Si degni di ascoltarmi, illustre signore,	*Be pleased to listen to me, illustrious Sir.*
Noi tutti godiamo di rivederti,	*We are all pleased to see you again.*
Ricordatevi di scrivermi, quando sarete in Italia,	*Remember to write to me when you will be in Italy.*
Ella era bramosissima di parlarti,	*She was very eager to speak to thee.*
Egli fu sempre desideroso di guadagnar danari,	*He was always desirous of making money.*
Quell' uomo è incapace d' ingannar chicchessia,	*That man is incapable of deceiving anybody.*
Tu sei indegno d' essere ricompensato,	*Thou art unworthy to be rewarded.*
Ella è persuasa d' essere la più bella di tutte,	*She is persuaded of being the prettiest of all.*
Ora mi pento di avergli creduto,	*Now I repent of having believed him.*
Compiacetevi di mandarmi i libri che mi avete promessi,	*Be pleased to send me the books which you promised me.*
Io non mi fido di finire quest' esercizio in un' ora,	*I am unable to finish this exercise in an hour.*
Io non temo di essere perseguitato,	*I am not afraid of being persecuted.*

With A.

§ 40. The Infinitive is preceded by **a**:

(i.) After verbs governing the Dative (see the list in Part I. p. 72);

(ii.) After the following adjectives:

buono,	good.	lento,	slow.
difficile,	difficult.	pronto,	ready.
disposto,	disposed.	risoluto,	resolved.
facile,	easy.	sensibile,	sensible.

(iii.) After the verbs **stare, essere, dare, andare, mandare.**

Io lo mandai ad impostare una lettera,	I sent him to post a letter.
Io sto a vedere che cosa fanno,	I am here to see what they do.
Ella è risoluta a partire per l'America,	She is resolved to start for America.
Noi siamo disposti a riceverlo,	We are disposed to receive him.
Tu sei sempre pronto a render servigio agli amici,	Thou art always ready to oblige (thy) friends.
Questa lettera è difficile a tradurre in francese,	This letter is difficult to translate into French.
Il maestro c'insegna a parlar italiano,	The master teaches us to speak Italian.
Quella signorina persiste ad essere oziosa,	That young lady persists in being lazy.
Egli ha acconsentito a pagare mille franchi,	He has agreed to pay a thousand francs.
Io mi sono avvezzato ad ubbidire ai miei superiori,	I have accustomed myself to obey my superiors.
Io lo forzerò ad ascoltarmi,	I shall force him to listen to me.
Il capitano mi ha autorizzato a partire,	The captain has authorized me to depart.
Egli fu condannato a morire decapitato,	He was condemned to be beheaded.
Noi amiamo a divertirci di quando in quando,	We like to amuse ourselves from time to time.
Io tornerò a scrivere quest'esercizio, se non lo trovate buono,	I shall write this exercise a second time, if you do not find it good.
Ella è determinata a cambiar vita,	She is determined to change her way of living.
Io imparai subito a parlar italiano,	I soon learnt to speak Italian.

With DA.

§ 41. The Infinitive is preceded by **da**:

(i.) After verbs governing the Ablative (see the list in Part i. p. 73);

(ii.) After the verbs **avere** and **essere** not used as auxiliaries (i.e. when **avere** and **essere** are used *without* a participle);

(iii.) When it follows and qualifies a *Substantive*: as,

Eglino hanno da lavorare per mangiare,	They have to work in order to eat.
Qui non c'è nulla da fare,	Here there is nothing to do.
Tu sei da biasimare per avergliclo permesso,	Thou art to be blamed for having allowed it to him.
Hai tu da dirmi qualche cosa?	Have you anything to say?
Queste sono cose da ridere,	These are laughable things.
Non è cosa da credere ch'egli l'abbia scritto,	It is not a thing to be believed that he has written it.

È questa campagna da vendere?	Is this field to be sold?
Codesta è la musica da cantare,	That is the music to be sung.
Astenetevi da far male a chicchessia,	Abstain from doing harm to anybody.
Dispensati dal venire a visitarmi per l'avvenire,	Avoid coming to visit me for the future.
Guardatevi dal cadere in errore,	Avoid being mistaken.
Questo nasce dall' esser egli molto ricco,	This proceeds from his being very rich.
All' udir tale storia, ella si smascellò dal ridere,	Hearing such tale, she laughed very much.

VI.—The Gerund.

§ 42. The Gerund is constantly used in Italian. It is indeclinable, always refers to the *Subject* of the sentence, and is *never* governed by a Preposition.

It answers to the English Gerund in *-ing*, and is frequently used to indicate the cause or reason, instead of a sentence beginning with conjunctions: as,

Non **potendo** contenersi, egli mi disse,	Not being able to restrain himself, he said to me.
Ella mi disse **piangendo**,	She said to me weeping.
Dissi al conte, **montando** in carrozza con lui, . . .	I said to the count, while getting into the carriage with him, . . .

§ 43. The Personal Pronoun must be used with the Gerund, when the Subject of the two clauses is different, or when there is any doubt possible to which subject the Gerund refers: as,

Montando **io** in carrozza, **egli** mi disse,	As I was getting into the carriage, he said to me.
Io taceva ed ascoltava, egli parlava e lodavasi, essendo **egli** innamorato di sè,	I was silent and listened, (while) he was speaking and praising himself, he being enamoured of himself.

In such cases the Personal Pronoun follows the Gerund.

§ 44. The Gerunds **essendo** and **avendo** are frequently omitted with the Past Participles, thereby giving greater liveliness to the narrative: as,

Solone, interrogato che mai lo rendesse audace, esclamò . . .	Solon, being asked what ever rendered him bold, exclaimed . . . (**essendo** omitted).
Lasciate le rive della Francia, sbarcammo a Dover,	Having left the coast of France, we disembarked at Dover. (**avendo** omitted).

§ 45. The Gerund is frequently used with **andare, stare, venire** to mark the continuance or repetition of an action, or to add force or importance to the act expressed by the Gerund: as,

Tuo zio ti va cercando da per tutto,	*Your uncle is seeking you everywhere.*
Ella va viaggiando sola sola,	*She goes about travelling quite alone.*
Lorenzo stava guardando il dottore con un' attenzione estatica,	*Lorenzo was observing the doctor with enrapt attention.*
I nostri desideri si vanno moltiplicando con le nostre idee,	*Our desires go on multiplying with our ideas.*

§ 46. As the Gerund is not declined, the Infinitive Mood is frequently used with the prepositions **a, con, in, per, dopo** instead of the Gerund. See Examples under § 32.

VII.—The Participles.

§ 47. The PRESENT PARTICIPLE is used in Italian as an Adjective: as,

Un cielo ridente,	*A smiling sky.*
Io sono amante delle belle arti,	*I am a lover of the fine arts.*

Like other adjectives, the Present Participle can be used Substantively: as,

Tutti i credenti nella sua dottrina lo seguirono,	*All the believers of his doctrine followed him.*

§ 48. The PAST PARTICIPLE agrees in gender and number with the Subject if used with the verb **essere** (or with verbs used instead of *essere*, as: **andare**, *to go*; **rimanere**, *to remain*; **restare**, *to stay*; **stare**, *to be*; **venire**, *to come*).

Lo scolare è stato lodato, e la scolara è stata biasimata,	*The (male) scholar has been praised and the (female) scholar has been blamed.*
Gli scolari vengono puniti,	*The scholars are punished.*
Eglino erano arrivati a Londra,	*They had arrived in London.*
Questi orfani restarono stupefatti,	*These orphans were astounded.*

§ 49. The PAST PARTICIPLE when used with the verb **avere**, either remains unchanged, or agrees with the direct complement or Object, but the rules for its use cannot be laid down with the same strictness as in French. Usually, however, the Participle remains unaltered when the object *follows* the verb, and agrees with the object if this *precedes* the verb : as,

Ho veduto mia madre,	*I have seen my mother.*
Che libri avete letti ?	*What books have you read ?*

§ 50. In relative clauses, when both subject and object precede, the Participle agrees with the subject of the principal sentence : as,

I versi, che ho fatti,	*The verses which I have made.*

but when the subject in relative clauses follows the Participle, the Participle is left undeclined : as,

Le fatiche, che hanno sofferto i soldati,	*The fatigues which the soldiers have suffered.*
I regni, che ha conquistato Dario,	*The kingdoms which Darius has conquered.*

§ 51. In relative clauses the Participle also remains unchanged, when it is followed by a dependent Infinitive expressed or understood, even though the object precedes the verb, because the relative sentence in such cases is governed by the Infinitive ; as,

La lettera, che egli ha cominciato a scrivere,	*The letter which he has commenced to write.*
La canzone, che ho inteso cantare,	*The song which I have heard sung.*
Egli mi ha dato quei libri, che ha dovuto (darmi),	*He has given me those books which he was bound (to give me).*

§ 52. The Accusative Absolute. The Italians have preserved the Ablative Absolute of the Latin ; and this is formed with the Past Participle agreeing in gender and number with the noun in the Accusative, the gerund being usually omitted : as,

Finito il pranzo, gli domandò il suo parere,	*The dinner being finished, he asked him his opinion.*
Finita la guerra, l' esercito ritornò alla patria,	*The war being finished, the army returned home.*

VIII.—The Passive Voice and the Reflective Pronoun si.

§ 53. The usual formation of the Passive Voice is by the auxiliary verb **essere.** See Part I. pp. 92-96.

§ 54. **Venire** is also frequently used as an auxiliary verb instead of essere : as,

Queste due cose **vanno unite,**	*These two things are united.*
Gli **venne detto,**	*It was told him.*

§ 55. The verbs **andare, restare, rimanere, stare**, are also used in the formation of the Passive in order to express more clearly the continuance of the action or its circumstances: as,

Nei montanari alla forza del corpo **va congiunta** una certa svegliatezza di mente,	*In mountaineers is combined a certain quickness of mind with strength of body.*
Questi due orfani **restarono stupefatti**,	*These two orphans were astounded.*
Essi **rimasero incantati** di quest' ospite,	*They were enchanted with this guest.*

§ 56. Another way of forming the Passive is by the 3rd person singular and plural of the Active Voice with the Reflective Pronoun **si** prefixed to the verb, as:

Come **si pronuncia** questa parola?	*How is this word pronounced?*
Come **si pronunciano** queste parole?	*How are these words pronounced?*
Il grano **si vende** a buon mercato,	*Wheat is being sold cheap.*
Nell' Abissinia subito che un prigioniero viene condannato al supplizio, **si conduce** immediatemente al luogo dell' esecuzione,	*In Abyssinia immediately that a prisoner is condemned to death, he is conducted straightway to the place of execution.*
Nella China **si comprano** e **si vendono** i fanciulli,	*In China children are bought and sold.*

§ 57. The Passive in these cases is in reality a Reflective verb. The compound tenses are formed with the verb **essere**: as,

Questo **si è detto**,	*This has been said.*
Si son trovati rari manoscritti,	*Rare manuscripts have been found.*

§ 58. If a personal pronoun is the subject, the ordinary Passive form must be used: as,

Egli **è amato**.	*He is loved.*

§ 59. If a Dative occurs, the ordinary Passive form must also be used: as,

Questo **mi fu detto**,	*This was said to me* (not questo mi si è detto).

§ 60. **Si** is also used with an indeterminate signification, where the Germans use *man*, the French *on*, and the English *one, they, people*, etc.: as,

Si dice,	*One says.*
Si vede,	*One sees.*
Si crede,	*One believes.*

SOME SYNTACTICAL RULES.

But **si** is not here a nominative like the German *man*, and the French *on*: it is still a Reflective pronoun and the verb is Impersonal. It is therefore only used in this way in the 3rd person. When an Accusative follows the verb, it is necessary to use this construction: as,

Si leggono le gazzette,	*People read the newspapers.*
Si raccontano molte cose,	*They recount many things.*

NOTE.—When **ne** (of it) is used with **si**, it follows *si*, which then becomes *se*: as,

Se ne parla,	*One speaks of it.*

IX.—REMARKS ON SOME VERBS.

§ 61. The English verb *to be able* is translated with:—

(i.) **Potere**, signifying an *innate* or *moral* ability;
(ii.) **Sapere**, signifying an ability acquired by *learning* or *experience*: as,

Io non **posso** muovere questa cassa,	*I cannot move this large box.*
Io **so** parlare italiano e francese,	*I can speak Italian and French.*
Io **so** guidare una carrozza a quattro cavalli.	*I can drive four-in-hand.*
Io non **posso** uscire oggi, mio padre me l' ha proibito,	*I cannot go out to-day, my father has forbidden it to me.*

When **Sapere** is followed by *di*, it means *to taste of*; as,

Quanto **sa di** sale,	*How salt it is* (lit. *how much it tastes of salt*).

§ 62. *To bring* is translated by:—

(i.) **Condurre**, referring to *persons*;
(ii.) **Menare**, referring to *animals*; and
(iii.) **Recare** and **Portare**, referring to *things*: as,

Mi **conduca** a visitare sua zia,	*Take me to visit your aunt.*
Conducete il vostro maestro a pranzo con noi,	*Bring your master to dinner with us.*
Mena il cavallo alla stalla,	*Lead the horse to the stable.*
Voi **menate** sempre un cane con voi,	*You always bring a dog with you.*
Recatemi le mie lettere ed i miei giornali,	*Bring me my letters and my newspapers.*

§ 63. **Fare** when followed by *di* and an Infinitive, means *to try*: as,

Fate di risparmiare quanto potete,	*Try to save as much as you can.*
Fate di vederlo ad ogni costo,	*Try to see him by all means.*

When the p. p. of *fare* is preceded by the verb *venire*, it means *to succeed*:

Non mi *venne fatto* di vederlo,	*I did not succeed in seeing him.*
Se mi *vien fatto* questo ...	*If I succeed in this ...*

§ 64. *To make* is translated by:—

(i.) **Fare**, when used in its general meaning;

(ii.) **Rendere**, meaning *to render*;

(iii.) **Dare**, followed by *ad intendere* for *to make (somebody) believe*; as,

Fammi un abito nuovo,	*Make me a new coat.*
Fatemi un paio di stivali,	*Make me a pair of boots.*
Lilia mi **rende** felice,	*Lilian makes me happy.*
Quella disgrazia mi **rese** povero,	*That misfortune made me poor.*
Gli **dà ad intendere** mille bugie,	*He makes him believe a thousand fibs.*

§ 65. *To have*, when followed by an accusative and a past participle signifying *to have a thing done*, is translated by **Fare**, and the past participle is put in the Infinitive: as,

Lo farò **punire** da suo padre,	*I shall have him punished by his father.*
Mi ho **fatto fare** due abiti nuovi,	*I have had two new coats made.*

§ 66. *To let* is translated by:—

(i.) **Lasciare**, *to allow, to permit*;
(ii.) **Affittare, appigionare**, *to let*: as,

Lasciatelo fare ciò che vuole,	*Let him do what he likes.*
Lo lasci venire a me,	*Let him come to me.*
Io cerco di **affittare** la mia casa,	*I am trying to let my house.*
Questo palazzo si **appigiona**,	*This palace is to let.*

§ 67. *Must, to be obliged*, are translated by:—

(i.) **Dovere**;
(ii.) **Bisognare** (used impersonally);
(iii.) **Avere a, avere da** (see § 10);
(iv.) **Toccare a**.

Devo partire questa sera senza fallo,	*I must start this evening without fail.*
Devo vederlo immediatamente,	*I must see him at once.*

Bisogna che ciascuno faccia il suo dovere,	*Every one must do his duty.*
Bisogna studiare per imparare,	*We must study in order to learn.*
Io **ho** ancora **da** scrivere due lettere,	*I have still to write two letters.*
Oggi io **ho** molto **da** fare,	*I have much to do to-day.*
Non **tocca a** me a soccorrerlo,	*I am not obliged to help him.*
Non **tocca a** voi a pensare agli affari miei,	*It is not your business (you are not obliged) to think of my affairs.*

§ 68. *To drink* is translated by:—

(i.) **Bere**, or **bevere**, used in a general sense;

(ii.) **Prendere**, referring to *coffee*, *chocolate*, *tea*, or *liqueurs*;

(iii.) **Tracannare**, meaning to drink quickly in long draughts: as,

Egli ha **bevuto** due bicchieri di birra,	*He has drunk two glasses of beer.*
Io **beverò** un bicchier d' acqua,	*I shall drink a glass of water.*
Prenderà Ella del tè o del caffè?	*Will you take tea or coffee?*
Io **ho preso** un bicchierino di rosolio,	*I have drunk a small glass of rosolio (a sweet liqueur).*
Egli era così assetato, che **tracannò** tre bicchieri d' acqua,	*He was so thirsty that he swallowed three glasses of water.*
Tracanna questa medicina, e non ne sentirai l' amaro sapore,	*Swallow this medicine, and you will not feel its bitter taste.*

§ 69. **Pensare** means:—

(i.) *To think of*, when followed by the preposition **a**;

(ii.) *To propose to one's self, to believe*, when followed by the preposition **di**: as,

Io **penso agli** amici lasciati in Italia,	*I think of the friends left in Italy.*
Bisogna **pensare all'** avvenire,	*We must think of the future.*
Pensava di andare a Napoli,	*I was proposing to myself to go to Naples.*
Io **pensava di** morirne,	*I believed I was dying of it.*

§ 70. **Andare.** On the use of Andare with the Passive voice, see § 55; and on its use with the Gerund, see § 45. There are many other uses of Andare which must be learnt by practice: as, **andare bene,** *to succeed,* hence, **va bene,** *all right.* When used impersonally with *ci*, **Andare** means *to be at stake:* as,

Ci **andrà** del vostro onore in questa faccenda,	*Your honour will be at stake in this business.*
A rompere questa consegna ci **va** della vita,	*To break (not to obey) this password will be death.*

§ 71. **Stare.** On the use of Stare with the Passive voice, see § 55; and on its use with the Gerund, see § 45.

Stare is used to indicate the physical state of a person: as,

    Come state?   How do you do?

Stare when followed by **per** and an Infinitive means *to be on the point of*, as,

    Stava per partire quando lo vidi,   *I was on the point of starting when I saw him.*

§ 72. **Assistere,** *to help,* when used with the Accusative; but it means *to be present* when governing the Dative: as,

    Bisogna **assistere** gl' infelici,   *We must help the unfortunate.*
    Ella soleva **assistere** tutti i poveri del suo villaggio,   *She used to help all the poor of her village.*
    Io ho **assistito alla** prima rappresentazione della "Norma."   *I have been present at the first representation of "Norma."*
    Assisteste voi al gran concerto d' avantieri?   *Were you present at the great concert the day before yesterday?*

§ 73. **Cercare,** *to seek, to look for,* when used with the Accusative; but when governing the Genitive it means *to try, to endeavour*: as,

    Chi **cerca** Ella? Io **cerco** mio zio,   *Whom do you seek? I seek my uncle.*
    Io **cerco** il mio cappello, nè posso trovarlo,   *I am looking for my hat, but I cannot find it.*
    Ho **cercato di** vedervi per molto tempo,   *I tried to see you a very long time.*
    Cerco di avere lavoro e non ci sono ancora riuscito,   *I am trying to find work, and I have not yet succeeded.*

§ 74. **Prendere** and **Togliere,** *to take,* mean *to undertake,* when followed by **a** and an Infinitive; as,

    Ei **prese ad** educarlo,   *He undertook to educate him.*
    Ella **tolse a** correggerla,   *She undertook to correct her.*

§ 75. Some verbs change their meaning when used impersonally or reflectively:

(i.) **Tardare,** *to tarry,* means *to long,* used impersonally: as,

    Egli **tarda** a venire,   *He is long in coming.*
    Mi tarda il vederla,   *I long to see her.*

(ii.) **Bastare,** *to be sufficient,* may be translated by *have* when used impersonally: as,

    Cento lire gli **basteranno** per ora,   *One hundred lire will be sufficient for him for the present.*
    Non ti **basterà** l' animo di rimproverarlo,   *You will not have courage enough to reproach him.*

SOME SYNTACTICAL RULES. 167

(iii.) **Battere,** *to beat,* used as a Reflective, means *to fight:* as,

Io **batto** il ragazzo disobbediente,	*I beat the disobedient boy.*
Perchè hai tu battuto il mio cane?	*Why hast thou beaten my dog?*
Io **mi batto** pel mio paese,	*I fight for my country.*
I soldati **si batterono** tutto il giorno,	*The soldiers fought all day.*

(iv.) **Aspettare** and **attendere,** *to wait,* used as Reflectives, mean *to expect:* as,

Io **aspetto** qui tuo fratello,	*I wait here for thy brother.*
Noi **attendiamo** l' arrivo di nostro padre,	*We wait the arrival of our father.*
Io **mi aspetto** di essere premiato agli esami,	*I expect to have a prize at the examinations.*
Noi **ci attendiamo** ad essere invitati,	*We expect to be invited.*

(v.) **Morire,** (when Neuter) *to die,* used as a Reflective with **voglia,** means *to long:* as,

Egli **morì** giovanissimo,	*He died very young.*
Mio nonno **morì** dieci anni fa,	*My grandfather died ten years ago.*
Io **mi muoio dalla voglia** di riveder Parigi,	*I long very much to see Paris again.*
Ella **si moriva dalla voglia** di rivederti,	*She longed very much to see you again.*

When **morire** is an *Active* verb it means *to kill,* but in this signification is very seldom used in prose, although very often and elegantly in poetry. In its Compound Tenses it is then conjugated with the auxiliary *avere.*

(vi.) **Sovvenire,** *to help,* used as a Reflective, means *to remember:* as,

Io ti **sovvengo** in tutti i tuoi bisogni,	*I help you in all your wants.*
Io lo **sovveni** col mio consiglio,	*I helped him with my advice.*
Io **mi sovvengo** di averlo veduto tempo fa,	*I remember to have seen him some time ago.*
Te ne **sovviene**? No, non **me ne sovvengo** punto.	*Do you remember it? No, I do not remember it at all.*

DICTIONARY

TO ITALIAN READING BOOK.

An acute accent (´) is placed on all Italian words of more than two syllables, and on bi-syllabic words when the stress falls on the second syllable, to mark the place of the stress in pronouncing the word. Such acute accent (´) should NEVER BE WRITTEN in Italian.

ABBREVIATIONS.

a.	=	active.	irr.	=	irregular.
abl.	=	ablative.	lit.	=	literally.
acc.	=	accusative.	m.	=	masculine.
adj.	=	adjective.	mod.	=	modification.
adv.	=	adverb.	n.	=	neuter.
adv. ex.	=	adverbial expression.	nom.	=	nominative.
			num.	=	numeral.
apo.	=	apocope.	obs.	=	obsolete.
art.	=	article.	(p.)	=	poetical.
augm.	=	augmentative.	pers.	=	personal.
aux.	=	auxiliary.	pl.	=	plural.
conj.	=	conjunction.	p. p.	=	past participle.
defec.	=	defective.	prep.	=	preposition.
dim.	=	diminutive.	pron.	=	pronoun.
f.	=	feminine.	pr. p.	=	present participle.
fam.	=	familiar.	q. v.	=	quod vide.
fig.	=	figuratively.	r.	=	reflective.
foll.	=	followed.	s.	=	substantive.
I.	=	Italian.	sing.	=	singular.
imp.	=	impersonal.	v.	=	verb.
indecl.	=	indeclinable.	1.	=	1st ⎫
indef.	=	indefinite.	2.	=	2nd ⎬ conjugation.
inf.	=	infinitive.	3.	=	3rd ⎭
interj.	=	interjection.			repeats the word.

A

A, prep., *to, at.*
abáte, *s. m., abbot, priest (f. badéssa).*
abbaiáre, *v. n.* 1, *to bark.*
abbandonáre, *v. a.* 1, *to abandon, leave, desert.*
abbandóno, *s. m., abandonment, desertion.*
abbassáre, *v. a.* 1, *to humble, lower.*
abbassársi, *v. r.* 1, *to lower oneself.*
abbastánza, *adv., enough, sufficiently.*
abbáttere, *v. a.* 2, *to beat down, knock down, fell.*
abbáttersi, *v. r.* 2, *to meet by chance.*
abbattiménto, *s. m., despondency.*
abbenchè, *conj., though.*
abbigliaménto, *s. m., dress, habiliment, clothes.*
abbondánte, *adj., abundant.*
abbondánza, *s. f., abundance, plenty.*
abbracciáre, *v. a.* 1, *to embrace, clutch, clasp.*
abbreviáre, *v. a.* 1, *to shorten.*
abbreviársi, *v. r.* 1, *to shorten, curtail.*
abbruciáre, *v. a.* 1, *to burn.*
abiettézza, *s. f., despondency, meanness.*
abilità, *s. f., ability.*
abísso, *s. m., abyss.*
abitánte, *s. m., inhabitant, resident.*
abitáre, *v. n.* 1, *to inhabit, reside.*
abitatóre, *s. m., inhabitant, resident (f. abitatrice).*
abitazióne, *s. f., residence, abode.*
ábito, *s. m., custom, garb, dress.* —— **da viaggio** = *travelling-dress.*
abituále, *adj., habitual, customary.*
abituáre, *v. a.* and *r.* 1, *to accustom, use.*
abitúdine, *s. f., habit, custom.*
abomínio, *s. m., abomination, contempt.*
aborríre, *v. a.* 3, *to abhor.*
acca, *s. f.*, the letter *h*. Fig. = *nothing.*
accadémia, *s. f., academy.*
accadémico, *adj., academical.* As a *s. m., academician.*

ACCORDARE.

accadére, *irr.* and *imp. v., to happen.*
accánto, *adv., near, by, close.*
accarezzáre, *v. a.* 1, *to caress.*
accavalláre, *v. a.* 1, *to heap one on another.*
accavallársi, *v. r.* 1, *to gather promiscuously.*
accéndere, *irr. v. a., to light, kindle.*
accéndersi, *irr. v. r., to become ignited, be inflamed.*
accennáre, *v. n.* 1, *to wink.*
accerchiáre, *v. a.* 1, *to surround, enclose in a circle.*
accéso, *p. p. of accéndere, lighted, kindled.*
accésso, *s. m., entrance, admission, approach.*
accettáre, *v. a.* 1, *to accept.*
acciáio, *s. m., steel, sword, poniard.*
acciáro, *s. m., sword* (p.).
accidénte, *s. m., accident, mishap, calamity.*
accingersi, *irr. v. r., to get ready, be on the point of.*
accinto, *p. p., ready, prepared.*
acciò, *conj., so that.*
acciocché, *conj., in order that, so that.*
acclamazióne, *s. f., applause, praise.*
accógliere, *irr. v. a., to gather, receive.*
accólto, *p. p. of accógliere, gathered, received.*
accomodáre, *v. a.* 1, *to suit, accommodate.*
accomodársi, *v. r.* 1, *to sit down, settle comfortably.*
accompagnaménto, *s. m., accompaniment.*
accompagnáre, *v. a.* 1, *to accompany.*
accompagnársi, *v. r.* 1, *to join, accompany.*
accompagnatúra, *s. f., accompaniment.* Obs.
acconciaménte, *adv., suitably, properly.*
accóncio, *adj., suitable, proper.*
acconsentíre, *v. n.* 3, *to consent, assent.*
accontentáre, *v. a.* 1, *to satisfy.*
accontentársi, *v. r.* 1, *to be satisfied.*
accoppiáre, *v. a.* 1, *to couple.*
accoppiársi, *v. r.* 1, *to join another.*
accordáre, *v. a.* 1, *to grant, harmonize.*

ADDIVENUTO.

accordársi, *v. r.* 1, *to agree.*
accòrdo, *s. m., agreement, accord.*
accòrdo (d'), *adv. ex., agreed, conformably.*
accórgersi, *irr. v., to become aware.*
accorgiménto, *s. m., ability, cleverness.*
accórrere, *irr. v. n., to run to, go quickly.*
accórso, *p. p. of accórrere, run to, gone quickly.*
accórto, *p. p., wide-awake, clever,* as a verbal adjective.
accostáre, *v. n.* 1, *to go near, approach.*
accostársi, *v. r.* 1, *to approach.*
accostumáre, *v. a.* 1, *to habituate, accustom.*
accostumársi, *v. r.* 1, *to become accustomed.*
accréscere, *irr. v. a., to increase.*
accresciménto, *s. m., increase.*
accresciúto, *p. p. of accréscere, increased.*
accusáre, *v. a.* 1, *to accuse.*
acérbo, *adj., unripe, sour.*
acéto, *s. m., vinegar.*
ácqua, *s. f., water.*
acquietáre, *v. a.* 1, *to quiet, silence.*
acquistáre, *v. a.* 1, *to acquire.*
acquistársi, *v. r.* 1, *to get.*
acquísto, *s. m., acquisition, possession.*
acre, *adj., sour, acid.*
acúto, *adj., sharp, pointed.*
ad, *prep., to, at.* Used instead of *a* before a vowel.
adacquáre, *v. a.* 1, *to water.*
adattáre, *v. a.* 1, *to adapt, suit.*
addensáre, *v. a.* 1, *to thicken.*
addentáre, *v. a.* 1, *to catch with the teeth, bite.*
addestráre, *v. a.* 1, *to render proficient.*
addestrársi, *v. r.* 1, *to become proficient.*
addì, *adv.,* used for dates, on the day.
addiétro, *adv., behind.* Adv. ex., **per l'——**, *for the past.*
addío, *s. m., farewell: interj. good-bye.*
addirittúra, *adv., altogether, all at once.*
addivenire, *irr. v. n., to become, happen.*
addivenúto, *p. p. of addivenire, become, happened.*

ADDOMANDARE.	AIUTARE.	ALTARE.

addomandáre, v. a. 1, to name, call, ask.
addormentársi, v. r. 1, to fall asleep.
addósso, adv., upon. Lit. upon the back.
addótto, p. p. of addúrre, put forward, brought forth.
addóve, adv., where.
addúrre, irr. v. a., to put forward, bring forth.
adeguáre, v. a. 1, to equalize. In the passive, to be commensurate.
aderénza, s. f., attachment, fidelity.
adésso, adv., now.
adirársi, v. r. 1, to become angry.
adolescénza, s. f., youth, the age of youth.
adombráre, v. n. 1, to shy, become suspicious.
adoperáre, v. a. 1, to make use of.
adoperársi, v. r. 1, to try, exert oneself.
adornáre, v. a. 1, to adorn, decorate, deck.
adulatóre, s. m., flatterer (f. adulatríce).
adunánza, s. f., reunion, meeting.
adunáre, v. a. 1, to assemble.
adúnque, conj., therefore, then, now then.
aere, s. m., air (p.).
affábile, adj., affable, kind.
affacciársi, v. r. 1, to look out of a window or balcony.
affamáto, adj., hungry.
affannáre, v. a. 1, to pain, worry.
affannársi, v. r. 1, to take great pains, or trouble.
affánno, s. m., loss of breath, panting, trouble.
affannóso, adj., painful, troublesome.
affáre, s. m., affair, business.
affaticáre, v. a. 1, to fatigue, harass.
affaticársi, v. r. 1, to fatigue oneself, try hard.
affátto, adv., altogether.
affè, adv., truly.
affermáre, v. a. 1, to affirm, assert.
afferráre, v. a. 1, to take hold of, clutch.
affettáre, v. a. 1, (1) to cut into slices, (2) to affect.
affétto, s. m., passion, affection.

affettuóso, adj., affectionate, loving.
affezionáto, adj., affectionate.
affezióne, s. f., affection, love.
affidáre, v. a. 1, to trust.
affidársi, v. r. 1, to confide, trust oneself.
affíggere, irr. v. a., to affix, fix.
affinchè, conj., so that.
affísso, p. p. of affíggere, fixed, affixed.
affittáre, v. a. 1, to let.
affliggere, irr. v. a., to afflict, give pain.
afflítto, p. p. of affliggere, afflicted, troubled, pained.
afflizióne, s. f., grief, pain, affliction.
affollársi, v. r. 1, to crowd.
affoltáta, s. f., crowd. Obs.
affrettáre, v. a. 1, to hasten.
affrettársi, v. r. 1, to hurry oneself.
agevolménte, adv., easily.
agghiacciársi, v. r. 1, to freeze, curdle (the blood).
aggiráre, v. a. 1, to inveigle, sway.
aggirársi, v. r. 1, to lurk about, prowl, go round.
aggiúngere, irr. v. a., to add, join.
aggiúnto, p. p. of aggiúngere, joined, added.
aggraváre, v. a. 1, to make worse (or heavier).
aggrinzáre, v. a. 1, to wrinkle.
agguantáre, v. a., 1, to catch hold of.
agiáto, adj., comfortable, in easy circumstances, well-to-do.
agio, s. m., ease, comfort, premium, agio. Adv. ex., a grand' agio, leisurely.
agitáre, v. a. 1, to shake, agitate, stir, brandish.
agnellétto, s. m., a young lamb.
agnéllo, s. m., lamb.
agonía, s. f., agony, longing.
agósto, s. m., August (the 8th month of the year).
agricoltóre, s. m., husbandman (f. agricoltríce).
aguzzáre, v. a. 1, to sharpen the point, point.
agúzzo, adj., sharp, pointed.
ah! interj., ah!, alas!, ha!
aitánte, adj., strong, healthy.
aiutáre, v. a. 1, to help.

aiutársi, v. r. 1, to help oneself.
aiúto, s. m., help, succour, aid.
aizzáre, v. a. 1, to incite, set on.
ala, s. f., wing, irr. pl. in e and i.
aláno, s. m., bull-dog.
alba, s. f., dawn, break of day.
albergáre, v. n. 1, to reside.
albérgo, s. m., inn, hotel.
álbero, s. m., tree.
acúno, ind. f. pron., somebody, some one. Adj. some.
alessandríno, adj., of Alexandria (in Egypt).
alfíne, adv., at last.
álgebra, s. f., algebra.
alienáre, v. a. 1, to alienate, transfer the ownership.
aliéno, adj., foreign, strange, unwilling.
allargáre, v. a. 1, to enlarge, widen, extend.
allegáre, v. a. 1, to allege, affirm, declare.
allegraménte, adv., joyfully, gladly.
allegráre, v. a. 1, to please, enliven.
allegrársi, v. r. 1, to rejoice.
allegrézza, s. f., joy, cheerfulness.
allegría, s. f., joy, cheerfulness.
allégro, adj., joyful, cheerful, lively.
alloggiaménto, s. m., residence, lodgment.
alloggiáre, v. n. 1, to reside, lodge.
allontanáre, v. a. 1, to send away, keep off.
allontanársi, r. v. 1, to go away, withdraw.
allóra, adv., then. Per ——, for the nonce.
allorchè, adv., when.
allucináre, v. a. 1, to delude, hallucinate.
allungáre, v. a. 1, to lengthen.
allusívo, adj., referable, relating.
alma, s. f., soul (p.).
almánco, adv., at least.
améno, adv., at least.
almo, adj., great (p.).
alpe, s. f., mountain. In the pl. the Alps.
alquánto, adj., some, somewhat.
altaménte, adv., highly.
altáre, s. m., altar

TO ITALIAN READING BOOK. 171

ALTERAZIONE.

alterazióne, *s. f., fluctuation, change.*
alterígia, *s.f., pride.*
alternáre, *v. a. 1, to alternate.*
altéro, *adj., proud.*
altézza, *s.f., height, highness.*
alto, *adj., high, tall.*
altresì, *adv., also.*
altrettánto, *adv., as much.*
altrimenti, *adv., otherwise.*
altro, *adj., other, something else. Adv.* ci——, che, except; per ——, but; se non ——, at least; and the pron. l' uno e ——, both.
altrónde, *adv., otherwise.*
altróve, *adv., elsewhere.*
altrúi, *pron. without a nom., other's.* I' altrúi=the property of others.
alzáre, *v. a. 1, to raise, lift up.*
alzársi, *r. v. 1, to get up.*
amáre, *v. a. 1, to love, like.* —— gran fatto, to love very much.
amáro, *adj., bitter.*
amatóre, *s. m., lover (f. amatrice).*
ambasciatóre, *s. m., ambassador (f.* ambasciatrice).
ambidúe, *pron., both.*
ambíre, *v. a. 3, to covet.*
ambizióne, *s. f., ambition, vanity.*
ambo, *indecl. pron., m. and f., both.*
ambulánte, *adj., walking, moving.*
amendúe, *indecl. pron., both.*
americáno, *adj.* and *s. m., American.*
amichévole, *adj., friendly, amicable.*
amicízia, *s. f., friendship.*
amíco, *adj.* and *s.m., friendly, friend.*
ammaláre, *v. n. 1, to fall ill.*
ammaláto, *p. p. of* ammalare and *s. m., ill, sick.*
ammazzáre, *v. a. 1, to kill.*
ammésso, *p. p. of* ammettere, *admitted.*
amméttere, *irr. v. a., to admit.*
amministráre, *v. a. 1, to administer.*
ammirábile, *adj., admirable.*
ammiráre, *v. a. 1, to admire.*
ammiratóre, *s. m., admirer (f.* ammiratrice).
ammirazióne, *s. f., admiration.*
ammollíre, *v. a. 3, to soften.*

ANGUSTIA.

ammoníaca, *s. f., ammoniac.*
ammoniménto, *s. m., admonishment, admonition.*
ammorbáre, *v. a. 1, to infect, poison.*
amóre, *s. m., love.* —— proprio, self-love, conceit.
amorevolézza, *s. f., kindness, gentleness.*
amoróso, *adj., loving, erotic.*
ampiaménte, *adv., amply, abundantly.*
ampiézza, *s. f., amplitude, fulness, spaciousness.*
ampio, *adj., ample, spacious.*
ampliáre, *v. a. 1, to extend, enlarge.*
anca, *s. f., hip.*
ancélla, *s. f., maid-servant* (p.).
anche, *adv., also.*
ancídere, *defec. v., to kill* (p.). Obs.
anciso, *p. p. of* ancidere, *killed* (p.). Obs.
anco, *adv., also* (p.).
ancóra, *adv., yet, still.*
ancorchè, *conj., although.*
andáre, *irr. v. n. to go, be, happen;* —— ad albérgo, to go to a lodge; —— avánti, to proceed; —— bene, to succeed; —— in cerca, to seek; —— ne or ci, to be at stake; —— oltre, to go on; —— in piázza, to go before the public, to publish; —— co'loro piedi, to go on smoothly, easily; —— sene, to go away; —— si (followed by a Gerund, see S. § 45), to be; —— a travérso, to go against; —— via, to go away.
andázzo, *s. m., use, custom, surfeit* (in a depreciatory meaning).
anéddoto, *s. m., anecdote.*
aneláre, *v. n. 1, to be eager, be anxious.*
anéllo, *s. m., ring.*
anélo, *adj., panting, anxious* (p.).
ángelo, *s. m., angel.*
anghéria, *s. f., injury, oppression, wrong.*
ángiolo, *s. m., angel.*
ángolo, *s. m., angle.*
angóscia, *s. f., anguish, anxiety, trouble.*
angoscióso, *adj., anxious, painful.*
anguílla, *s. f., eel.*
angústia, *s. f., strait, difficulty, trouble.*

APOLOGIA.

angústo, *adj., narrow* (p.).
ánima, *s. f., soul, person.*
animále, *s. m., animal, creature, beast.*
animalésco, *adj., brutish, beastly.*
animalétto, *s. m., small, young animal.*
animáre, *v. a. 1, to animate, excite, incite.*
ánimo, *s. m., spirit, mind.*
animosaménte, *adv., boldly, daringly.*
animosità, *s. f., courage.* Fig. used for *spite, rancour.*
animóso, *adj., daring, courageous.*
annaspáre, *v. a. 1, to reel.* Fig. *to plan, try.*
annegáre, *v. a. 1, to drown.*
annegársi, *v. r. 1, to be drowned.*
annientáre, *v. a. 1, to annihilate, destroy.*
anno, *s. m., year, season.*
annoiáre, *v. a. 1, to annoy.*
annottáre, *v. n. 1, to become night, darken.*
annoveráre, *v. a. 1, to reckon, number.*
annunziáre, *v. a. 1, to announce.*
annúnzio, *s. m., notice, advertisement.*
annuo, *adj., yearly, annual.*
anónimo, *adj., anonymous.*
ansánte, *adj., panting, heaving, out of breath.*
ansia, *s. f., anxiety, care* (p.).
ansiosaménte, *adv., anxiously.*
antepórre, *irr. v. a., to antepone, prefer.*
antepósto, *p. p. of* anteporre, *put before, preferred.*
anticaménte, *adv., anciently, formerly.*
antichità, *s. f., antiquity, ancient times.*
antíco, *adj., ancient, old.*
antimeridiáno, *adj., antemeridian.*
antimúro, *s. m., outer-wall, bulwark.*
anzi, *adv., rather, moreover. Conj.,* —— che, *rather than.*
aombráre, *v. a. 1, to shade;* *v. n., to take umbrage, shy* (of a horse).
ape, *s. f., bee.*
apertaménte, *adv., openly.* Fig. *fearlessly, boldly.*
apérto, *p. p. of* aprire, *opened.*
apología, *s. f., apology.*

APOSTEMA.

apostéma, *s. f., sore, abscess.*
apparaménto, *s. m., ornament, furniture.* Obs.
apparecchiáre, *v. a.* 1, *to prepare, get ready.*
apparecchiársi, *v. r.* 1, *to get ready, prepare oneself.*
apparénte, *adj.* (*pr. p. of* apparire), *visible, apparent.*
apparíre, *irr. n. v., to appear, seem.*
appárso, *p. p. of* apparíre, *appeared, seemed.*
appartenére, *irr. n. v., to belong.* As a *r. v., to pertain, be convenient.*
appassionáto, *adj., impassioned.*
appelláre, *v. a.* 1, *to appeal, call.*
appellársi, *v. r.* 1, *to be named.*
appéna, *adv.,* lit. *with difficulty, scarcely, as soon as.*
appestáre, *v. a.* 1, *to infest.*
appié, *adv., at the foot.*
appigionáre, *v. a.* 1, *to let.*
appigliáre, *v. a.* 1, *to catch.* Obs.
appigliársi, *v. r.* 1, *to catch, spread.*
applaudíre, *v. a.* 3, *to applaud, cheer, praise.*
appláuso, *s. m., applause, praise.*
applicáre, *v. a.* 1, *to apply.*
appo, *adv., near, with, at.* Obs.
appóco appóco, *adv. ex., little by little.*
appórre, *irr. a. v., to put, charge.*
appósto, *p. p. of* appórre, *charged, put.*
apprendere, *irr. v. a., to learn, break out.*
appresentáre, *v. a.* 1, *to present.*
appresentársi, *v. r.* 1, *to present oneself.* Fig. *to occur.*
appréso, *p. p. of* apprèndere, *learnt, broken out.*
appressársi, *v. r.* 1, *to approach, go near.*
appresso, *adv., near, after, behind;* —— *a, adv. ex., behind;* in ——, *adv. ex., afterwards.*
apprestáre, *v. a.* 1, *to make ready.*
appropriáre, *v. a.* 1, *to appropriate.*
appropriársi, *v. r.* 1, *to usurp, steal.*

ARMONIA.

approváre, *v. a.* 1, *to approve.*
appúnto, *adv., just so.*
appuntíno, *adv., exactly so.*
apríle, *s. m., April.*
apríre, *irr. a. v., to open.*
áquila, *s. f., eagle.*
ara, *s. f., altar* (p.).
aráncia, *s. f., orange.*
aráre, *v. a.* 1, *to plough.*
arátro, *s. m., plough.*
arbitrário, *adj., arbitrary.*
árbitro, *s. m., arbiter, judge.*
arca, *s. f., ark.*
árcade, *adj.* and *s. m., Arcadian.*
archibusáta, *s. f., gunshot, arquebusade.*
archibúso, *s. m., gun, arquebuse.*
architettáre, *v. a.* 1, *to plan.* Fig. *to think of.*
architétto, *s. m., architect.*
architettúra, *s. f., architecture.*
arco, *s. m., arch.*
árdere, *irr. n. v., to burn.*
ardíre, *v. n.* 3, *to dare.* As a *s. m., daring, boldness.*
arditaménte, *adv., boldly, daringly.*
ardóre, *s. m., ardour, eagerness.*
arduo, *adj., difficult.*
aréna, *s. f., sand,* (p.) *shore.*
arenóso, *adj., sandy.*
argénto, *s. m., silver.* Fig. *money.*
argomentáre, *v. n.* 1, *to argue, suppose.*
argoménto, *s. m., argument, evidence, proof.*
argúto, *adj., witty, pungent, clever.*
argúzia, *s. f., wit, humour, witticism.*
aria, *s. f., air, appearance.*
árido, *adj., dry, withered, parched.*
aristocrazía, *s. f., aristocracy.*
arma, *s. f., arm, weapon.* I'l. in e and i.
armádio, *s. m., cupboard.*
armáre, *v. a.* 1, *to arm, equip.*
—— **cavaliére,** *to confer knighthood.*
armáta, *s. f., army.* Properly, *navy, fleet.*
armáto, *p. p. of* armáre, *armed.* As a *s. m., soldier.*
arme, *s. f., arm, weapon.*
arménto, *s. m., flock, herd, cattle.*
armonía, *s. f., harmony, concord.*

ASCRITTO.

armonióso, *adj., harmonious, agreeable.*
arnése, *s. m., harness, trappings.* Obs. *luggage, train, furniture.*
arrabbiáre, *v. n.* 1, *to go mad, to be cross.*
arraffáre, *v. a.* 1, *to snatch, scotch, steal.*
arraffiáre, see arraffáre.
arrampicársi, *v. r.* 1, *to climb.*
arrecáre, *v. a.* 1, *to bring.*
arrédo, *s. m., household furniture, vestment.*
arrembársi, *v. n.* 1, *to back, shy.*
arrestáre, *v. a.* 1, *to arrest, stop.*
arrestársi, *v. r.* 1, *to stop, stand still.*
arrésto, *s. m., arrest, stoppage.*
arri! *interj., gee-ho, gee-up!*
arricchíre, *v. n.* 3, *to become rich,* and as a *v. a., to enrich.*
arricciáre, *v. a.* 1, *to curl.*
arringáre, *v. n.* 1, *to harangue.*
arrischiáre, *v. a.* 1, *to endanger.*
arriváre, *v. n.* 1, *to arrive.* Fig. *to happen.* As an *a. v., to reach;* followed by a and an *Inf.=to succeed.*
arrívo, *s. m., arrival.*
arrogánte, *adj., arrogant, haughty.*
arrogánza, *s. f., assumption, haughtiness, overbearing.*
arrógere, *defec. v., to add.* Obs.
arruffáre, *v. a.* 1, *to ruffle* (the hair).
arso, *p. p. of* árdere, *burnt.*
arte, *s. f., art, skill, artifice;* le belle arti, *the fine arts.*
artéfice, *s. m., artificer, craftsman, artisan.*
artifício, *s. m., artifice, trick, stratagem.*
artigliería, *s. f., artillery.*
artíglio, *s. m., claw.*
ascéndere, *irr. a. v. to ascend, climb.*
ascéso, *p. p. of* ascéndere, *ascended.*
ascoltáre, *v. a., to listen.*
ascrívere, *irr. a. v., to ascribe.*
ascritto, *p. p. of* ascrívere, *ascribed.*

ASILO.	AUTORITÀ.	AVVENIRE.

asilo, *s. m.,* asylum, sanctuary.
asinaccio, *s. m.,* large donkey. Fig. *fool, illiterate.*
ásino, *s. m.,* ass, donkey. Fig. *illiterate, stupid.*
asinóne, *s. m.,* large ass. Fig. *great fool.*
aspettáre, *v. n.* 1, *to wait.* As a r. v., *to expect.*
aspettazióne, *s. f.,* expectancy, expectation.
aspétto, *s. m.,* aspect, appearance.
áspide, *s. m.,* asp, aspic, viper.
áspido, obs., *see* áspide.
aspraménte, *adv.,* bitterly, roughly.
aspro, *adj.,* rough, rugged, harsh, bitter.
assái, *adv.,* enough, much.
assalíre, *irr. v. a.,* to assail, assault.
assaltáre, *v. a.* 1, *to assault.*
assálto, *s. m.,* assault.
assassinio, *s. m.,* assassination, murder.
assassíno, *s. m.,* murderer, assassin. Also used as an adj., murderous.
assediáre, *v. a.* 1, *to besiege.*
assédio, *s. m.,* siege.
assegnáre, *v. a.* 1, *to assign,* allot.
assénte, *adj.,* absent.
assénza, *s. f.,* absence.
assetáto, *adj.,* thirsty.
assicuráre, *v. a.* 1, *to insure.*
assicurársi, *v. r.* 1, *to make certain,* become sure.
assídersi, *irr. v. n.,* to sit down.
assiduaménte, *adv.,* assiduously.
assíduo, *adv.,* diligent, assiduous.
assístere, *irr. v. a.,* to help, assist, witness.
assistíto, *p. p. of* assístere, helped, witnessed.
associáre, *v. a.* 1, *to associate.*
assordáre, *v. a.* 1, *to deafen.*
assuefáre, *v. a.* 1, *to accustom, habituate.*
assuefátto, *p. p. of* assuefáre, accustomed.
astémio, *adj.,* abstemious.
astenérsi, *irr. r. v.,* to abstain.
asterísco, *s. m.,* asterisk.
astinénza, *s. f.* abstinence.
astrátto, *adj.,* absent-minded.
astronomía, *s. f.,* astronomy.

astúto, *adj.,* artful, wily, sly, cunning.
astúzia, *s. f.,* cunning, trick.
atrocità, *s. f.,* atrocity.
attempáto, *adj.,* elderly.
atténdere, *irr. v. n.,* to wait, (p.) *to hearken,* be intent. As a r. v., *to expect.*
attentársi, *v. r.* 1, *to try.* Obs.
attentáre, *v. n.* 1, *to attempt, try.*
atténto, *adj.,* attentive, intent.
attenzióne, *s. f.,* attention, care, kindness.
atterráre, *v. a.* 1, *to knock down, prostrate.*
atterríre, *v. a.* 3, *to terrify.*
attéso, *p. p. of* atténdere, expected, waited.
attiráre, *v. a.* 1, *to draw, pull.*
attirársi, *v. r.* 1, *to draw upon oneself.*
attitúdine, *s. f.,* aptitude.
attività, *s. f.,* activity.
atto, (1) *adj.,* apt. (2) *s. m.,* act, action, deed.
attónito, *adj.,* astonished, astounded.
attóre, *s. m.,* actor (f. attrice).
attorniáre, *v. a.* 1, *to surround,* inveigle.
attórno, *adv.,* around.
attraversáre, *v. a.* 1, *to cross, go through, thwart.* Obs. *to lay upturned or across.*
attravérso, *adv.* across, through.
attrézzo, *s. m.,* tool, instrument.
attribuíre, *v. a.* 3, *to attribute, impute.*
attristáre, *v. a.* 1, *to sadden;* as a r. v., *to become sad.*
attuário, *s. m.,* actuary.
audáce, *adj.,* daring, bold.
auguráre, *v. a.* 1, *to forebode, presage.*
augúrio, *s. m.,* wish, prognostic.
augústo, *adj.,* august, majestic, venerable.
aumentatóre, *s. m.,* augmenter, (f. aumentatríce).
aura, *s. f.,* air, breeze.
aureo, *adj.,* golden.
auróra, *s. f.,* dawn, daybreak.
austéro, *adj.,* severe, stern.
autóre, *s. m.,* author, creator (f. autríce).
autorità, *s. f.,* authority.

autorizzáre, *v. a.* 1, *to authorize.*
autúnno, *s. m.,* autumn.
avacciáre, *v. a.* 1, *to hasten.*
avacciársi, *v. r.* 1, *to hasten oneself.*
avánti, *adv. of time, before.*
avantiéri, *adv.,* the day before yesterday.
avanzáre, *v. n.* 1, *to exceed.* Obs. *as to gain.*
avanzársi, *v. r.* 1, *to advance, progress.*
avarízia, *s. f.,* avarice, greed.
aváro, *adj.,* avaricious. As a *s. m.,* miser.
avemmaría, *s. f.,* the time of sunset, dusk. Fam.
avére, *s. m.,* property, possessions.
avére, *aux. v.,* to have, possess; —— a (followed by an Inf.), *to be obliged;* —— in abomínio, *to despise, abhor;* —— l'aria, *to seem;* —— ardíre, *to dare;* —— bisógno, *to want;* —— cagióne, *to have cause;* —— campo, *to be able;* —— caro, *to cherish;* —— compassióne, *to pity;* —— copia, *to abound;* —— corággio, *to dare;* —— cura, *to care;* —— dolóre, *to grieve;* —— donde, *to have cause;* —— la sua intenzióne, *to succeed;* —— lega, *to be allied;* —— male, *to be ill;* —— mestiéri, *to want;* —— di (or in) mira, *to aim at;* —— nome, *to be reputed;* —— notízia, *to know;* —— 'parte, *to take part;* —— paúra, *to be afraid;* —— ragióne, *to be right;* —— regno, *to rule;* —— si a male, *to be displeased;* —— nell' unghie, *to clutch;* —— voglia, *to wish;* —— volontà, *to be willing.*
ávido, *adj.,* eager, greedy.
avo, *s. m.,* grandfather. In the *pl.*=ancestors.
ávolo, *s. m.,* grandfather.
avoltóio, *s. m.,* vulture.
avvampáre, *v. a.* 1, *to inflame.*
avvedérsi, *irr. r. v.,* to become aware.
avvegnachè, *conj.,* so that, because.
avvelenáre, *v. a.* 1, *to poison.*
avveníre, *imp. v, to happen.* As a *s. m.,* (the) *future.*

| AVVENTARSI. | BATTESIMO. | BIGONCIO. |

avventársi, v. r. 1, to throw oneself, fly at.
avventúra, s. f., adventure, accident. Adv. ex., per ——, perhaps, peradventure.
avventuráre, v. a. 1, to adventure, hazard.
avventuratamènte, adv., adventurously, fortunately.
avveráre, v. a. 1, to ascertain.
avversità, s. f., adversity, misfortune.
avvertíre, v. a. 3, to warn, remark.
avvezzáre, v. a. 1, to accustom, train. As a r. v., to be accustomed.
avvézzo, adj., accustomed, used, trained.
avviáre, v. a. 1, to lead. As a r. v., to start.
avvicináre, v. a. 1, to place near.
avvicinársi, v. r. 1, to approach.
avviluppáre, v. a. 1, to involve, clot, wrap up.
avvisáre, v. a. 1, to advise, inform. Obs. as to think.
avvisársi, v. r. 1, to think, purpose. Obs.
avvíso, s. m., notice, advertisement, warning, opinion.
avvocáto, s. m., advocate, lawyer.
avvólgere, irr. a. v., to involve, wind round.
avvolgérsi, irr. r. v., to entangle oneself, heap up.
avvólto, p. p. of avvólgere, involved, wound up.
avvólversi (p.), see avvólgersi.
azióne, s. f., doing, action.

B.

bábbo, s. m., father. Fam.
bácco (per), interj., by Jove!
baciáre, v. a. 1, to kiss.
bácio, s. m., kiss.
báco, s. m., grub. —— da seta, silk-worm.
badáre, v. n. 1, to heed, take care, beware.
badía, s. f., abbey.
bagnáre, v. a. 1, to water.
báilo, s. m., commissary, consul, regent. Obs.
bairám, s. m., bairam, a Turkish festival.
baléno, s. m., lightning.
bália, s. f., nurse.

balía, s. f., power, rule. An office in the Republic of Florence.
bálla, s. f., bale.
balláre, v. n. 1, to dance.
bálio, s. m., dance.
balzáre, v. n. 1, to jump.
bambíno, s. m., baby, infant. —— da latte, sucking-baby.
bambolíno, s. m., little baby.
banchétto, s. m., banquet, feast, dinner.
banchiére, s. m., banker.
bánda, s. f., side, band, troop, party.
bandiéra, s. f., flag, banner.
bandíre, v. a. 3, to exile, to claim.
baráttolo, s. m., gallipot.
bárba, s. f., beard. Adv. ex., in barba, in the presence.
barbárico, adv., barbarous, rude.
barbárie, s. m., barbarity, cruelty, barbarism.
barbiére, s. m., barber.
bárca, s. f., ship (fishing smack, not a man-of-war).
barchétta, s. f., boat.
baríle, s. m., cask, barrel.
barlúme, s. m., dim light, twilight.
barzellétta, s. f., joke, banter, jest, pun.
bassézza, s. f., meanness, low action.
básso, adj., low. —— riliévo, basso-relievo.
básta, interj., enough!
bastáio, s. m., maker of pack-saddles, pack-saddler.
bastánte, adj., sufficient.
bastáre, v. n. and imp., to suffice, be sufficient. —— l' ánimo, have courage enough.
bastiménto, s. m., ship.
bastióne, s. m., bastion, bulwark.
básto, s. m., pack-saddle.
bastonáta, s. f., blow with a stick, lash.
bastóne, s. m., stick.
battáglia, s. f., battle. —— murale, escalade, assault and fight on the walls of a town or fortress.
battéllo, s. m., boat.
báttere, v. a. 2, to beat, strike.
báttersi, v. r. 1, to strike oneself, fight. —— l' anca, to slap one's own hip.
battesimo, s. m., baptism.

beatitúdine, s. f., blessedness, happiness, blessing.
beáto, adj., blessed, happy, holy.
beccáre, v. a. 1, to gulp, swallow, peck.
béffa, s. f., jeer, jest, ridicule.
bellézza, s. f., beauty.
béllo, adj., beautiful, pretty; —— e tagliáto, ready cut; nel più ——, at the most beautiful point, in the midst.
boltáte, s. f., beauty. Obs. for bettà.
benchè, conj., although.
bénda, s. f., band, fillet.
béne, adv., well; quando ——, even if. As a s. m., good, boon; —— éssere, well-being; in the pl. béni, goods, property, estates, landed possessions.
benedétto, p. p. of benedire, blessed.
benedíre, irr. a. v., to bless.
benedizióne, s. f., benediction.
benefattóre, s. m., benefactor (f. benefattríce).
beneficáre, v. a. 1, to do good, help.
beneficénza, s. f., beneficence.
benefício, s. m., benefit, favour. Per ——, Obs. adv. ex., by means.
benéfico, adj., beneficent.
benefízio, s. m., benefit, favour.
benemérito, adj., meritorious, praiseworthy.
benevolénza, s. f., benevolence.
bére, irr. a. v., to drink.
borrétta, s. f., cap.
bestemmiáre, v. n. 1, to curse, swear.
béstia, s. f., animal, fool.
bettola, s. f., wineshop, low eating-house.
bévere, irr. v. a., to drink.
bianchegiáre, v. n. 1, to become white.
biánco, adj., white.
biasimáre, v. a. 1, to blame.
biásimo, s. m., blame, animadversion, reproach.
bibliotéca, s. f., library.
bicchiére, s. m., drinking-glass.
bicchieríno, s. m., small glass.
bigliétto, s. m., note, letter.
bigóncio, s. m., cask (small, open at one end).

bimbo, *s. m., infant, baby.*
birbo, *s. m., rascal, villain.*
birbóne, *s. m., great rascal.*
birra, *s. f., beer.*
birro, *s. m., spy, bailiff, policeman, scoundrel.*
bisógna, *s. f., business, affair.*
bisognáre, *imp. v., to be necessary, be required.*
bisógno, *s. m., need, want.*
bistrattáre, *v. a. 1, to maltreat, injure.*
bizzárro, *adj., odd, strange, spirited, motley, variegated.*
bocca, *s. f., mouth; a bocca baciáta, adv. ex., easily (as easily as a kiss is given).*
boccále, *s. m., jug.*
boccóne, *s. m., mouthful.*
bolla, *s. f., bubble, bull, a papal edict.*
bolletta, *s. f., ticket.*
bombárda, *s. f., bombard.*
bontá, *s. f., goodness, kindness.*
borbogliáre, *v. a. 1, to mutter.*
bordo, *s. m., board, deck (of a ship).*
borióso, *adj., proud, conceited.*
borsa, *s. f., purse, stock-exchange.*
bosco, *s. m., wood, forest.*
botte, *s. f., butt, large cask.*
bottéga, *s. f., shop.*
bottegáio, *s. m., shopkeeper.*
bove, *s. m., ox.*
bózzolo, *s. m., cocoon.*
braccio, *s. m., arm, yardwand, yard (measure). Pl. m. and f. bracci, braccia.*
brache, *s. f. pl., breeches, trousers. Not used in the singular.*
bramáre, *v. a. 1, to long, wish.*
bramóso, *adj., eager.*
branca, *s. f., paw, arm, branch.*
brando, *s. m., sword, weapon (p.).*
brano, *s. m., piece, portion.*
braveria, *s. f., valour, bravery.*
bravo, *adj., valorous, brave. As a s. m., bravo, bandit.*
braváccio, *s. m., assassin, bandit.*
breve, *adj., short, narrow. As a s. m., papal letter. Adv. ex., in ——, shortly, in a short time; di ——, after a short time.*

brevitá, *s. f., shortness, brevity.*
briciolo, *s. m., bit (the smallest portion of anything).*
briga, *s. f., care, quarrel.*
brigáta, *s. f., company, body of troops, brigade.*
brina, *s. f., hoar-frost.*
brindisi, *s. m., toast, a sentiment or health announced at drinking.*
brio, *s. m., humour.*
británnico, *adj., British.*
bronzo, *s. m., bronze.*
bruciáre, *v. a. 1, to burn.*
bruco, *s. m., caterpillar.*
bruma, *s. f., winter solstice (p.).*
brustoláre, *v. a. 1, to toast, burn a little.*
bruto, *s. m., brute, beast.*
brutto, *adj., ugly.*
búbbola, *s. f., hoopoe (a bird).*
bucáto, *s. m., washing, linen (just washed).*
buco, *s. m., hole.*
bue, *s. m., ox, beef. Pl. buoi.*
buffóne, *s. m., buffoon, jester.*
bugía, *s. f., lie, falsehood.*
búlgaro, *s. m. and adj., Bulgarian.*
buono, *adj., good. Adv. ex., alla buona, in a familiar way, lowly.*
buonómo, *s. m., good man, worthy man, fool. Pl. buonómini. Fam.*
burattináro, *s. m., showman (of Punch and Judy, or puppets).*
burattíno, *s. m., puppet, marionette.*
búrbero, *adj., disagreeable, cross, bad-tempered.*
burla, *s. f., jest, hoax.*
burrásca, *s. f., tempest, storm.*
bussáre, *v. a. 1, to push, knock, strike.*
bússola, *s. f., compass.*
bussolótto, *s. m., conical box. In the pl. conjurer's game.*
buttáre, *v. a. 1, to throw away.*
buzzo, *s. m., stomach, belly, gizzard.*

C.

cacciáre, *v. a. 1, to drive away, chase, dismiss; —— si innánzi, to drive, push forward. As a r. v., to place or ensconce oneself.*

cacciatóre, *s. m., hunter (f. cacciatrice).*
cacio, *s. m., cheese.*
cadávere, *s. m., corpse, cadaver.*
cadére, *irr. v. n., to fall.*
cadúco, *adj., frail, decaying.*
caffé, *s. m., coffee, coffee-house.*
caffettiére, *s. m., coffee-house-keeper. La caffettiéra, the coffee-pot.*
cagionáre, *v. a. 1, to cause.*
cagióne, *s. f., cause.*
cagnésco, *adj., like a dog. Adv. ex., in ——, churlishly.*
cagnolíno, *s. m., little dog.*
calamáio, *s. m., ink-stand.*
calamíta, *s. f., loadstone.*
calamitá, *s. f., calamity, misfortune.*
caláre, *v. a. and n. 1, to descend, come down.*
calársi, *v. r. 1, to descend.*
calcáre, *v. a. 1, to trample, tread.*
calcio, *s. m., kick, stock (of a gun).*
cálcolo, *s. m., reckoning, calculation.*
caldo, *adj. and s. m., warm, heat.*
caldúra, *s. f., hot mist, heat (of the atmosphere).*
calésse, *s. m., gig, carriage.*
califfo, *s. m., caliph.*
calpestáre, *v. a. 1, to trample.*
cambiaménto, *s. m., change.*
cambiáre, *v. a. 1, to change, alter.*
cambiatóre, *s. m., money-changer (f. cambiatrice).*
cambio, *s. m., exchange, alteration.*
cámera, *s. f., room, chamber.*
cameretta, *s. f., small room.*
cameriére, *s. m., waiter, servant.*
cammello, *s. m., camel.*
cammináre, *v. n. 1, to walk.*
cammíno, *s. m., way, road.*
campágna, *s. f., fields, campaign, country.*
campána, *s. f., bell.*
campanáro, *s. m., bell-ringer.*
campaníle, *s. m., belfry.*
campáre, *v. n. 1, to live, gain a living. As an a. v., to save.*
campo, *s. m., field, camp. —— santo, cemetery.*
camuffáre, *v. a. 1, to muffle.*
camuffársi, *v. r. 1, to disguise oneself.*
canáglia, *s. f., rabble, mob.*

canále, *s. m., canal.*
canapè, *s. m., couch, settee.*
cancelláre, *v. a.* 1, *to wipe out, cancel, obliterate.*
cánchero, *s. m., cancer, canker.*
candéla, *s. f., candle.*
candelótto, *s. m., candle, taper.*
candóre, *s. m., openness, fairness.*
cane, *s. m., dog* (*f.* cagna).
canna, *s. f., reed, stick.*
cannócchia, *s. f., stick.*
cannochiále, *s. m., spy-glass, small telescope.*
cantánte, *s. m., singer.*
cantáre, *v. n.* 1, *to sing.*
cantatóre, *s. m., singer* (*f.* cantatrice).
cántico, *s. m., song.*
cantína, *s. f., cellar.*
canto, *s. m.,* (1) *song;* (2) *corner, side. Adv. ex.,* dall' altro ——, *on the other side.*
cantóne, *s. m., corner, side.*
cantoncíno, *s. m., small corner.*
canúto, *adj., bald.*
canzóne, *s. f., song, canzone, ditty, lyric poem.*
canzonétta, *s. f., short song.*
canzoniére, *s. m., song-book, a collection of songs.*
caos, *s. m., chaos, confusion.*
capáce, *adj., capable.*
capéllo, *s. m., hair* (of the head only).
capíre, *v. n.* 3, *to understand.*
capitále, *s. f., and adj., capital.*
capitáno, *s. m., captain, leader.*
capitáre, *v. n.* 1, *to happen.*
capo, *s. m., head, ringleader, chief. Adv. ex., da* ——, *from the beginning; in* ——, *at the end of;* da —— a piedi, *from head to foot.*
cappa, *s. f., cloak* (a hooded).
cappéllo, *s. m., hat.*
cappóne, *s. m., fowl.*
cappuccinésco, *belonging to the order of Franciscan friars.*
cappuccíno, *s. m., capuchin, Franciscan monk.*
capríccio, *s. m., whim, caprice.*
caprétto, *s. m., kid.*
capro, *s. m., goat.*
caraménte, *adv., dearly.*
caráttere, *s. m., character, nature, temper, type.*

carbóne, *s. m., coal.*
carceráre, *v. a.* 1, *to imprison, incarcerate.*
cárcere, *s. m. and f., prison, jail.*
carco (p.). *see* cárico.
cardinále, *s. m. and adj., cardinal, principal.*
cardinalízio, *adj., pertaining to a cardinal.*
carézza, *s. f., kindness, caress.*
caricáre, *v. a.* 1, *to load, charge.*
caricársi, *v. r.* 1, *to burthen, assume the charge.* —— di legne verdi, *to load oneself with useless ballast.*
cárico, *s. m., load, charge.* As an *adj., loaded, laden.*
carità, *s. f., charity, love.*
caritatévole, *adj., charitable, benevolent.*
carme, *s. m., poem, song.*
carnále, *adj., fleshy, carnal;* cugino ——, *first cousin.*
carne, *s. f., flesh, meat.*
carnéfice, *s. m., executioner, hangman.*
carnevále, *s. m., carnival.*
caro, *adj., dear, beloved.*
carógna, *s. f., carrion.*
carriággio, *s. m., carriage, cart.*
carro, *s. m., car, waggon.*
carrózza, *s. f., carriage, coach.*
carta, *s. f., paper, map, chart;* carte, pl.; (playing) cards.
casa, *s. f., house, home, family.*
casalíngo, *adj., homely, familiar. Adv. ex.,* alla casalinga, *plainly, in a homely fashion.*
cascáre, *v. n.* 1, *to fall;* —— tra capo e collo, *to come down unforeseen, unexpectedly.*
casettína, *s. f., small house, cottage.*
casíno, *s. m., villa, country house.*
casípola, *s. f., cottage, hut.*
caso, *s. m., case, emergency, condition. Adv. ex.,* a ——, *by chance, in ogni* ——, *anyhow,* in —— che or —— che, *provided that.*
cassa, *s. f., chest, large box, strong box.*
cassétta, *s. f., small box, coachman's seat.*
castéllo, *s. m., castle.*

castígo, *s. m., punishment, chastising.*
castráto, *s. m., mutton.*
castronería, *s. f., mistake, foolery.*
caténa, *s. f., chain, necklet.*
cattívo, *adj., wicked, bad.*
cattólico, *adj., catholic, universal.*
causa, *s. f., cause, origin. Adv. ex.,* a ——, *because, owing to;* per ——, *because.*
cavalcáre, *v. n.* 1, *to ride.*
cavaliére, *s. m., knight, horseman.*
cavallerésco, *adv., knightly.*
cavallería, *s. f., heraldry, cavalry, chivalry.*
cavallétto, *s. m., easel.*
cavállo, *s. m., horse. Adv. ex.,* a ——, *on horseback.*
caváre, *v. a.* 1, *to draw out, scoop.*
cavársi, *v. r.* 1, *to get rid of, satisfy.*
cavézza, *s. f., halter.*
cávolo, *s. m., cauliflower.*
cecità, *s. f., blindness.*
cédere, *v. n.* 2, *to give way.*
cedro, *s. m., cedar.*
celebráre, *v. a.* 1, *to celebrate, honour, praise.*
célebre, *adj., celebrated, famous.*
celéste, *adj., heavenly, celestial.*
celia, *s. f., hoax.*
cena, *s. f., supper.*
céncio, *s. m., rag, patchwork.*
cénere, *s. m. and f., ashes, remains of the dead.*
cenno, *s. m., wink, beckoning, sign.*
centáuro, *s. m., centaur.*
centésimo, *adj., hundredth.*
centináio, *s. m., a hundred.* Pl. *f.* centinaia.
cento, *adj. num., hundred.*
centro, *s. m., centre.*
ceppo, *s. m., trunk of a tree,* (p.) *obstacle.* Pl.=*fetters.*
cera, *s. f., wax, complexion.*
cerbiótto, *s. m., faun.*
cerca, *s. f., quest, search.*
cercáre, *v. a.* 1, *to seek, search.* When foll. by di and an Inf.=*to try, endeavour.*
cerimónia, *s. f., ceremony, form.*
certaménte, *adv., certainly.*
cérto, *adj., certain.* As an *adv., certainly.*
certúno, *pron., some one.*

cerúsico, *s. m.*, surgeon.
cervéllo, *s. m.*, brain; —— tondo, silly, stupid.
cervo, *s. m.*, stag, deer. Cerva, *s. f.*, hind.
cessáre, *v. a.* 1, *to leave off, cease.* Obs. in the meaning of *to put off.*
cetriólo, *s. m.*, cucumber.
che, *conj.* and *pron.*, *that, what, who, which. Adv. ex.*, da ——, *since*; non ——, *not only*; a ——, *why.*
chè, see **poichè**.
chetáre, *v. a.* 1, *to quiet, calm.*
chéto, *adj., quiet, silent.*
chi, *pron., who, whom.*
chiacchieráre, *v. n.* 1, *to chatter.*
chiamáre, *v. a.* 1, *to call.*
chiamársi, *v. r.* 1, *to call oneself* ; —— in colpa, *to think oneself guilty.*
chiaraménte, *adv.*, *clearly, plainly, openly.*
chiáro, *adj., clear, plain, honourable, renowned.*
chiásso, *s. m.*, *noise.*
chiáve, *s. f.*, *key.*
chicchessía, *indef. pers. pron., whoever.* Pl. chicchessiano.
chiédere, *irr. v. a.*, *to ask, request.*
chiésa, *s. f.*, *church.*
chiesúccia, *small church, chapel.*
chiésto, *p. p.* of chiédere, *requested, asked.*
chiméra, *s. f.*, *chimera, idle fancy.*
chináre, *v. a.* 1, *to bend, lean, incline.*
chinársi, *v. r.* 1, *to bow.*
chióma, *s. f.*, *hair.*
chirúrgo, see cerúsico.
chiúdere, *irr. v. a.*, *to close, shut* ; —— la vita, *to die.*
chiúnque, *pron., whoever.*
chiúso, *p. p.* of chiúdere, *closed, shut.*
ci, *adv., there.*
ciabátta, *s. f.*, *slip-shoe, clog.*
ciáncia, *s. f.*, *gossip, meaningless word.*
cianciáre, *v. n.* 1, *to gossip, chatter.*
ciárla, *s. f.*, *empty word, gossip, prattle.*
ciaschedúno, *pron.* and *adj.*, *each, each one.*
ciascúno, *pron.* and *adj.*, *each, each one.*
cibársi, *v. r.* 1, *to feed.*

cibo, *s. m.*, *food.*
cicála, *s. f.*, *cicada, tree-cricket, harvest-fly.*
cielo, *s. m.*, *heaven, the heavens. Adv. ex.*, a —— ecopèrto, *in the open air. Interj.*, oh ——!, *oh Heavens!*
cíglio, *s. m.*, *eyelid.* Pl. m. and *f.*, cigli, ciglia.
cima, *s. f.*, *summit, a young sprout of trees. Adv. ex.*, da —— a fondo, *from top to bottom, throughout.*
cimitéro, *s. m.*, *cemetery.*
cíngere, *irr. a. v.*, *to wreath, gird.*
cinguettáre, *v. n.* 1, *to prattle.*
cinquánta, *num. adj., fifty.*
cinquantótto, *num. adj., fifty-eight.*
cínque, *num. adj., five.*
cinquecénto, *num. adj., five hundred.* Il Cinquecénto, *the XVI. Century.*
cínta, *s. f.*, *circumvallation, enclosure, waist-band.*
cínto, *p. p.* of cíngere, *girt, wreathed.*
ciò, *pron., this, that.*
cioccoláta, *s. f.*, *chocolate.*
cioè, *conj., namely, i. e. (id est).*
cipíglio, *s. m.*, *frown, stern look.*
círca, *adv., about, concerning, nearly. Adv. ex.*, —— a, *as far.*
circondáre, *v. a.* 1, *to surround.*
circonfóndere, *irr. v. a.*, *to confuse.*
circonfúso, *p. p.* of circonfóndere, *confused.*
circospezióne, *s. f.*, *circumspection, caution.*
circostánte, *adj.* and *s. m., neighbouring, by-stander.*
cistérna, *s. f.*, *cistern.*
citáre, *v. a.* 1, *to summon, quote, name.*
cittá, *s. f.*, *town, city.*
cittadinánza, *s. f.*, *citizenship.*
cittadíno, *s. m.* and *adj., citizen, municipal.*
ciúco, *s. m., ass, donkey, fool.*
civíle, *adj., civil, polite, civilized.*
clásse, *s. f.*, *class, order.*
clássico, *adj.* and *s. m., classical, classic.*
cleménza, *s. f.*, *clemency.*
clérico, *adj.* and *s. m., clerical, clergyman.*
cliénte, *s. m.*, *client, adherent.*

clíma, *s. m.*, *climate.*
cloáca, *s. f.*, *sewer, drain.*
cocchiére, *s. m.*, *coachman.*
cócchio, *s. m.*, *coach, carriage.*
cocómero, *s. m.*, *cucumber.*
códa, *s. f.*, *tail.*
codardía, *s. f.*, *cowardice.*
codárdo, *adj., coward.*
codésto, *adj., that, that one.*
cógliere, *irr. a. v.*, *to gather, catch.*
cognizióne, *s. f.*, *knowledge.*
cógno, *s. m.*, *obs. measure for liquids.* Pl. m. and *f.*, cogni, cogna.
colá, *adv., there.*
colére, *def. v.*, *to worship.* Obs.
collársi, *v. r.* 1, *to drop down, jump, descend.* Fam.
cólle, *s. m.*, *hill.*
collegáre, *v. a.* 1, *to ally.* I Collegáti, *the Allies.*
cóllera, *s. f.*, *anger, wrath.*
cóllo, *s. m.*, *neck.*
collocáre, *v. a.* 1, *to place.*
cólmo, *adj., full, heaped.* As a *s. m., climax.*
colónna, *s. f.*, *column, pillar.*
coloráre, *v. a.* 1, *to colour.*
colóre, *s. m.*, *colour.*
colorire, *v. a.* 3, *to colour.*
cólpa, *s. f.*, *crime, fault, sin.*
colpíre, *v. a.* 3, *to strike, hit.*
cólpo, *s. m.*, *blow.*
cólta, *s. f.*, *gathering. Adv. ex.*, di prima ——, *directly.*
coltéllo, *s. m.*, *knife.* Pl. m. and *f.*, coltélli, coltélla.
coltiváre, *v. a.* 1, *to cultivate, till.*
cólto, *adj., educated, learned; p. p.* of cógliere, *gathered.*
cóltrice, *s. f.*, *quilt, bed (p.).*
colúi, *pron., that one, he (f.* colèi).
comandaménto, *s. m.*, *command, order.*
comandáre, *v. a.* 1, *to command, order.*
comándo, *s. m.*, *command, order.*
comáre, *s. f.*, *godmother, gossip.*
combáttere, *v. a.* 2, *to fight, oppose.*
combattiménto, *s. m.*, *fight, battle.*
come, *conj., as, how. Adv. ex.*, —— prima, *as soon as.*
comecchè, *although.*
cométa, *s. f.*, *comet.*
cómico, *adj.* and *s. m., laughable, comic, comedian.*

COMINCIARE.

cominciáre, *v. n.* 1, *to begin.*
commédia, *s.f., comedy, play.*
commensále, *s. m., guest* (to a dinner), *mess-mate.*
comménto, *s. m., comment, remark.*
commèrcio, *s. m., commerce, trade.*
commésso, *p. p. of* **commèttere,** *joined together, entrusted.*
commestibile, *s. m., food.*
commèttere, *irr. a. v., to join together, entrust.*
commissário, *s. m., commissary, commissioner.*
commósso, *p. p. of* **commuóvere,** *agitated, moved.*
commuóvere, *irr. v. a., to agitate, excite.*
comodaménte, *adv., comfortably, leisurely.*
comodità, *s.f., comfort.*
cómodo, *s. m., leisure, comfort.* As an *adj., comfortable.*
compagnía, *s. f., company, companionship.*
compágno, *adj.* and *s. m., associate, companion.*
comparazióne, *s. f comparison.*
compáre, *s. m., godfather, friend.*
comparíre, *irr. v. n., to appear, seem.*
compárso, *p. p. of* **comparíre,** *seemed, appeared.*
compassióne, *s. f., compassion, pity.*
compatíbile, *adj., compatible, consistent.*
compatíre, *v. n.* 3, *to pity, excuse.*
compensáre, *v. a.* 1, *to compensate.*
competénte, *adj., suitable.*
compètere, *v. n.* and *r.* 2, *to compete, belong.*
compiacére, *irr. v. n., to please, gratify.*
compiángere, *irr. v. n., to bewail, pity.*
compiánto, *p.p. of* **compiángere,** *bewailed.* As a *s. m., pity.*
compíre, *v. n.* 3, *to finish, fulfil.*
complèsso, *adj., stout, thick, strong.* As a *s. m., totality, whole.*
cómplice, *s. m., accomplice, confederate.*
compliménto, *s. m., compliment.*

CONCORRERE.

componiménto, *s. m., composition.*
compórre, *irr. a. v., to compose, make.*
comportáre, *v. n.* 1, *to allow.* As a *r. v.=to behave.*
compósto, *p. p. of* **compórre,** *composed, made.*
compráre, *v. a.* 1, *to buy.*
comprársi, *v. r.* 1, *to get;* —— *a contánti, to assume an unprofitable responsibility.*
comprèndere, *irr. n. v., to understand, include;* non —— *un' acca, not to understand anything.*
compréso, *p. p. of* **comprèndere,** *understood, included.*
comprèsso, *p. p. of* **comprímere,** *pressed.*
comprímere, *irr. v. a., to press.*
comúne, *adj., common, general.* As a *s. m.* and *f., municipality.*
comunicáre, *v. a.* 1, *to communicate, impart.*
comúnque, *conj., however.*
con, *prep., with.*
concavità, *s.f., concavity.*
concèdere, *irr. a. v., to grant, concede.*
concertáre, *v. a.* 1, *to concert, plan.*
concèrto, *s. m., concert.*
concèsso, *p. p. of* **concèdere,** *granted, conceded.*
concètto, *s. m., thought, conception, idea.*
conchiúdere, *irr. n. v., to conclude, infer.*
conchiúso, *p. p. of* **conchiúdere,** *concluded, inferred.*
conciáre, *v. a.* 1, *to tan, curry, beat, arrange.*
concílio, *s. m., council.*
cóncio, *adj., mangled, tanned, arranged.*
concitáre, *v. a.* 1, *to excite, stir up, rouse up.*
conclúdere, *irr. n.v., to conclude, infer.*
conclusióne, *s. f., conclusion, end. Adv. ex.,* in ——, *finally.*
conclúso, *p.p. of* **conclúdere,** *concluded, inferred.*
concordáre, *v. n.* 1, *to accord, agree, be co-ordinated, harmonize.*
concórrere, *irr. n. v., to concur, agree.*

CONGRATULARE.

concórso, *p. p. of* **concórrere,** *concurred, agreed.*
condánna, *s. f., condemnation, sentence, judgment.*
condannáre, *v. a.* 1, *to condemn, sentence.*
condannazióne, *s. f., condemnation, sentence.*
condiménto, *s. m., condiment, seasoning.*
condizióne, *s. f., condition, state.*
condogliánza, *s. f., condolence.*
condolérsi, *irr. r. v., to condole.*
condótta, *s.f., behaviour.*
condótto, *p. p. of* **condúrre,** *led, conducted.*
condúrre, *irr. a. v., to lead, conduct.*
condúrsi, *irr. r. v., to behave, go.*
confèrma, *s. f., sanction, confirmation.*
confermáre, *v. a.* 1, *to confirm, sanction.*
confermársi, *v. r.* 1, *to be confirmed.*
confessáre, *v. n.* 1, *to confess, avow.*
confessióne, *s. f., confession, avowal.*
confessóre, *s. m., confessor.*
conficcáre, *v. a.* 1, *to fix, make fast, drive in.*
confíne, *s. m., limit, boundary.*
confiscáre, *v. a.* 1, *to confiscate.*
confóndere, *irr. a. v., to confound, mingle.*
confórme, *adj., similar, like.*
confortáre, *v. a.* 1, *to comfort, cheer up.*
confortársi, *v. r.* 1, *to be comforted.*
confórto, *s. m., comfort.*
confusióne, *s.f., confusion.*
confúso, *p. p. of* **confóndere,** *confused, mingled.*
congedáre, *v. a.* 1, *to dismiss.*
congiúngere, *irr. a. v., to conjoin, unite.*
congiúnto, *p.p. of* **congiúngere,** *united.* As a *s. m., relation, kinsman.*
congiuntúra, *s.f., conjuncture.*
congiúra, *s.f., conspiracy.*
congiuráre, *v. n.* 1, *to conspire.*
congratuláre, *v. a.* 1, *to congratulate.*

congregáre, v. a. 1, to congregate, assemble.
congrésso, s. m., congress, assembly.
coníglio, s. m., rabbit.
conoscénza, s. f., acquaintance.
conóscere, irr. n. v., to know (physical knowledge); —— di nome, to know by name; —— di vista, to know by sight.
conoscitóre, s. m., connoisseur (f. conoscitrice).
conosciúto, p. p. of conoscere, known.
conquistáre, v. a. 1, to conquer.
consacráre, v. a. 1, to consecrate, devote.
consapévole, adj., conscious.
conségna, s. f., password, signal.
consegnáre, v. a. 1, to consign, allot.
conseguénza, s. f., consequence, result. Adv. ex., per ——, consequently.
consénso, s. m., consent, assent.
consentíre, v. n. 3, to consent, assent.
consérto, adj. (of the arms) folded (on the breast) (p.)
conserváre, v. a. 1, to conserve, preserve.
conservazióne, s. f., conservation, preservation.
consésso, s. m., assembly, council.
consideráre, v. a. 1, to consider, ponder.
consigliáre, v. a. 1, to counsel, advise.
consíglio, s. m., counsel, advice.
consístere, irr. n. v., to consist.
consistíto, p. p. of consistere, consisted.
consoláre, v. a. 1, to console.
consolársi, v. r. 1, to be comforted.
consolazióne, s. f., consolation, comfort.
cónsole, s. m., consul.
consonáre, v. n., to agree, accord.
consórte, s. m. and f., consort, wife, husband.
consuéto, adj., usual, customary.
consuetúdine, s. f., custom, use.

consúlta, s. f., consultation.
consumáre, v. a. 1, to consume.
contadíno, s. m., peasant, labourer.
contánte, adj. and s. m., counting, cash; danári contanti, ready money.
contáre, v. a. 1, to count, reckon, compute.
cónte, s. m., count, earl.
contéa, s. f., earldom, county.
contemplatóre, s. m., contemplator (f. contemplatrice).
conténdere, irr. n. v., to contend, struggle; to forbid (p.).
contenére, irr. n. v., to contain, hold, restrain.
contentáre, v. a. 1, to content, satisfy.
contentársi, v. r. 1, to be satisfied.
contentézza, s. f., satisfaction, pleasure.
conténto, adj., satisfied, pleased.
contenzióso, adj., disputatious.
conterráneo, adj., fellow-countryman.
contéso, p. p. of conténdere, contended, disputed.
contíguo, adj., adjoining, contiguous.
continuaménte, adv., continuously.
continuáre, v. n. 1, to continue.
contínuo, adj., continuous, uninterrupted.
cónto, s. m., count, account. Adv. ex., a buon ——, by all means; a —— mio, on my behalf.
contórcere, irr. a. v., to twist.
contórcersi, irr. n. v., to writhe.
contórno, s. m., neighbourhood, surrounding.
contórto, p. p. of contórcere, twisted, contorted.
cóntra, prep., against, opposite.
contraccámbio, s. m., exchange, interchange.
contráda, s. f., road, street, country.
contraddóte, s. f., entailed dowry, marriage settlement. It has no pl.
contraffáre, irr. a. v., to counterfeit, mock, sham.

contraffátto, p. p. of contraffáre, counterfeited.
contrário, adj., contrary, opposed, inimical. Adv. ex., al ——, on the contrary: per ——, or per lo ——, on the contrary.
contrárre, irr. a. v., to contract, shorten.
contrásto, s. m., contrast, strife, difference.
contrátto, p. p. of contrárre, contracted; s. m., contract.
contribuíre, v. a. 3, to contribute.
contribuzióne, s. f., contribution.
contristáre, v. a. 1, to afflict, make sad.
contristársi, v. r. 1, to become sad.
contrizióne, s. f., contrition, grief.
cóntro, prep., against; —— di, or —— a, against.
controvérsia, s. f., controversy, dispute.
conveniénte, adj., convenient, suitable.
conveniénza, s. f., convenience.
veníre, irr. n. v., to be becoming, agree. As a r. v., to be suitable.
convénto, s. m., convent. Obs. in its meaning of assembly.
convenzióne, s. f., covenant, meeting.
conversazióne, s. f., conversation.
conversióne, s. f., conversion.
convíncere, irr. v. a., to convince, persuade.
convínto, p. p. of convíncere, convinced, persuaded.
convissúto, p. p. of convívere, lived with.
convitáre, v. a. 1, to invite, entertain.
convitáto, p. p. of convitáre and s. m., invited, guest.
convíto, s. m., banquet, feast.
convívere, irr. n. v., to live with.
convocáre, v. a. 1, to convoke, assemble.
convulsióne, s. f., convulsion.
convúlso, adj., convulsed.
coordináre, v. a. 1, to co-ordinate.

COPERTO.	CREARE.	CUPO.

copèrto, *p. p. of* coprire, *covered.*
copia, *s. f., copy, quantity, plenty.*
copiáre, *v. a.* 1, *to copy, imitate.*
coppa, *s. f., cup, vase.*
coppo, *s. m., tile.*
coprire, *irr. a. v., to cover.*
coràggio, *s. m., courage, daring.*
coraggióso, *adj., courageous, brave, bold.*
coráno, *s. m., Koran.*
corbellàre, *v. a.* 1, *to hoax, quiz.*
corbellería, *s. f., hoax, jest, mistake.*
corbèllo, *s. m., wicker-basket.*
corda, *s. f., chord, cord, string.*
cordiále, *adj., cordial, hearty, friendly.*
cordicína, *s. f., slender string, small cord.*
core (p.), *see* **cuore.**
coriáceo, *adj., leather-like, leathery, coriaceous.*
coricársi, *v. r.* 1, *to lie down, go to bed.*
corno, *s. m., horn, cornet. Pl. m.* corni, *cornets; pl. f.* corna, *horns.*
coróna, *s. f., crown, kingdom.*
corpo, *s. m., body;* — **celèste,** *planet, celestial body. Adv. ex.,* in — e in ánima, *alive, actually, really.*
corrèggere, *irr. a. v., to correct, revise.*
córrere, *irr. n. v., to run;* — a squadre, *to rush in crowds.*
corrètto, *p. p. of* corrèggere, *corrected, revised.*
correzióne, *s. f., correction, revise.*
corrispondènte, *adj. and s. m., corresponding, correspondent.*
corrispondènza, *s. f., correspondence, uniformity.*
corrispóndere, *irr. n. v., to correspond.*
corrispósto, *p. p. of* corrispóndere, *corresponded.*
corrómpere, *irr. a. v., to corrupt.*
corrótto, *p. p. of* corrómpere, *corrupted.*
corruttèla, *s. f., corruption, decay.*

corsa, *s. f., race, run, errand.*
corso, *s. m. and p. p. of* córrere, *course, current, run.*
corte, *s. f., court.*
cortèse, *adj., kind, well-bred.*
cortesemènte, *adv., courteously.*
cortesía, *s. f., courtesy.*
cortigiáno, *adj. and s. m., courtly, courtier.*
cortíle, *s. m., court-yard.*
corto, *adj., short, brief.*
corvo, *s. m., crow, raven.*
cosa, *s. f., thing.*
coscia, *s. f., thigh.*
coscienza, *s. f., conscience.*
cosètta, *s. f., small thing.*
cosi, *conj., thus;* — come, *just as, as well as.*
cosicchè, *conj., so that.*
cospícuo, *adj., conspicuous, prominent, manifest.*
costa, *s. f., rib, coast.*
costà, *adv., there.*
costantemènte, *adv., constantly.*
costánza, *s. f., constancy.*
costáre, *v. n.* 1, *to cost, be worth.*
costeggiáre, *v. n.* 1, *to coast, sail along the coast.*
costì, *adv., there.*
costituíre, *v. a.* 1, *to constitute, establish.*
costituírsi, *v. r.* 1, *to appoint oneself.*
costituzióne, *s. f., constitution, condition, statute.*
costo, *s. m., cost, price. Adv. ex.,* a ogni — , *by all means, anyhow.*
costrètto, *p. p. of* costríngere, *forced, compelled.*
costríngere, *irr. a. v., to compel, force.*
costúi, *pron. m., this one* (f. costéi).
costumatèzza, *s. f., good manners, behaviour.*
costúme, *s. m., custom, habit, action, wont.*
cotále, *adj. and pron., such.*
cotánto, *adj., so much.*
cotèsto, *adj. and pron., that one.*
cotto, *p. p. of* cuócere, *cooked.*
cotúrno, *s. m., buskin.*
covíle, *s. m., lair, covert, lurking-place.*
cranio, *s. m., skull.*
crápula, *s. f., crapulence, drunkenness.*
creáre, *v. a.* 1, *to create, engender, beget;* ben creato, *well-behaved.*
creatóre, *s. m., creator, inventor* (f. creatrice).
creatúra, *s. f., creature, being.*
creazióne, *s. f., creation, universe, world.*
credènza, *s. f., belief, credence. Adv. ex.,* a —, *by proxy, on credit.*
crédere, *n. v.* 2, *to believe.*
crédersi, *r. v.* 2, *to think oneself.*
crédito, *s. m., credit.*
creditóre, *s. m., creditor* (f. creditrice).
crepacuóre, *s. m., heart-ache. Adv. ex.,* a —, *very unwillingly.*
crepapèlle (a), *adv. ex., so as to burst, very much.*
crepáre, *v. n.* 1, *to burst.*
crépito, *s. m., crackling.*
crescènte, *adj. and s. m., growing, crescent.*
créscere, *irr. v. n., to grow.*
cresciúto, *p. p. of* créscere, *grown.*
crine, *s. m., hair* (p.).
cristállo, *s. m., crystal.*
cristiáno, *adj. and s. m., christian, person.*
crítico, *adj. and s. m., critical, critic.*
croce, *s. f., cross.*
crolláre, *v. n.* 1, *to fall (of buildings).*
crónaca, *s. f., chronicle.*
crudèle, *adj., cruel, barbarous.*
crudelmènte, *adv., cruelly, harshly, barbarously.*
crudeltà, *s. f., cruelty, brutality.*
cruènto, *adj., bloody, gory* (p.).
crusca, *s. f., bran, husk.*
cucchiáio, *s. m., spoon.*
cucina, *s. f., kitchen.*
cugíno, *s. m., cousin;* — carnale, *first cousin.*
cultóre, *s. m., cultivator* (f. cultrice).
cúmulo, *s. m., heap, accumulation.*
cuócere, *irr. v. a., to cook.*
cuoco, *s. m., cook.*
cuore, *s. m., heart.*
cupidigia, *s. f., cupidity, covetousness.*
cupidità, *s. f., cupidity, covetousness.*
cúpido, *adj., covetous.*
cupo, *adj., dark, deep, obscure.*

cura, s. f., cure, care.
curánte, adj., caring.
curáre, v. a. and n. 1, to cure, heal, care.
curársi, v. r. 1, to heed.
curiosità, s. f., curiosity.
curióso, adj., curious, inquisitive, queer.
custóde, s. m., keeper, jailer, care-taker.
custodíre, v. a. 3, to keep carefully, take care of.

D.

da, prep., from, by, at, about, like, worthy, suitable, as.
dabbéne, indecl. adj., good, honest.
dacchè, conj., since, as.
daga, s. f., cutlass, short sword.
dama, s. f., lady, dame.
danáro, s. m., coin, money.
danno, s. m., damage, injury, detriment.
dannóso, adj., injurious, noxious.
danza, s. f., dance, ball.
dappóco, adj., worthless, foolish.
dappói, adv., afterwards.
dappresso, adv., near, hard by, after.
dare, irr. a. v., to give; —— aiúto, to help; —— cagióne, to give cause; —— campo, to give an opportunity, to allow; —— del cane francése pel capo, to call (somebody) a French dog; —— cárico, to charge, to intrust; —— conto, to give an account; —— fuori, to publish; —— ad inténdere, or —— la ad inténdere, to make others believe (that which is not true); —— in ismánie, to get very angry; —— mano, to begin; —— una mano, to help; —— órdine, to put (things) in order; —— passo, to make way; —— peso, to give weight; —— piacére, to please; —— prova, to give proof, to show; —— ragióne, to tell some one that he is right; —— sicurtà, to give bail; —— soccórso, to help; —— al sole (p.), to give birth; —— si a (followed by an Inf.), to begin; —— si alla

fuga, to run away; —— si pensiéro, to take an interest (in something), to look after (something); —— término, to finish, obs. as to give time; —— timóre, to frighten; —— un tuffo, to plunge; —— la mala ventúra, to curse, ruin.
dato, p. p. of dare, given. Conj. —— che, suppose that.
dattórno, adv. and prep., around, by.
davánti, adv., before (of place).
davvéro, adv., truly.
dea, s. f., goddess.
debito, adj. and s. m., owing, debt, due.
debitóre, s. m., debtor (f. debitrice).
débole, adj., weak, feeble.
decameróne, s. m., decameron.
decapitáre, v. a. 1, to behead.
decémbre, s. m., December.
decídere, irr. v. a., to decide, determine, settle.
décimo, adj., tenth.
decimonóno, adj., nineteenth.
decimoquárto, adj., fourteenth.
decíso, p. p. of decídere, decided, settled.
dédica, s. f., dedication.
dedicáre, v. a. 1, to dedicate, devote, consecrate.
dedicatório, adj., dedicatory.
defórme, adj., ugly, unsightly, deformed, repulsive.
degnársi, v. r. 1, to be pleased.
degno, adj., worthy.
deh, interj., oh! ah!
deliberáre, v. n. 1, to deliberate, debate, decide.
deliberazióne, s. f., deliberation, decision.
delicáto, adj., delicate, refined, polite.
delizióso, adj., delightful, delicious.
demónio, s. m., demon, devil.
denáro, s. m., money.
dente, s. m., tooth.
dentro, prep. and adv., in, inside, within.
deploráre, v. n. 1, to deplore, bewail.
depórre, irr. v. a., to depose.
depósto, p. p. of depórre, deposed.

deputáre, v. a. 1, to depute, commission.
derídere, irr. n. v., to deride, ridicule.
derìso, p. p. of derídere, derided, ridiculed.
deriváre, v. a. 1, to derive.
derivazióne, s. f., derivation.
descrítto, p. p. of descrívere, described.
descrívere, irr. v. a., to describe.
desérto, (1) s. m., desert; (2) adj., forsaken, deserted.
desideráre, v. a. 1, to wish, desire.
desidério, s. m., wish, desire.
desideróso, adj., desirous, eager.
desináre, v. n. 1, to dine; s. m., dinner.
desolazióne, s. f., desolation.
déspota, s. m., despot, tyrant.
despotísmo, s. m., despotism.
destáre, v. a. 1, to awaken, to wake.
destársi, r. v. 1, to awake (oneself).
destináre, v. a. 1, to appoint, destine.
destíno, s. m., fate, destiny.
desto, adj., awake.
destra, s. m., right hand. Adv. ex., a ——, on the right-hand, to the righthand.
destraménte, adv., dexterously, skilfully.
destrézza, s. f., dexterity, skill.
destro, adj., clever, the right side, skilful.
desúmere, irr. v. n., to surmise, presume.
desúnto, p. p. of desúmere, presumed, surmised.
determináre, v. a. 1, to determine.
determinársi, v. r. 1, to decide.
determinazióne, s. f., determination.
detrárre, irr. v. a., to detract, deprive.
detrátto, p. p. of detrárre, detracted.
dettáre, v. a. 1, to dictate.
detto, s. m., saying; and p. p. of dire, said.
devóto, adj., devoted, pious.
di, prep., of, from, about.
di, s. m., day.
diaccio, adj. and s. m., icy, ice. Fam. for ghiaccio.

DIACINE. — DISCACCIARE. — DISPETTO.

diácine, *interj., by Jove!*
diálogo, *s. m., dialogue.*
dianzi, *adv., before (of time);* pur ——, *just now.*
diávolo, *s. m., devil.*
dicembre, *s. m., December.*
dichiaráre, *v. a. 1, to declare, state.*
dichiarazióne, *s. f., declaration, explanation.*
diciannóve, *num., nineteen.*
diciassètte, *num., seventeen.*
diciótto, *num., eighteen.*
dièci, *num., ten.* I ——, *s. m. pl., the Council of Ten.*
diecimíla, *num., ten thousand.*
dièta, *s. f., diet, assembly, low diet, little food.*
diètro, *adv., behind,* di ——, or da ——, *behind.*
diféndere, *irr. a. v., to defend, protect.*
difénderɛi, *irr. r. v., to defend oneself.*
difenditríce, *s., she who defends.*
difensóre, *s. m., protector, defender* (*f.* difenditrice).
difésa, *s. m., defence, protection.*
diféso, *p. p. of* diféndere, *defended, protected.*
difètto, *s. m., fault, want.*
differènte, *adj., different, changed.*
differènza, *s. f., difference, distinction.*
difficile, *adj., difficult.*
difficilménte, *adv., difficultly.*
difficoltà, *s. f., difficulty.*
digestióne, *s. f., digestion.*
digiúno, *adj. and s. m., fasting, fast.*
dignità, *s. f., dignity.*
diléggio, *s. m., insult, ridicule, contempt.*
dilettánte, *s. m., amateur, dilettante.*
dilettáre, *v. a. 1, to amuse.*
dilettársi, *v. r. 1, to enjoy oneself, like.*
dilètto, *s. m., enjoyment, amusement.*
diligènte, *adj., diligent, careful.*
diligènza, *s. f., diligence, care, forethought, attention.*
dimandáre, *v. a. 1, to ask, demand.*
dimenáre, *v. a. 1, to shake, move.*
dimenticánza, *s. f., forgetfulness.*

dimenticáre, *v. n. 1, to forget.*
dimenticársi, *v. r. 1, to forget.*
dimésso, *adj., and p. p. of* diméttere, *humble, lowly, dismissed.*
diméttere, *irr. a. v., to dismiss.*
dimóra, *s. f., abode, residence.*
dimoráre, *v. n. 1, to reside.*
dimostráre, *v. a. 1, to demonstrate, show.*
dimostrársi, *v. r. 1, to show oneself, appear.*
dinánzi, *adv., before (of place).*
dío, *s. m., god. Pl.* dei.
dipartírsi, *v. r. 3, to depart.*
dipéndere, *irr. n. v., to depend.*
dipéso, *p. p. of* dipéndere, *depended.*
dipíngere, *irr. a. v., to paint.*
dipínto, *p. p. of* dipíngere *and s. m., painted, painting.*
diplomático, *adj. and s. m., diplomatic, fussy, diplomatist.*
diplomazía, *s. f., diplomacy, fuss, ado, affectation.*
dipói, *adv., afterwards.*
diramazióne, *s. f., spreading out, branch, ramification.*
díre, *irr. v. n., to say;* cose da speziáli, *to tall scandal;* —— male, *to slander, to speak badly;* —— di no, *to object, to say no;* —— a buon senno, *to be in earnest.* Also the adverbial expressions: per così ——, *so to speak;* come a ——, *that is to say, for example.*
diritto, *adj. and s. m., straight, right.*
dirittúra, *s. f., straightness.* Adv. ex., a ——, *straightway.*
dirizzáre, *v. a. 1, to direct, straighten.*
dirizzársi, *v. r. 1, to address oneself, stand up.*
dirómpere, *irr. n. v., to burst forth.*
diròtto, *p. p. of* dirómpere, *burst forth.*
disarmáre, *v. a. 1, to disarm.*
disavventúra, *s. f., misfortune.*
discacciáre, *v. a. 1, to dismiss, turn out, send away.*

discendènte, *adj. and s. m., descending, descendent.*
discépolo, *s. m., pupil, disciple.*
discérnere, *v. a. 2, to discern, distinguish.*
discíngere, *irr. v. a. and n., to ungird, dishevel.*
discínto, *p. p. of* discíngere, *ungirt, dishevelled.*
disciplína, *s. f., discipline, training.*
dísco, *s. m., disc.*
discórso, *s. m., discourse, speech.*
discretaménte, *adv., discreetly.*
discrèto, *adj., discreet, trustworthy.*
discrezióne, *s. f., discretion.*
disegnáre, *v. a. 1, to draw, designate, purpose.*
diségno, *s. m., purpose, drawing.*
disfáre, *irr. v. a., to undo, conquer, beat.*
disfátto, *p. p. of* disfáre, *undone, beaten.* As an *adj., shaky, worn out.*
disfída, *s. f., challenge.*
disfidáre, *v. a. 1, to challenge.*
disgrázia, *s. f., misfortune.*
disgraziáto, *adj., unfortunate.*
disingannáre, *v. a. 1, to undeceive.*
disingánno, *s. m., undeception, undeceiving.*
disinvoltaménte, *adv., ingenuously.*
disinvòlto, *adj., ingenuous, fair.*
disobbediènte, *adj., disobedient.*
disonóre, *s. m., dishonour, shame.*
disórdine, *s. m., disorder.*
disparére, *s. m., difference, disparity (of opinions).*
dispènsa, *s. f., exemption, pantry, store-room.*
dispensáre, *v. a. 1, to exempt, dispense, give.*
dispensársi, *v. r. 1, to avoid.*
disperáre, *v. n. 1, to despair.*
disperataménte, *adv., desperately.*
disperáto, *p. p. of* disperáre, *despaired.* Adj., *desperate.* Adv. ex., alla disperáta, *anyhow, boldly, unconcernedly.*
disperazióne, *s. f., despair.*
dispètto, *s. m., spite, rancour.* Adv. ex., a ——, *in spite of, spitefully.*

dispiacére, irr. n. v., to displease. As a s. m., displeasure, sorrow.
dispiaciúto, p. p. of dispiacére, displeased.
dispórre, irr. n. v., to dispose.
dispósto, p. p. of dispórre, disposed.
disprégio, s. m., contempt.
disprezzáre, v. a. 1, to despise.
disprézzo, s. m., contempt.
dissertazióne, s. f., dissertation, disquisition.
dissimuláre, v. n. 1, to dissimulate.
dissipáre, v. a. 1, to dissipate, disperse. Obs. as to defeat.
dissolutézza, s. f., dissoluteness, wantonness.
dissolúto, adj. and p. p. of dissólvere, dissolved, dissolute, wanton, profligate.
dissólvere, irr. v. a., to dissolve.
dissotterráre, v. a. 1, to unearth.
dissuadére, irr. a. v., to dissuade.
dissuáso, p. p. of dissuadére, dissuaded.
distánte, adj., distant.
distánza, s. f., distance.
disténdere, irr. a. v., to distend, stretch.
distéso, p. p. of disténdere, distended, stretched.
distínguere, irr. v. a., to distinguish.
distintaménte, adv., distinctly.
distínto, p. p. of distínguere, distinguished.
distribuíre, v. a. 3, to distribute.
distrúggere, irr. v. a., to destroy.
distrútto, p. p. of distrúggere, destroyed.
distruzióne, s. f., decease, destruction.
disturbáre, v. a. 1, to disturb.
disturbársi, v. r. 1, to trouble oneself.
disuguále, adj., unequal, uneven.
díto, s. m., finger. Pl. m. and f., díti, díta.
divéllere, irr. a. v., to uproot, remove.
divélto, p. p. of divéllere, uprooted, removed.

divenire, irr. n. v., to become.
diventáre, v. n. 1, to become.
diversaménte, adv., differently.
diversióne, s. f., diversion.
diversità, s. f., diversity.
divérso, adj., different, various.
divertiménto, s. m., amusement.
divertíre, v. a. 3, to amuse.
divertírsi, v. r. 3, to enjoy, amuse oneself.
dividere, irr. a. v., to divide.
divincolársi, v. r. 1, to wriggle, struggle.
divinità, s. f., divinity.
divíno, adj., divine.
divisaménto, s. m., plan, design, purpose.
divisáre, v. a. 1, to plan, purpose, design.
divisióne, s. f., division.
divíso, p. p. of divídere, divided.
divoráre, v. a. 1, to devour.
divóto, adj., devout, religious, devoted.
dizionário, s. m., dictionary.
dócile, adj., docile, obedient.
dódici, num., twelve.
doge, s. m., doge.
doglia, s. f., grief, pain.
dolce, adj., sweet, mild.
dolceménte, adv., sweetly, mildly.
dolére, irr. imp. v. n., to pain.
dolérsi, irr. r. v., to complain, grieve.
dolóre, s. m., pain, grief.
doloróso, adj., doleful, painful.
domandáre, v. a. 1, to ask, demand.
dománi, adv., to-morrow, morrow.
domaniséra, adv., to-morrow evening.
domattína, adv., to-morrow morning.
domínio, s. m., domination, property, rule, sway.
donáre, v. a. 1, to give, present.
donazióne, s. f., donation, gift.
donde, adv., whence, wherefrom, whereof.
donna, s. f., woman, mistress.
dono, s. m., gift, present.
donzella, s. f., young lady.
dopo, adv., after. Obs. as behind.

dóppio, adj., double, thick. Adv. ex., al ——, doubly.
dormíre, v. n. 3, to sleep.
dorso, s. m., back.
dosso, s. m., back.
dote, s. f., in the sing. dowry. In the pl. = accomplishments, qualities.
dotto, adj., learned.
dottorále, adj., doctoral.
dottóre, s. m., doctor, physician.
dottrína, s. f., doctrine, learning, teaching, tenet.
dove, adv., where; —— che, wherever, instead of.
dovecché, adv., wherever, instead of, whilst.
dovére, irr. n. v., to be obliged, must. As a s. m., duty.
dovúnque, adv., wherever.
dozzinále, adj., common, mean, vulgar.
dráppo, s. m., cloth.
dúbbio, adj. and s. m., doubtful, doubt.
dubbióso, adj., doubtful.
dubitáre, v. n. 1, to doubt.
dubitóso, adj., doubtful. Obs.
dúca, s. m., duke, chief.
dúe, num., two.
dugénto, num., two hundred.
dugentésimo, adj. num., two-hundredth.
dúnque, conj., then, therefore.
duplicáre, v. a. 1, to double.
duránte, adj. and adv., during.
duráre, v. n. 1, to last.
dúro, adj., hard.

E.

e, conj., and; e . . . e, as well as.
o', apo. of egli, q. v.
ebbéne, conj., now then, well ?
ebráico, adj., Hebraic, Jewish.
eccellénte, adj., excellent.
eccellénza, s. f., excellence, excellency.
eccessívo, adj., excessive.
eccésso, s. m., excess, exuberance.
eccétera, s. f., etcaetera, and so forth.
eccétto, prep., except.
eccezióne, s. f., exception.

| ECCITARE. | ESERCITARE. | ESTRARRE. |

eccitáre, v. a. 1, *to excite, arouse.*
ecclesiástico, *adj.* and *s. m., rical, priest.*
ecco, *adv., behold! lo!*
eco, *s. f.,* echo. Pl. m., cchi.
economía, *s.f., economy.*
económico, *adj., economical.*
ed, *conj., and.*
édera, *s.f., ivy.*
edificáre, v. a. 1, *to build, erect.*
edilità, *s. f., aedileship, board of Works.*
educáre, v. a. 1, *to educate, train.*
educatóre, *s. m., tutor, teacher, rearer (f. educatrice).*
educazióne, *s.f., education.*
effettivaménte, *adv., effectively.*
effétto, *s. m., effect, result. adv. ex.,* in ——, *in fact;* ad ——, *for the purpose.*
efficáce, *adj., efficacious.*
efficácia, *s.f., efficacy.*
egèo, *adj., Aegean (sea).*
egli, *pers. pron.m., he (f.* ella).
eguagliánza, *s.f., equality.*
egualménte, *adv., equally.*
eh, *interj., oh! eh!*
chi, *interj., eigh! oh!*
elegánte, *adj.* and *s. m., elegant, purist.*
eleganza, *s.f., elegance, refinement, grace.*
cléggere, *irr. a. v., to elect.*
cléggersi, *irr. r. v., to choose.*
eleménto, *s. m., element, rudiment, principle.*
elemósina, *s.f., alms.*
elétto, *p. p. of* eléggere, *elected.*
eleváre, v. a. 1, *to raise.*
ella, *pers. pron. f., she.*
elógio, *s. m., praise, eulogy.*
eloquénte, *adj., eloquent.*
eloquénza, *s.f., eloquence.*
emanazióne, *s. f., emanation.*
eménda, *s. f., emendation, correction, amends.*
emendáre, v. n. 1, *to correct, revise, to make amends.* As a r. v., *to improve.*
emicránia, *s. f., megrim, headache.*
eminénte, *adj., eminent, distinguished.*
émpiere, v. a. 2, *to fill.*
empíre, v. a. 3, *to fill.*
encómio, *s. m., eulogy, praise.*
enérgico, *adj., energetic.*
entrámbi, *indecl. pron. pl., both.*

entráre, v. n. 1, *to enter, meddle.*
entráta, *s.f., ingress, income.*
entro, *adv., inside, within. Adv. ex.,* per ——, *in the inside.*
entusiásta, *s. m., enthusiast.*
entusiástico, *adj., enthusiastic.*
epístola, *s.f., letter, epistle.*
epistoláio, *s. m., a collection of letters.*
época, *s. f., epoch, time, period.*
eppúre, *conj., nevertheless, however.*
equatóre, *s.m.,* (the)*equator.*
equazióne, *s.f., equation.*
equimoltíplico, *adj., equimultiple.*
equitatívo, *adj., equitable.*
erário, *s. m., treasury.*
erba, *s.f., grass.*
erbétta, *s. f., short or new grass.*
erede, *s. m., heir.*
eredità, *s.f., inheritance.*
eresía, *s. f., heresy.*
erético, *adj.* and *s. m., heretical, heretic.*
ermo, *adj., lonely, deserted.*
eroe, *s. m., hero.*
eróico, *adj., heroic.*
erráre, v. n. 1, *to err, be mistaken.*
erróre, *s.m., error, mistake.*
erudíre, v. a. 3, *to instruct.*
erudíto, *adj.* and *p. p. of* erudíre, *learned, erudite.*
esageráre, v. a. 1, *to exaggerate.*
esaláre, v. n. 1, *to exhale, emit.*
esáme, *s. m., examination.*
esamináre, v. a. 1, *to examine.*
esátto, *p. p. of* esígere, and *adj., exacted, exact.*
esauríre, *irr. a. v., to exhaust.*
esáusto, *p. p. of* esaurire, *exhausted.*
esclamáre, v. n. 1, *to exclaim, cry out.*
esclamazióne, *s.f., exclamation.*
esecutóre, *s. m., executor (f.* esecutrice).
esecuzióne, *s.f., execution.*
esémpio, *s.m., example.* Obs. as *archetype.*
esempláre, *adj.* and *s. m., exemplary, example, copy.*
esercitáre, v. n. 1, *to exercise, drill.*

esercitársi, v. r. 1, *to practise.*
esército, *s. m., army.*
esercízio, *s.m., exercise, practice, drill.*
esígere, *irr. v. a., to exact.*
esíglio, *s. m., exile* (p.).
esílio, *s. m., exile.*
esisténza, *s.f., existence, life, being.*
esótico, *adj., exotic, foreign.*
esperiénza, *s.f., experience.*
espiáre, v. n. 1, *to expiate, atone.*
espiazióne, *s. f., expiation, atonement.*
espiláre, v. a. 1, *to swindle, cheat, mulct, drain.*
espórre, *irr. a. v., to expose, exhibit.*
espórsi, *irr. r. v., to expose oneself.*
espósto, *p. p. of* espórre, *exposed, exhibited.*
espressióne, *s.f., expression.*
espresso, *p.p. of* esprímere, *expressed.*
esprímere, *irr. n. v., to express.*
espugnáre, v. a. 1, *to storm, capture, take by assault.*
éssere, *aux. v.* and *s. m., to be, being;* —— d' accórdo, *to agree;* —— forza, *to be necessary;* —— novélle, *to be false;* —— opinióne, *to be said;* —— paráto, *to be ready;* —— per (followed by an Inf.), *to be on the point of;* —— prático, *to be clever, to be used;* —— da più, *to be better;* —— questióne, *to be doubtful;* —— di ragióne di alcúno, *to belong by right to somebody;* —— a tempo, *to be in time;* —— fuori di tempo, *to be out of season, not to be in the right time;* —— in vigóre, *to be in force.*
esso, *pron., he, it, that.*
estático, *adj., enrapt, ecstatic.*
estérno, *adj., external.*
estimáre, v. a. 1, *to estimate, value.*
estínguere, *irr. a. v., to quench, extinguish.*
estínto, *p. p. of* estínguere, *extinguished, dead.*
estirpáre, v. a. 1, *to extirpate, uproot.*
estránio, (p.)=estráneo, *adj., extraneous, strange, foreign.*
estrárre, *irr. v. a., to extract.*

ESTRATTO.

estrátto, *p.p. of* estrárre, *extracted.*
estrémo, *adj., extreme, last, furthest.*
estro, *s. m., inspiration, poetical frenzy.*
et, *conj., and.* Obs.
età, *s.f., age, time.*
etáte, *s.f., age, time.* Obs.
eternaménte, *adv., eternally, for ever.*
etérno, *adj., eternal, everlasting.* Adv. ex., in ——, *eternally, for ever.*
etra, *s. f., ether, upper air* (p.).
euritmía, *s. m., eurythmy.*
evénto, *s. m., event, result.*
eventualità, *s. f., eventuality, event.*
evidénte, *adj., evident, patent.*
evo, *s. m., age, time.* Only used in the *sing.* in Medio evo=*Middle Ages.*
eziandío, *adv., also.*

F.

fa, *adv., ago.*
fabbricáre, *v. a.* 1, *to build.*
fabbricáto, *p. p. of* fabbricáre *and s. m., built, building.*
fabbro, *s. m., smith.*
faccènda, *s. f., business, affair.*
fáccia, *s. f., face, countenance.* Adv. ex., in ——, *opposite.*
facciáta, *s.f., façade, front of a building.*
facéto, *adj., humorous, jocose, witty.*
fácile, *adj., easy.*
facilità, *s.f., facility.*
facilménte, *adv., easily.*
facoltà, *s. f., power, faculty.* In the pl. also *riches.*
faldélla, *s. f., plait, ravellings.*
falliménto, *s. m., bankruptcy.*
fallo, *s. m., fault, failing.*
fama, *s. f., fame, glory, renown.*
fame, *s.f., hunger.*
famíglia, *s.f., family, household.*
famigliarménte, *adv., familiarly.* Obs. *for* familiarménte.
famóso, *adj., famous, renowned.*

FARE.

fanaticísmo, *s. m., fanaticism.*
fanatísmo, *see* fanaticísmo.
fanciúllo, *s. m., boy.*
fanciullíno, *s. m., child, little boy.*
fango, *s. m., mud.*
fangóso, *adj., muddy.*
fantasía, *s.f., fancy, imagination, whim.*
fantasticáre, *v. n.* 1, *to fancy, imagine.*
fante, *s. m.* and *f., servant, maid-servant, foot-soldier.*
fantésca, *s.f., maid-servant.*
faraóne, *s. m., faro, a game of hazard.*
farfálla, *s.f., butterfly.*
farfallétta, *s.f., small butterfly.*
fare, as a *s. m., proceeding, behaviour, action.*
fare, *irr. v. a., to make, do;* —— l' accompagnatúra, *to accompany;* —— le affoltáte, *to crowd;* —— ánimo, *to encourage;* —— arco, *to arcuate, arch;* —— la in barba, *to do something in the face of, or against;* —— del bene, *to help, succour;* —— capo, *to abut;* —— caso, *to heed;* —— ceppo (p.), *to shackle, obstruct, impede;* —— chiaro, *to explain;* —— compagnía, *to accompany;* —— conto, *to calculate;* —— il conto, *to purpose;* —— corággio, *to encourage;* —— cuore, *to animate;* —— di (before an Inf.), *to try;* —— forza, *to compel;* —— fronte, *to oppose, meet* (the expenses), *resist;* —— frutti, *to yield;* —— le fusa, *to purr;* —— a gara, *to vie;* —— giustízia, *to judge;* —— largo, *to stand off;* —— lume, *to illuminate;* —— luogo, *to make room;* —— a meno, *to abstain;* —— menzióne, *to mention;* —— odióso, *to render hateful;* —— onóre, *to honour;* —— l' orécchie del mercánte, *to turn a deaf ear, feign deafness;* —— otténere (obs.) *to have (a thing) done;* —— paléſe, *to make public;* —— paróla, *to mention;* —— il piacére, *to please;* —— professióne, *to declare;* —— rabbia, *to enrage;* —— ragióne (obs.), *to opine;* —— reverénza, *to*

FAVORITO.

bow; —— la ronda, *to watch;* —— il segno della santa croce, *to cross oneself, make the sign of the cross;* —— servígio, *to be obliging;* —— si beſſe, *to mock;* —— si bello, *to boast;* —— si frate, *to become a monk;* —— si innánzi, *to advance;* —— si da lato, *to stand by;* —— si pregio, *to think (oneself) honoured;* —— ſi un punto d' onóre, *to pique oneself;* —— silénzio, *to be silent;* —— spalla, *to assist;* —— le ſtímate, *to be astonished;* —— testimoniánza, *to bear witness;* —— valére la sua ragióne, *to have one's rights prevail;* —— vendétta, *to avenge.*
fascia, *s. f., band, bandage, fillet.*
fastídio, *s. m., tediousness.*
fastidióso, *adj., fastidious, tedious.*
fasto, *s. m., display, show, luxury.*
fatále, *adj., fatal, fated, fateful.*
fatíca, *s. f., fatigue, weariness, work.* Adv. ex., a ——, *with difficulty.*
faticáre, *v. n.* 1, *to work.*
fato, *s. m., fate, destiny.*
fatta, *s. f., kind, nature, species.* Adv. ex., di questa fatta, *thus, such.*
fatti (in), *adv. ex., in fact.*
fattíbile, *adj., feasible.*
fatto, *s. m.* and *p. p. of* fare, *fact, affair, made, done;* venir ——, *to succeed.* Adv. ex., —— sta, *so that, the fact is.*
fattóre, *s. m., maker, steward* (f. fattríce, fattoréssa).
fausto, *adj., auspicious, fortunate.*
fautóre, *s. m., supporter, favourer* (f. fautríce).
favélla, *s. f., speech, language.*
favelláre, *v. n.* 1, *to speak.*
fávola, *s.f., fable.*
favoleggiáre, *v. n.* 1, *to speak falsely, invent.*
favóre, *s. m., favour, kindness.* Adv. ex., a ——, *ſ favour.*
favoríre, *v. n.* 3, *to favour, oblige.*
favoríto, *adj., s. m.* and *p. p. of* favoríre, *favoured, favourite.*

fazzolétto, *s. m.*, *handkerchief.*
fè, *apo. of* fede, *q. v. Adv. ex.*, in ——— di Dio, *truly.*
febbráio, *s. m., February.*
fecóndo, *adj., fertile.*
féde, *s. f., faith, fealty, belief. Adv. ex.*, in buona ———, *in good faith, truly.*
fedéle, *adj., faithful.*
fedelménte, *adv., faithfully.*
felíce, *adj., happy.*
felicemente, *adv., happily.*
felicità, *s.f., happiness, felicity.*
fémmina, *s.f., woman, female.*
féndere, *irr. v. a., to split, cleave.*
feróle, *adj., deadly, fatal.*
feríre, *v. a.* 3, *to wound.*
feríta, *s.f., wound.*
feritóre, *s. m., he who wounds, wounder, stabber* (*f.* feritríce). -
fermáre, *v. a.* 1, *to stop.*
fermársi, *v. r.* 1, *to stop.*
fermézza, *s. f., firmness, steadiness.*
férmo, *adj., firm, steady.*
feróce, *adj., fierce, ferocious, wild.*
ferocemente, *adv., fiercely, wildly.*
feròcia, *s. f., fierceness, ferocity, valour.*
férro, *s. m., iron,* (*p.*) *sword.*
férvere, *n. v.* 2, *to glow, rage, simmer.*
fésso, *p. p. of* féndere, *split, cleft.*
fésta, *s.f., feast, holiday, fête, festival;* ——— di ballo, *ball, dance.*
festeggiáre, *v.n.* 1, *to feast, fête, make merry.*
festíno, *s. m., ball, evening party.*
festóso, *adj., merry, enjoyable.*
feténte, *adj., stinking.*
fétido, *adj., stinking.*
féudo, *s. m., fief.*
fiacchézza, *s. f., weakness, flabbiness.*
fiámma, *s.f., flame.*
fiammíngo, *adj.* and *s. m., Flemish, Dutchman.*
fiánco, *s.m., side, hip.*
fiáta, *s.f., time* (as una fiata = "once," etc.).
fiáto, *s. m., breath, breathing.*
fíco, *s. m., fig-tree, fig.*

fidáre, *v. n.* 1, *to intrust, confide.*
fidársi, *v. r.* 1, *to trust, be able.*
fidúcia, *s.f., trust, reliance.*
fiéra, *s. f., fair, world, wild beast.*
fieraménte, *adv., fiercely, proudly.*
fierézza, *s. f., pride, fierceness, courage.*
fiéro, *adj., fierce, proud, terrible.*
fíglio, *s. m., son.*
figliuólo, *s. m., son.*
figliuolíno, *s. m., little son, child.*
figúra, *s. f., figure, face, form, appearance.*
figuráre, *v. a.* 1, *to figure, represent, paint.*
fílo, *s. m., thread. In the pl.* i fili = "the threads" (of cotton, etc.), le fila = "the threads" (of a plot, argument, etc.) *Adv. ex.*, a ———, *straightly.*
filosofánte, *s. m., philosophaster.*
filosofía, *s.f., philosophy.*
filosófico, *adj., philosophic.*
filósofo, *s. m., philosopher.*
finále, *adj., final, last.*
finalménte, *adv., at last, finally.*
finché, *conj., until, as long as.*
fíne, *s. m.* and *f., end. Adv. ex.*, a ———, *in order;* alla ———, *or in* ———, *at last.*
finéstra, *s. f., window.*
fíngere, *irr. v. n., to feign, dissemble, make believe.*
fíngersi, *irr. r. v., to feign oneself, sham.*
finíre, *v. a.* 3, *to end, finish* ——— il chiasso (*fam.*), *to end the noise, die.*
fíno, *adj., fine, keen. Adv.* until; ——— a, *or* ——— che; until; per ———, *even;* ——— da, *since;* ——— a tanto che, *till.*
finóra, *adv., until now.*
fínto, *p. p. of* fíngere, *feigned, shammed.*
fioccáre, *v. n.* 1, *to come down thick* (said of snow).
fióco, *adj., dim.*
fióre, *s. m., flower.*
fiorellíno, *s. m., little flower.*
fiorentíno, *adj.* and *s. m., Florentine.*
fioríno, *s. m., florin, a coin* (in the Middle Ages a gold coin of the Florentine Republic, worth about 7*s.*; now a silver coin of the Austrian Empire, worth about 2*s.*).

fischiáre, *v. n.* 1, *to hiss, whistle.*
fischiáta, *s.f., hissing.*
físchio, *s. m., hiss.*
físico, *adj.* and *s. m., physical, physician.*
físo, *adj., fixed; adv., steadily, fixedly.*
fítto, *adj.* and *s. m., thick, rent. Adv. ex.*, a capo ———, *head foremost.*
fiúme, *s. m., river.*
fiúto, *s. m.,* (the action and sense of) *smelling.*
flébile, *adj., doleful, plaintive.*
flórido, *adj., florid, blooming.*
flótta, *s.f., fleet.*
flútto, *s. m., wave.*
fluttuáre, *v. n.* 1, *to fluctuate, undulate.*
fóce, *s.f., mouth* (of a river), *estuary, frith.*
fóco (p.), *see* fuoco.
foggiáre, *v. a.* 1, *to fashion, forge.*
fóglia, *s.f., leaf.*
fóglio, *s. m., sheet, leaf* (of paper).
fólla, *s.f., crowd.*
follía, *s. f., folly, madness.*
fólto, *adj., thick.*
fóndaco, *s. m., store-room* (on ground floor), *warehouse.*
fondamentále, *adj., fundamental.*
fondaménto, *s. m., foundation, basis. Pl. m.* and *f.*
fóndo, *s. m., estate, plot of land, bottom, end. Adv. ex.*, in ———, *after all.*
fónte, *s. m.* and *f., fountain, origin.*
foráre, *v. a.* 1, *to bore, pierce.*
fórca, *s. f.,* (two-pronged) *fork, gallows.*
forestière, *adj.* and *s. m., strange, foreign, foreigner.*
forestiéro, *see* forestiére.
foriéro, *adj.* and *s. m., foreshadowing, forerunner.*
fórma, *s. f., form, mould, shape. Adv. ex.*, in ———, *like.*
formággio, *s. m., cheese.*
formáre, *v. a.* 1, *to form, shape.*
formársi, *v. r.* 1, *to shape* (for oneself).
formicoláre, *v. n.* 1, *to swarm.*

| FORMIDABILE. | FUROBE. | GENEBARE. |

formidábile, adj., *formidable.*
formóso, adj., *beautiful, handsome* (p.).
fornire, v. a. 3, *to furnish, supply, adorn.*
forno, s. m., *oven.*
fornellíno, s. m., *very small oven, little stove.*
fornéllo, s. m., *small oven, stove.*
forse, adv., *perhaps.*
forte, adj., *strong, firm, difficult.*
forteménte, adv., *strongly, firmly.*
fortézza, s. f., *fortress, strength.*
fortificáre, v. a. 1, *to fortify, strengthen.*
fortúna, s. f., *fortune, fate.* Obs. as *storm, tempest.*
fortunáto, adj., *lucky, fortunate.*
fortunóso, adj., *tempestuous, stormy.* Obs.
forza, s. f., *strength, power, force.* Adv. ez., in, or a ——, *owing to, per ——, by force.*
forzáre, v. a. 1, *to force, oblige.*
fosco, adj., *dim, darkish.*
fossa, s. f., *pit, grave.*
fra, apo. of frate, q. v.
fra, prep., *among, between.*
fragilitá, s. f., *fragility, brittleness, frailty.*
francaménte, adv., *frankly, boldly, bravely.*
francescáno, adj. and s. m., *Franciscan.*
francése, adj. and s. m., *French, Frenchman.*
franchézza, s. m., *frankness, candour.*
franco, adj., *frank, valorous.* As a s. m., (a) *franc* = 10 pence.
frangénte, s. m., *accident, misfortune.*
frasca, s. f., *bush, green bough.*
frase, s. f., *phrase, phraseology.*
frastuóno, s. m., *noise.*
frate, s. m., *friar.* Obs. as *brother.*
fratéllo, s. m., *brother.*
fratellíno, s. m., *little brother.*
fratérno, adj., *brotherly, fraternal.*
frattánto, adv., *in the meanwhile.*

freddáre, v. a. 1, *to kill.*
fréddo, adj. and s. m., *cold, cold weather.*
fregáre, v. a. 1, *to rub.*
fregársi, v. r. 1, *to rub oneself.*
fregáta, s. f., *frigate, man-of-war.*
fregiáre, v. a. 1, *to adorn.*
fremebóndo, adj., *raging, murmuring.*
frémere, v. n. 2, *to growl, murmur, rage.*
fréno, s. m., *curb, bit, bridle, restraint.*
frequentáre, v. n. 1, *to frequent.*
frequénza, s. f., *frequency.*
frésco, adj. and s. m., *fresh, cool, shade, new.*
frétta, s. f., *haste, hurry.* Adv. ez., in —— e in furia, *in a hurry-skurry.*
fróde, s. f., *fraud, deception.*
frónte, s. m. and f., *forehead, front.*
frontiéra, s. f., *frontier, boundary.*
fruménto, s. m., *wheat, corn.*
fruttáre, v. n. 1, *to produce.*
frútto, s. m., *fruit, result.* I'l. m.=*results,* f.=*fruits.*
fúga, s. f., *flight.*
fugáce, adj., *transitory, fleeting.*
fuggíre, v. n. 3, *to run away, flee, avoid, shun.*
fuggírsi, v. r. 3, *to run away.*
fulmináre, v. a. 1, *to strike, hurl thunderbolts.*
fúlmine, s. m., *thunderbolt.*
fulmíneo, adj., *swift, very quick.*
fumo, s. m., *smoke.*
fúne, s. f., *rope.*
funerále, adj. and s. m., *funereal, funeral.*
funésto, adj., *deadly, fatal, calamitous.*
fúngo, s. m., *mushroom, fungus.*
fuóco, s. m., *fire.*
fuorché, conj., *except.*
fuóri, adv., *outside.* Adv. ez., al di ——, *on the outside;* —— di, *except;* —— di sè, *maddened, out of his mind.*
furfánte, s. m., *rascal, gallows rogue.*
fúria, s. f., *haste, fury.*
furióso, adj., *furious, enraged, terrible.*
furlána, s. f., *a dance, jig.*
furóre, s. m., *fury, rage.*

fúrto, s. m., *theft.*
fúso, s. m., *spindle.* Pl. m. and f.
fústa, s. f., *despatch boat.* Obs.
futúro, adj. and s. m., *future.*

G.

gagliardaménte, adv., *strongly, valorously.*
gagliárdo, adj., *strong, hotly-fought, bold, valorous.*
gaglioffáccio, s. m., *knare, boor.*
gaglióffo, s. m., *boor, clown, rustic.*
galantería, s. f., *gallantry.*
galantuómo, s. m., *gentleman, honest man.* Pl. galantuómini.
galatéo, s. m., *book of rules on good manners.*
galéa, s. f., *galley, man-of-war.*
gállico, adj., *Gallic, French* (p.).
gallína, s. f., *hen.*
gállo, s. m., *cock.*
gámba, s. f., *leg.*
gambáccia, s. f., *big leg.*
ganáscia, s. f., *cheek.*
ganascíno, s. m., *cheek.*
gára, s. f., *emulation.*
garbáre, v. n. 1, *to please, suit.*
garbataménte, adv., *suitably, gently.*
gárbo, s. m., *shape, fashion, way.*
garófano, s. m., *pink.*
garzóne, s. m., *youth, assistant, waiter.*
gastigáre, v. a. 1, *to punish.*
gastígo, s. m., *punishment.*
gattíno, s. m., *kitten.*
gátto, s. m., *cat.*
gazzétta, s. f., *gazette, newspaper.*
gélido, adj., *cold, icy* (p.).
gélso, s. m., *mulberry, mulberry-tree.*
gémere, v. n. 1, *to wail, groan, moan.*
gémito, s. m., *sigh, wailing, groan.*
generále, adj. and s. m., *general.*
generalitá, s. f., *generality.*
generalménte, adv., *generally.*
generáre, v. a. 1, *to beget, generate, produce.*

GENERAZIONE.

generazióne, *s. f.*, generation.
gènere, *s. m.*, kind, species, gender.
generosaménto, *adv.*, generously.
generosità, *s. f.*, generosity.
generóso, *adj.*, generous, magnanimous.
gengíva, *s. f.*, gum (of the tooth).
geniétto, *s. m.*, inclination, fancy.
genio, *s. m.*, genius, cleverness.
genitóre, *s. m.*, father (f. genitrice).
gennáio, *s. m.*, January.
gente, *s. f.*, people; in the *pl.* = nations. —— d'arme, (Obs.) *cavalry soldiers*.
gentildónna, *s. f.*, gentlewoman, lady.
gentíle, *adj.* and *s. m.*, gentle, kind, genteel, heathen.
gentilézza, *s. f.*, gentleness, kindness.
gentiluómo, *s. m.*, gentleman (*pl.* gentiluómini).
germogliáre, *v. n.* 1, to germinate, sprout.
gesto, *s. m.*, gesture. *Pl. m.* i gesti, *the gestures; f.* le gesta, *the deeds*.
gesuíta, *s. m.*, jesuit.
gettáre, *v. a.* 1, to throw, hurl, fling. —— all' aria, to throw away.
ghibellíno, *adj.* and *s. m.*, Ghibelline. In the Middle Ages, the name of the Imperialist faction in Italy.
ghinèa, *s. f.*, guinea.
già, *adv.*, already, yet, of course. *Adv. ex.*, di ——, already.
giacchè, *conj.*, since.
giacere, *irr. v. n.*, to lie down.
giaciúto, *p. p.* of giacére, lain down.
giammái, *adv.*, ever. In answers = never.
giardíno, *s. m.*, garden.
gigánte, *s. m.*, giant.
ginepráio, *s. m.*, thicket of juniper shrubs, trap, snare, entanglement.
ginócchio, *s. m.*, knee. *Pl. m. and f.*
giocáre, *v. n.* 1, to play.
giòco, *s. m.*, play, butt.
giogo, *s. m.*, yoke.
gioia, *s. f.*, joy, gladness.
giornále, *s. m.*, journal, newspaper.

GIURARE.

giornáta, *s. f.*, day, battle. *Adv. ex.*, alla ——, from day to day.
giorno, *s. m.*, day, daylight. *Adv. ex.*, di —— in ——, from day to day.
giovaménto, *s. m.*, help, aid, assistance, profit.
gióvane, *adj.* and *s. m.*, young, young man.
giovanétto, *s. m.*, young man, youth.
giováre, *v. a.* 1, to benefit, aid.
gioventù, *s. f.*, the season of youth.
gioventúde, *s. f.*, the season of youth (p.).
giovévole, *adj.*, helpful, profitable.
gióvine, *adj.* and *s. m.*, young, young man.
giovinétto, *s. m.*, young man, youth.
giovinézza, *s. f.*, age, or season of youth.
giráre, *v. n.* 1, to turn round.
girársi, *v. r.* 1, to go or turn round.
gire, *defec. v.*, to go (p.).
giro, *s. m.*, circuit, course.
gittáre, *v. a.* 1, to throw, hurl, shoot.
gittársi, *v. r.* 1, to throw oneself.
giù, *adv.*, down. *Adv. ex.*, in ——, down, all' in——, downwards.
giubba, *s. f.*, mane (of a lion), coat.
giudáico, *adj.*, Jewish.
giudèo, *adj.* and *s. m.*, Jewish, Jew.
giudicáre, *v. a.* 1, to judge, deem, think, sentence.
giúdice, *s. m.*, judge.
giudízio, *s. m.*, judgment, sentence, opinion.
giudizióso, *adj.*, judicious, discreet, wise.
giúgnere, *irr. v. a.*, to join, unite.
giugno, *s. m.*, June.
giúngere, *irr. v. n.*, to reach, arrive, (p.) to obtain.
giunta, *s. f.*, addition, joining. *Adv. ex.*, per ——, in addition.
giunto, *p. p.* of the *irr. v.* giúngere and giúgnere, arrived.
giuocáre, *v. n.* 1, to play.
giuoco, *s. m.*, play.
giuraménto, *s. m.*, oath.
giuráre, *v. n.* 1, to swear, take an oath.

GRAZIOSO.

giuso, see giù. Obs.
giustízia, *s. f.*, justice.
giusto, *adj.*, just. As an *adv.* justly, precisely.
globo, *s. m.*, globe, world.
gloria, *s. f.*, glory.
glorióso, *adj.*, glorious, illustrious.
gobbúto, *adj.* and *s. m.*, hump-backed.
godère, *v. n.* 2, to enjoy.
gola, *s. f.*, throat, gluttony.
gólfo, *s. m.*, gulf, bay.
gomítolo, *s. m.*, reel.
gonfaloniére, *s. m.*, standard-bearer, chief magistrate (of the Republic of Florence).
goticismo, *s. m.*, Gothic fashion, unsightliness, barbarism.
gótta, *s. f.*, gout.
governáre, *v. a.* 1, to govern, rule.
governársi, *v. r.* 1, to behave.
govérno, *s. m.*, government, rule.
gracchiáre, *v. n.* 1, to croak.
gradíre, *v. n.* 1, to accept, welcome.
grado, *s. m.*, inclination, taste, degree.
graffiáre, *v. a.* 1, to scratch.
grammática, *s. f.*, grammar.
granáio, *s. m.*, granary.
granáta, *s. f.*, broom.
granchio, *s. m.*, crab, mistake.
grande, *adj.*, great, big, tall.
grandeggiáre, *v. n.* 1, to be great, grow.
grandeménte, *adv.*, greatly.
grandézza, *s. f.*, greatness.
grandióso, *adj.*, grandiose.
grano, *s. m.*, grain, wheat, tittle.
grascia, *s. f.*, town dues, food, tax on comestibles.
grasso, *adj.*, fat, stout.
gratitúdine, *s. f.*, gratitude.
grato, *adj.*, grateful.
grave, *adj.*, grave, serious.
gravézza, *s. f.*, gravity, importance, burthen.
gravità, *s. f.*, gravity, seriousness.
gravóso, *adj.*, burthensome, grievous.
grazia, *s. f.*, grace, kindness. *Pl.* thanks (also). *Adv. ex.*, in ——, owing to.
graziosaménte, *adv.*, graciously, kindly.
graziòso, *adj.*, gracious, pretty.

GRECO.

greco, adj. and s. m., Grecian, Greek, Greek wine.
gregge, s. m., flock, herd, drove, swarm.
grembo, s. m., lap, bosom.
gridáre, v. n. 1, to shout, cry out.
grido, s. m., shout, cry.
groppa, s. f., croup.
grosso, adj., thick, heavy, big, dull (of understanding).
gruppo, s. m., group.
guadagnáre, v. a. 1, to earn, gain, win.
guadagnársi, v. r. 1, to earn.
guadágno, s. m., gain, earnings.
guadáre, v. n. 1, to wade, ford.
guai, interj., woe!
guaio, s. m., misfortune, woe.
guaire, v. n. 3, to moan, whine.
guancia, s. f., cheek.
guanciále, s. m., pillow.
guanciáta, s. f., box on the ear, slap.
guanto, s. m., glove.
guardáre, v. n. 1, to look, watch; —— in cagnésco, to look in an unfriendly way; —— allo insù, to look upwards; —— in faccia, to stare.
guardársi, v. r. 1, to avoid.
guardia, s. f., guard, watch.
guardiáno, s. m., guardian, drover, prior (of a monastery).
guardo, s. m., look.
guari, adv., at all.
guarire, v. a. and n. 3, to cure, heal, recover.
guascóne, adj. and s. m., Gascon.
guastáre, v. a. 1, to spoil, damage.
guasto, adj. and s. m., spoiled, damage.
guatáre, v. n. 1, to stare, look (p.).
guelfo, adj. and s. m., Guelph. In the Middle Ages, the name of the Papal faction in Italy.
guerra, s. f., war.
guerriero, s. m., warrior.
guida, s. f., guide.
guidalésco, s. m., sore (on the back of a beast of burden).
guidáre, v. a. 1, to guide, lead.
guiderdóne, s. m., reward, recompense.

9*

IMMEDIATE.

guisa, s. f., way, fashion. Adv. ex., a ——, like; in tal ——, so, in such a way.
gustáre, v. n. and a. 1, to taste, like, relish.
gusto, s. m., taste, relish, fancy, inclination.

I.

iddío, s. m., god.
idéa, s. f., idea, thought, opinion.
idíllio, s. m., idyl.
idolatría, s. f., idolatry.
ídra, s. f., hydra.
ieri, adv., yesterday.
iersera, adv., yesterday evening.
ignoránte, adj., ignorant, ignoramus, illiterate.
ignoráre, v. n. 1, to ignore, not to know.
ignúdo, adj., naked, bare.
il, art. m. s., the.
illegíttimo, adj., unlawful, illegitimate.
illusióne, s. f., illusion.
illustráre, v. a. 1, to illustrate, explain.
illústre, adj., illustrious, celebrated.
imbalsamáre, v. a. 1, to mummify, embalm.
imbarcáre, v. a. 1, to embark.
imbarcársi, v. r. 1, to embark oneself, undertake.
imbáttersi, v. r. 2, to meet by chance.
imbecillità, s. f., imbecillity, foolishness.
imbestialíre, v. n. 3, to be in a brutish passion, enrage.
imbizzarríre, v. n. 3, to become fantastical, enrage.
imbracciáre, v. a. 1, to put the arm through, embrace.
imbroccáre, v. a. 1, to hit (the centre), strike (the goal).
imitatóre, s. m., imitator (f. imitatrice).
immagináre, v. n. 1, to imagine, fancy.
immaginazióne, s. f., imagination, fancy.
immágine, s. f., image, resemblance.
immediataménte, adv., immediately.
immediáte, adv., immediately. Obs.

IMPICCARSI.

immémore, adj., forgetful, reft of memory.
imménso, adj., immense, infinite.
imminénte, adj., impending.
immóbile, adj., immoveable, motionless.
immobilménte, adv., immoveably.
immóndo, adj., impure, foul, filthy.
immortále, adj., immortal, everlasting.
immóto, adj., unmoved, immoveable.
immunità, s. f., immunity, freedom.
imo, adj. and s. m., lowest, lowest part, abyss.
impacciáre, v. a. 1, to hinder, hamper.
impacciársi, v. r. 1, to trouble oneself, heed.
impáccio, s. m., hindrance, trouble.
impadronírsi, v. r. 3, to possess oneself.
imparáre, v. n. 1, to learn.
impaziénte, adj., impatient.
impaziénza, s. f., impatience.
impazzíre, v. n. 3, to go mad.
impedíre, v. a. 3, to impede, hinder.
impegnáre, v. a. 1, to pawn, pledge. In the passive = to be busy or engaged.
impégno, s. m., promise, undertaking, engagement.
impenetrábile, adj., impenetrable.
imperadóre, see imperatóre.
imperatóre, s. m., emperor (f. imperatrice).
imperciocchè, conj., because, inasmuch.
império, s. m., dominion, command.
imperióso, adj., imperious, domineering.
impéro, s. m., empire, rule.
impertinénte, adj., impertinent, impudent.
ímpeto, s. m., impetus, momentum.
impetuosaménte, adv., impetuously, violently.
impetuóso, adj., impetuous.
impiastráre, v. a. 1, to put a plaster, mix.
impiástro, s. m., plaster, mixture.
impiccáre, v. a. 1, to hang.
impiccársi, v. r. 1, to hang oneself.

IMPICCIARE.

impicciáre, *v. a.* 1, *to hinder, hamper.*
impíccio, *s. m.*, *hindrance, trouble.*
impiegáre, *v. a.* 1, *to employ.*
impiégo, *s. m.*, *employment.*
implicitaménte, *adv.*, *implicitly.*
impórre, *irr. a. v.*, *to impose.*
impórsi, *irr. r. v.*, *to set oneself over.*
importánte, *adj.*, *important.*
importánza, *s. f.*, *importance.*
importáre, *imp. v.* 1, *to be important.*
importúno, *adj.*, *importunate.*
impossíbile, *adj.*, *impossible.*
impossibilità, *s. f.*, *impossibility.*
impósta, *s. f.*, *tax.*
impostáre, *v. a.* 1, *to post.*
impósto, *p. p. of* impórre, *imposed.*
impoténte, *adj.*, *powerless.*
imprèndere, *irr. v. n.*, *to undertake.*
imprésa, *s. f.*, *undertaking.*
imprèso, *p. p. of* imprèndere, *undertaken.*
impressióne, *s. f.*, *impression.*
imprestáre, *v. a.* 1, *to lend.*
imprigionáre, *v. a.* 1, *to imprison.*
improvvisaménte, *adv.*, *unexpectedly, off-hand.*
improvvíso, *adj.*, *sudden, unexpected. Adv. ex., all' ——, suddenly, unexpectedly.*
imprudénte, *adj.*, *imprudent.*
in, *prep.*, *in.*
inabissársi, *v. r.* 1, *to go down headlong.*
inaugurazióne, *s. f.*, *inauguration.*
inavverténza, *s. f.*, *inadvertence.*
incamminársi, *v. r.* 1, *to start, set out.*
incantáre, *v. n.* 1, *to enchant, fascinate.*
incapáce, *adj.*, *incapable.*
incárco, *s. m.*, *load, burden, charge.*
incaricáre, *v. a.* 1, *to charge, empower, appoint.*
incarnatíno, *adj.*, *of a rather fleshy colour.*
incarnáto, *adj.*, *of fleshy colour.*

INDIETRO.

incarrozzáre, *v. a.* 1, *to take up (in a carriage).*
incaváre, *v. a.* 1, *to hollow out, make hollow.*
incendiáre, *v. a.* 1, *to set fire, burn.*
incéndio, *s. m.*, *fire, conflagration.*
incénso, *s. m.*, *incense.*
incérto, *adj.*, *uncertain.*
inchiodáre, *v. a.* 1, *to nail.*
inclinazióne, *s. f.*, *inclination.*
incógnito, *adj.*, *unknown, incognito.*
incominciaménto, *s. m.*, *beginning.*
incominciáre, *v. n.* 1, *to begin.*
incomodáre, *v. n.* 1, *to incommode, trouble.*
incomodársi, *v. r.* 1, *to take the trouble.*
incómodo, *s. m.*, *inconvenience, trouble.*
incontráre, *v. n.* 1, *to meet.*
incontrársi, *v. r.* 1, *to meet.*
incóntro, *s. m.*, *meeting. Prep., towards. Adv. ex., all' ——, on the contrary.*
inconveniènte, *adj.*, *inconvenient, unsuitable. As a s. m., trouble.*
incréscere, *irr. v. n.*, *to displease.*
incresciúto, *p. p. of* incréscere, *displeased.*
incurváre, *v. a.* 1, *to bend, curve.*
incurvársi, *v. r.* 1, *to stoop, bend oneself.*
incusáre, *v. a.* 1, *to accuse. Obs.*
indárno, *adv.*, *in vain, to no purpose.*
indebolíre, *v. a.* 3, *to enfeeble.*
indebolírsi, *v. r.* 3, *to become weak.*
indecénza, *s. f.*, *indecency.*
indecíso, *adj.*, *undecided.*
indefésso, *adj.*, *unwearied, indefatigable.*
indégno, *adj.*, *unworthy.*
indi, *adv.*, *thence, hence, afterwards.*
indiavoláto, *adj.*, *possessed (by the devil), mischievous, enraged.*
indicáre, *v. a.* 1, *to point out, indicate.*
indicíbile, *adj.*, *unmentionable, untold.*
indiétro, *adv.*, *behind, back.*

INFALLIBILE.

indifferénza, *s. f.*, *indifference, unconcern.*
indigénte, *adj.*, *indigent, poor, needy.*
indignazióne, *s. f.*, *indignation, wrath.*
indipendénza, *s. f.*, *independence, freedom.*
indirizzáre, *v. a.* 1, *to direct.*
indispensabilménte, *adv.*, *indispensably, at all costs.*
indispettíre, *v. n.* 3, *to become cross, be piqued, spiteful.*
indisposizióne, *s. f.*, *illness, indisposition.*
indistínto, *adj.*, *indistinct, confused.*
indivíduo, *adj.* and *s. m.*, *inseparable, individual, person.*
indivisíbile, *adj.*, *indivisible.*
indócile, *adj.*, *indocile, unmanageable.*
índole, *s. f.*, *inborn quality, disposition, inclination.*
indomáto (p.), *see* indómito.
indómito, *adj.*, *untamed, undaunted, unsubdued, fierce.*
indósso, *see* addósso.
indótto, *p. p. of* indúrre, *induced, persuaded, led.*
indovináre, *v. a.* 1, *to forebode, guess.*
indúgio, *s. m.*, *delay, pause.*
induráre, *v. a.* 1, *to harden.*
indúrre, *irr. v. a.*, *to induce, persuade, lead.*
indúrsi, *irr. r. v.*, *to be led, decide.*
indústria, *s. f.*, *industry, ability, assiduity, care, diligence.*
industrióso, *adj.*, *industrious, assiduous, diligent.*
inérme, *adj.*, *unarmed, powerless, defenceless.*
inérte, *adj.*, *indolent, sluggish, inert.*
inérzia, *s. f.*, *inactivity, laziness.*
inesáusto, *adj.*, *unexhausted.*
inescogitábile, *adj.*, *inexcogitable.*
inestimábile, *adj.*, *inestimable, priceless.*
inestinguíbile, *adj.*, *unquenchable, unextinguishable.*
inevitábile, *adj.*, *unavoidable, inevitable.*
infallíbile, *adj.*, *infallible.*

infámia, *s. f., infamy, dishonour.*
infelice, *adj., unhappy, unfortunate.*
infelicità, *s. f., unhappiness, misfortune.*
inferióre, *adj., inferior, lower.*
infermería, *s. f., infirmary.*
infermíccio, *adj., sickly.*
inférmo, *adj., sick, ill.*
inférno, *s. m., hell.*
infettáre, *v. a. 1, to infect, imbue, taint, pollute.*
infiacchíre, *v. n. 3, to become weak.*
infido, *adj., faithless, false.*
infievolíre, *v. n. 3, to become weak, dim.*
infinchè, *adv., until.*
infine, *adv., until; —— a, as far as, even.*
infingárdo, *adj., lazy, slothful.*
infinità, *s. f., infinity.*
infiníto, *adj., infinite.*
infíno, *adv., until; —— a, as far as, up to.*
influsso, *s. m., influx, flowing in, influence.*
infocáre, *v. a. and n. 1, to heat, become heated.*
infóndere, *irr. v. a., to infuse, communicate, impart.*
informáre, *v. a. 1, to acquaint, inform.*
informársi, *v. r. 1, to become acquainted.*
infortúnio, *s. m., misfortune.*
infoscáre, *v. n. 1, to become dark, obscure.*
infra, *prep., amongst. Obs. see fra.*
infrángere, *irr. v. a., to break.*
infránto, *p. p. of* infrángere, *broken.*
infrazióne, *s. f., infraction, breach.*
infuriáre, *v. n. 1, to enrage, become mad.*
infúso, *p. p. of* infóndere, *infused, imparted.*
ingannáre, *v. a. 1, to deceive.*
ingannársi, *v. r. 1, to be mistaken. Obs. as to try.*
ingánno, *s. m., deception.*
ingegnársi, *v. r. 1, to try, attempt.*
ingégno, *s. m., cleverness, talents, genius.*
inginocchiársi, *v. r. 1, to kneel.*
ingiúria, *s. f., insult.*

ingiustízia, *s. f., injustice.*
ingiústo, *adj., unjust, wrong.*
inglese, *adj. and s. m., English, Englishman.*
ingórdo, *adj., glutton, greedy.*
ingozzáre, *v. n. 1, to gulp, swallow.*
ingrassáre, *v. n. 1, to fatten. Obs. as a v. a.* meaning to provision.
ingratitúdine, *s. f., ingratitude.*
ingráto, *adj., ungrateful, disagreeable.*
ingrésso, *s. m., entry, entrance, entering.*
inimicízia, *s. f., enmity, hostility, unfriendliness.*
inimíco, *adj. and s. m., inimical, hostile, enemy, foe.*
iníquo, *adj., unjust, wicked.*
innalzáre, *v. a. 1, to raise.*
innamoráre, *v. n. 1, to enamour.*
innánzi, *prep. and adv., before (of time). Adv. ex.,* per lo ——, *for the future;* da ora ——, *henceforward.*
inno, *s. m., hymn, song.*
innocénte, *adj., innocent, guiltless.*
innocénza, *s. f., innocence.*
innovazióne, *s. f., innovation, alteration.*
innumerábile, *adj., innumerable.*
inóltre, *adv., besides, moreover.*
inoperóso, *adj., unproductive, useless.*
inorridíre, *v. n. 3, to shudder, be horrified.*
inosserváto, *adj., unobserved, unperceived.*
inquiéto, *adj., restless, unquiet.*
insegáre, *v. a. 1, to smear with tallow, grease.*
inségna, *s. f., ensign, flag, decoration.*
insegnáre, *v. a. 1, to teach.*
inseguíre, *v. n. 3, to pursue.*
insídia, *s. f., wile, craft, artifice, ambush.*
insiéme, *adv., together.*
insígne, *adj., remarkable, illustrious.*
insíno, *adv., until; —— a, as far as.*
insinuáre, *v. a. 1, to insinuate, suggest.*
insípido, *adj., insipid, tasteless.*
insoffribilménto, *adv., intolerably.*

insolénza, *s. f., insolence, arrogance.*
insómma, *adv., after all, in conclusion.*
insù, *prep., upwards.*
insultáre, *v. a. 1, to insult, offend.*
intanársi, *v. r. 1, to go into a lair, or burrow (of animals), ensconce, run to earth.*
intánto, *adv., in the meanwhile.*
integrità, *s. f., integrity, honesty.*
intellétto, *s. m., intelligence, mind.*
intelligénte, *adj., intelligent.*
inténdere, *irr. n. v., to understand, hear.*
inténdersi, *irr. r. v., to be proficient, understand.*
inteneríre, *v. a. 1, to soften, appease.*
inténto, *(1) adj., intent, attentive; (2) s. m., purpose, design.*
intenzióne, *s. f., intention, intent, purpose.*
interaménte, *adv., entirely, wholly.*
interessáre, *v. n. 1, to interest. As a r. v., to devote oneself.*
interésse, *s. m., interest.*
intermínabile, *adj., interminable, endless.*
intérno, *adj., internal, interior.*
intéro, *adj., whole. Adv. ex.,* per ——, *wholly.*
intérprete, *s. m., interpreter.*
interrogáre, *v. a. 1, to interrogate, question.*
interrogatório, *s. m., interrogatory, questioning.*
interrómpere, *irr. a. v., to interrupt.*
interrótto, *p. p. of* interrómpere, *interrupted.*
interruzióne, *s. f., interruption.*
intervállo, *s. m., interval.*
intervenire, *irr. v. n., to intervene, mediate.*
intéso, *p. p. of* inténdere, *understood, heard.*
intieraménte, *see* interaménte.
intíngere, *irr. a. v., to dip into, dye, tinge.*
intínto, *p. p. of* intíngere, *dyed, tinged, stained.*
intitoláre, *v. a. 1, to entitle, call, name, dedicate.*

INTOLLERABILE.

intollerábile, *adj., unbearable, intolerable.*
intórno, *adv., around, about. Adv. ex.,* all' —, or, d' —, *around, about.*
intra, *prep., amongst.* Obs., *see* tra.
intralciáre, *v. a.* 1, *to weave across, twine* (of boughs and creeping plants).
intrattenérsi, *irr. r. v., to entertain oneself, dwell upon.*
intrépido, *adj., intrepid, undaunted.*
intricáre, *v. a.* 1, *to entangle, embarrass.*
intrigo, *s. m., intrigue, dilemma, plot.*
introdótto, *p. p. of* introdúrre, *introduced.*
introdúrre, *irr. a. v., to introduce.*
introdúrsi, *irr. r. v., to enter, introduce oneself.*
introduzióne, *s. f., introduction.*
intromésso, *p. p. of* intromettere, *introduced.*
introméttere, *irr. a. v., to introduce.*
intromettérsi, *irr. r. v., to enter, introduce oneself.*
inusáto, *adj., unused, unusual.*
inútile, *adj., useless.*
invádere, *irr. v. a., to invade.*
invaditóre, *s. m., invader* (*f.* invaditrice).
inváno, *adv., in vain, vainly.*
inváso, *p. p. of* invádere, *invaded.*
invecchiáre, *v. n.* 1, *to grow old.*
invéce, *adv., instead, in the place.*
inventáre, *v. a.* 1, *to invent, find, discover.*
inventóre, *s. m., inventor, discoverer* (*f.* inventrice).
invenzióne, *s. f., invention, discovery.*
invérno, *s. m., winter.*
invéro, *adv., truly.*
invérso, *adv., towards.*
investigatóre, *s. m., investigator* (*f.* investigatrice).
investíre, *v. a.* 3, *to invest.*
inviáre, *v. a.* 1, *to send, forward.*
inviáto, *p. p.* and *s. m., sent, envoy.*
invídia, *s. f., envy.*
invidiábile, *adj., enviable.*

IVI.

invidiáre, *v. n.* 1, *to envy.*
invidióso, *adj., envious.*
invitáre, *v. a.* 1, *to invite.*
invito, *s. m., invitation.*
invitto, *adj., invincible, unconquered.*
involáre, *v. a.* 1, *to steal, carry off.*
invólgere, *irr. n. v., to roll upon, involve.*
involontário, *adj., unwilling, involuntary.*
invólto, *p. p. of* invólgere, *involved.*
inzaccheráre, *v. a.* 1, *to splash with mud.*
io, *pron., I. I'l. noi.*
ipocrisia, *s. f., hypocrisy.*
ira, *s. f., anger, wrath, ire.*
ire, *defec. v., to go.*
irragionévole, *adj., unreasonable.*
irreligióne, *s. f., irreligion, impiety.*
irrequiéto, *adj., restless, unquiet.*
irresolúto, *adj., undecided.*
irrigáre, *v. a.* 1, *to irrigate.*
iscortése, *see* scortése.
iscrivero, *see* scrivere.
iscritto, *see* scritto.
iscrizióne, *s. f., inscription.*
isdraelitico, *adj., Israelitic, Israelitish.*
isfuggire, *see* fuggire.
ismania, *see* smania.
isola, *s. f., island.*
ispecie, *see* specie. *Adv. ex.,* in —, *especially.*
israelítico, *adj., Israelitic.*
istaccáre, *see* staccáre.
istaccársi, *see* staccársi.
istáre, *see* stare.
istésso, *see* stesso.
istinto, *s. m., instinct, nature.*
istituzióne, *s. f., institution.*
istória, *see* storia.
istórico, *see* storico.
istraordinário, *see* straordinário.
istruménto, *see* struménto.
istúdio, *see* studio.
italiáno, *adj.* and *s. m., Italian.*
itálico, *adj., Italian* (p.).
italo, *adj., Italian* (p.).
ito, *p. p. of* ire, *gone* (p.).
iúgero, *s. m., juger=⅔ of an English acre.*
ivi, *adv., there.*

LAURO.

L.

la, *art. f., the.*
la = ella, *pron. f., she.*
là, *adv., there. Adv. ex.,* di —, *thence;* dl — da, *on the other side, further on;* per di —, *through that way.*
laborióso, *adj., industrious, laborious.*
láccio, *s. m., noose, snare.*
lácrima, *s. f., tear.*
lacrimóso, *adj., tearful, weeping.*
laddóve, *conj.* and *adv., whilst, there where.*
ladro, *s. m., thief.*
ladróne, *s. m., thief, highway robber.*
lagnársi, *v. r.* 1, *to complain, grieve.*
lago, *s. m., lake.*
lágrima, *s. f., tear.*
lagrimóso, *tearful, weeping.*
laico, *adj.* and *s. m., lay, laical, layman.*
lamentáre, *v. n.* 1, *to regret.*
lamentársi, *v. r.* 1, *to wail, complain, lament.*
lampo, *s. m., lightning, flash.*
lana, *s. f., wool.*
láncia, *s. f., lance, lancer.*
lanciáre, *v. a.* 1, *to throw, hurl.*
lanciársi, *v. r.* 1, *to throw oneself, fly.*
lanciére, *s. m., lancer.*
languíre, *v. n.* 3, *to become faint or languid, waste.*
largo, *adj., large.*
lasciáre, *v. n.* 1, *to leave, let.* — desidério di sè, *to be regretted after death;* — fiato, *to allow breathing time;* — in libertà, *to set free.*
lasciársi, *v. r.* 1, *to allow oneself.*
lassù, *adv., up there.*
lastra, *s. f., large flat stone,* (window) *glass.*
lastróne, *s. m., flag-stone.*
latino, *adj., Latin.*
lato, *s. m., side, flank. Adv. ex.,* a —, *or;* da —, *by the side.*
latráre, *v. n.* 1, *to bark.*
latte, *s. m., milk.*
laude, *s. f., praise.* Obs., *see* lode.
laudévole, *adj., praiseworthy.* Obs., *see* lodévole.
lauro, *s. m., bay-tree, laurel.*

LAVARE.	LODIGIANO.	MACCHINA.

laváre, v. a. 1, *to wash, lave.*
lavársi, v. r. 1, *to wash oneself.*
lavoráre, v. n. 1, *to work.*
lavóro, s. m., *work.*
lecito, adj., *lawful, proper, permitted.*
lega, s. f., *league (three miles), alliance, league, confederacy.*
legáre, v. a. 1, *to bind, league, tie.*
legársi, v. r. 1, *to ally oneself.*
legazióne, s. f., *embassy, legation.*
legge, s. f., *law.*
leggere, irr. n. v., *to read.*
leggerménte, adv., *lightly.*
leggiádro, adj., *beautiful, pretty.*
leggiéro, adj., *light;* di leggiéri, adv. ex., *easily, lightly.*
leggitóre, s. m., *reader (f.* leggitríce).
legislazióne, s. f., *legislation.*
legittimáre, v. a. 1, *to legitimate.*
legíttimo, adj., *legitimate, lawful.*
legno, s. m., *wood, ship, carriage.* Pl. m., legni, *ships, carriages;* f., legne, legna, *firewood.*
lenocínio, s. m., *pimping, pandering, allurement.*
lento, adj., *slow, sluggish.*
leóne, s. m., *lion.*
lepre, s. m. and f., *hare.*
lettera, s. f., *letter,* le buone ——, *literature;* —— da epistolário, *model letter.*
letteráto, adj. and s. m., *literary, literate, learned man.*
letteratúra, s. f., *literature.*
letticciuólo, s. m., *small bed, cot.*
letto, s. m., *bed.*
letto, p. p. of léggere, q. v., *read.*
lettóre, s. m., *reader (f.* lettríce).
lováre, v. a. 1, *to take off, remove;* —— il giudízio, *deprive of reason, render mad.*
levársi, v. r. 1, *to get up, rise;* —— dinánzi, *to dismiss, send away;* —— sene le gambe, *to get rid of,* fam.; —— vía, *to go away.*
lezióne, s. f., *lesson.*
li, adv., *there.*

libbra, s. f., *pound (weight).*
liberále, adj., *liberal, bountiful.*
liberalità, s. f., *liberality, generosity.*
liberalménte, adv., *bountifully.*
liberaménte, adv., *freely.*
liberáre, v. a. 1, *to set free, free, release.*
liberársi, v. r. 1, *to get rid.*
liberazióne, s. f., *liberation, release.*
líbero, adj., *free.*
libertà, s. f., *liberty, freedom.*
libídine, s. f., *wantonness, desire, longing.*
libráio, s. m., *bookseller.*
libro, s. m., *book, day-book.*
librettíno, s. m., *small book.*
licénza, s. f., *license, dissoluteness, licentiousness, leave, permission.*
lido, s. m., *shore.*
lietaménte, adv., *joyfully, gladly.*
liéto, adj., *joyful, glad.*
lignággio, s. m., *lineage, descent.*
limósina, s. f., *alms.*
línea, s. f., *line.* Soldáto di ——, *foot-soldier.*
lingua, s. f., *tongue, language, style.*
linguággio, s. m., *language.*
liquóre, s. m., *liqueur, beverage, liquid.*
lira, s. f., *lyre, lira (Italian coin=10 pence).*
lisciáre, v. a. 1, *to smooth, polish, glaze.*
liscio, adj., *smooth, polished, glazed.*
lista, s. f., *list.*
lite, s. f., *quarrel, lawsuit.*
lito (p.), *see* lido.
lividóre, s. m., *bluish or leaden colour, black and blue spot.*
lo, art. m., *the.*
locále, adj. and s. m., *local, place.*
locánda, s. f., *inn.*
loco (p.), *see* luogo.
lodáre, v. a. 1, *to praise;* —— a cielo, *to praise greatly.*
lodársi, v. r. 1, *to boast.*
lode, s. f., *praise.*
lodévole, adj., *praiseworthy.*
lodevolménte, adv., *laudably.*
lodigiáno, adj. and s.m., *of Lodi, an inhabitant of Lodi.*

loggia, s. f., *terrace, balcony, lodge.*
logoráre, v. a. 1, *to wear out.*
lontanánza, s. f., *distance, absence.*
lontáno, adj. and adv., *distant, far away;* adv. ex., da ——, *or* di ——, *from afar.*
loquáce, adj., *talkative, loquacious.*
lordáre, v. a. 1, *to besmear, defile.*
luccicáre, v. n. 1, *to shine dimly.*
lúcciola, s. f., *glowworm.*
luccioletta, s. f., *small glowworm.*
luce, s. f., *light.*
lucerna, s. f., *lamp, oil-lamp.*
lucígnolo, s. m., *wick.*
ludíbrio, s. m., *scoff, derision, mockery, laughing-stock.*
lúglio, s. m., *July.*
luígi, s. m., *louis (an old French gold coin=16s.).*
lumáca, s. f., *snail, slug.*
lumacóne, s. m., *large snail.*
lume, s. m., *light.* I lumi (p.), *eyes.*
lumicíno, s. m., *small light, wee light.*
luminosaménte, adv., *brightly.*
luna, s. f., *moon.*
lungaménte, adv., *for a long time.*
lungi, adv., *far away, far off.*
lungo, adj., *long, tall.*
lungo, adv., *along.* Adv. ex., di gran lunga, *by far.*
luogo, s. m., *place, spot.* Adv. ex., in ——, *instead.*
luogotenénte, s. m., *lieutenant, deputy.*
lupo, s. m., *wolf.*
lusínga, s. f., *wile, persuasion (by charms or wiles).*
lusingáre, v. a. 1, *to charm, wile.*
lusinghiéro, adj., *charming, endearing, wily.*
lustro, s. m., *lustre (a period of time), fame, renown.*

M.

ma, conj., *but.*
maccheróne, s. m., *macaroni.*
macchiáre, v. a. 1, *to stain.*
mácchina, s. f., *machine, engine.*

MACCHINARE.

macchináre, *v. n.* 1, *to contrive, devise, brood, plan.*
macchinétta, *s. f., little machine.*
mac-done, *s. m., Macedonian.*
maciníno, *s. m., coffee-mill.*
madáma, *s. f., madam, mistress.*
madamigélla, *s. f., miss, young lady.*
madónna, *s. f., madam* (Obs.), *madonna.*
madre, *s. f., mother.*
madrigále, *s. m., madrigal.*
madrigalétto, *short madrigal.*
maestà, *s. f., majesty.*
maestro, *s. m., teacher, master.* — *di casa, steward.*
maffè, *adv., truly, upon my word.*
magári, *interj., oh that!, would that!*
maggio, *s. m., May.*
maggióre, *adj., greater.* As a *s. m.* in the *pl., ancestors.*
magistráto, *s. m., magistrate, magistracy.*
magnanimità, *s.f., magnanimity.*
magnánimo, *adj., magnanimous, generous.*
magnificénza, *s. f., magnificence, splendour.*
magnífico, *adj., magnificent, pompous, splendid.*
magno, *adj., great, very great.*
mago, *s. m., magician.*
magro, *adj., lanky.*
mai, *adv., ever. Adv. ex.,* **non ...** —, *never.*
maiále, *s. m., pig, hog.*
maláto, *adj., ill, sick.*
malattía, *s. f., illness, sickness.*
malcóncio, *adj., ill-used, mauled, spoiled.*
malcontento, *adj., malcontent, dissatisfied, displeased.* As a *s. m., grumbler.*
maldicénte, *adj., maledicent, scurrilous, abusive.*
male, (1) *adv., badly, clumsily;* (2) *s. m., evil, ill.*
maledétto, *p. p. of* **maledíre,** *cursed, damned.*
maledíre, *irr. v. n., to curse, damn.*
malgrádo, *adv., in spite, notwithstanding. Conj.,* — *che, notwithstanding.*
malignità, *s. f., mischievousness, wickedness.*
malinconía, *s. f., melancholy.*

MANTICE.

malincónico, *adj., melancholy, dejected.*
malízia, *s. f., malice, spite.*
malo, *adj., bad, wicked.*
malsáno, *adj., unhealthy, injurious.*
malvagía, *s. f., malmsey.*
malvágio, *adj., wicked.*
mamma, *s. f., mother.* Fam.
mámmola, *s. f., double violet.*
mammolétta, *s. f., double violet.*
mancáre, *v. n.* 1, *to be without, faint, die.*
manco, *adj. and adv., left* (side), *less.*
mandáre, *v. a.* 1, *to send, forward;* — *una fregáta, to steer a frigate;* — *sottosópra, to turn topsy-turvy.*
mandatóre, *s. m., sender (f. mandatrice).*
mandra, *s. f., flock, drove, herd.*
mandria, see mandra.
maneggiáre, *v. a.* 1, *to administer, handle.*
manétta, *s. f., handcuff.*
mangiáre, *v. n.* 1, *to eat.* Fam. *to understand.*
mangiatóre, *s. m., eater, glutton (f. mangiatrice).*
mánica, *s. f., sleeve.*
mánico, *s. m., handle.*
maniéra, *s. f., manner, way. Adv. ex., di* — *che, so that;* **in** —, *so;* **in certa** —, *somehow.*
manifestáre, *v. a.* 1, *to make public, show, manifest.*
manifesto, *adj., manifest, patent, known.*
manípolo, *s. m., sheaf,* (p.) *maniple, a company of foot soldiers.*
mano, *s. f., hand, heap, handful. Adv. ex., a* — *a* —, *gradually;* — *all' ópera, let us begin;* **di** — **in** —, *gradually.*
manomésso, *p. p. of* manométtere, *emancipated, set at liberty.*
manométtere, *irr. a. v., to emancipate, set free.*
manoscrítto, *s. m., manuscript.*
mansióne, *s. f., mansion, residence, abode.*
mantenére, *irr. a. v., to maintain, sustain.*
mantenérsi, *irr. r. v., to keep oneself.*
mántice, *s. m., bellows.*

MEDICINALE.

manto, *s. m., cloak, covering.*
maravíglia, *s. f., wonder. Adv. ex., a* —, *wonderfully well.*
maravigliáre, *v. n.* 1, *to wonder.*
maravigliársi, *v. r.* 1, *to wonder, be astonished.*
maraviglióso, *adj., wonderful, astonishing.*
marchése, *s. m., marquis, marquess.*
mare, *s. m., sea.*
maresciállo, *s. m., marshal.*
marína, *s. f., sea.*
marinarésco, *adj., seafaring.*
maríno, *adj., seafaring.*
maritáre, *v. a.* 1, *to marry.*
maritársi, *v. r.* 1, *to get married.*
maríto, *s. m., husband.*
marmo, *s. m., marble.*
marsigliése, *adj.* and *s. m., of Marseille, Marseillais.*
martírio, *s. m., martyrdom, pain.*
maschio, *adj., male, strong.*
massa, *s. f., mass, lump.*
masserízie, *s. f. pl., furniture, goods.* No *sing.*
massimaménte, *adv., especially, exceedingly.*
mássime, *adv., especially, principally.*
mássimo, *adj., very great, principal, excessive.*
matéria, *s. f., matter, subject, theme.*
materiále, *adj.* and *s. m., material, important, matter.*
matrimónio, *s. m., marriage.*
mattína, *s. f., morning.*
mattíno, *s. m., morning.*
mattutíno, *adj., morning, pertaining to the morning.*
mausoléo, *s. m., sepulchre, mausoleum, tomb.*
mazzo, *s. m., bundle, pack.*
meccánico, *adj.* and *s. m., mechanical, mechanician, mechanic.*
medesimaménte, *adv., in the same way.*
medésimo, *adj., same, self.*
mediánte, *prep., by means of, owing to.*
mediatóre, *s. m., mediator, intercessor (f. mediatríce).*
mediazióne, *s. f., mediation, intercession.*
medicína, *s. f., medicine.*
medicinále, *adj.* and *s. m.,*

MEDICO.

medicinal, medicament, medicine.
médico, *adj.* and *s. m., medical, doctor, physician.*
medio, *adj.* and *s. m., mid, moderate, middling, middle;* il —— *evo, the Middle Ages.*
mediócre, *adj., mediocre, middling.*
mediocrità, *s. f., mediocrity.*
mediterráneo, *adj.* and *s. m., midland, Mediterranean Sea.*
mefítico, *adj., mephitic, pestilential.*
meglio, *adv., better. Adv. ex.,* tanto ——, *so much the better.*
mela, *s. f., apple.*
mele, *see* miele.
melénso, *adj., stupid, doltish, dull.*
melo, *s. m., apple-tree.*
melodía, *s. f., melody.*
membro, *s. m., member, limb. Pl. m. members, f. limbs.*
memorábile, *adj., memorable, remarkable.*
mémore, *adj., remembering, possessed of a good memory.*
memória, *s. f., memory, remembrance.* In the pl., *memoirs.*
menáre, *v. a.* 1, *to lead, drive;* —— in volta, *to drive around, go the round.*
mendicánte, *s. m., mendicant, beggar.*
mendicáre, *v. n.* 1, *to beg.*
mendico, *s. m., beggar.*
meno, *adv., less. Adv. ex.,* non —— che, *as well as.*
ménsa, *s. f., dinner-table, dinner.*
menta, *s. f., mint.*
mente, *s. f., mind, intelligence. Adv. ex.,* a ——, *by heart.*
mentíre, *v. n.* 3, *to lie.*
mentitóre, *s. m., liar (f.* mentitríce).
mento, *s. m., chin.*
mentre, *adv., whilst.*
menzióne, *s. f., mention.*
menzógna, *s. f., lie, falsehood.*
menzognéro, *adj., false, deceptive.*
meravíglia, *see* maravíglia.
mercánte, *s. m., merchant, tradesman.*
mercantíle, *adj., mercantile.*
mercanzía, *s. f., merchandise, goods.*

MEZZO.

mercáto, *s. m., market. Adv. ex.,* a buon ——, *cheaply.*
mercéde, *s. f., fee, pay, wages.*
mercenário, *adj., mercenary, hired.*
meridiáno, *adj., southern, southerly.*
meritáre, *v. n.* 1, *to deserve, merit.*
meritévole, *adj., deserving, worthy.*
mérito, *s. m., merit, desert, worth.*
merla, *s. f., blackbird.*
meschíno, *adj., poor, miserable.*
mese, *s. m., month.*
méssa, *s. f., mass.*
messaggéro, *s. m., messenger.*
messére, *s. m., mister, obs., sir, obs., fool.*
messo *p. p. of* méttere, *put, placed.*
mestiére, *s. m., handicraft, guild, necessity.*
metà, *s. f., half.*
metafísica, *s. f., metaphysics, philosophy.*
metafísico, *adj.* and *s. m., metaphysical, philosopher.*
metállo, *s. m., metal, mineral.*
metrópoli, *s. m., capital, metropolis.*
méttere, *irr. a. v., to put;* —— in arme, *to rouse up in arms;* —— in carta, *to write;* —— fine, *to finish;* —— in fuga, *to put to flight;* —— mano, *to begin;* —— ostácolo, *to impede;* —— in perícolo, *to jeopardize;* —— si, *to place (oneself);* —— si a (followed by an Inf.), *to begin;* —— si in cammino, *to start;* —— si in viaggio, *to start;* —— si negli órdini, *to fall into the ranks;* —— si al punto, *to get ready;* —— si a romóre, *to begin an uproar;* —— si sotto, *to overcome;* —— si in távola, *to sit down at dinner;* —— in távola, *to serve (the dinner), to bring forth.*
mezzo, *adj., half, middle. Adv. ex.,* a ——, *in the midst, by half; cose di* ——, *middling things;* fra ——, *or;* in ——, *or;* nel ——, *in the midst;* per ——, *by means.*
mezzo, *s. m., mean, way, me-*

MISERO.

dium; mezzi, *in the pl., means also, possessions.*
mezzodì, *s. m., noon.*
mezzogiórno, *s. m., noon, south.*
mica, *adv., at all.*
miele, *s. m., honey.*
migliáio, *s. m., thousand. Pl. f.,* migliáia. *Adv. ex.,* a migliáia, *in thousands, in crowds.*
miglio, *s. m., mile. Pl. f.,* miglia.
miglioraménto, *s. m., improvement.*
migliόre, *adj., better.*
milia, *obs. for the pl. of* mille, *q. v.*
milióne, *s. m., million.*
militáre, *adj.* and *s. m., soldierly, soldier.*
milízia, *s. f., militia, military, soldiery.*
mille, *num., thousand. Pl.* mila.
mináccia, *s. f., threat, menace.*
minacciáre, *v. a.* 1, *to threaten.*
minaccióso, *adj., threatening.*
minaréto, *s. m., minaret.*
mínimo, *adj.* and *s. m., very small, minimum.*
ministro, *s. m., minister.*
minóre, *adj., minor, inferior.*
minuétto, *s. m., minuet.*
minutaménte, *adv., minutely.*
minúto, *adj.* and *s. m., small, minute, common. Adv. ex.,* per ——, *every minute, and minutely.*
minuzzáre, *v. a.* 1, *to mince, cut into small bits.*
mio, *adj., my, mine.*
mira, *s. f., aim, goal.*
mirábile, *adj., wonderful.*
mirácolo, *s. m., miracle.*
miráre, *v. a.* 1, *to aim, look.*
mischiáre, *v. a.* 1, *to mix, mingle.*
mischiársi, *v. r.* 1, *to take part, meddle.*
miserábile, *adj., miserable, wretched.*
miséria, *s. f., poverty, wretchedness.*
misericórdia, *s. f., pity, compassion.*
misericordióso, *adj., compassionate, charitable.*
mísero, *adj., miserable, unfortunate.*

MISFATTO.

misfátto, s. m., misdeed, crime.
misogállo, s. m., hater of the French.
mistéro, s. m., mystery, secret.
místo, adj. and s. m., mixing, compound.
misúra, s. f., measure; a ——, gradually.
misuráre, v. n. 1, to measure.
misurársi, v. r. 1, to compare oneself.
mitología, s. f., mythology.
móbile, adj. and s. m., moveable, mobile, furniture.
mobília, s. f., furniture.
móccolo, s. m., stump of a candle, candle's end.
moda, s. f., fashion, mode. Adv. ex., alla ——, fashionably.
modéllo, s. m., pattern, model.
moderáto, adj., moderate.
modérno, adj., modern.
modésto, adj., modest.
módo, s. m., manner, way. Adv. ex., a (or ad) ogni ——, anyhow; a questo ——, in this way; in ——, so; in —— che, so that; in certo ——, in a certain way, somehow; per ——, so that; sopra ——, especially.
móglie, s. f., wife. Pl. mogli.
móle, s. f., mass, weight.
molestáre, v. a. 1, to trouble, molest.
moléstia, s. f., trouble, annoyance.
molináre, v. n. 1, to revolve (in one's mind), think, plan.
mólla, s. f., spring, pl. (also) pincers.
mólle, adj., soft.
moltiplicáre, v. a. 1, to multiply, augment.
moltitúdine, s. f., multitude, crowd.
mólto, (1) adj., much, many; (2) adv., much, very, greatly.
moménto, s. m., instant, moment, importance. Adv. ex., di gran ——, very important; a moménti, shortly.
mónaca, s. f., nun.
mónaco, s. m., monk.
monárca, s. m., monarch, ruler.
monastério, obs., see monastéro.
monastéro, s. m., monastery.

MUOVERE.

móndo, s. m., system, world, earth.
monéta, s. f., money, coin.
mónna, fam. for madónna, q. v.
monsignóre, s. m., bishop, a title of courtesy given to dignitaries of the Catholic Church.
montágna, s. f., mountain.
montanáro, s. m., mountaineer.
montáre, v. n. 1, to mount, ascend; ——, a, to amount to; —— in legno, to get into a carriage.
mónte, s. m., mountain.
montóne, s. m., ram, mutton.
monuménto, s. m., monument.
moràle, adj. and s. m., moral, honest, morality.
mórbido, adj., soft.
mórdere, irr. v. a., to bite.
mordérsi, irr. r. v., to bite (one's own . . .).
moribóndo, adj., dying.
moríre, irr. v. n., to die. As an a. v. to kill.
morírsi, irr. r. v., to die, fade, wither, decay; —— di voglia, to long.
mormoráre, v. n. 1, to murmur, mutter.
mórso, s. m., bite; and p. p. of mórdere, bitten.
mortále, adj., mortal.
mórte, s. f., death.
mórto, p. p. of moríre, dead.
mósca, s. f., fly.
mósso, p. p. of muóvere, moved.
mósto, s. m., must, unfermented juice of the grape, stum.
móstra, s. f., show, exhibition.
mostráre, v. a. 1, to show, exhibit.
móstro, s. m., monster.
móto, s. m., motion.
mótto, s. m., motto, word.
moviménto, s. m., motion, movement.
múcchio, s. m., heap.
mugnáio, s. m., miller.
mulináro, s. m., miller.
mulíno, s. m., mill.
múlo, s. m., mule.
município, s. m., municipality.
muníre, v. a. 3, to fortify, protect, provide.
muóvere, irr. v. a., to move.

NE.

muóversi, irr. r. v., to start.
murágila, s. f., wall.
muràle, adj., mural.
muráre, v. a. 1, to wall.
múro, s. m., wall; —— di cinta, outer-wall (of a fortress or fortified town).
música, s. f., music.
musicále, adj., musical.
músico, adj. and s. m., musical, musician.
múso, s. m., muzzle, snout.
musulmáno, adj. and s. m., Mussulman, Mohammedan.
mutáre, v. a. 1, to change, alter; —— bandiéra, to change party (or opinion); —— propósito, to change the subject matter (of a speech).
mutársi, v. r. 1, to change.

N.

napolitáno, adj. and s. m., Neapolitan.
narráre, v. n. 1, to relate.
náscere, irr. v. n., to be born, originate.
nasciménto, s. m., birth, origin.
nascóndere, irr. v. a., to hide.
nascosaménte, adv., secretly.
nascósto, p. p. of nascóndere, hidden.
náso, s. m., nose.
nástro, s. m., ribbon, riband.
natále, adj. and s. m., natal, Christmas, birthday.
natío (p.), see natívo.
natívo, adj., native.
náto, p. p. of náscere, born, originated.
natúra, s. f., nature, kind, temper. Adv. ex., di ——, or per ——, naturally.
naturále, adj. and s. m., natural, nature, temper.
naturalménte, adv., naturally.
náufrago, adj., shipwrecked.
náutica, s. f., nautical science.
náve, s. f., ship.
navigáre, v. n. 1, to navigate, sail.
navíglio, s. m., ship.
nazionále, adj., national.
nazióne, s. f., nation.
nè, conj., nor, neither.

NEANCHE.

neánche, *conj., not even.*
neánco, *see* neánche.
nebbia, *s. f., mist, fog.*
necessário, *adj., necessary.*
necessità, *s. f., necessity.*
negáre, *v. n.* 1, *to deny.*
neghittóso, *adj., forgetful, unmindful, remiss, slothful.*
negletto, *adj., neglected, uncared.*
negligenza, *s. f., neglect.*
negoziánte, *s. m., merchant.*
negózio, *s. m., affair, business.*
nemíco, *adj. and s. m., inimical, hostile, enemy.*
nemméno, *conj., not even.*
nè più nè meno, *adv. ex., neither more nor less.*
nepóte, *s. m. and f., nephew, niece.* In the *m. pl.* (p.) *descendants.*
neppúre, *not even.*
nero, *adj., black.*
nervo, *s. m., sinew, tendon, nerve.*
nessúno, *adj. and pron., none, nobody, not any.*
néttare, *s. m., nectar.*
netto, *adj., clean, net. Adv. ex.,* di ——, *altogether, clearly.*
neve, *s. f., snow.*
nido, *s. m., nest.*
niente, *s. m., nothing.*
nimíco, *see* nemíco.
ninfa, *s. f., nymph.*
nipóte, *see* nepóte.
niuno, *adj. and pron., no one, nobody.*
no, *adv., no.*
nóbile, *adj., noble.*
nobilitáre, *v. a.* 1, *to ennoble.*
nobilménte, *adv., nobly.*
nobiltà, *s. f., nobility.*
nocchiero, *s. m., shipmaster, pilot, sailor* (p.).
noce, *s. m. and f., walnut-tree, walnut.*
nodo, *s. m., knot, joint.*
noia, *s. f., annoyance, listlessness, worry, ennui.*
nomáre (p.), *see* nomináre.
nomársi, *v. r.* 1, *to make a name for oneself, be called* (p.).
nome, *s. m., name.*
nomináre, *v. a.* 1, *to name, call.*
non, *adv., not. Adv. ex.,* —— mai, *never.*
nonchè, *conj., not only.*
nondiméno, *conj., nevertheless.*

OBBLIGARE.

nonno, *s. m., grandfather.*
nono, *adj., ninth.*
nonostánte, *conj., notwithstanding.*
nostráno, *adj., native, of our country. Adv. ex.,* alla nostrána, *in our own fashion, in a homely way.*
nostro, *adj., our, ours.*
notáro, *s. m., notary.*
notizia, *s. f., news, notice, knowledge.*
notte, *s. f., night.*
novánta, *num., ninety.*
novantanóve, *num., ninety-nine.*
nove, *num., nine.*
novella, *s. f., news, novel, story.*
novellétta, *short story, novelette.*
novèllo, *adj., new.*
novembre, *s. m., November.*
novità, *s. f., novelty.*
nozze, *s. f. pl., nuptials, wedding, marriage.*
nubilóso, *adj., cloudy.*
nudità, *s. f., nakedness, nudity, barrenness.*
nudo, *adj., naked, nude, barren.*
nulla, *s. m., nothing.*
nullo, *adj., none, not any.*
nume, *s. m., deity, god.*
numeráre, *v. a.* 1, *to number.*
número, *s. m., number.*
numeróso, *adj., numerous.*
nunzio, *s. m., messenger, courier.*
nuova, *s. f., news.*
nuovo, *adj., new-fangled, new. Adv. ex.,* di ——, *again.*
nutricáre, *v. a.* 1, *to nourish, feed.*
nutríce, *s. f., nurse.*
nutríro, *v. a.* 3, *to nourish, feed.*
nutrírsi, *v. r.* 3, *to feed upon.*
núvola, *s. f., cloud.*
núvolo, *s. m., cloud (heavier or darker than* núvola*).*
nuvolóne, *s. m., large cloud.*
nuvolóso, *adj., cloudy.*

O.

o, *conj., or.*
obbedíre, *v. n.* 3, *to obey.*
obbligáre, *v. a.* 1, *to oblige, compel.*

OBÈ.

óbbligo, *s. f., obligation, duty.*
obbrobrióso, *adj., opprobrious.*
obliáre, *v. n.* 1, *to forget.*
oblío, *s. m., oblivion, forgetfulness.*
oca, *s. f., goose.* Fig. *fool.*
occasióne, *s. f., occasion, opportunity.*
occhiále, *s. m., eye-glass.*
occhiáta, *s. f., look.*
occhiello, *s. m., button-hole.*
occhio, *s. m., eye.*
occisióne, *obs., see* uccisióne.
occorrenza, *s. f., occurrence, casualty.*
occórrere, *irr. imp. v., to occur, happen.*
occórso, *p. p. of* occórrere, *happened, occurred.*
occulto, *adj., hidden, occult.*
occupáre, *v. a.* 1, *to occupy, seize.* Obs. *as to cover.*
occupazióne, *s. f., occupation, employment.*
océano, *s. m., ocean.*
od, *conj., or.*
ode, *s. f., ode, song, lyric poem.*
odiáre, *v. n.* 1, *to hate.*
odio, *s. m., hatred.*
odiosaménte, *adv., hatefully.*
odióso, *adj., hateful.*
odóre, *s. m., odour, smell.*
odorífero, *adj., odorous, fragrant, odoriferous.*
odoróso, *adj., odorous, fragrant.*
offéndere, *irr. v. n., to offend, insult.*
offeríre, *irr. v. a., to offer.*
offerírsi, *irr. r. v., to offer oneself.*
offerta, *s. f., offering.*
offerto, *p. p. of* offeríre, *offered.*
offésa, *s. f., offence, insult.*
offéso, *p. p. of* offéndere, *offended, insulted.*
offríre, *see* offeríre.
offrírsi, *see* offerírsi.
oggetto, *s. m., object, matter, thing, aim.*
oggi, *adv., to-day.*
oggidì, *adv., to-day.*
ogni, *adj., every, each. Adv. ex.,* —— qualvólta, *or* —— volta che, *whenever.*
ognúno, *pron., every one.*
oh, *interj., oh!*
ohimè, *interj., oh me!*
oibò, *interj., oh dear no!*
oimè, *interj., ah me!*

OLIO.

olio, *s. m., oil.*
oltracciò, *adv., moreover, besides.*
oltrággio, *s. m., outrage, violence, abuse, insult.*
oltre, *adv., besides, more.*
oltrepassáre, *v. n. 1, to overstep, pass beyond, surpass.*
omái, *adv., now.*
ombra, *s. f., shadow, ghost, shade.*
ombréllo, *s. m., umbrella.*
ombróso, *adj., shady.*
omicída, *s. m., slayer of man, homicide, murderer.*
omicídio, *s. m., homicide, manslaughter.*
onda, *s. f., wave.*
onde, *conj, so that, therefore, thence.*
onestà, *s.f., honesty.*
onestaménte, *adv., honestly.*
onésto, *adj., honest.*
onnipoténte, *adj., all powerful, omnipotent.*
onoráre, *v. n. 1, to honour.*
onóre, *s. m., honour.*
onorévole, *adj., honourable.*
onta, *s.f., shame.*
ópera, *s.f., work, opera, deed, production.*
operáre, *v. n. 1, to work.*
operazióne, *s.f., operation.*
operetta, *s.f., comic opera, operetta. In the pl. (also) minor works.*
opinióne, *s.f., opinion.*
oppórre, *irr. v. n., to oppose.*
oppórsi, *irr. r. v., to be opposed.*
opportunità, *s. f., opportunity, chance.*
opportúno, *adj., opportune, suitable.*
oppósto, *p. p. of oppórre, opposed. Adv. ex., all' ——, on the contrary, contrariwise.*
oppressióne, *s.f., oppression, servitude.*
oppresso, *p. p. of opprímere, oppressed.*
oppressóre, *s. m., oppressor.*
opprímere, *irr. v. a., to oppress.*
ora, *adv. and s. f., now, hour. Adv. ex., ad ——, gradually; da —— innánzi, henceforth; di buon' ——, early; per ——, for the present, pur ——, just now; —— via, now then.*
orácolo, *s. m., oracle.*
orazióne, *s. f., oration, speech, prayer.*

OSSO.

orbo, *adj., deprived, blind.*
orchestra, *s.f., orchestra.*
ordinánza, *s.f., order, command.*
ordináre, *v. a. 1, to order, co-ordinate, command.*
ordinariaménte, *adv., usually.*
ordinário, *adj. and s. m., ordinary, courier, post.*
órdine, *s. m., order. Adv. ex., all' ——, or in ——, ready.*
ordíre, *v. n. 3, to spin, weave, plot.*
orditúra, *s.f., web, plan.*
orécchio, *s. m., ear. Pl. m. and f.*
órfano, *s. m., orphan.*
órgano, *s. m., organ.*
organíno, *s. m., barrel-organ.*
orgóglio, *s. m., pride.*
oriénte, *s. m., east.*
originalità, *s. f., originality.*
orizzónte, *s. m., horizon.*
orlo, *s. m., hem, brink, margin, rim.*
orma, *s.f., imprint, form.*
ormái, *adv., now.*
ornaménto, *s. m., ornament.*
ornáre, *v. a. 1, to adorn, ornament.*
oro, *s. m., gold.*
orológio, *s. m., watch, clock.*
orréndo, *adj., horrible, frightful.*
orríbile, *adj., horrible.*
órrido, *adj., horrid, terrible.*
orróre, *s. m., horror.*
orsù, *adv., now then.*
ortíca, *s. f., nettle.*
orto, *s. m., orchard, green, garden.*
ortografía, *s.f., orthography.*
osáre, *v. n. 1, to dare, presume.*
oscuráre, *v. a. 1, to obscure, darken.*
oscurársi, *v. r. 1, to become dark.*
oscúro, *adj., dark. Adv. ex., all' ——, in the dark.*
ospitále, *adj. and s. m., hospitable, hospital.*
óspite, *s. m., guest, host.*
ossequióso, *adj., obsequious, respectful.*
osservánza, *s.f., observance.*
osserváre, *v. n. 1, to observe, watch.*
osservatóre, *s. m., observer (f. osservatríce).*
osso, *s. m., bone. Pl. m.*

PALAZZO.

bones, and f. remains of the dead.
ostácolo, *s. m., obstacle, hindrance, obstruction.*
ostággio, *s. m., hostage.*
ostería, *s. f., inn, eating-house.*
ostentazióne, *s.f., ostentation, display, show.*
ostináre, *v. n. 1, to be obstinate. Obs., see ostinársi.*
ostinársi, *v. r. 1, to persist, become obstinate.*
ostinazióne, *s.f., obstinacy.*
ottánta, *num., eighty.*
ottantanóve, *num., eighty-nine.*
ottantatré, *num., eighty-three.*
ottávo, *adj., eighth.*
ottenére, *irr. n. v., to obtain, gain.*
ottimaménte, *adv., very well.*
óttimo, *adj., best, very good.*
otto, *num., eight.*
ottóbre, *s. m., October.*
ottocénto, *num., eight hundred.*
ottúso, *adj., blunt, obtuse, dull.*
ovazióne, *s.f., ovation.*
ove, *adv., where.*
ovíparo, *adj., oviparous.*
ovvero, *conj., or.*
ózio, *s.m., idleness, laziness.*
oziosággine, *s. f., idleness, sloth, laziness.*
ozióso, *adj., idle, lazy.*

P.

pacataménte, *adv., calmly, quietly.*
pace, *s.f., peace, quiet.*
padre, *s. m., father. In the pl. senators also.*
padróne, *s. m., master, owner.*
paesáno, *adj. and s.m., countryman, villager, national.*
paése, *s. m., village, country.*
paesétto, *s. m., village.*
paga, *s.f., pay.*
pagáre, *v. a. 1, to pay.*
página, *s.f., page, leaf.*
páglia, *s.f., straw.*
pago, *adj., satisfied.*
pajo, *s. m., pair. Pl. f. paia.*
palágio, *s. m., palace, mansion.*
palázzo, *s. m., palace, mansion.*

palesáre, v. n. 1, *to manifest, reveal.*
palése, adj., *manifest, patent, known.*
palla, s. f., *ball, bullet.*
pállido, adj., *pale.*
pallóne, s. m., *foot-ball, balloon.*
palmo, s. m., *span (an obs. measure = about nine inches).*
palo, s. m., *stake, prop.*
pancia, s. f., *paunch, belly.*
pane, s. m., *bread.*
panegírico, s. m., *panegyric, eulogy, praise.*
panno, s. m., *cloth.*
papa, s. m., *pope.*
pappagállo, s. m., *parrot.*
paradíso, s. m., *paradise, heaven.*
paragonáre, v. n. 1, *to compare.*
paragóne, s. m., *comparison.*
parallélo, s. m., *parallel.*
parasíto, s. m., *parasite, toad-eater, sponger.*
paráto, adj., *ready.*
parcaménte, adv., *economically, sparingly.*
parécchio, adj., *much, several.*
parentádo, s. m., *relationship, kindred.*
parénte, s. m., *relation, kinsman.*
paréro, irr. v. n., *to seem, appear.* —— mill' anni, *to wish very much, to seem a very long time.* As a s. m., *opinion.*
paréte, s. f., *wall (of a house).*
párgolo, s. m., *child, baby.*
pari, indecl. adj., *equal.*
parigíno, adj. and s. m., *Parisian.*
pariménte, adv., *equally, also.*
parlaménto, s. m., *parliament.*
parláre, v. n. 1, *to speak.*
parmigiáno, adj. and s. m., *Parmesan.*
paróla, s. f., *word.*
parte, s. f., *part, portion, partly.* Adv. ez., a ——, *aside*; dall'altra ——, *on the other hand*; in —— *partly.*
partecipáre, v. n. 1, *to share, partake.*
partécipe, adj., *partaking, sharing.*
parténza, s. f., *departure.*

particoláre, adj., *particular, private.*
particolarménte, adv., *particularly, especially.*
partíre, v. a. 3, *to divide*; as a n. v., *to depart.*
partírsi, v. r. 3, *to start, depart.*
partíta, s. f., *assemblage,* (a) *game or deal.* Obs. as *departure.*
partíto, s. m. and p. p. of *partíre, decision, departed.*
partoríre, v. n. 3, *to bring forth, produce.*
párvolo, s. m., *child, baby.* Obs., *see* párgolo.
parziále, adj., *partial, biassed.*
parzialità, s. f., *partiality, bias.*
páscere, irr. a. and n. v., *to feed, pasture, graze.*
páscersi, irr. r. v., *to feed.*
pascoláre, v. n. 1, *to pasture, graze.*
páscolo, s. m., *pasture, food.*
passabilménte, adv., *passably, fairly.*
passáre, v. n. 1, *to pass, cross over*; —— la liscia, *to escape scot free, avoid punishment*; —— per la mente, *to think of*; —— sela, *to live.*
passeggiáre, v. n. 1, *to walk about.*
passeggiére, s. m., *passenger, passer-by.*
passeggiéro, adj. and s. m., *fleeting, momentary, passenger.*
passéggio, s. m., *promenade, walk.*
pásso, s. m., *sparrow.*
passióne, s. f., *passion, feeling, grief.*
passo, s. m., *step, rate, entanglement,* (a) *measure = about a yard.*
pasta, s. f., *paste, dough.*
pasto, s. m., *food, repast.*
pastóre, s. m., *shepherd.*
pastráno, s. m., *loose coat, over-coat, cloak.*
paténte, adj. and s. f., *open, manifest, letters-patent, licence.*
patérno, adj., *paternal, fatherly.*
paternóstro, s. m., *bead,* (the prayer) *Our Father.*
patíre, v. n. 3, *to suffer.*
património, s. m., *inheritance, patrimony, Papal States.*

pátria, s. f., *country, fatherland.*
pátrio, adj., *native.*
patrocínio, s. m., *patronage, protection.*
patto, s. m., *compact, agreement.* Adv. ez., a ogni ——, *by all means.*
paúra, s. f., *fear, fright.*
pauróso, adj., *afraid, fearful.*
paventáre, v. n. 1, *to fear.*
paziénza, s. f., *patience, forbearance.*
pazzía, s. f., *madness.*
pazzo, adj. and s. m., *mad, madman.*
pécora, s. f., *sheep.*
pedáta, s. f., *kick.*
péggio, adv., *worse.*
peggióre, adj., *worse.*
peláre, v. a. 1, *to strip off the hair.*
pelle, s. f., *skin.*
pellegrinággio, s. m., *pilgrimage.*
pellegríno, adj. and s. m., *outlandish, strange, pilgrim.*
pelo, s. m., *hair* (not of the head), *coat* (of animals).
peltro, s. m., *pewter, spelter.*
péna, s. f., *penalty, punishment.*
pendénte, adj., *pending, hanging.* Adv. ez., in ——, *undecided.*
péndere, v. n. 2, *to hang, be suspended.*
pendíce, s. f., *slope.*
penetráre, v. n. 1, *to penetrate.*
peniténza, s. f., *penance, penitence.*
pénna, s. f., *feather, pen.* In the pl. (p.) *wings.* Adv. ez., in punta di ——, *currente calamo, unpreparedly.*
penóso, adj., *painful.*
pensáre, v. n. 1, *to think, believe.*
pensiéro, s. m., *thought, care.*
pensióne, s. f., *pension.*
pensóso, adj., *thoughtful.*
pentiménto, s. m., *repentance.*
pentírsi, v. r. 3, *to repent, regret.*
péntola, s. f., *pot, caldron.*
pentoláio, s. m., *potter.*
per, prep., *for, by, because.*
péra, s. f., *pear.*
perchè, conj. and adv., *because, so that, why.*
perciò, conj., *therefore.*

perciocchè, *conj., because.*
percòsso, *p. p. of* percuótere, *struck.*
percuótere, *irr. v. a., to strike.*
pérdere, *v. n.* 2, *to lose.*
pérdersi, *v. r.* 2, *to lose oneself.*
pérdita, *s. f., loss.*
perdonáre, *v. n.* 1, *to pardon.*
perdóno, *s. m., pardon.*
perènne, *adj., perennial, everlasting.*
perfètto, *adj., perfect, complete, excellent.*
perfezionire, *v. a.* 1, *to perfect, make perfect.*
perfezionársi, *v. r.* 1, *to become perfect.*
perfezionatóre, *s. m., perfecter, improver (f.* perfezionatríce).
perfezióne, *s. f., perfection.*
perícolo, *s. m., danger, peril.*
perìglio (p.), *see* perícolo.
período, *s. m., period.*
perire, *v. n.* 3, *to die, perish.*
períto, *adj., skilful, expert.*
per lo che, *conj., so that.*
permanénte, *adj., enduring, permanent.*
permèsso, *s. m.* and *p. p. of* perméttere, *leave, permission, permitted.*
perméttere, *irr. v. n., to allow, permit.*
pero, *s. m., pear-tree.*
però, *conj., however.*
perocchè, *conj., because.*
perpetuáre, *v. n.* 1, *to perpetuate.*
perpétuo, *adj., perpetual, everlasting. Adv. ex.,* in —, *for ever.*
perplèsso, *adj., perplexing, doubting.*
perseguitáre, *v. n.* 1, *to pursue, persecute.*
persiáno, *adj.* and *s. m., Persian.*
persistere, *irr. v. n., to persist.*
persistíto, *p. p. of* persistere, *persisted.*
perso (p.), *see* persiáno.
persóna, *s. f., person.*
personággio, *personage.*
personalménte, *adv., personally.*
perspicáce, *adj., perspicacious.*
persuadére, *irr. v. a., to persuade.*
persuadérsi, *irr. r. v., to become persuaded.*

persuáso, *p. p. of* persuadére, *persuaded.*
pertánto, *conj., however.*
pervenìre, *irr. v. n., to succeed, arrive.*
pervenúto, *p. p. of* pervenìre, *succeeded, arrived.*
pesánte, *adj., heavy, weighty.*
pesáre, *v. n.* 1, *to weigh.*
pesca, *s. f., fishing.*
pesca, *s. f., peach.*
pescáre, *v. n.* 1, *to fish.*
pescatóre, *s. m., fisherman.*
pesce, *s. m., fish.*
pesco, *s. m., peach-tree.*
peso, *s. m., weight.*
pèssimo, *adj., worst.*
pessimaménte, *adv., very badly.*
pestífero, *adj., pestilential.*
petto, *s. m., chest, breast.*
pezza, *s. f., piece, part, portion (of cloth or time).*
pezzènte, *s. m., beggar.*
pezzo, *s. m., piece, part, portion.*
piacére, *irr. v. n., to please.*
piacérsi, *irr. r. v., to be pleased.*
piacévole, *adj., pleasing, pleasant.*
piaciúto, *p. p. of* piacére, *pleased.*
piaga, *s. f., sore, wound.*
piagáre, *v. a.* 1, *to wound.*
pianéta, *s. m., planet, celestial body.*
piángere, *irr. v. n., to cry, weep.*
piano, *adj., adv.* and *s. m., soft, level, quietly, softly, floor;* — di terra, *or* terréno, *ground floor.*
piantaménto, *s. m., plantation.*
piánta, *s. f., plant.*
piantáre, *v. a.* 1, *to plant.*
piánto, *p. p. of* piángere, *cried; s. m., crying, weeping.*
piatíre, *v. n.* 3, *to plead.*
piazza, *s. f., square, piazza.*
picca, *s. f., lance, pick.*
piccáre, *v. n.* 1, *to peck.*
piccársi, *v. r.* 1, *to make a point, be proud.*
picchiáre, *v. a.* 1, *to knock, beat.*
picco, *s. m., summit, peak.*
piccolézza, *s. f., smallness.*
píccolo, *adj., small.*
piè, *apoc. of* piede. *Adv. ex.,* a —, *on foot.*
piède, *s. m., foot. Adv. ex.,* a piedi, *on foot;* in piedi, *standing.*

piegáre, *v. a.* 1, *to fold, bend.*
piegársi, *v. r.* 1, *to give way, retreat.*
piemontése, *adj.* and *s. m., Piedmontese.*
pienaménte, *adv., fully.*
pieno, *adj., full.*
pietà, *s. f., pity, mercy, compassion.*
pietóso, *adj., pitiful, merciful, compassionate.*
piètra, *s. f., stone.*
piffero, *s. m., fife, piper.*
pigliáre, *v. a.* 1, *to take;* — aria, *to take the air;* — il cammíno, *to start.*
pigliársi, *v. r.* 1, *to take upon oneself;* — passióne, *to become angry;* — spasso, *to make fun of.*
pignátta, *s. f., earthen pot.*
pigoláre, *v. n.* 1, *to pip, chirp.*
pio, *adj., pious, religious, loving.*
pióggia, *s. f., rain.*
piombáre, *v. n.* 1, *to swoop down, fall quickly.*
piómbo, *s. m., lead.*
piòvere, *imp. v., to rain.*
piovóso, *adj., rainy.*
piráta, *s. m., pirate.*
pisáno, *adj.* and *s. m., of Pisa,* (a) *citizen of Pisa.*
pittóre, *s. m., painter (f.* pittríce).
pittúra, *s. f., painting, picture.*
più, *adv., more. Adv. ex.,* — che mai, *more than ever;* di —, *moreover;* nè — nè meno, *neither more nor less;* per lo —, *mostly,* tanto —, *the more, so much the more;* più tosto, *rather.*
piuttòsto, *adv., rather.*
placáre, *v. n.* 1, *to appease.*
plátano, *s. m., plane tree, platane.*
poco, *adj.* and *adv., little, small, few. Adv. ex.,* a — a —, *little by little;* fra —, *shortly;* — stante, *soon afterwards.*
podére, *s. m., estate, field.*
poesía, *s. f., poetry.*
poéta, *s. m., poet.*
poeteggiáre, *v. n.* 1, *to poetize, sing.*
poi, *after, afterwards. Adv. ex.,* da —, *or* di —, *afterwards;* da — che, *since.*
poichè, *conj., since.*
polènda, *s. f., hominy.*

política, *s. f., politics.*
político, *adj., political.*
polláio, *s. m., hen-roost, poultry-yard.*
pollástro, *s. m., pullet.*
pollo, *s. m., fowl.*
polo, *s. m., pole.*
polpa, *s. f., pulp.*
polpétta, *s. f., forcemeat ball.*
polso, *s. m., pulse.*
pólvere, *s. f., dust, powder.*
pomeridiáno, *adj., afternoon, post-meridian.*
pompa, *s. f., pomp, display, show.*
ponte, *s. m., bridge.*
pontéfice, *s. m., pontiff, pope.*
pontifício, *adj., pontifical, papal.* As *a s. m., partisan of the pope.*
popoláre, *adj., popular.*
popolarménte, *adv., popularly.*
pópolo, *s. m., people.*
popolóso, *adj., populous.*
porco, *s. m., pig, pork.*
pórgere, *irr. v. a., to hand, offer.*
porre, *irr. v. a., to place, put;* —— l'ánimo, *to set one's mind;* —— tempo fra mezzo, *to delay;* —— in carta, *to write down;* —— in dimenticánza, *to forget;* —— mente, *to attend;* —— la mira, *to aim;* —— si a (followed by an Inf.), to begin;* —— si in ánimo, *to determine.*
porta, *s. f., door.*
portaménto, *s. m., bearing, gait.*
portáre, *v. a. 1, to carry, bring;* —— opinióne, *to think, believe;* —— rimédio, *to remedy;* —— si, *to be, to behave;* —— buona volontà, *to befriend.*
portatóre, *s. m., bearer (f. portatrice).*
porto, *s. m., port, haven.*
porto, *p. p. of pórgere, offered, handed.*
porzióne, *s. f., portion, part.*
posáre, *v. n. 1, to lay down, put, perch.*
posársi, *v. r. 1, to place oneself, assume a position, pose.*
poscia, *adv., after, afterwards.*
positúra, *s. f., posture, position.*
pospórre, *irr. n. r., to postpone, delay.*

pospósto, *p. p. of pospórre, postponed, delayed.*
possánza, *s. f., power, might.*
possedére, *irr. n. v., to possess, own.*
possedítóre, *s. m., possessor, owner (f. possedítrice).*
pessénte, *adj., powerful.*
possessóre, *s. m., possessor, land-owner, owner.*
possíbile, *adj., possible.*
posta, *s. f., post-office.* Adv. ex., a ——, *purposely.*
pestáre, *v. a. 1, to place, post.*
postársi, *v. r. 1, to place oneself.*
pósteri, *s. m. pl., descendants.* No sing.
posterità, *s. f., posterity.*
posto, *s. m., place, situation.*
posto, *p. p. of porre, placed, put.* Conj., —— che, *suppose that.*
poténte, *adj., powerful, mighty.*
potenteménte, *adv., powerfully.*
potenza, *s. f., power, might.*
potére, *s. m., power;* a lor ——, *as much as they could.*
potére, *irr. v. n., to be able, can.*
poverétto, *s. m., poor fellow.*
poveríno, *s. m., poor fellow.*
póvero, *adj. and s. m., poor, wretched, beggar.*
povertà, *s. f., poverty.*
pozzo, *s. m., well.* —— nero, *water-closet.*
prammática, *s. f., pragmatic science, a collection of laws.*
pranzáre, *v. n. 1, to dine.*
pranzo, *s. m., dinner.*
prático, *adj., practical, experienced.*
prato, *s. m., meadow.*
precedere, *v. n. 3, to precede, go before.*
precipitáre, *v. a. 1, to cast down headlong, precipitate, hasten.*
precipitársi, *v. r. 1, to throw oneself down, hurry.*
precipitáto, *p. p. of precipitáre, thrown, sudden.*
precipízio, *s. m., precipice.*
precláro, *adj., illustrious, celebrated.*
precursóro, *s. m., forerunner, precursor.*
preda, *s. f., prey, plunder, spoil.*
predecessóre, *s. m., predecessor.*
prédica, *s. f., sermon.*

predomináre, *v. n. 1, to predominate.*
preferíre, *v. n. 3, to prefer.*
pregáre, *v. n. 1, to pray, beg.*
pregiáre, *v. a. 1, to prize, appreciate.*
prégio, *s. m., appreciation, esteem.*
pregiudízio, *s. m., prejudice, prepossession.*
pregno, *adj., pregnant, full.*
preláto, *s. m., prelate, church dignitary.*
prémere, *v. a. and n. 2, to press, import, be of importance.*
premiáre, *v. a. 1, to reward.*
premio, *s. m., reward, prize.*
prendere, *irr. v. a., to take, grasp, drink, seize;* —— a (followed by an Inf.), to begin, undertake;* —— le armi, *to take up arms;* —— a fitto, *to rent, to hire;* —— pel ganascino, *to chuck under the chin;* —— un granchio, *to be mistaken;* —— dal buon lato, *to look favourably (on something);* —— a moglie, *to marry;* —— le parti, *to take the part, to side;* —— partito, *to side;* —— il partito, *to decide;* —— pel pelo, *to take things easily, as they come;* —— pretésto, *to take as a pretext;* —— si, *to take for oneself;* —— si soddisfazióne, *to revenge oneself;* —— sopra di sè, *to take the responsibility.*
prepáráre, *v. a. 1, to prepare.*
preparársi, *v. r. 1, to get ready.*
preparazióne, *s. f., preparation.*
prepórre, *irr. v. n., to prefer, set before.*
prepósto, *p. p. of prepórre, preferred, set before.*
prepoténte, *adj., overbearing, over-reaching.*
prerogatíva, *s. f., prerogative, privilege.*
presa, *s. f., taking, pinch (of snuff), capture.*
prescrítto, *p. p. of prescrívere, prescribed.*
prescrívere, *irr. v. n., to prescribe, ordain.*
presentáre, *v. a. 1, to present, offer.*
presentársi, *v. r. 1, to present oneself.*
presénte, *adj., present.* Adv.

PRESENTEMENTE.

ex., al ——, *now;* di ——, *at once.*
presenteménte, *adv., presently.*
preṡénza, *s. f., presence.*
preṡídio, *s. m., guard, aid, protection.*
prèso, *p. p. of* prèndere, *taken, captured, seized.*
prèsso, *adv., near, nigh, close to, on the point of. Adv. ex.*, —— a (or da), *with, near, about.*
prestaménte, *adv., quickly.*
prestánte, *adj., excellent, pre-eminent, beautiful.*
prestáre, *v. a.* 1, *to lend.*
prèsto, *s. m., loan. Adj., quick, sudden.*
prèsto, *adv., suddenly, quickly. Adv. ex.*, più —— che, *as soon as.*
preṡuntuóṡo, *see* proṡuntuóṡo.
prète, *s. m., priest.*
preténdere, *irr. v. n., to presume, pretend.*
preté̇ṡo, *p. p. of* preténdere, *presumed, pretended.*
pretè̇ṡto, *s. m., pretext, excuse.*
pretoriáno, *adj., praetorian.*
prevalére, *irr. v. n., to prevail.*
prevàlṡo, *p. p. of* prevalére, *prevailed.*
prevedére, *irr. v. n., to foresee.*
prevenire, *irr. v. n., to prevent, anticipate.*
prevenúto, *p. p. of* prevenire, *anticipated.*
previ̇́ṡto, *p. p. of* prevedére, *foreseen.*
preżióṡo, *adj., precious, valuable.*
prèżżo, *s. m., price, value.*
priègo, *s. m., prayer, entreaty* (p.).
prigióne, *s. m., prisoner; s. f., prison.*
prigioní̇a, *s. f., imprisonment.*
prigioniéro, *s. m., prisoner.*
prima, *adv., before* (of time). *Adv. ex.*, a bella ——, *at once;* come ——, *as soon as;* da ——, *at first.*
primavèra, *s. f., spring.*
primieraménte, *adv., firstly.*
primiéro, *adj., first.*
prímo, *adj., first.*
principále, *adj., principal.*

PROMESSA.

principáto, *s. m., dominion, rule, reign, principality.*
prìncipe, *s. m., prince, ruler.*
principiáre, *v. n.* 1, *to begin.*
princípio, *s. m., beginning, origin, principle. Adv. ex.*, da ——, *at first.*
priváre, *v. a.* 1, *to deprive.*
priváto, *p. p. of* priváre *and s. m., deprived, private person.*
privilègio, *s. m., privilege, exemption.*
privo, *adj., deprived.*
procacciáre, *v. n.* 1, *to procure.*
procacciárṡi, *v. r.* 1, *to get, obtain;* —— la vita, *to gain a living.*
procèdere, *v. n.* 2, *to proceed.*
procellóṡo, *adj., stormy, tempestuous.*
procínto, *s. m., readiness. Only used in the adv. ex.*, in ——, *on the point of.*
procómbere, *v. n.* 2, *to fall, sink down* (p.).
procuráre, *v. n.* 1, *to procure.*
procurárṡi, *v. r.* 1, *to get.*
procuratóre, *s. m., procurator, public prosecutor.*
pròda, *s. f., prow.*
prodótto, *p. p. of* prodúrre, *produced.*
prodúrre, *irr. v. a., to produce, bring forth.*
proèmio, *s. m., proem, preface.*
profanáre, *v. n.* 1, *to defile, profane.*
proferire, *v. a.* 1, *to proffer, say, utter.*
profèrta, *s. f., offer. Also:* profferta.
professióne, *s. f., profession.*
profferire, *irr. v. n., to offer.*
profferto, *p. p. of* profferire, *offered.*
profítto, *s. m., profit, gain.*
profondaménte, *adv., deeply.*
profondità, *s. f., depth, deepness.*
profóndo, *adj., deep.*
progettìsta, *s. m., projector, schemer.*
progètto, *s. m., scheme, project, design.*
progredire, *n.* 3, *to progress, advance.*
progrèsso, *s. m., progress, advance.*
proibíre, *v. a.* 3, *to forbid.*
prolungáre, *v. n.* 1, *to prolong, lengthen.*
promèssa, *s. f., promise.*

PROTETTORE.

promèsso, *p. p. of* promèttere, *promised.*
promèttere, *irr. v. n., to promise.*
promòsso, *p. p. of* promuóvere, *promoted.*
promuóvere, *irr. v. n., to promote, advance.*
prontaménte, *adv., quickly.*
prónto, *adj., ready.*
pronunciáre, *v. a.* 1, *to pronounce.*
propagáre, *v. a.* 1, *to propagate.*
propagárṡi, *v. r.* 1, *to propagate itself.*
propínquo, *adj., near.*
propórre, *irr. v. a., to propose, submit.*
proporzionáto, *adj., proportioned.*
propòṡito, *s. m., intention, purpose. Adv. ex.*, a (or in) ——, *opportunely, à propos.*
propòṡto, *p. p. of* propórre, *proposed, submitted.*
propriaménte, *adv., properly.*
proprietà, *s. f., property, ownership.*
pròprio, *adj., proper, one's own;* as an *adv., exactly.*
pròṡa, *s. f., prose.*
proṡánte, *s. m., prosaist, prose-writer, scribbler.*
proṡápia, *s. f., race, family.*
proṡatóre, *s. m., prose-writer* (f. prosatrice).
proscrítto, *p. p. of* proscrivere, *proscribed.*
proscrivere, *irr. v. a., to proscribe.*
prosperità, *s. f., prosperity, success.*
prospètto, *s. m., prospect, view, prospectus.*
próssimo, *adj. and s. m., nearest, neighbouring, neighbour.*
prostráre, *v. a.* 1, *to push down, throw down.*
prostrárṡi, *v. r.* 1, *to fall on one's knees, kneel.*
proṡuntuóṡo, *adj., presumptuous, presuming.*
protèggere, *irr. v. a., to protect.*
protèsta, *s. f., protest.*
protestáre, *v. n.* 1, *to protest.*
protestárṡi, *v. r.* 1, *to declare oneself.*
protètto, *p. p. of* protèggere, *protected.*
protettóre, *s. m., protector* (f. protettrice).

prova, *s. f., proof, deed.*
prováre, *v. a. 1, to prove, show, demonstrate.*
provársi, *v. r. 1, to try.*
proveniènte, *adj., originating, proceeding.*
provenìre, *irr. v. n., to originate, proceed.*
provenúto, *p. p. of* proveníre, *proceeded.*
província, *s. f., province.*
provvedére, *irr. v. a., to provide, provision.*
provvedérsi, *irr. v. r., to provide oneself.*
provvediménto, *s. m., precaution, providence.*
provveditóre, *s. m., purveyor, commissary (f.* provveditríce*).*
próvvido, *adj., provident, prudent.*
provvisióne, *s. f., provision, purveying, precaution.*
provvísto, *p. p. of* provvedére, *provided.*
prudènte, *adj., prudent.*
prudenteménte, *adv., prudently.*
prudènza, *s. f., prudence, discretion.*
pubblicáre, *v. a. 1, to publish, issue.*
pubblicazióne, *s. f., publication, issue.*
púbblico, *adj., public, common.*
pugnaláta, *s. f., stab with a dagger.*
pugnále, *s. m., dagger.*
pugnáre, *v. n. 1, to fight.*
pugno, *s. m., fist, blow with the fist. Pl.* ni. *and* f.
púlce, *s. f., flea.*
pulizía, *s. f., cleanliness.*
púngere, *irr. v. a., to sting, scathe, prick.*
púngolo, *s. m., goad, sting.*
puníre, *v. a. 3, to punish.*
punizióne, *s. f., punishment.*
púnta, *s. f., point;* in —— de' piedi, *on tiptoe.*
puntíglio, *s. m., punctilio.*
púnto, *s. m. and p. p. of* púngere, *point, instant, stung. Used also as an adv. at all. Adv. ex., a* un ——, *at the same time;* in ——, *exactly, ready;* —— d'onóre, *point of honour.*
puntualménte, *adv., punctually.*
puntúra, *s. f., sting.*
punzecchiáre, *to sting intermittently.*

puraménte, *adv., purely, only.*
purchè, *conj., provided.*
purs, *conj., however, all the same. Adv. ex.,* —— troppo, *only too much so.*
purgáre, *v. a. 1, to cleanse, purify.*
purgársi, *v. r. 1, to purge oneself, free oneself.*
purgatório, *s. m., purgatory.*
puro, *adj., pure, undefiled.*
purpúreo, *adj., purple-coloured, violet.*
putrefáre, *irr. n. v., to putrefy, rot.*
putrefátto, *p. p. of* putrefáre, *rotten, putrefied.*

Q.

qua, *adv., here. Adv. ex.,* da ——, *hence,* di ——, *hence;* da quandó in ——, *since when.*
quadráre, *v. n. 1, to fit.*
quadrúmano, *adj., four-handed, quadrumane.*
quaggiù, *adv., down here, here below.*
qualche, *adj., some.*
qualcósa, *s. f., something.*
qualcúno, *pron. m., some one, somebody.*
quale, *adj.* and *pron., which, who, what.*
qualità, *s. f., quality, kind.*
qualsisía, *indef. adj., whatever. I'l.* qualsisíano.
qualsivóglia, *indef. adj., whatever. I'l.* qualsivógliano.
qualúnque, *adj.* and *pron. indef., whoever, whatever.*
quando, *adv., when. Adv. ex.,* di —— in ——, *from time to time, now and then;* —— anche, *though.*
quantità, *s. f., quantity.*
quanto, *adj., how great, how many; adv., how much. Adv. ex.,* —— a, *as for;* in ——, a, *concerning;* per ——, *however much;* —— più, *the more.*
quantúnque, *conj., although, how great soever.*
quaránta, *num., forty.*
quarésima, *s. f., Lent.*
quaresimále, *s. m., collection of Lent sermons.*
quarto, *adj., fourth.*
quasi, *adv., almost, nearly.*

quattórdici, *num., fourteen.*
quattrìno, *s. m., farthing.* In the *pl., money.*
quattro, *num., four.*
quegli, *pers. pron. m. s., he, that one.*
quello, *adj.* and *pron., that, he. Adv. ex.,* a —— che, *about what, for what.*
quèrcia, *s. f., oak.*
querèla, *s. f., complaint.*
querelársi, *v. r. 1, to complain.*
quesíto, *s. m., query, question.*
questi, *pers. pron. m. s., this one, he.*
questióne, *s. f., question, query.*
questo, *adj.* and *pron., this, this one. Adv. ex.,* in ——, *at this moment.*
quetáre, *v. a. 1, to calm, quiet.*
qui, *adv., here. Adv. ex.,* da —— innánzi, *henceforth.*
quietaménte, *adv., quietly.*
quietáre, *v. a. 1, to calm, quiet.*
quietársi, *v. r. 1, to become quiet, calm.*
quiète, *s. f., quiet.*
quièto, *adj., quiet.*
quindi, *adv., thence, after, therefore.*
quíndici, *num., fifteen.*
quinto, *adj., fifth.*
quistióne, *see* questióne.
quivi, *adv., there.*
quotidiáno, *adj., daily.*

R.

rabbia, *s. f., rage, anger.*
rabbuiáre, *v. n. 1, to become dark.*
raccapezzáre, *v. a. 1, to disentangle, to make out.*
raccattáre, *v. a. 1, to pick up, beg.*
racchiúdere, *irr. v. a., to enclose, shut up.*
racchiúso, *p. p. of* racchiúdere, *enclosed, shut up.*
raccógliere, *irr. v. a., to gather, pick up;* —— il volo (p.), *to stay the flight.*
raccógliersi, *v. r. 1, to meditate.*
raccólto, *s. m.* and *p. p. of* raccógliere, *harvest, gathered.*
raccomandáre, *v. a. 1, to recommend.*

| RACCOMANDAZIONE. | RELIGIOSO. | RIALZARSI. |

raccomandazióne, *s. f.*, *recommendation.*
raccontáre, *v. n.* 1, *to relate.*
raddoppiáre, *v. a.* 1, *to double, redouble.*
raddrizzáre, *v. a.* 1, *to straighten.*
rádere, *irr. v. a.*, *to shave, scrape.*
rádersi, *irr. v. a.*, *to shave oneself.*
rado, *adj.*, *rare, scarce.* Adv. ex., di ———, *seldom.*
radunáre, *v. a.* 1, *to collect, assemble, gather.*
radunársi, *v. r.* 1, *to assemble.*
ragázzino, *s. m.*, *small boy.*
ragázzo, *s. m.*, *boy.*
raggio, *s. m.*, *ray.* Pl. (p.) rai, *eyes.*
raggíro, *s. m.*, *artifice, cunning, deceit.*
raggiúngere, *irr. v. n.*, *to rejoin, overtake.*
raggiúnto *p. p. of* raggiúngere, *rejoined, overtaken.*
ragionaménto, *s. m.*, *reasoning, talk, argument.*
ragionáre, *v. n.* 1, *to reason, argue.*
ragióne, *s. f.*, *cause, reason.* Adv. ex., di ———, *belonging.*
ragionévole, *adj.*, *reasonable.*
ragionevolménte, *adv.*, *reasonably.*
ragno, *s. m.*, *spider.*
ragunáre, *see* radunáre.
ragunársi, *see* radunársi.
rallegráre, *v. r.* 1, *to enliven, please.*
rallegrársi, *v. r.* 1, *to rejoice.*
rammárico, *s. m.*, *grief, sorrow.*
rammentáre, *v. a.* 1, *to recall, remember.*
rammentársi, *v. r.* 1, *to remember.*
ramo, *s. m.*, *branch, bough.*
ramoríno, *s. m.*, *rosemary.*
rana, *s. f.*, *frog.*
rancóre, *s. m.*, *rancour, grudge.*
rannuvoláre, *v. n.* 1, *to darken, obscure.*
rannuvolársi, *v. r.* 1, *to become cloudy.*
rapidaménte, *adv.*, *rapidly, quickly.*
rápido, *adj.*, *rapid, swift, sudden.*
rapína, *s. f.*, *rapine, plunder.*
rapíre, *v. a.* 3, *to carry off,*

snatch, steal; ——— *l' ánimo, to please very much, charm the mind.*
rappezzáre, *v. a.* 1, *to patch together.*
rappresentáre, *v. a.* 1, *to represent, exhibit.*
rappresentírsi, *v. r.* 1, *to present oneself.*
rappresentazióne, *s. f.*, *representation.*
raro, *adj.*, *rare, scarce.*
rasentáre, *v. n.* 1, *to go close by, skim along.*
rasénte, *adj.*, *close by.*
raso, *p. p. of* rádere, *shaved.*
rasóio, *s. m.*, *razor.*
rassegnazióne, *s. f.*, *resignation.*
rassomigliáre, *v. n.* 1, *to resemble.*
rattemperáre, *v. a.* 1, *to temper, moderate, mitigate.*
ravviluppáre, *v. a.* 1, *to wrap round, entangle.*
ravvólgere, *irr. v. a.*, *to wind round.*
ravvólgersi, *irr. r. v.*, *to entangle oneself, involve oneself.*
ravvólto *p. p. of* ravvólgere, *involved.*
razza, *s. f.*, *race, kind.*
razzo, *s. m.*, *spoke of a wheel, radius.*
re, *s. m.*, *king.*
reále, *adj.*, *royal, kingly, real, genuine.*
reáme, *s. m.*, *kingdom.*
recáre, *v. a.* 1, *to bring;* ——— *ad effetto, to accomplish, achieve.*
recársi, *v. r.* 1, *to go.*
recínto, *s. m.*, *enclosure.*
recitáre, *v. n.* 1, *to recite.*
recuperáre, *v. a.* 1, *to recover.*
regále, *adj.*, *royal, kingly.* Obs., *see* reále.
regálo, *s. m.*, *present, gift.*
réggere, *irr. v. a.*, *to rule, govern, uphold.*
réggersi, *irr. r. v.*, *to be governed.*
réggia, *s. f.*, *royal palace, court.*
regína, *s. f.*, *queen.*
regio, *adj.*, *royal, kingly.*
reína (p.), *see* regína.
regno, *s. m.*, *kingdom, rule.* Il ——— *the kingdom of Naples.*
relazióne, *s. f.*, *relation.*
religióso, *adj.*, *religious, pious.*

remáre, *v. n.* 1, *to row.*
remo, *s. m.*, *oar.*
remóto, *adj.*, *remote, distant.*
réndere, *irr. v. a.*, *to return, give back, produce, make;* ——— *conto, to account;* ——— *ragióne, to adjudge.*
réndersi, *irr. r. v.*, *to go, become.*
réndita, *s. f.*, *income, produce.*
reo, *adj.*, *guilty.*
repentíno, *adj.*, *sudden, unexpected.*
réplica, *s. f.*, *copy, answer, repetition.*
replicáre, *v. n.* 1, *to reply, answer, add.*
repúbblica, *s. f.*, *commonwealth, republic.*
repugnáre, *v. n.* 1, *to be repugnant, resist.*
reputáre, *v. n.* 1, *to repute, think, consider.*
requie, *s. m.*, *peace, quiet, requiem.*
resía, obs., *see* eresía.
resístere, *irr. v. n.*, *to resist, withstand.*
resistíto, *p. p. of* resístere, *resisted, withstood.*
reso, *p. p. of* réndere, *given back, returned.*
respiráre, *v. n.* 1, *to breathe.*
respíro, *s. m.*, *breathing, respiration.*
restáre, *v. n.* 1, *to remain, be;* ——— *al di sotto, to be overcome.*
restituíre, *v. a.* 3, *to give back, return.*
restituzióne, *s. f.*, *restitution.*
resto, *s. m.*, *remnant.* Adv. ex., del or nel ———, *after all.*
rete, *s. f.*, *net.*
retóre, *s. m.*, *rhetorician.*
rettitúdine, *s. f.*, *uprightness, rectitude.*
retto, (1) *adj.*, *upright, straight;* (2) *p. p. of* réggere, *ruled, governed.*
rettórica, *s. f.*, *rhetoric.*
reverèndo, *adj.*, *reverend.*
reverénza, *s. f.*, *reverence, veneration, bow.*
revocáre, *v. n.* 1, *to revoke, repeal.*
riacquistáre, *v. a.* 1, *to recover.*
rialzáre, *v. a.* 1, *to raise again.*
rialzársi, *v. r.* 1, *to get up again.*

riapérto, *p. p. of* riaprire, *reopened.*
riaprire, *irr. v. a., to reopen.*
riavére, *irr. v. a., to recover, reacquire.*
riavérsi, *irr. r. v., to come to, become conscious again.*
ribáldo, *s. m., scoundrel, rogue, ribald.*
ribélle, *adj., rebel.*
ribellióne, *s. f., rebellion.*
riboccáre, *v. n. 1, to overflow.*
ributtáre, *v. n. 1, to rebut, throw off.*
ricámo, *s. m., embroidery.*
ricantáre, *v. n. 1, to sing again.*
ricaváre, *v. n. 1, to get.*
ricchézza, *s. f., wealth.*
ricco, *adj., rich.*
ricercáre, *v. a. 1, to seek.*
ricercársi, *v. r. 1, to be required.*
ricétta, *s. f., prescription.*
ricévere, *v. n. 2, to receive.*
richiamáre, *v. a. 1, to call again.* Obs. *as to protest.*
richiédere, *irr. v. a., to ask.*
richiedersi, *irr. r. v., to be required.*
richiésta, *s. f., request, demand.*
richiésto, *p. p. of* richiédere, *requested, asked.*
ricólmo, *adj., full, overflowing.*
ricominciáre, *v. n. 1, to begin again.*
ricompénsa, *s. f., reward.*
ricompensáro, *v. a. 1, to reward.*
ricondúrre, *irr. v. a., to lead back.*
ricondótto, *p. p. of* ricondúrre, *led back.*
riconoscénte, *adj., grateful.*
riconoscénza, *s. f., gratitude.*
riconóscere, *irr. v. n., to recognize.*
riconosciúto, *p. p. of* riconóscere, *recognized.*
ricopérto, *p. p. of* ricoprire, *covered.*
ricoprire, *irr. v. a., to cover.*
ricordáre, *v. a. 1, to recall.*
ricordársi, *v. r. 1, to remember.*
ricórdo, *s. m., remembrance, recollection, memoir.*
ricórrere, *irr. v. n., to have recourse.*
ricoveráre, *v. a. 1, to recover.*
ricóvero, *s. m., shelter.*

ricrédersi, *irr. r. v., to recant, abjure.*
ricuperáre, *see* recuperáre.
ricusáre, *v. a. 1, to refuse.*
ridere, *irr. v. n., to laugh.*
ridicolo, *adj. and s. m., ridiculous, laughable, ridicule.*
ridondánza, *s. f., overflow.*
ridondáre, *v. n. 1, to overflow.*
ridottáre, *v. n. 1, to fear.* Obs.
ridótto, *p. p. of* ridúrre, *reduced, obliged. As a s. m., ridotto.*
ridúrre, *irr. v. a., to reduce, oblige; —— in balía, to bring under the rule, or power.*
ridúrsi, *irr. r. v., to lower oneself, degrade oneself.*
riémpiere, *v. a. 2, to fill.*
riempire, *v. a. 3, to fill.*
riempitivo, *adj. and s. m., pleonastic, pleonasm.*
riescire, *see* riuscíre.
rifáre, *irr. v. a., to do again, make again.*
rifársi, *irr. r. v., to make up, recover; —— da capo, to begin again from the beginning.*
rifátto, *p. p. of* rifáre, *made again, done again.*
rifiutáre, *v. n. 1, to refuse.*
riflessióne, *s. f., reflection, meditation.*
riflessivo, *adj., thoughtful.*
riflesso, *p. p. of* riflèttere, *reflected, thrown back.*
riflèttere, *irr. v. n., to reflect, refract, consider.*
rifornire, *v. a. 3, to furnish again.*
rifuggire, *v. n. 3, to shun.*
rifúgio, *s. m., refuge, haven, shelter.*
riga, *s. f., line.*
rigágnolo, *s. m., rivulet, brook.*
rigettáre, *v. a. 1, to throw out, reject.*
rígido, *adj., severe.*
rigogliόso, *adj., hardy, blooming.*
riguardáre, *v. n. 1, to look, consider.*
riguárdo, *s. m., regard. Adv. ex, a ——, or in —— di, as for.*
rilegáre, *v. a. 1, to exile, confine, relegate.*
rilèggere, *irr. v. n., to read again.*
rilétto, *p. p. of* rilèggere, *read again.*

rileváre, *v. a. 1, to take away, raise, understand.*
riliévo, *s. m., relievo.*
rima, *s. f., rhyme.*
rimandáre, *v. a. 1, to send back.*
rimándo, *s. m., reference, quod vide. Adv. ex., di ——, in answer.*
rimanere, *irr. v. n., to remain, be.*
rimanérsene, *irr. r. v., to stay, stop, abstain.*
rimanérsi, *irr. r. v., to abstain.*
rimáre, *v. a. and n., to rhyme.*
rimásto, *p. p. of* rimanére, *remained, left.*
rimédio, *s. m., remedy, cure.*
rimembráre, *v. n. 1, to remember.*
rimescolaménto, *s. m., jumbling, mixing, confusion, turn.*
riméttere, *irr. v. a., to replace, hand over.*
rimèttersi, *irr. r. v., to refer.*
rimiráre, *v. a. 1, to look.*
rimórso, *s. m., regret, remorse.*
rimósso, *p. p. of* rimuóvere, *removed.*
rimostránza, *s. f., remonstrance, expostulation.*
rimpiángero, *irr. v. n., to deplore.*
rimpiánto, *p. p. of* rimpiángere *and s. m., deplored, grief.*
rimproveráre, *v. a. 1, to chide, reproach.*
rimuóvere, *irr. v. a., to remove.*
rináscere, *irr. n. v., to be born again, revive.*
rináto, *p. p. of* rináscere, *born again.*
rinchiúdere, *irr. v. a., to shut, enclose.*
rinchiúso, *p. p. of* rinchiúdere, *shut, enclosed.*
rincrescévole, *adj., grievous.*
rinfrescáre, *v. a. 1, to refresh, cool.*
ringhiéra, *s. f., rostrum, railing.*
ringraziáre, *v. n. 1, to thank.*
rinnovaménto, *s. m., renewal.*
rintanársi, *v. r. 1, to get into cover, hide.*
rintuzzáre, *v. a. 1, to blunt, check.*
rinunziáre, *v. n. 1, to renounce.*

| RINVENIRE. | RITRARRE. | ROSOLIO. |

rinvenire, *irr. v. a., to find, to recover consciousness.*
rinvenúto, *p. p. of rinvenire, found, recovered.*
rio (p.), *see reo.*
riparáre, *v. a.* 1, *to shelter, repair.*
riparláre, *v. n.* 1, *to speak again.*
ripáro, *s. m., repair, retrieval.*
ripartíre, *v. n.* 3, *to depart again.*
ripassáre, *v. n.* 1, *to repass.*
ripensáre, *v. n.* 1, *to think over.*
ripétere, *v. n.* 1, *to repeat.*
ripetizióne, *s. f., repetition.*
ripieno, *adj., full.*
ripigliáre, *v. a.* 1, *to retake.*
ripórre, *irr. v. a., to put by, put up again.*
riportáre, *v. a.* 1, *to bring back, ape, imitate.*
riposáre, *v. a.* 1, *to put up again.*
riposársi, *v. r.* 1, *to rest, repose.*
ripóso, *s. m., rest, pause.*
ripósto, *p. p. of ripórre, replaced, put by.*
riprèndere, *irr. v. a., to scold, blame, retake.*
ripréso, *p. p. of riprèndere, blamed, retaken.*
ripudiáre, *v. n.* 1, *to repudiate.*
ripulluláre, *v. n.* 1, *to sprout again, shoot forth, swarm again.*
riputáre, *v. n.* 1, *to repute, think.*
riputazióne, *s. f., reputation.*
risalíre, *irr. v. n., to re-ascend.*
risaltáre, *v. n.* 1, *to remount, jump again.*
risalutáre, *v. n.* 1, *to salute again.*
risapére, *irr. v. n., to hear of, become aware of.*
risarcíre, *v. n.* 3, *to indemnify.*
rischiaráre, *v. a.* 1, *to light, make clear.*
rischio, *s. m., danger, risk.*
riscóntro, *s. m., imitation, answer. Adv. ex., di ——, in answer.*
riserbáre, *see riservare.*
riserráre, *v. a.* 1, *to shut again.*
riserváre, *v. a.* 1, *to reserve, keep back.*

risíbile, *adj., laughable, visible.*
ríso, *s. m.,* (1) *rice;* (2) *laughter. Pl. m. rice, f. laughter.*
risolúto, *p. p. of risólvere, resolved, decided.*
risoluzióne, *s. f., resolution.*
risólvere, *irr. v. n., to resolve, decide.*
risólversi, *irr. r. v., to decide.*
risórgere, *irr. r. v., to raise again.*
risórto, *p. p. of risórgere, raised again.*
risovvenirsi, *irr. v. n., to remember.*
risparmiáre, *v. n.* 1, *to spare, save.*
rispettábile, *adj., respectable.*
rispettáre, *v. n.* 1, *to respect.*
rispétto, *s. m., respect, regard. Adv. ex., a ——, concerning.*
rispettosaménte, *adv., respectfully.*
rispléndere, *v. n.* 2, *to glitter, be resplendent.*
rispóndere, *irr. v. n., to reply, answer.*
rispósta, *s. f., answer.*
rispósto, *p. p. of rispóndere, answered, replied.*
ristársi, *irr. v. n., to abstain, stand still.*
ristrétto, *p. p. of ristríngere, narrowed, restricted.*
ristríngere, *irr. v. n., to restrict, narrow.*
ristríngersi, *irr. r. v., to contract, limit oneself;* —— *insieme, to assemble.*
risultáre, *v. n.* 1, *to result.*
risvegliáre, *v. a.* 1, *to wake.*
risvegliársi, *v. r.* 1, *to awake.*
ritardáre, *v. a.* 1, *to delay.*
ritegno, *s. m., unwillingness, fear, dislike.*
ritenére, *irr. v. a., to detain, hold back.*
ritiráre, *v. a.* 1, *to draw in.*
ritirársi, *v. r.* 1, *to seclude oneself, draw off.*
ritmo, *s. m., rhythm.*
rito, *s. m., rite, ceremony.*
ritórcere, *irr. v. a., to twist.*
ritornáre, *v. n.* 1, *to return.*
ritornársene, *v. r.* 1, *to return.*
ritórto, *p. p. of ritórcere, twisted.*
ritrárre, *irr. v. a., to portray, draw, gain.*

ritrársi, *irr. r. v., to draw off, abstain.*
ritrattáre, *v. a.* 1, *to retract, treat again.*
ritrátto, *p. p. of ritrárre, and s. m., retracted, portrait.*
ritrosía, *s. f., reserve, shyness.*
ritróso, *adj., shy, reserved. Obs. reversed, upturned.*
ritrováre, *v. a.* 1, *to find again.*
ritrovársi, *v. r.* 1, *to find oneself, be.*
ritrováto, *p. p. of ritrováre and s. m., found, invention.*
ritrovatóre, *s. m., finder, inventor (f. ritrovatrice).*
ritto, *adj., straight, standing.*
riuscíre, *irr. v. n., to go out again, succeed;* —— *a bene, to turn out well;* —— *stráno, to be strange, odd.*
riuscíta, *s. f., result.*
ríva, *s. f., shore, bank.*
rivedére, *irr. v. n., to see again, revisit.*
rivelazióne, *s. f., revelation.*
rivéndere, *irr. v. a., to sell again, spare.*
riverénte, *adj., respectful.*
riverénza, *s. f., reverence, regard.*
riveríre, *v. n.* 3, *to revere, salute.*
rivísta, *s. f., review.*
rivísto, *p. p. of rivedére, seen again, revisited.*
rívo, *s. m., brook, small stream* (p.).
rivólgere, *irr. a. v., to turn.*
rivólgersi, *irr. r. v., to turn oneself.*
rivólto, *p. p. of rivólgere, turned.*
róba, *s. f., thing, possession.*
robustaménte, *adv., strongly.*
rócca, *s. f., rock, castle.*
rogo, *s. m., pyre.*
románo, *adj. and s. m., Roman.*
románzo, *s. m., novel.*
romóre, *s. m., noise, rumour.*
rómpere, *irr. v. a., to break.*
rompicóllo, *s. m., breakneck. Adv. ex., a ——, furiously, as quick as possible.*
róndine, *s. f., swallow.*
rondinélla, *s. f., swallow.*
ronzío, *s. m., hum, dull noise.*
rósa, *s. f., rose.*
rosignuólo, *s. m., nightingale.*
rosólio, *s. m., a sweet liqueur.*

TO ITALIAN READING BOOK. 207

rosseggiáre, v. n. 1, to redden.
rossóre, s. m., redness, blush, shame.
rotondità, s. f., rotundity, roundness.
rotta, s. f., breaking, rupture, defeat. Adv. ex., a —— di collo, as quickly as possible.
rottáme, s. m., debris, ruins, rubbish.
rotto, p.p. of rompere, broken, rent.
rottúra, s. f., breakage, breaking.
rovéllo, s. m., great anger, wrath, rage.
rovesciáre, v. a. 1, to overturn, upset, turn back.
rovína, s. f., ruin.
rovináre, v. a. and n. 1, to ruin, decay.
rovinóso, adj., ruinous.
rozzo, adj., rough, rugged, coarse, uncivil.
rubaménto, s. m., theft, robbery.
rubáre, v. a. 1, to steal, rob.
ruggíre, v. n. 3, to roar.
ruína, s. f., ruin.
rumóre, s. m., rumour, noise.
ruota, s. f., wheel.
ruscéllo, s. m., brook, rivulet.
rusticità, s. f., rusticity, rustic behaviour.
rústico, adj., rustic, rural, clownish.

S.

sábato, s. m., Saturday.
saccénte, (a) would-be learned man, impostor.
saccheggiáre, v. a. 1, to sack, plunder.
sacchéggio, s. m., plundering, sacking.
sacco, s. m., sack, bag, pillage.
saccóne, s. m., large bag, paillasse.
sacerdóte, s. m., priest.
sacrificáre, v. n. 1, to sacrifice.
sacrifício, s. m., sacrifice; —— divíno, mass.
sacro, adj., sacred, holy.
saetta, s. f., thunderbolt, arrow.
saggiatóre, s. m., essayist, essayer (f. saggiatríce).
sággio, adj., wise; s. m., essay.

sagrestía, s. f., sacristy, vestry-room.
sala, s. f., hall, drawing-room.
saldáre, v. a. 1, to solder, pay off.
saldo, adj., solid, steady.
salíre, irr. v. n., to ascend, mount.
salóne, large hall, drawing-room.
saltáre, v. n. 1, to jump, leap; —— la fantasia, to have the whim; —— di palo in frasca, to go from one subject to another.
saltelláre, v. n. 1, to hop.
salto, s. m., leap, jump.
salutáre, v. n. 1, to salute.
salúte, s. f., health.
salúto, s. m., greeting, salutation, bow.
salvacondótto, s. m., safe-conduct.
salvaménto, s. m., salvation, safety.
salváre, v. a. 1, to save.
salvársi, v. r. 1, to get rid of, flee, avoid.
salvézza, s. f., salvation, safety.
salvo, adj., safe, saved. As an adv., except.
sanáre, v. a. 1, to cure, heal.
sangue, s. m., blood.
sanguinolénto, adj., sanguinary, bloody.
sanità, s. f., health.
sano, adj., healthy, whole.
santità, s. f., holiness.
santo, adj., holy, saint.
sapére, irr. v. n., to know (intellectual knowledge). —— di, to taste of; —— di léttere, to be learned; —— dire, to know how to say; non —— che dirsi, not to know what to say. As a s. m., knowledge.
sapiénte, adj., learned, wise.
sapiénza, s. f., knowledge, wisdom.
sapóne, s. m., soap.
sapóre, s. m., taste.
saracíno, adj. and s. m., Saracen.
sassáta, s. f., stone-throw, blow with a stone.
sasso, s. m., stone.
sátira, s. f., satire.
satóllo, adj., satisfied (with food), satiated.
sátrapo, s. m., satrap.
saviaménte, adv., wisely.
saviézza, s. f., wisdom.

savio, adj., wise.
saziábile, adj., satisfiable.
sazio, adj., satiated, full.
sbaglio, s. m., mistake.
sbalordiménto, s. m., fright.
sbandáre, v. a. 1, to disband, scatter.
sbarcáre, v. n. 1, to disembark, land.
sbigottíre, v. a. 3, to frighten.
sbirráglia, s. f., posse of bailiffs.
sbranáre, v. a. 1, to tear to pieces.
sbrigáre, v. n. 1, to expedite, dispatch.
sbuffáre, v. n. 1, to blow in anger, puff, huff.
scacciáre, v. a. 1, to dismiss, turn out.
scacco, s. m., chess.
scagliáre, v. a. 1, to throw, hurl, hurtle.
scagliársi, v. r. 1, to throw oneself, to go at.
scala, s. f., staircase, ladder; —— a mano, ladder.
scaltro, adj., cunning, cautious.
scambiáre, v. a. 1, to exchange.
scambiársi, v. r. 1, to be exchanged.
scampáre, v. n. 1, to escape.
scampo, s. m., escape.
scandalizzáre, v. a. 1, to scandalize.
scándalo, s. m., scandal.
scannáre, v. a. 1, to cut the throat, kill.
scansáre, v. n. 1, to avoid, parry.
scantonáre, v. n. 1, to turn round a corner.
scapigliáto, adj., dishevelled.
scappáre, v. n. 1, to escape.
scappellótto, s. m., slap, smack, blow.
scarabócchio, s. m., blot, scrawl.
scaramúccia, s. f., skirmish.
scaricáre, v. a. 1, to unload.
scárico, adj., unloaded, free.
scarpa, s. f., shoe.
scarrozzáre, v. a. 1, to set down somebody from a carriage.
scarso, adj., scarce.
scátola, s. f., box.
scaváre, v. a. 1, to hollow out, dig.
scégliere, irr. v. a., to select, choose.
scelleràggine, s. f., wickedness.

DICTIONARY

scelleráto, *adj., wicked.*
scelto, *p. p. of* scégliere, *selected, chosen.*
scemáre, *v. a. 1, to diminish.*
scemo, *adj., diminished, foolish, silly, deprived.*
scena, *s. f., scene, spectacle.*
scéndere, *irr. v. a. and n., to descend.*
scérnere, *irr. v. n., to discern.*
sceso, *p. p. of* scéndere, *descended.*
schernire, *v. a. 3, to deride, mock.*
scherzáre, *v. a. 1, to play, joke.*
scherzo, *s. m., play, joke, fun.*
schiaffo, *s. m., cuff, box on the ear.*
schiamázzo, *s. m., noise, clamour, bawl.*
schiena, *s. f., back, spine.*
schiera, *s. f., band, troop, company* (p.).
schiettézza, *s. f., genuineness, frankness, honesty.*
schietto, *adj., pure, unadulterated, frank.*
schioppo, *s. m., gun.*
schiúdere, *irr. v. a., to open.*
schiuso, *p. p. of* schiúdere, *opened.*
schiváre, *v. n. 1, to avoid.*
sciagúra, *s. f., misfortune.*
scienza, *s. f., science, knowledge.*
scimmia, *s. f., monkey, ape.*
sciocchézza, *s. f., foolishness, stupidity.*
sciocco, *adj., foolish, stupid.*
sciógliere, *irr. v. a., to untie, dissolv', unloose.* — l'assédio, *to raise the siege.*
sciolto, *p. p. of* sciógliere, *untied, dissolved.*
scioperáto, *adj., lazy.*
scipitézza, *s. f., tastelessness, want of flavour.*
scisma, *s. m., schism.*
scivoláre, *v. n. 1, to slide, stumble.*
scoglio, *s. m., rock, cliff.*
scoláre, *s. m. and f., scholar, pupil.*
scompigliáre, *v. a. 1, to embroil, confuse.*
scompórre, *irr. v. a., to discompose, derange.*
scompórsi, *irr. r. v., to be surprised* or *disconcerted.*
scompósto, *p. p. of* scompórre, *discomposed, disarranged.*
sconficcáre, *v. a. 1, to draw out nails.*

sconfíggere, *irr. v. a., to defeat, vanquish.*
sconfitto, *p. p. of* sconfíggere, *defeated, vanquished.*
sconóscere, *irr. v. n., to disown, not to recognize.*
sconosciúto, *p. p. of* sconóscere, *unknown.*
sconquásso, *s. m., shattering, ruin.*
sconsoláto, *adj., disconsolate.*
scontáre, *v. n. 1, to discount, pay.*
scontraffáre, *v. n. 1, to counterfeit.*
scontraffátto, *p. p. of* scontraffáre, *counterfeited.*
scontráre, *v. n. 1, to meet by chance.*
scontro, *s. m., meeting by chance.*
sconvólgere, *irr. v. a., to overturn, confound.*
sconvólto, *p. p. of* sconvólgere, *upturned.*
scopérto, *p. p. of* scoprire, *uncovered, discovered.*
scopo, *s. m., intent, purpose, aim.*
scoppiáre, *v. n. 1, to burst.*
scoppio, *s. m., bursting, crack, report* (of a gun).
scoppietto, *s. m., crackling.*
scoprimento, *s. m., discovery.*
scoprire, *v. a. 1, to uncover, discover.*
scoprírsi, *v. r. 1, to uncover oneself, to come out of a hiding-place.*
scopritóre, *s. m., discoverer, inventor* (f. scopritrice).
scoraggire, *v. a. 1, to discourage, dishearten.*
scordáre, *v. n. 1, to forget.*
scordársi, *v. r. 1, to forget.*
scórgere, *irr. v. n., to perceive.*
scorno, *s. m., shame, scorn.*
scórrere, *irr. v. n., to make an excursion, run over.*
scorsa, *s. f., excursion.*
scorso, *p. p. of* scórrere, *run over.*
scorta, *s. f., escort, sentinel.*
scortése, *adj., discourteous, rude.*
scorticáre, *v. a. 1, to skin.*
scorto, *p. p. of* scórgere, *perceived.*
scossa, *s. f., shaking, quaking.*
scosso, *p. p. of* scuótere, *shaken.*
scranna, *s. f., stool, bench.*

screditáre, *v. n. 1, to discredit.*
scritto, *p. p. of* scrivere, *written.* As a *s. m., writing.*
scrittóre, *s. m., writer, author* (f. scrittrice).
scrittúra, *s. f., writing, bible.*
scrivere, *irr. v. a., to write.*
scroccáre, *v. n. 1, to cheat, swindle.*
scudo, *s. m., shield, a coin* (=four shillings).
scultúra, *s. f., sculpture.*
scuola, *s. f., school.*
scuótere, *irr. v. a., to shake.*
scuro, *adj., dark, obscure.*
scusáre, *v. n. 1, to excuse.*
scusársi, *v. r. 1, to make an excuse.*
sdegnáre, *v. n. 1, to refuse, scorn.*
sdegnársi, *v. r. 1, to become angry.*
sdegno, *s. m., anger.*
sdruccioláre, *v. n. 1, to slip.*
se, *conj., if. Adv. ex.*, — *no, otherwise;* — *non che, at least, but.*
sè, *pron., him, her, it.*
sebbéne, *conj., although, even.*
seccáre, *v. a. 1, to dry up, make dry, annoy.*
seccársi, *v. r. 1, to be annoyed, molested, become dry.*
seccatóre, *s. m., (a) bore, troublesome person* (f. seccatrice).
seccatúra, *s. f., annoyance, vexation, bother.*
secchio, *s. m., bucket.*
secco, *adj., dry, stale.*
secentista, *s. m., writer of the XVII. century.*
secésso, *s. m., seclusion, retreat.* Obs.
sécolo, *s. m., century.*
secondaménte, *adv., secondly.*
secóndo, *adj., second.* As an adv., *according to, pursuant to.*
secondoché, *adv., according, as.*
secréto, *adj.* and *s. m., hidden, secret.*
secúro, *adj., safe, certain, unfailing.*
sede, *s. f., seat, the papal chair.*
sedére, *irr. v. n., to sit.* As a *s. m., bottom.*
sedia, *s. f., chair.*

sédici, *num.*, *sixteen.*
seduttóre, *s. m.*, *seducer* (*f.* seduttrice).
seggiola, *s. f.*, *chair, stool.*
segnále, *s. m.*, *signal, sign.*
segno, *s. m.*, *sign, mark, butt. Adv. ex.*, a ——, *so as, so far as.*
sego, *s. m.*, *tallow.*
segretaménte, *adv.*, *secretly.*
segretário, *s. m.*, *secretary.*
segretezza, *s. f.*, *secrecy.*
segréto, *adj.* and *s. m.*, *secret.*
seguáce, *s. m.* and *f.*, *follower, partisan.*
seguénte, *adj., following.*
seguíre, *v. n.* 3, *to follow.*
seguitáre, *v. n.* 1, *to follow, go on.*
séguito, *s. m., suite, following, continuation. Adv. ex.*, in ——, *afterwards.*
sei, *num., six.*
selva, *s. f., forest, wood.*
selvático, *adj., wild, savage, fierce.*
sembiánza, *s. f., similarity, resemblance.*
sembráre, *v. n.* 1, *to seem, appear.*
semi, *indecl. adj., half.* Always used in conjunction with another word.
semináre, *v. a.* 1, *to sow.*
sémplice, *adj., simple.*
semplicità, *s. f., simplicity, clumsiness.*
sempre, *adv., always. Adv. ex., per* ——, *for ever;* —— più, *more and more.*
senáto, *s. m., senate, assembly.*
senno, *s. m., wisdom.*
seno, *s. m., bosom, breast, midst, bay, bight, gulf.*
senonchè, *conj., but.*
sensíbile, *adj., sensible.*
senso, *s. m., sense, feeling.*
senténza, *s. f., sentence, saying, judgment.*
sentenziáre, *v. a.* 1, *to judge, sentence.*
sentiéro, *s. m., lane, road, path.*
sentiménto, *s. m., feeling, opinion.*
sentíre, *v. n.* 3, *to feel, know, heed, hear.* —— molto avanti, *obs., to be well versed.*
sentírsi, *v. r.* 3, *to feel.*
senza, *prep., without.*
sepólcro, *s. m., sepulchre, tomb.*

sepoltúra, *s. f., interment, burial.*
sera, *s. f., evening.*
serbáre, *v. a.* 1, *to keep, preserve;* —— in memória, *to remember.*
serbo, *s. m., care, preservation.* Only used with the prep. in.
serenaménte, *adv., serenely, tranquilly.*
serenità, *s. f., serenity, Serene Highness.*
seréno, *adj., serene, calm.*
serie, *s. f., series.*
serio, *adj., serious, grave.*
serpe, *s. m., serpent, snake.*
serráglio, *s. m., seraglio, harem.*
serráre, *v. a.* 1, *to shut, close.*
serrársi, *v. r.* 1, *to become closed, shrink;* —— il cuore, *to grieve.*
servígio, *s. m., service, favour.*
servíre, *v. n.* 3, *to serve, be useful.*
servitóre, *s. m., servant.*
servitù, *s. f., servitude, slavery.*
servízio, *s. m., service, favour.*
servo, *s. m., servant.*
sessánta, *num., sixty.*
sesto, *adj., sixth.*
seta, *s. f., silk.*
sete, *s. f., thirst.*
settánta, *num., seventy.*
sette, *num., seven.*
settembre, *s. m., September.*
settemíla, *num., seven thousand.*
settimána, *s. f., week.*
séttimo, *adj., seventh.*
sevéro, *adj., severe, stern.*
sfera, *s. f., sphere, globe.*
sferzáre, *v. a.* 1, *to whip.*
sfidáre, *v. a.* 1, *to challenge.*
sfiláre, *v. a.* 1, *to unravel, unweave, attenuate, thin.*
sfinge, *s. f., sphinx.*
sfoderáre, *v. a.* 1, *to unsheath, draw out.*
sfogáre, *v. n.* 1, *to give vent, express.*
sfóggio, *s. m., display, show.*
sfolgoráre, *v. n.* 1, *to lighten, flash, glitter.*
sfortunáto, *adj., unfortunate.*
sforzáre, *v. a.* 1, *to force, oblige.*
sforzársi, *v. r.* 1, *to make efforts, try.*
sforzo, *s. m., effort.*

sfregiáre, *v. a.* 1, *to spoil, deface.*
sfumíre, *v. a.* 1, *to evaporate, blend* (the colours).
sfumáto, *p. p.* and *adj., blended colours, murky.*
sgambétto, *s. m., gambol, tripping.*
sgomberáre, *v. a.* 1, *to clear, remove.*
sgrombráre, *see* sgomberáre.
sgombrársi, *v. r.* 1, *to get rid of.*
sgomentáre, *v. a.* 1, *to frighten.*
sgomentársi, *v. r.* 1, *to become frightened.*
sgoménto, *s. m., fright.*
sgraffiáre, *v. a.* 1, *to scratch.*
sgraffiatúra, *s. f., scratch.*
sgualcíre, *v. a.* 3, *to rumple.*
si, *adv., yes.*
si, *see* così. *Adv. ex.*, —— che =cosicchè, *so that;* —— tosto che, *as soon as.*
sicchè, *conj., so that.*
siccità, *s. f., drought, dryness.*
siccóme, *conj., as, because.*
sicuraménte, *adv., securely, certainty.*
sicurézza, *s. f., safety, certainty.*
sicúro, *adj., secure, safe, certain.*
sicurtà, *s. f., security, safety, certainty.*
siffátto, *adj., such, like.*
significáre, *v. a.* 1, *to signify, mean, tell.*
signóre, *s. m., sir, mister, lord, master.*
signoreggiáre, *v. a.* 1, *to domineer, rule, command.*
signoría, *s. f., lordship, ownership, rule.* La ——, *the Government of the Republic of Florence.*
signoríle, *adj., lordly, gentlemanly.*
signorína, *s. f., miss, young lady.*
silénzio, *s. m., silence, pause.*
símbolo, *s. m., symbol, mark.*
símile, *adj., similar, like.*
similitúdine, *s. f., similarity, likeness.*
similménte, *adv., similarly.*
simulácro, *s. m., image, idol, likeness.*
sincerità, *s. f., sincerity, frankness.*
sincéro, *adj., sincere, frank, honest.*

SINGOLARE.

singoláre, *adj., singular, strange, unusual.*
sinístra, *s. f., left-hand. Adv. ex., a —, to the left.*
sinístro, *adj., left-hand, inauspicious, bad.*
sino, *prep., until, even. Adv. ex., — a, up to, even.*
sinónimo, *adj. and s. m., synonymous, synonyme.*
síntomo, *s. m., symptom.*
síre, *s. m., sire, fool.*
siréna, *s. f., siren, charmer.*
sistéma, *s. m., system.*
sistemáre, *v. a. 1, to systematize, put in order.*
síto, *s. m., place, site.*
smaltíre, *v. a. 1, to digest, sell, get rid of.*
smánia, *s. f., restlessness, eagerness.*
smanióso, *adj., eager, excited, restless.*
smarríre, *v. n. 3, to loose.*
smascellársi, *v. r. 1, to break one's jaws ; — dal riso (or dalle risa), to laugh very much.*
smeráldo, *s. m., emerald.*
smilzo, *adj., slender, thin.*
smisuráto, *adj., enormous, measureless.*
smontáre, *v. n. 1, to dismount.*
smúngere, *irr. v. a., to attenuate, thin, squeeze.*
smunto, *adj. and p. p. of smúngere, thin, attenuated, worn, lean.*
soáve, *adj., pleasant, delightful.*
soaveménte, *adv., delightfully.*
sobbórgo, *s. m., suburb.*
soccórrere, *irr. v. a., to help, succour.*
soccórso, *p. p. of soccórrere, helped. As a s. m., help.*
società, *s. f., society, association.*
soddisfáre, *irr. v. a., to satisfy.*
soddisfátto, *p. p. of soddisfáre, satisfied.*
soddisfazióne, *s. f., satisfaction.*
soffermársi, *v. r. 1, to stop.*
soffèrto, *p. p. of soffríre, suffered.*
soffiáre, *v. a. 1, to puff, blow.*
soffítta, *s. f., ceiling, entablement, garret.*
soffríre, *irr. v. n., to suffer, bear*
soggétto, *adj. and s. m., subject.*

SONATORE.

soggezióne, *s. f., subjection, constraint.*
soggiogáre, *v. a. 1, to subdue.*
soggiúngere, *irr. v. a., to subjoin, reply, add.*
soggiúnto, *p. p. of soggiúngere, subjoined, replied.*
sóglio, *s. m., seat, throne (p.).*
sógno, *s. m., dream. Adv. ex., nemmeno per —, not at all, on no account.*
solaménte, *adv., only. — che, provided.*
soláre, *adj., solar.*
solcáre, *v. a. 1, to plough (the sea), to sail over.*
soldáno, *obs., see sultáno.*
soldáto, *s. m., soldier.*
sóldo, *s. m., halfpenny, pay.*
sóle, *s. m., sun.*
solénne, *adj., solemn.*
soléro, *irr. v. n., to be customary or accustomed.*
solfa, *s. f., gamut, scale.*
solitário, *adj., lonely, solitary.*
sólito, *p. p. of soléro, wonted, accustomed.*
solitúdine, *s. f., solitude, loneliness.*
sollecitaménte, *adv., quickly.*
sollecitáre, *v. a. 1, to hasten, implore, solicit.*
sollécito, *adj., quick, careful.*
solleticáre, *v. a. 1, to titillate.*
sollético, *s. m., tickling, joke, titillation.*
solleváre, *v. a. 1, to raise, relieve.*
solliévo, *s. m., relief, help.*
sólo, *adj. and adv., alone, only. — che, provided.*
soltánto, *adv., only.*
somigliáre, *v. n. 1, to resemble, compare.*
sómma, *s. f., sum, amount. Adv. ex., in —, in short, in conclusion.*
sommaménte, *adv., extremely.*
sommésso, *p. p. of somméttere, submitted, subdued.*
somméttere, *irr. v. a., to submit, subdue.*
somministráre, *v. a. 1, to supply, give.*
sommissióne, *s. f., submission.*
sómmo, *adj., highest.*
sonáre, *v. a. and n. 1, to play, sound, pipe, strike.*
sonáta, *s. f., sonata.*
sonatóre, *s. m., player (f. sonatrice).*

SOSTANZA.

sonétto, *s. m., sonnet.*
sónito, *s. m., sound (p.).*
sónno, *s. m., sleep.*
sontuóso, *adj., sumptuous, costly, lavish.*
sopíre, *v. a. 3, to lull, quiet.*
sópra, *adv., above, upon. Adv ex., di —, above.*
sopraffáre, *irr. v. a., to overcome.*
sopraffátto, *p. p. of sopraffáre, overcome.*
sopraggiúngere, *irr. v. n., to overtake, arrive.*
sopraggiúnto, *p. p. of sopraggiúngere, overtaken.*
soprammódo, *adv., greatly, very much.*
sopráno, *s. m., soprano.*
soprassedére, *irr. v. n., to supersede.*
sopravveníre, *irr. n. v., to happen, arrive unexpectedly.*
sopravvenúto, *p. p. of sopravveníre, happened, arrived unexpectedly.*
sopravvissúto, *p. p. of sopravvívere, survived.*
sopravvívere, *irr. v. n., to survive.*
sopruso, *s. m., wrong, overbearing, injury.*
soréla, *s. f., sister.*
sorgénte, *s. f., source, origin.*
sórgere, *irr. v. n., to spring, rise.*
sormontáre, *v. n. 1, to surmount, overcome.*
sorpréndere, *irr. v. a., to surprise.*
sorprésa, *s. f., surprise.*
sorpréso, *p. p. of sorpréndere, surprised.*
sorríso, *s. m., smile.*
sórte, *s. f., fate, luck, kind.*
sórto, *p. p. of sórgere, sprung, risen.*
sospéndere, *irr. v. a., to suspend, hang up.*
sospéso, *p. p. of sospéndere, suspended, hung.*
sospétto, *adj. and s. m., suspicion, suspected.*
sospíngere, *irr. v. a., to push, drive.*
sospínto, *p. p. of sospíngere, pushed, driven.*
sospiráre, *v. n. 1, to breathe, long, moan, sigh.*
sospíro, *s. m., breath, pause, sigh.*
sostánza, *s. f., substance, essence, material. Adv. ex., in —, really.*

SOSTENERE.

sostenére, *irr. v. a.,* to sustain, support.
sostenersi, *irr. r. v.,* to live, lean.
sostituíre, *v. a.* 3, to substitute.
sotterráre, *v. a.* 1, to bury.
sottíle, *adj., fine, thin, hairsplitting, subtle.*
sotto, *adv., under. Adv. ez.,* al di ——, underneath.
sottodivídere, *irr. v. a.,* to subdivide.
sottodivíso, *p. p. of* sottodividere, *q. v*, subdivided.
sottomoltíplice, *adj.* and *s. m., submultiple.*
sottopórre, *irr. v. a., to place under, submit.*
sottopósto, *p. p. of* sottoporre, *placed under, submitted.*
sottosópra, *adv., topsy-turvy.*
sottrárre, *irr. v. a.,* to subtract.
sottrársi, *irr. r. v., to free oneself.*
sottrátto, *p. p. of* sottrarre, *subtracted.*
sovente, *adv., often.*
soverchiatóre, *s. m., overbearing person, wrong-doer, bully (f.* soverchiatrice*).*
sovra (p.), *see* sopra.
sovráno, *adj.* and *s. m., sovereign, paramount, monarch.*
sovrastáre, *irr. v. n.,* to impend, oversee.
sovveniménto, *s. m., subvention, help.*
sovveníre, *irr. v. a.,* to help. As a *s. m., souvenir, remembrance.*
sovvenírsi, *irr. r. v.,* to remember.
sovvenúto, *p. p. of* sovvenire, *helped, remembered.*
sozzo, *adj., dirty, filthy, unclean.*
spacciáre, *v. a.* 1, to sell off, give out.
spaccio, *s. m., sale.*
spada, *s. f., sword, soldier.*
spalla, *s. f., shoulder. Adv. ez.,* alle spalle, *behind.*
spalleggiáre, *v. n.* 1, to help, uphold, assist.
spándere, *irr. v. a., to scatter, spread out.* —— il bucáto, *to hang the newly washed linen (to dry).*
spanto, *p. p. of* spándere, *scattered.*
sparáre, *v. a.* 1, to shoot, carve, dissect.

SPIACEVOLEZZA.

sparecchiáre, *v. n.* 1, to clear the table.
spárgere, *irr. v. a.,* to shed, spread, scatter.
sparíre, *v. n.* 3, to disappear.
sparso, *p. p. of* spargere, *scattered.*
spartíre, *v. a.* 3, to divide, share. —— per mezzo, to cut in halves.
sparto (p.), *see* sparso.
spásimo, *s. m., spasm, convulsion.*
spasso, *s. m., amusement, leisure.*
spaventáre, *v. a.* 1, to dismay, frighten.
spaventévole, *adj., frightful.*
spaventóso, *adj., frightful.*
spaziáre, *v. n.* 1, to roam.
spazio, *s. m., space, site.*
spazióso, *adj., spacious, roomy.*
specialménte, *adv., specially.*
specie, *s. f., species, kind.*
specímen, *m., specimen, instance.* Fam.
speculazióne, *s. f., speculation.*
spedíto, *adj., quick, ready.*
spégnere, *irr. v. a.,* to extinguish, kill.
spegnersi, *irr. r. v., to die,* to go out (of a light).
speláre, *v. a.* 1, to depilate, pull off the hair.
spéndere, *irr. v. n.,* to spend.
spento, *p. p. of* spégnere, *extinguished, dead.*
speránza, *s. f., hope.*
speráre, *v. n.* 1, to hope.
spérdere, *v. a.* 2, to loose, dissipate, destroy.
spergiúro, *adj.* and *s. m., false, forswearer, perjury.*
spesa, *s. f., expense.*
speso, *p. p. of* spéndere, *expended.*
spesso, (1) *adj., thick, dense;* (2) *adv., often, frequently.*
spettácolo, *s. m., spectacle, sight.*
spettatóre, *s. m., spectator (f.* spettatrice*).*
speziále, *s. m., druggist, chemist.*
spezie, *s. f. pl., spices.*
spezzáre, *v. a.* 1, to break (into pieces).
spiacére, *irr. v. n.,* to displease.
spiacévole, *adj., displeasing.*
spiacevolezza, *s. f., dis-*

SPROVVEDERE.

agreeableness, unpleasantness.
spiaciúto, *p. p. of* spiacére, *displeased.*
spiáre, *v. n.* 1, to espy.
spiccáre, *v. a.* 1, to detach, pick out.
spiccársi, *v. r.* 1, to move oneself, leave, go away.
spiccioláre, *v. a.* 1, to pluck, cut into bits.
spiegáre, *v. a.* 1, to unfold, expand, spread out; —— le vele, to unfurl the sails, set sail.
spietáto, *adj., pitiless, merciless.*
spilla, *s. f., pin.*
spingere, *irr. v. a.,* to push, incite.
spingersi, *irr. r. v.,* to come forth, be induced.
spinto, *p. p. of* spingere, *pushed, led.*
spira, *s. f., coil, fold.*
spirábile, *adj., good to breathe, respirable.*
spiráre, *v. n.* 1, to breathe, die.
spírito, *s. m., spirit, mind, soul.*
spiritóso, *adj., witty.*
spirto (p.), *see* spírito.
splendido, *adj., splendid, sumptuous.*
splendóre, *s. m., splendour, pomp.*
spoglia, *s. f., booty, loot ;* (p.) *corpse, remains of the dead.*
spogliáre, *v. a.* 1, to divest, strip, deprive.
sponda, *s. f., margin, bank, shore.*
spontaneaménte, *adv., spontaneously.*
spontáneo, *adj., voluntary, spontaneous.*
sporto, *s. m., window-sill.*
sposa, *s. f., bride.* Promessa ——, betrothed.
sposo, *s. m., bridegroom.* Promesso ——, *betrothed.*
sprezzo, *s. m., contempt, scorn, disdain.*
sproporzióne, *s. f., disproportion.*
spropósito, *s. m., mistake, fault.*
spropriáre, *v. a.* 1, to expropriate, take away.
spropriársi, *v. r.* 1, to give away, renounce the ownership.
sprovvedére, *irr. v. a.,* not to provide.

sprovveduto, *p. p. of* sprovvedére, *unprovided.*
sprovvisto, *p. p. of* sprovvedére, *unprovided.*
spugna, *s. f., sponge.*
spuma, *s. f., foam, froth.*
spuntáre, *v. a.* 1, *to blunt.* As a *n. v.,* —— un impégno, *to succeed in an undertaking.*
squadra, *s. f., squad, troop.* Adv. ex., a squadre, *crowding, in great numbers, in crowds.*
squadráre, *v. a.* 1, *to square, stare;* —— da capo a piedi, *to eye, stare* (at somebody) *from head to foot.*
squadróne, *s. m., squadron.*
squartáre, *v. a.* 1, *to quarter, tear to pieces.*
squisíto, *adj., exquisite, sweet.*
stabilíre, *v. a.* 1, *to found, establish, decree.*
stabilírsi, *v. r.* 1, *to settle.*
staccáre, *v. a.* 1, *to detach.*
staccársi, *v. r.* 1, *to detach oneself.*
staffiére, *s. m., groom.*
stagno, *s. m., tin; pool, swamp, fen.*
stalla, *s. f., stable.*
stamáne, *adv., this morning.*
stamattína, *adv., this morning.*
stampa, *s. f., print, engraving, press.*
stampáre, *v. a.* 1, *to print, imprint.*
stancáre, *v. a.* 1, *to fatigue, tire.*
stancársi, *v. r.* 1, *to become tired, fatigued.*
stanchézza, *s. f., lassitude, fatigue.*
stanco, *adj., tired.* Mano stanca, *left hand.*
stanótte, *adv., to-night.*
stante, *adv., in as much as, since.* Adv. ex., poco ——, *a little while after, soon afterwards.*
stanza, *s. f., room, abode.*
stappáre, *v. a.* 1, *to uncork.*
stare, *irr. v. n., to stand, stay, be;* —— di buon ánimo, *to be cheerful;* —— bene (a qualcúno), *to serve* (somebody) *right;* —— bene, *how to do* (in health); —— a dimóra, *to reside;* —— fresco, *to be in trouble;* —— occu-

páto, *to be busy, to be engaged;* —— in orécchi, *to listen;* —— per (*followed by an Inf.*), *to be on the point of;* —— al di sotto, *to be worsted;* —— sene, *to be* (*referring to a continued action or state*).
state, *s. f., summer.*
stato, (1) *s. m., state, condition.* (2) *p. p. of* stare *and* éssere, *been.*
statua, *s. f., statue.*
statúto, *s. m., statute.*
stazióne, *s. f., railway station.*
steccáto, *s. m., palisade, ringfence, railings.*
stella, *s. f., star.*
stendárdo, *s. m., standard, flag.*
sténdere, *irr. v. a., to stretch, extend.*
stentáre, *v. n.* 1, *to struggle, drag.*
sterlíno, *adj., sterling.*
steso, *p. p. of* sténdere, *extended, stretched.*
stesso, *adj., same, self.*
stia, *s. f., hen-coop.*
stidióne, *s. m., spit.*
stile, *s. m., style, manner.*
stilla, *s. f., drop.*
stimáre, *v. n.* 1, *to esteem, think, appreciate.*
stímate, *s. f. pl., stigmata.*
stipéndio, *s. m., pay, stipend.*
stivále, *s. m., boot.*
stiváre, *v. a.* 1, *to stow.*
stizza, *s. f., anger, passion, fury.*
stizzóso, *adj., angry, passionate.*
stoffa, *s. f., cloth.*
stoffétta, *s. f., light cloth.*
stoico, *adj. and s. m., stoic, austere.*
stólido, *adj., stupid, doltish.*
stomacáre, *v. n.* 1, *to feel one's stomach turn, be disgusted.*
stonatúra, *s. f., discord.*
stórcere, *irr. v. a., to twist, distort.*
storia, *s. f., history.*
stórico, *adj. and s. m., historical, historian.*
storiélla, *s. f., fib, short tale.*
storto, *p. p. of* stórcere, *twisted, distorted.*
stovíglia, *s. f., crockery ware.*
strada, *s. f., road, way.*
strage, *s. f., slaughter.*

strale, *s. m., arrow, dart.*
stramazzáre, *v. n.* 1, *to slip, fall, sprawl.*
straniero, *adj. and s. m., foreign, foreigner.*
strano, *adj., strange, odd.*
straordinário, *adj., extraordinary.*
strapázzo, *s. m., ill-usage, insult.*
strappáre, *v. a.* 1, *to snatch.*
strappársi, *v. r.* 1, *to tear off.*
strascináre, *v. a.* 1, *to drag.*
straziáre, *v. a.* 1, *to harass, abuse.*
strazio, *s. m., outrage, abuse, insult.*
strega, *s. f., witch, crone.*
stregóne, *s. m., wizard, impostor.*
strépito, *s. m., great noise.*
stretta, *s. f., pass, strait, pressure, defile;* —— di mano, *shake of hands.*
strettaménte, *adv., closely, tightly, particularly.*
stretto, *p. p. of* stríngere, *tight, pressed.*
strettóni, *adv., tightly.*
strídere, *v. n.* 2, *to hiss, shout.*
strido, *s. m., shout, hiss.*
strillo, *s. m., shout.*
strimpelláre, *v. a.* 1, *to play badly a stringed instrument, strum.*
strimpelláta, *s. f., discordant sound, noise.*
stríngere, *irr. v. a., to squeeze, tighten.*
strisciáre, *v. n.* 1, *to drag, trail.*
strombazzáre, *v. a.* 1, *to trumpet, bawl, proclaim.*
strúggere, *irr. v. a., to melt, squander, destroy.*
strúggersi, *irr. v. a., to waste, dwindle, wear away.*
struménto, *s. m., instrument, tool.*
struttúra, *s. f., structure, form.*
studiáre, *v. n.* 1, *to study, learn.*
studiársi, *v. r.* 1, *to try.*
studio, *s. m., study, care.* Adv. ex., a (or a bello) ——, *on purpose.*
stuolo, *s. m., crowd, troop, band* (p.).
stupefáre, *irr. v. a., to stupefy, astonish.*
stupefátto, *p. p. of* stupefáre, *astounded, stupefied.*

stupendaménte, *adv.*, *stupendously*.
stupéndo, *adj. and adv.*, *wonderful, stupendous*.
stúpido, *adj.*, *stupid, numb, torpid, silly*.
stupóre, *s. m.*, *wonder, amazement, stupor*.
stuzzicáre, *v. a. 1*, *to tickle, stir up, goad*.
su, *prep. and adv.*, *upon, above, on*. *Adv. ex.*, di ——, *above*.
subitaménte, *adv.*, *suddenly*.
subitáneo, *adj.*, *sudden*.
súbito, *adj. and adv.*, *sudden, suddenly*. *Adv. ex.*, —— che, *as soon as*.
sublime, *adj.*, *sublime, exalted, high*.
successivaménte, *adv.*, *successively*.
successo, *s. m.*, *success, good issue*.
successóre, *s. m.*, *successor*.
succhiáre, *v. a. 1*, *to suck*.
succintaménte, *adv.*, *briefly, succinctly*.
sudáre, *v. n. 1*, *to perspire, sweat*.
súddito, *adj. and s. m.*, *subject, dependent*.
sudiceria, *s. f.*, *dirt, filth*.
súdicio, *adj.*, *dirty, filthy*.
sudiciúme, *s. m.*, *dirt, filth*.
sudóre, *s. m.*, *perspiration, sweat*.
sufficiénte, *adj.*, *sufficient, enough*.
suffrágio, *s. m.*, *suffrage, vote, approval*.
suggerire, *v. a. 1*, *to suggest*.
sultanino, *a Turkish gold coin*.
sultáno, *s. m.*, *sultan*.
suo, *adj.*, *his, its*.
suolo, *s. m.*, *soil, ground*.
suono, *s. m.*, *sound*.
superáre, *v. a. 1*, *to overcome, surmount*.
supérbia, *s. f.*, *pride, haughtiness*.
supérbo, *adj.*, *proud, haughty*.
superfície, *s. f.*, *surface, superficies*.
supérfluo, *adj.*, *superfluous, unnecessary*.
superióre, *adj.*, *superior*.
superiorità, *s. f.*, *superiority*.
superstite, *adj. and s. m.*, *surviving, survivor*.
superstizióne, *s. f.*, *superstition*.

10*

supíno, *adj.*, *supine, indolent, remiss*.
súpplica, *s. f.*, *supplication, entreaty, petition*.
supplicáre, *v. n. 1*, *to entreat, petition*.
supplire, *v. n. 3*, *to supply, make good, complete*.
supplízio, *s. m.*, *punishment, torture, death, pain*.
suppórre, *irr. v. n.*, *to suppose*.
suppósto, *p. p. of* suppórre, *supposed*. —— che, *conj.*, *provided that*.
suprémo, *adj.*, *supreme, highest*.
sur, *prep.*, *see* su.
suscitáre, *v. a. 1*, *to create, suscitate*.
susseguénte, *adj.*, *next, following*.
sussiégo, *s. m.*, *gravity, self-important air*.
svaporáre, *v. n. 1*, *to evaporate, end in smoke*.
svedése, *adj. and s. m.*, *Swedish, Swede*.
svelenire, *v. n. 3*, *to take off the poison or the sting, soften*.
sveniménto, *s. m.*, *swoon, fainting*.
svenire, *irr. v. n.*, *to faint, swoon*.
sventúra, *s. f.*, *misfortune*.
sventuráto, *adj.*, *unfortunate*.
svízzero, *adj. and s. m.*, *Swiss, Switzer*.
svoltáre, *v. n. 1*, *to unwrap, turn*. As a *s. m.*, *(the) turning, corner*.

T.

tabácco, *s. m.*, *tobacco*.
tabélla, *s. f.*, *tablet, price-list*.
tacére, *irr. v. n.*, *to be silent*.
tacitaménte, *adv.*, *silently*.
tácito, *adj.*, *silent*.
taciúto, *p. p. of* tacére, *been silent*.
tafáno, *s. m.*, *gad-fly, mosquito*.
tagliáre, *v. a. 1*, *to cut*.
tagliársi, *v. r. 1*, *to cut oneself*.
tagliére, *s. m.*, *trencher*.
tale, *adj.*, *such, like*. Un ——, *some one*.
talénto, *s. m.*, *talent, genius*.
talvólta, *adv.*, *sometimes*.

tambúro, *s. m.*, *drum*.
tana, *s. f.*, *lair, burrow*.
tanto, *adj.*, *so much, as much, so many, as many*; *adv.*, *so much, only, but*. *Adv. ex.*, —— quanto, *as* ...*as*; —— che, *so that*; di —— in ——, *from time to time, now and then*; —— più... quanto più, *the more...the more*; da ——, *capable of (doing) so much*.
tardáre, *v. n. 1*, *to tarry, linger*. As a *r. v.*, *to long*.
tardi, *adv.*, *late*.
tardità, *s. f.*, *retard, delay, tardiness*.
tartassáre, *v. a. 1*, *to harass, abuse, worry*.
tasca, *s. f.*, *pocket*.
távola, *s. f.*, *table, dinner-table, dinner*.
tavolétta, *s. f.*, *small table, toilet-table*.
tavolino, *s. m.*, *writing-table, small table*.
tazza, *s. f.*, *cup*.
tè, *s. m.*, *tea*.
teatrále, *adj.*, *theatrical*.
teátro, *s. m.*, *theatre*.
tedésco, *adj. and s. m.*, *Germanic, German*.
tela, *s. f.*, *web, warp, cloth*.
telescópio, *s. m.*, *telescope*.
temerário, *adj.*, *daring, rash, audacious*.
temére, *v. n. 2*, *to fear*.
temerità, *s. f.*, *temerity, boldness, rashness*.
témpera, *s. f.*, *temper*.
temperáre, *v. a. 1*, *to moderate, temper*.
tempésta, *s. f.*, *storm, tempest*.
tempestáre, *v. n. 1*, *to storm, rage*.
tempestóso, *adj.*, *stormy, raging*.
tempo, *s. m.*, *time, weather*. *Adv. ex.*, a ——, *in time*; ad un ——, *at the same time*; di —— in ——, *from time to time*; —— fa, *some time ago*; per ——, *early*; nello stesso ——, *at the same time*.
temporeggiáre, *v. n. 1*, *to temporize, delay*.
tempra, *see* témpera.
tenáce, *adj.*, *tenacious*.
ténda, *s. f.*, *tent*.
téndere, *irr. v. a.*, *to stretch, extend, tend*.
ténebre, *s. f. pl.*, *darkness*.
tenére, *irr. v. a.*, *to hold, have*; —— per certo, *to be*

TENERO.	TRACANNARE.	TRATTO.

sure; —— dietro, *to fol-
low;* —— in freno, *to restrain;* —— luogo, *to take
place;* —— in serbo, *to keep
in reserve, to preserve;* ——
si, *to hold (oneself), to believe (oneself);* —— si in
distànza, *to keep aloof;* ——
si offéso, *to be offended;* ——
in vita, *to keep alive.*
ténero, *adj., tender, soft,
young.*
tenóre, *s. m., tenor.*
tentáre, *v. a. 1, to attempt,
try, tempt.*
tergo, *s. m., back, rear.*
termináre, *v. n. 1, to finish,
end.*
términe, *s. m., end, term,
limit.*
terra, *s. f., earth, ground,
soil, village.* Obs. *as town,
province.*
terremóto, *s. m., earth-
quake.*
terréno, *adj. and s. m.,
earthy, worldly, soil.*
terríbile, *adj., terrible.*
terróre, *s. m., terror, fright.*
terzo, *adj., third.*
teso, *p. p. of* téndere, *stretched,
extended.*
tesorería, *s. f., treasury.*
tesóro, *s. m., treasure.*
tessálico, *adj., Thessalian.*
téssera, *v. a. 2, to weave.*
testa, *s. f., head.*
testaménto, *s. m., testament,
will.*
testimóne, *s. m., witness.*
testimoniánza, *s. f., testi-
mony, evidence, attestation.*
tetro, *adj., forbidding,
gloomy.*
tetto, *s. m., roof, shelter,
dwelling.*
tigre, *s. m. and f., tiger.*
timbállo, *s. m., timbrel, small
drum.*
tímido, *adj., timid, afraid,
fearful.*
timonáta, *s. f., blow with the
pole of a carriage.*
timóne, *s. m., carriage-pole,
shaft, rudder, helm.*
timóre, *s. m., fear.*
tingere, *irr. v. a., to stain,
dye, colour.*
tinto, *p. p. of* tingere, *stained,
coloured.*
tiránnide, *s. f., tyranny, des-
potic rule.*
tiránno, *s. m., tyrant, despot.*
tiráre, *v. a. 1, to pull, draw;*
—— in alto, *to draw up;*

—— a filo, *to draw straight;*
—— innánzi, *to go on, to live
somehow (poorly);* —— si
addósso, *to draw upon oneself.*
tiráta, *s. f., draught, jerk,
pull.* Fam. *invective, tirade,
abuse.*
tiro, *s. m., shot, throw, trick,
rifle match.*
títolo, *s. m., title.*
toccáre, *v. a. 1, to touch, feel,
receive, get.* As an *imp. v.
foll. by* a, *must, belongs
to.*
tocco, *s. m., piece, slice, touch.*
tógliere, *irr. v. a., to take
away, efface, remove.* When
foll. by a *and an Inf., to
begin.*
tógliersi, *irr. v. r., to deprive
oneself;* —— in mano, *to
take in hand, undertake.*
tolleráre, *v. n. 1, to tolerate,
allow.*
tolto, *p. p. of* tógliere, *taken
away, effaced, removed.*
tomba, *s. f., tomb, sepulchre.*
tónaca, *s. f., tunic.*
tondo, *adj., round; cervéllo*
——, *stupid, silly.*
tono, *s. m., tone, sound.*
topíno, *s. m., young mouse.*
topo, *s. m., rat, mouse.*
tórcere, *irr. v. a., to twist.*
torchio, *s. m., press.*
torma, *s. f., troop, crowd,
throng.*
tormentáre, *v. a. 1, to worry,
torment.*
torménto, *s. m., torment,
worry.*
tornáre, *v. n. 1, to return;*
—— in sè, *to come to, to recover consciousness;* —— si,
or —— sene, *to return, to
go back.*
toro, *s. m., bull.*
torre, *s. f., tower.* It is also
a mod. *of* tógliere.
torrénte, *s. m., torrent.*
torto, *p. p. of* tórcere, *twisted.*
As a *s. m., wrong, injury.*
tortúra, *s. f., torture.*
tosáre, *v. a. 1, to shear.*
tosársi, *v. r. 1, to cut off one's
hair.*
tostaménte, *adv., quickly.*
tosto, *adv., quickly, soon.*
totále, *s. m., total.* Adv.
ex., sul ——, *on the whole.*
tra, *prep., among, between.*
trabocáre, *v. n. 1, to overflow, exceed.*
tracannáre, *to gulp.*

tráccia, *s. f., trace, track,
footstep, vestige.*
tradiménto, *s. m., betrayal.*
tradíre, *v. n. 3, to betray.*
traditóre, *s. m., betrayer,
traitor (f. traditrice).*
tradótto, *p. p. of* tradúrre,
translated.
tradúrre, *irr. v. a., to translate.*
tráffico, *s. m., traffic.*
traforáre, *v. a. 1, to pierce
through, bore.*
trafugáre, *v. a. 1, to hide,
secrete.*
trágico, *adj. and s. m.,
tragic, tragical, tragedian.*
tranne, *prep., except.*
tranquillaménte, *adv.,
quietly, tranquilly.*
tranquillità, *s. f., tranquil-
lity, calm.*
tranquíllo, *adj., tranquil,
quiet.*
trarre, *irr. v. a., to draw,
pull, drag.*
trarsi, *irr. v. a., to draw
oneself, go.*
trascináre, *v. a. 1, to drag.*
trascórrere, *irr. v. n., to
run over, exceed, pass away.*
trascorso, (1) *p. p. of* trascórrere, *run over.* (2) *s. m.,
fault, error.*
trascuraggine, *s. f., care-
lessness.*
trasecoláre, *v. n. 1, to be
greatly astonished.*
trasfiguráre, *v. a. 1, to
transform, transfigure.*
trasparíre, *v. n. 3, to be
transparent.*
traspiantáre, *v. a. 1, to
transplant.*
traspiantársi, *v. r. 1, to remove oneself.*
traspiráre, *v. n. 1, to tran-
spire, leak out.*
trasportáre, *v. a. 1, to trans-
port.*
trattábile, *adj., tractable,
manageable.*
trattáre, *v. n. 1, to treat, ne-
gotiate.*
trattársi, *v. r. 1, to be question.*
trattáto, *s. m., treaty; p. p.
of* trattáre, *treated.*
trattenére, *irr. v. a., to detain.*
trattenérsi, *irr. r. v., to
stay.*
tratto, *p. p. of* trarre, *drawn;
s. m., throw, behaviour,
space, saying.* Adv. *ex.,*

tutto ad un ——, *all at once*; ad un ——, *at once*; tratto tratto, *now and then*.
traváiáre, *v. a.* 1, *to harass, worry, work hard*.
travaglio, *s. m.*, *trouble, worry, hard work*.
trave, *s. f.*, *beam*.
traveggole, *s. f. pl.*, *dimness of sight*.
travérso, *cross, oblique*; *adv.*, *cross-wise. Adv. ex.*, a ——, or di ——, *across*.
tre, *num.*, *three*.
trebbiáno, *s. m.*, *a kind of sweet wine*.
treccóne, *s. m.*, *huckster, dealer, retailer*.
trédici, *num.*, *thirteen*.
tremáre, *v. n.* 1, *to shiver, tremble*.
tremebóndo, *adj.*, *trembling, quivering*.
treméndo, *adj.*, *tremendous, enormous*.
trémulo, *adj.*, *trembling, flickering, tremulous*.
trenta, *num.*, *thirty*.
trentacínque, *num.*, *thirty-five*.
trentadúe, *num.*, *thirty-two*.
trepido, *adj.*, *anxious, alarmed, agitated*.
trésca, *s. f.*, *gross proceedings, lewd actions, witches' revel*.
trevigiáno, *adj.* and *s. m.*, *Trevisan*.
tribuláre, *v. a.* 1, *to worry, afflict*.
tribunále, *s. m.*, *tribunal, court*.
trionfáre, *v. n.* 1, *to triumph, exult, overcome*.
trionfo, *s. m.*, *triumph, victory*.
tripudiáre, *v. n.* 1, *to rejoice, run riot, exult*.
triste, *adj.*, *sad, melancholy, grim*.
tristo, *adj.*, *sad, bad, wicked*.
trivialitá, *s. f.*, *triviality, frivolity*.
tromba, *s. f.*, *trumpet*.
tronco, *adj.* and *s. m.*, *cut, mutilated, trunk, stock of a tree*.
troppo, *adj.*, *too much, too many, superfluous. Adv.*, *too much, too, excessively. Adv. ex.*, pur ——, *only too well*.
trováre, *v. a.* 1, *to find*; —— confórto, *to be cheered, comforted*.

trovársi, *v. r.* 1, *to find oneself, have*; —— corto, *to fail, be insufficient*.
trovatóre, *s. m.*, *finder, inventor, troubadour*.
trucidáre, *v. a.* 1, *to behead, kill*.
truppa, *s. f.*, *troop*.
tu, *pron.*, *thou*.
tuffo, *s. m.*, *plunge*.
tumóre, *s. m.*, *tumour, swelling*.
tumúlto, *s. m.*, *tumult, uproar*.
tuo, *adj.*, *thy, thine*.
tuonáre, *v. n.* 1, *to thunder*.
tuono, *s. m.*, *thunder*.
turba, *s. f.*, *crowd, band, mob*.
turbánte, *s. m.*, *turban*.
turbáre, *v. a.* 1, *to disturb, confuse*.
turcásso, *s. m.*, *quiver*.
turchésco, *adj.*, *Turkish*.
turco, *adj.* and *s. m.*, *Turkish, Turk*.
tutéla, *s. f.*, *tutelage, protection*.
tutería, obs., see tutéla.
tutóre, *s. m.*, *tutor, guardian* (*f.* tutríce).
tuttavía, *conj.*, *however, all the while, nevertheless*.
tuttavoltaché, *conj.*, *whenever*.
tutto, *adj.*, *all, whole. Adv. ex.*, con —— che, *although*; da per ——, *everywhere*; del —— at all; in ——, *exactly*; per ——, *everywhere*; che, *although*. *Pron. m. pl.*, tutti e due, *both*.

U.

ubbidiénza, *s. f.*, *obedience*.
ubbidíre, *v. n.* 3, *to obey*.
uccéllo, *s. m.*, *bird*.
uccídere, *irr. v. a.*, *to kill*.
uccisióne, *s. f.*, *massacre, slaughter, murder*.
uccíso, *p. p.* of uccídere, *killed*.
uccisóre, *s. m.*, *slayer, murderer* (*f.* ucciditríce).
udíre, *irr. v. n.*, *to hear*.
uditóre, *s. m.*, *hearer* (*f.* uditríce).
uffício, *s. m.*, *office, duty, charge*.
uffízio, *see* ufficio.
uggioláre, *v. n.* 2, *to whine*.
ugna, *s. f.*, *nail, claws, fingers*.
uguále, *adj.*, *equal, like*.
último, *adj.*, *last, latter*.

umanitá, *s. f.*, *humanity, kindness*.
umáno, *adj.*, *human, mortal, kind*.
úmile, *adj.*, *humble, lowly*.
umiliáre, *v. a.* 1, *to humble, humiliate*.
umilménte, *adv.*, *humbly*.
umiltá, *s. f.*, *humility*.
umóre, *s. m.*, *humour, temper*.
unánime, *adj.*, *unanimous*.
uncináre, *v. a.* 1, *to hook, steal*.
úndici, *num.*, *eleven*.
úngere, *irr. v. a.*, *to anoint, besmear*.
únghia, *s. f.*, *nail, claw, finger*.
unicaménte, *adv.*, *only, solely, singly*.
único, *adj.*, *sole, single, only*.
uníre, *v. a.* 3, *to unite*.
unióne, *s. f.*, *union*.
uniformitá, *s. f.*, *uniformity*.
universále, *adj.*, *universal.* As a *s. m.*, *generality*.
universalménte, *adv.*, *universally, generally*.
universitá, *s. f.*, *university*.
univérso, *s. m.*, *universe, world*.
uno, *art. indef.* and *num.*, *a, an, one. Pron.* l' uno e l' altro, *both*.
unto, *p. p.* of úngere, *anointed, besmeared*.
unzióne, *s. f.*, *anointing, besmearing*.
uomo, *s. m.*, *man*. —— d' arme, *heavy cavalry soldier*. *Pl.* uómini.
uóvo, *s. m.*, *egg. Pl. f.* uóva.
úpupa, *s. f.*, *hoopoe*.
urgénte, *adj.*, *urgent, pressing*.
urláre, *v. n.* 1, *to shout, howl*.
urlo, *s. m.*, *shout, howl*.
urna, *s. f.*, *urn*.
urtáre, *v. a.* 1, *to hurtle, push, shock*.
urtársi, *v. r.* 1, *to knock against, hurt oneself*.
usáre, *v. a.* and *n.* 1, *to use, be accustomed*.
usársi, *v. r.* 1, *to become used, be usual*.
úscio, *s. m.*, *door, entrance*.
uscíre, *irr. v. n.*, *to go out*.
uscíta, *s. f.*, *egress, going out*.
usignuólo, *s. m.*, *nightingale*.
uso, *s. m.*, *use, habit, custom. Adv. ex.*, a ——, *in the fashion of*.

USURA

usúra, *s. f., usury.*
usurpáre, *v. a.* 1, *to usurp.*
usurpársi, *v. r.* 1, *to arrogate.*
útile, *adj., useful.*
utilità, *s. f., utility, usefulness.*
uva, *s. f., grape, a bunch of grapes.*

V.

vacánte, *adj., empty, vacant.*
vacáre, *v. n.* 1, *to vacate, empty.*
vacca, *s. f., cow.*
vacilláre, *v. n.* 1, *to waver, totter, stagger.*
vagabóndo, *adj., vagabond, wandering.*
vaghézza, *s. f., eagerness, desire, beauty.*
vago, *adj., pretty, eager.*
valénte, *adj., worthy.*
valentuómo, *s. m., worthy, man* (*pl.* valentuómini).
valére, *irr. v. n., to be worthy.*
valérsi, *irr. r. v., to avail oneself.*
válido, *adj., effective.*
vallo, *s. m., wall* (of a fortress), *rampart.*
valóre, *s. m., valour, vigour, courage.*
valoróso, *adj., courageous, valorous.*
valutáre, *v. n.* 1, *to value, appraise.*
vampa, *s. f., flame.*
vandálico, *adj., vandalic.*
vanerello, *adj., vain, conceited.*
vanga, *s. f., spade.*
vanità, *s. f., vanity.*
vano, *adj., vain, frivolous. Adv. ex.,* in ——, *rainly, uselessly.*
vantaggiáre, *v. n.* 1, *to help, benefit.*
vantaggio, *s. m., advantage, gain, profit.*
vantaménto, *s. m., boast, praise.*
vantáre, *v. n.* 1, *to praise.*
vantársi, *v. r.* 1, *to boast.*
vanto, *s. m., glory, boast.*
vapóre, *s. m., steam, vapour, steamer, steam-engine.*
variáre, *v. a.* 1, *to diversify, variegate.*
varietà, *s. f., variety, diversity.*
vario, *adj., variegated, various, different.*
vaso, *s. m., vase, flower-pot.*

VENIRE.

vassállo, *s. m., vassal, dependant.*
vastità, *s. f., vastness, immensity.*
vasto, *adj., vast, huge, enormous.*
vate, *s. m., poet* (p.).
vecchiáta, *s. f., antiquated, old-fashioned manners, doings by an old man unsuitable to his age.*
vecchiézza, *s. f., old age.*
vecchio, *adj.* and *s. m., old, aged, old man.*
vece, *s. f., change, vicissitude. Adv. ex.,* in —— *instead.*
vedérci, *pron. irr. v. n., to be able to see.*
vedére, *irr. v. n., to see.*
vedérsi, *irr. r. v., to see oneself, be seen.*
vedovétta, *s. f., young widow.*
védovo, *s. m., widower.*
veeménte, *adj., impetuous, scathing, violent, vehement.*
véglia, *s. f., waking, wakefulness, vigil.*
vegliáre, *v. n.* 1, *to watch, be wakeful.*
véla, *s. f., sail.*
veláme, *s. m., cover, covering, veil.*
velo, *s. m., veil.*
velóce, *adj., swift, fleet, quick.*
velocemente, *adv., quickly, swiftly.*
veltro, *s. m., greyhound.*
véna, *s. f., vein, natural bent, inclination.*
véndere, *v. a.* 2, *to sell.*
vendétta, *s. f., vengeance.*
vendicáre, *v. a.* 1, *to avenge.*
vendicársi, *v. r.* 1, *to revenge oneself.*
vendicatóre, *s. m., avenger* (*f.* vendicatríce).
venerándo, *adj., venerable.*
veneráre, *v. n.* 1, *to adore, worship, venerate.*
venerdì, *s. m., Friday.*
veneziáno, *adj.* and *s. m., Venetian.*
veníre, *irr. v. n., to come;* —— *avanti, to advance;* —— *in balìa, to fall into the power;* —— *a capo, to succeed;* —— *a giornata, to fight a battle;* —— *fatto, to succeed;* —— *innánzi, to come forward; manco, to fail;* —— *alle mani, to come to blows;* —— *a me-*

VERO.

mória, to remember; —— *meno, to swoon;* —— *a mente, to recollect;* —— *al mondo, to be born;* —— *a morte, to die;* —— *sene, to come along;* —— *si incóntro, to meet;* —— *via, to come away.* Veníre *is also used to form the Passive: see* S. § 54, p. 161.
ventáglio, *s. m., fan.*
vénti, *num., twenty.*
venticínque, *num., twenty-five.*
ventidúe, *num., twenty-two.*
ventiláre, *v. a.* 1, *to ventilate, air.*
ventinóve, *num., twenty-nine.*
ventiquáttro, *num., twenty-four.*
ventiséi, *num., twenty-six.*
ventisétte, *num., twenty-seven.*
ventitré, *num., twenty-three.*
vénto, *s. m., wind.*
véntre, *s. m., stomach, belly.*
ventúno, *num., twenty-one.*
ventúra, *s. f., chance, adventure, hap.*
ventúro, *adj., future, coming.*
venturóso, *adj., lucky, fortunate.*
venúta, *s. f., arrival, coming.*
venúto, *p. p. of* veníre, *come.*
veráce, *adj., truthful, veracious.*
veraménte, *adv., truly, really.*
verbigrázia, *adv., for example, for instance.*
vérde, *adj.* and *s. m., green, verdant, grassy plain.*
verecóndia, *s. f., bashfulness, modesty.*
verecóndo, *adj., bashful, modest.*
vérga, *s. f., switch, crook, rod.*
vérgine, *adj.* and *s. m., virgin, pure, maid.*
vergógna, *s. f., shame.*
vergognársi, *v. r.* 1, *to feel bashful or ashamed.*
vergognóso, *adj., shameful, bashful.*
verità, *s. f., truth. Adv. ex.,* in (*or* per) ——, *truly.*
vermecáne, *s. m., tapeworm.*
véro, *adj.* and *s. m., true, real, truth. Adv. ex.,* in (*or* nel) ——, *truly.*

veróne, *s. m.*, *balcony, terrace.*
versíre, *v. a.* 1, *to pour out.*
verseggiatóre, *s. m.*, *versifier, poet.*
verso, *s. m.*, *verse, line;* *adv.*, *towards, in the direction of.*
verúno, *adj. and pron.*, *none, nobody.*
vespa, *s. f.*, *wasp.*
vespro, *s. m.*, *afternoon.*
veste, *s. f.*, *dress, clothing, garment.*
vestígio, *s. m.*, *trace.*
vestíre, *v. a.* 3, *to clothe;* — *l'ábito, to take the habit, to clothe oneself with the habit.*
vestírsi, *v. r.* 3, *to dress oneself.*
vestíto, *p. p. of* vestire *and s. m.*, *dressed, clothing, garment, coat;* — *da viaggio, travelling suit.*
vettováglia, *s. f.*, *food, provision, victuals.*
vi, *adv.*, *there.*
vía, *adv. and s. f.*, *away, way, road, street, method.*
viaggiáre, *v. n.* 1, *to travel.*
viaggiatóre, *s. m.*, *traveller* (*f.* viaggiatrice).
viággio, *s. m.*, *travel, journey, voyage.*
viále, *s. m.*, *path.*
viandánte, *s. m.*, *wayfarer.*
vicário, *s. m.*, *vicar, representative, lieutenant.*
vicendévole, *adj.*, *alternate, mutual.*
vicinánza, *s. f.*, *neighbourhood, vicinity, nearness.*
vicináto, *s. m.*, *neighbourhood.*
vicíno, *adj., adv. and s. m.*, *near, close, neighbouring, neighbour.*
vie, *adv.*, *much.* Only used before another adverb.
vigilia, *s. f.*, *eve, vigil.*
viglietto, fam., see biglietto.
vigna, *s. f.*, *vineyard.*
vigóre, *s. m.*, *rigour, strength.*
vigoróso, *adj.*, *vigorous, strong.*
víle, *adj.*, *cowardly, vile, low.*
villa, *s. f.*, *villa, country-house.*
villággio, *s. m.*, *village, hamlet.*
villáno, *s. m.*, *peasant.*
villanáccio, *s. m.*, *boor, rude peasant.*

villeggiatúra, *s. f.*, *the season spent in the country, holiday-season, residence in a country-house.*
víncere, *irr. v. a.*, *to vanquish, win, overcome.*
vincitóre, *s. m.*, *victor, winner* (*f.* vincitrice).
víno, *s. m.*, *wine.*
vínto, *p. p. of* vincere, *vanquished, conquered, won.*
viola, *s. f.*, *violet.*
violáre, *v. a.* 1, *to violate, force.*
violénto, *adj.*, *violent, impetuous.*
violénza, *s. f.*, *violence, vehemence.*
violétta, *s. f.*, *violet.*
violíno, *s. m.*, *violin.*
viríle, *adj.*, *manly.*
virtù, *s. f.*, *virtue, courage.*
virtúde, *s. f.*, *virtue, courage.*
virtuóso, *adj.*, *virtuous.*
virtúte, *s. f.*, *virtue, courage.* Obs.
visíbile, *adj.*, *visible, patent.*
visióne, *s. f.*, *vision, sight, apparition.*
vísita, *s. f.*, *visit.*
visitáre, *v. n.* 1, *to visit.*
víso, *s. m.*, *visage, face.*
víspo, *adj.*, *lively, spirited.*
vissúto, *p. p. of* vivere, *lived.*
vísta, *s. f.*, *sight, scenery, view.* Adv. ex., a —, *at sight, by sight, in the presence.*
vísto, *p. p. of* vedere, *seen.*
vistóso, *adj.*, *showy, rich.*
víta, *s. f.*, *life.*
vitéllo, *s. m.*, *calf.*
víttima, *s. f.*, *victim.*
vittória, *s. f.*, *victory, success.*
vittoriosaménte, *adv.*, *victoriously.*
víva, *interj.*, *hurrah! long live!*
vivacità, *s. f.*, *liveliness, vivacity.*
vivájo, *s. m.*, *fish-pond.*
vivaménte, *adv.*, *vigorously, with liveliness, or spirit.*
vivánda, *s. f.*, *food, viand.*
vivénte, *adj. and s. m.*, *living, being, man.*
vívere, *irr. v. n.*, *to live.* As a *s. m.*, *life;* in the pl., *food, provisions.*
vivézza, *s. f.*, *liveliness, vivacity.*
vívo, *adj.*, *living, bright, lively.*

vivúto, *p. p. of* vivere, *lived.*
vízio, *s. m.*, *vice.*
vocabolário, *s. m.*, *vocabulary, dictionary.*
vóce, *s. f.*, *voice, word, sound.* Adv. ex., a —, *viva voce, by word of mouth.*
vogáre, *v. n.* 1, *to row.*
vóglia, *s. f.*, *wish, desire.*
voláre, *v. n.* 1, *to fly;* — sene, *to fly away.*
volenteróso, *adj.*, *willing.*
volentiéri, *adv.*, *with pleasure, willingly.* Adv. ex., mal —, *unwillingly.*
volére, *s. m. and irr. v. n.*, *will, desire, to wish, will, want;* — bene, *to like, to love.*
volérsi, *irr. r. v.*, *to be willing.*
volgáre, *adj.*, *vulgar, common.* La lingua —, *the Italian language.*
volgarità, *s. f.*, *vulgarity.*
volgarizzáre, *v. a.* 1, *to translate into Italian.* See volgare.
vólgere, *irr. v. a.*, *to turn.*
vólgersi, *irr. r. v.*, *to turn oneself round.*
vólgo, *s. m.*, *rabble, mob.*
vólo, *s. m.*, *flight.* Adv. ex., di —, *immediately, lightly.*
volontà, *s. f.*, *will, wish, inclination, desire.*
volontário, *adj.*, *voluntary.*
vólpe, *s. f.*, *fox.*
vólta, *interj.*, *behold! look!*
vólta, *s. f.*, *time, turn, direction, turning, vault, ceiling.* Adv. ex., alla —, *at a time;* in —, *around;* ogni qual —, *whenever.*
voltáre, *v. a.* 1, *to turn.*
voltársi, *v. r.* 1, *to turn round.*
vólto, *s. m.*, *face, visage.* It is also the *p. p. of* volgere, *turned.*
voluttà, *s. f.*, *enjoyment, pleasure, delight.*
vórtice, *s. m.*, *vortex, whirl, eddy.*
vóstro, *adj.*, *your, yours.*
votáre, *v. a.* 1, *to vow, dedicate.*
vóto, *s. m.*, *vow.*
vuotáre, *v. a.* 1, *to empty, evacuate.*
vuóto, *adj.*, *empty.*

Z.

zampa, *s. f.,* leg (of animals).
zanna, *s. f.,* fang, tooth (of animals).
zanzára, *s. f.,* gnat, mosquito.
zappa, *s. f.,* spade.
zappáre, *v. a.* 1, to till.
zavórra, *s. f.,* ballast.
zecchíno, *s. m.,* sequin, an old Italian coin = 9s. 6d.
zio, *s. m.,* uncle (*f.* zia, aunt).
zitto, *interj.,* hush!
zóccolo, *s. m.,* clog, wooden shoe.
zolla, *s. f.,* clod.
zoppo, *adj.,* lame.
zótico, *adj.,* churlish, boorish.
zucca, *s. f.,* gourd.
zúcchero, *s. m.,* sugar.
zuppa, *s. f.,* soup.

www.ingramcontent.com/pod-product-compliance
Lightning Source LLC
Chambersburg PA
CBHW021822230426
43669CB00008B/831